세계 · 지방화시대의 한국학 8

학문의 정책과 제도

세계 · 지방화시대의 한국학 8

학문의 정책과 제도

조 동 일

계명대학교 출판부

머 리 말

2004년 2학기부터 계명대학교 석좌교수가 되어 하고 있는 연속강의 "세계 · 지방화 시대의 한국학" 제8회 2008년 1학기분에서 "학문의 정책과 제도"를 고찰했다. 지금까지의 잘못을 비판하고 외국의 경우와 비교해 앞으로 나아갈 방향을 제시하는 과제를 맡았다. 새로운 출발을 기대하면서 오래 두고 탐구한 성과를 널리 공개해 공동의 논의로 삼았다.

그 성과를 이 책으로 내놓으면서 또 한 학기의 농사를 추수한다. 좋은 기회가 마련된 덕분에 뜻을 펼 수 있게 된 것을 고맙게 여기면서, 노력이 부족하지 않았는지 되돌아본다. 학문의 정책과 제도를 외국의 경우와 비교하는 작업을 이제는 하게 되어 다행이지만 작업의 분량이 너무 많아 감당하기 어려웠다.

제8회에서 "학자의 생애"를, 제9회에서는 "학문의 정책과 제도"를 다룬다고 처음부터 예고하고 거듭 확인하고서, 강의를 시작할 때 순서를 바꾸었다. 새로운 정부가 들어선 기회에 시급한 과제를 먼저 다루어, 과거를 청산하고 새 출발을 하도록 촉구하고자 했기 때문이다. 다음 순서로 학자의 생애를 살피는 작업은 시공의 제한을 상당한 정도로 넘어서 있어 여유를 가지고 진행할 수 있다.

다시 조절된 전체 계획이 다음과 같다.

1 길을 찾으면서 (2004년 2학기 강의, 2005년 2월 출간)
2 경계 넘어서기 (2005년 1학기 강의, 2005년 8월 출간)
3 국내외 학문의 만남 (2005년 2학기 강의, 2006년 2월 출간)
4 고금학문 합동작전 (2006년 1학기 강의, 2006년 8월 출간)
5 표면에서 내면으로 (2006년 2학기 강의, 2007년 2월 출간)
6 비교연구의 방법 (2007년 1학기 강의, 2007년 8월 출간)
7 일반이론 정립 (2007년 2학기 강의, 2008년 2월 출간)
8 학문의 정책과 제도 (2008년 1학기 강의, 2008년 8월 출간)
9 학자의 생애 (2008년 2학기 강의, 2009년 2월 출간)
10 학문하는 보람 (2009년 1학기 강의, 2009년 8월 출간)

이번에도 전과 같은 방법으로 강의를 했다. 원고를 홈페이지에 올린 다음, 누구나 청강하고 토론할 수 있는 공개강의를 하고, 강의가 끝나면 원고를 수정하고 토론을 정리해 첨부했다. 강의를 한 덕분에 원고를 계속 다듬고, 참여한 분들에게 많이 배워 훨씬 나은 결과를 얻었다.

학문의 정책과 제도에 관한 논의는 즉각 공개해 널리 알리는 것이 바람직하다고 여겨 소통의 방법을 바꾸었다. 원고 전문을 계속 수정되는 모습으로 거듭 올렸다. 강의를 마치고 작성한 출판용 최종 수정본을 다시 내놓고, 교정을 도와달라고 널리 알렸다. 고쳐야 할 대목을 열 곳 이상 알려주는 분에게는 출간본을 기증한다고 했다. 이에 호응해 도움을 준 분들이 다음과 같다고 밝히고, 깊이 감사드리는 말씀을 전한다.

황재문, 윤동재, 이동길, 이경하, 박주원, 윤주필, 이민희, 오상택, 천혜숙, 박미영, 안동준, 임재해, 신연우, 최귀묵, 육재용, 정소연.

2008년 7월 12일

교정을 마치면서

조 동 일

차 례

제1강 새 출발을 위한 과거 청산

무엇을 할 것인가

2004년 2학기부터 계명대학교 석좌교수가 되어 하고 있는 "세계·지방화 시대의 한국학" 제8회 2008년 1학기 강의에서는 학자의 생애를, 제9회 2학기 강의에서는 학문의 정책과 제도를 다룬다고 처음부터 예고하고 거듭 확인했다. 그런데 강의를 시작하면서 순서를 바꾼다. 제8회 강의에 학문의 정책과 제도를, 제9회 강의에 학자의 생애를 배정한다.

강의 순서를 바꾸는 이유는 학문의 정책과 제도에 관한 논의가 지금 당장 아쉽기 때문이다. 2007년 12월 11일에 있던 대통령 후보들의 텔레비전 토론을 보니 사태가 심각하다. 토론을 계획하고 진행하는 쪽에서나 후보자들이나 학문은 제쳐놓고 교육만 논했다. 학문이 망하는 것은 알아차리지 못하고 교육을 잘해야 한다고 했다.

학문을 살려야 교육이 사는 것이 윗물이 맑아야 아랫물이 맑게 되는 이치임을 무시한다. 학문 후진국이 교육 선진국일 수 없다. 학문도 교육도 후진국이면서 나라는 선진국이어야 한다고 역설하는 것은 무지이거나 기만이다. 학문에 대한 무지를 극복하는 것이 가장 긴요한 과제이다.

대통령 후보 가운데 어느 누구를 더 나무라려고 하는 것은 아니다. 차이점이 있어 투표하는 데는 도움이 되지만, 낙관할 수 있는 근거는 아니다. 거의 공통되게 나타난 사실을 심각하게 문제 삼지 않을 수 없다. 누가 당선되더라도 지금까지의 잘못을 시정하고 새 출발을 하는 것이 가능할지 의문이다. 사태가 심각하다는 것을 깨닫고 학문의 정책과 제도에 관해 고찰한 성과를 널리 내놓고 토론을 청한다.

공교육의 내실화로 사교육비 지출을 줄여야 한다는 것은 당연한 말이다. 그러나 예산 지원을 늘리면 목표를 달성할 수 있다고 생각하기나 하고, 내실화를 이룩하려면 학문의 역량이 요구된다는 것을 알지 못한다. 인성 교육을 힘써야 한다는 것은 좋은 말이다. 그러나 자명한 사실을 역설하면 되는 것처럼 여기기나 하고, 인성을 탐구하고 그 성과를 실현하는 방안을 찾는 학문의 노력이 필요한 줄 모른다. 세계적인 경쟁력을 가진 대학을 만드는 것은 당연히 해야 할 일이다. 그러나 선진국의 전례를 따르면 된다고 여기고, 새로운 창조를 앞서서 이룩하는 학문을 해야 한다는 것은 모른다.

목표 설정이 잘못된 것은 아니지만 실현 가능성이 문제이다. 훌륭한 목표를 내세우는 것을 자랑으로 삼지만 누구나 하는 말에 지나지 않는다. 누구나 하는 말을 강조해서 하면 훌륭한 대통령이 되는 것은 아니다. 교육만 존중하고 학문을 무시하면 되는 일이 없다. 목표가 달성되지 않는 이유를 모르고 국민을 탓하기만 하는 실패를 되풀이하지 말아야 한다. 역대 정권이 실패한 이유가 목표를 잘못 설정했거나 홍보를 덜 한 데 있지 않다. 노력을 하지 않은 것도 아니다. 가는 길을 모르고 큰소리나 치면서 결국 국민을 속였기 때문이다.

학문을 공부 잘하는 것 정도로 알고 있지 않을까 염려된다. 공부를 잘하면 세계적인 평가가 높아져 나라의 위신이 향상된다는 수준의 안이한 생각을 가지면 잘못을 바로잡을 길이 없다. 교육을 바로잡고자 하는 목표를 달성하려면 학문이 살아나서 교육의 원리와 방향, 내용과 방법을 제공해야 한다. 경제를 살리고, 사회 갈등을 해소하고, 가치관을 바로잡고, 삶의 질을 높이고, 행복을 누리도록 하는 국가 경영의 모든 과업이 학문 연구에서 시작되어야 한다.

대통령 후보나 당선자가 학문을 해보지 않아 학문에 대한 식견이 모자라는 것이 당연하다고 하고 말 수는 없다. 학문에 대한 진정한 탐구와 체험에서 얻은 지혜를 받아들여 이용할 줄 알아야 대통령 노릇을 제대로 할 수 있다. 다른 모든 경우와 마찬가지로 누구 말을 들어야 하는지 판단할 수 있는 능력이 절대적으로 요구된다.

식견이 모자라는 것을 전혀 눈치 채지 못한 채 교육대통령이라고 자부하고 나선다면 망조가 들기 시작한다. 각계각층의 여론을 수집해 획기적인 교육 정책을 수립하고 시행하겠다고 하면 다시 참사가 벌어진다. 칭송이 모자라는 책임을 물어 장관을 자주 바꾸어 상황을 더욱 악화시키는 사태도 다시 일어날 수 있다.

이번에는 제대로 되어야 한다. 과거를 청산하고 새로운 출발을 당당하게 해야 한다. 학문을 살려 교육을 살리도록 해야 한다. 어떻게 하면 가능한가? 이에 대한 대답을 여기서 제시한다. 과거의 잘못을 낱낱이 들어 비판하고, 외국에서는 어떻게 하고 있는지 널리 살피고, 우리가 가야 할 길을 제시한다. 힘써 연구한 성과가 정책에 반영되기를 바란다.

우리에게 필요한 지혜를 말한 마지막 대목이 너무 간략하고 엉성하다고 나무랄 수 있다. 학문에 관한 진정한 탐구와 체험에서 얻은 결과라고 자부할 수 없을 것 같다. 그러나 오랜 노력의 결실을 최대한 간추렸다. 그 근거를 이 책 전권뿐만 아니라 제1권에서 제7권까지에서도 제시했고, 다시 내놓을 제9권과 제10권에서도 추가한다. 구체적인 실행 방안은 다시 마련해야 한다.

학문이 무엇이며 어떻게 해야 하는가 하는 문제를 평생을 두고 생각하면서 수십 권의 저서에서 다루었다. 그 가운데 학문의 정책과 제도를 문제 삼은 것이 『우리 학문의 길』(서울 : 지식산업사, 1993) ; 『인문학문의 사명』(서울 : 서울대학교출판부, 1997) ; 『이 땅에서 학문하기』(서울 : 지식산업사, 2000), 이 셋이다. 써낸 시기가 정치사의 변동과 연관된다.

『우리 학문의 길』을 제14대 김영삼 대통령이 취임한 지 얼마 되지 않은 시기에 서둘러 내고 학문 정책 수립에 도움이 되고자 했으나 허사였다. 『인문학문의 사명』은 제15대 대통령 선거전이 시작될 때 써내고 후보자의 정견에 반영되는 내용이 있기를 바랐으나 이것 또한 기대에 어긋났다. 김대중 대통령 시기의 학문 정책이 특히 실망스러운 것을 비판하고 시정하는 방안을 『이 땅에서 학문하기』에 나타냈는데, 16대 노무현 대통령 정부에서 참고로 했는지 의문이다. 이제 17대 대통령의 등장을 앞두고 이 책을 써서 나로서는 최선을 다한다.

대통령이 알고 정책에 반영하기를 바라면서 연구를 하고 책을 쓰는가 하고 나무라지 말기 바란다. 학문의 정책과 제도에 관한 연구 결과는 내가 진행해온 다른 많은 연구와 달라 이론적인 가치를 가지는 데 그치지 않고 실현되어야 한다. 지금은 아니라도 장래에는 실현되어야 한다. 후대에 재발견되어서라도 실현되어야 한다. 전혀 실현되지 않아도 이론으로뿐만 아니라 실제로도 유익하다는 평가를 얻어야 한다.

새 대통령의 환심을 사서 진출의 기회를 얻으려고 이런 말을 덧붙인다고 오해하지 말기 바란다. 특정인에게 하는 말은 아니다. 서두의 글을 여기까지 쓴 오늘은 12월 12일이다. 선거가 7일 남아 당선자가 판명되지 않았다. 누가 당선자가 되더라도 읽고 실행하기를 바라고 글을 쓴다. 당선자가 판명된 뒤에 고치지 않는다.

나는 나서서 일할 사람이 아니다. 대학의 학과장 노릇도 하지 못해 간청을 해서 빠졌다. 학문에 전념하면서 일생을 보내는 동안 연구해서 얻은 결과에 바로 실현되어 유익할 것이 있으면 널리 알리려고 애쓴다. 이 책에서 보고하는 학문의 정책과 제도에 관한 탐구가 학문에 전념하면 어느 정도 노동력을 확보할 수 있는지 말해줄 것이다.

연구는 행세가 아니고 노동이다. 보직을 맡아 부지런히 활동하고 사회봉사도 많이 하는 교수들은 너무 바빠서 하지 못하는 연구를 묵묵히 감당하는 일꾼이 있어야 학문다운 학문이 이루어진다. 이런 경험에 근거를 두어야 학문에 대해 발언할 수 있다. 나는 대학 교수로 40년이 넘는 기간 동안 종사하면서 60여 권의 책, 200여 편의 논문을 썼으나 아직은 물러날 때가 아니다. 남은 힘을 아껴 미완의 연구에 바치려 한다.

책 후반부를 이루는 외국 여러 곳의 사례 고찰은 시간과 노력을 바쳤어도 많이 미비하다. 필요한 전문가를 두루 확보한 연구기관에서 해야 할 일을 평소의 전공과 거리가 먼 사람이 혼자 감당하려고 한 것이 무리라고 나무랄 수 있다. 그러나 전인미답의 작업은 실수를 무릅쓰고 먼저 용기를 내는 모험가가 있어야 한다. 후속 연구가 제대로 이루어져 실수를 바로잡고 논의를 진전시키기를 간절하게 바란다.

박사과정이 죽어 있다

서울대학교 박사과정 입시 지원자가 모집 정원 미달이라고 한다. 다른 대학은 사정이 낫다고 할 수 없다. 어렵고 복잡한 말은 하지 말자. 이 사실에 교육의 위기가 집약되어 있다. 교육이 잘되고 있으리라는 기대가 일거에 무너진다.

대학 학사과정에 입학하려고 지나치다고 할 정도로 치열하게 경쟁해 큰 걱정거리인데 박사과정은 외면한다. 이 기이한 사태의 원인은 무엇인가? 해답은 둘이다. 박사 실업자가 될까 염려한다. 박사 학위는 외국에 가서 취득하는 것이 마땅하다고 여긴다.

학사면 그만이고 박사는 불필요하다고 하는 것은 지적 활동이 저급한 후진국의 공통된 특징이다. 이런 수준에 머무르지 말고, 선진화를 이룩하는 것이 국가발전의 당연한 전략이고 목표임을 분명하게 하자. 새로 배출되는 박사들이 축적한 역량을 마음껏 발휘할 수 있는 일자리를 마련하고 기회를 만들어야 비약이 가능하다.

대학이 시간강사에 의존해 경비를 줄이는 잘못을 국립대학이 앞장서서 당장 청산해야 한다. 교수를 대폭 늘이고, 대학연구소에는 반드시 연구교수를 두도록 제도화해서, 지식의 전달에서 창조로 방향을 바꿀 수 있게 해야 한다. 유럽 여러 나라처럼 고등학교 교사도 박사이게 하는 것이 또한 바람직하다. 정치인, 공무원, 언론인, 기업인에도 박사가 많아야 한다. 의사만 박사라고 뽐내는 것은 우습다. 농업, 임업, 수산업 종사자들도 박사 수준의 연구를 스스로 해서 생산활동과 연결시켜야 대외경쟁력이 높아진다.

정치인을 두고 더 생각해보자. 오늘날 정치 불신이 극도에 이른 것은 국회의원의 자질과 식견에 이유가 있다. 의리로 뭉친 결속력이 국정 담당 능력과는 무관하다. 학업은 외면하고 학생운동에 전념한 투사 경력이 그 대안이 될 수 있는 것은 아니다. 제도 개선보다 수준 향상이 더욱 절실한 과제이다. 필요한 공부를 제대로 해, 문화, 과학, 산업, 환경 등의 모든 분야에서 세계의 도전을 바로 알고 우리가 갈 길을 제시하는 인재를 유권자들이 선발해야 한다. 박사 소지자가 늘어나는 만큼 국회는 능력이 향상된다.

박사과정은 외국에 유학해 이수해야 한다는 것도 후진사회의 특징이다. 자국 학문의 수준이 낮은 곳의 외국박사는 유학한 나라의 위세가 자기 것이라고 자랑하면서, 교수가 되고서는 더 노력하지 않는다. 수입학문이라야 신뢰할 수 있다고 하고, 스스로 창조하는 것은 불필요하고 불가능하다는 지론을 편다. 발상의 대외의존 때문에 차질을 빚어낸다는 것을 인정하지 않는다. 그런 형편을 타개하고, 학문의 보편성을 주체적으로 이룩하는 최고 수준의 박사를 배출해야 선진국일 수 있다. 박사의 수준이 나라의 수준이다. 남들이 하는 대로 따라가면 그렇게 될 수 있는 것은 아니다. 부족한 여건을 최대한 활용하면서 전례가 없는 비상한 노력을 해야 한다.

대학원 대학을 한두 군데 두고 집중적으로 육성해 박사 실업자를 줄이고, 학위의 질적 향상을 이룩해 두 가지 문제를 한꺼번에 해결하겠다는 정책이 자주 거론되는데, 어리석은 발상이라고 하지 않을 수 없다. 허명을 누리다가 대학원 대학으로 지정되는 곳이 교수진 재구성을 통해 쇄신될 가능성은 없다. 거기 입학하는 행운을 얻는 학생 또한 이미 일등열차를 탔다고 여겨 특별히 노력하지 않을 것이다. 불량품을 희소가치를 높여 옹호하는 것은 큰 잘못이다. 국산이 불만이면 외제로 대체할 수밖에 없어, 외국박사를 더욱 선호하게 된다.

경쟁의 논리를 내세워 여러 대학에 각기 대학원이 있어야 한다는 것은 아니다. 경쟁보다 협동이 더욱 긴요하다. 협동 체제를 만들어야 교수 부족의 난관을 해결할 수 있다. 한 학과를 이루는 극소수의 교수가 학사과정부터 박사과정까지 9년간 되풀이해서 가르치니 강의가 충실할 수 없다. 잘 모르는 분야를 전공하는 학생들을 맡아 명목상의 지도를 한다. 독학을 하면서 간신히 써서 학문외적 심사나 받는 논문이 우수할 수 없다. 이런 내막을 숨기려고 하지 말고, 서로 도와 해결해야 한다.

전국의 모든 교수가 각기 힘써 연구하는 분야의 강의뿐만 아니라 논문의 지도와 심사에도 참여할 수 있게 개방해야 대학원 교육의 수준 향상이 가능하다. 어느 대학원에 입학한 학생이든 전국이 하나로 합쳐져 있는 공통의 과정에서 필요한 것을 선택할 수 있게 하자. 교수는 누구나 학문 발전의 선두에 서려고 노력하면서 자기를 필요로 하는 박사과정 학생을 기다릴 수 있게 하자. 대학을 차별해 인재를 썩히지 말고 모든 역량을 최대한 발휘할 수 있게 해야 향상이 가능하다.

박사과정 교육이 수준 이하인 더욱 심각한 이유는 학생들이 경제 형편 때문에 공부를 제대로 할 수 없는 데 있다. 박사과정 학생은 결혼을 하고 가정을 가질 나이인데 부모에게 의존해 살아갈 수 없다. 학비와 생활비를 스스로 벌어야 한다. 교수를 돕는 보조연구원으로 일할 기회를 얻는 것이 바람직하다고 할 수 있으나, 받는 돈이 너무 적어 다른 벌이가 반드시 필요한 탓에 이중으로 시달린다.

입시생을 위한 사교육에 종사하는 사람이 대다수인데, 시간과 노력을 너무 많이 빼앗겨 공부가 부실하지 않을 수 없다. 수입에 매력을 느끼고 학업을 포기하기도 한다. 장차 공교육을 정상화해 사교육이 타격을 받으면 벌이가 없어져 곤란하게 될 것이다. 이 문제를 어떻게 해결할지 생각해보지 않고 사교육 축소를 꾀하는 것은 마땅하지 않다.

해결책은 명백하다. 박사과정 학생에게 학비는 물론 생활비까지 제공해야 한다. 모든 선진국에서 일제히 하고 있는 당연한 일이다. 외국학생이 유학을 가도 본국인과 같은 혜택을 얻을 수 있는 곳이 적지 않다. 학문을 선진화하려면 대등한 제도를 마련하고 경쟁해야 한다. 최종적으로 국가 예산에서 부담하는 장학금을 박사과정 학생에게 우선적으로 지급해야 한다. 교육 재정을 늘릴 때 이에 대한 고려가 당연히 있어야 한다.

박사과정 공부는 개인의 입신출세를 위해 하니 지원할 것 없고, 어렵고 딱한 사람이 남들과 같이 학교에 다니게 하는 것이 장학금을 주는 목적이라고 생각하는 것은 잘못이다. 빈민 구제를 위한 사회복지는 그것대로 필요하지만, 장학금 지급의 기준으로서는 인재양성이 더욱 소중하다. 인재를 양성하려면 당연히 돈이 든다. 인재 양성에 쓸 돈이 있는데도 생각이 미치지 못해 할 일을 하지 못한다.

박사과정에 입학하는 학생들이 누구나 같은 혜택을 보게 하자는 것은 아니다. 대학을 선별해서 지원하는 것도 낭비이다. 대학이 아닌 학생을 평가의 대상으로 삼아야 한다. 전국 대학의 모든 박사과정을 일제히 평가해서 장학금 수혜자를 선발하는 작업을 수고스럽더라도 감당하지 않을 수 없다. 이 일은 능력을 갖춘 곳에서 맡아 해야 한다.

교육 개혁은 박사과정에서 시작해야 한다. 박사과정이 할 일을 제대로 해야 그 이하 교육의 발전을 선도하고, 사회를 이끌어갈 지침을 마련하고, 슬기롭고 창조적인 사고의 가치를 입증하고, 생산성 높은 연구개발을 할 수 있다. 박사과정을 살릴 생각은 하지 않고 대학입시에 교육을 정상화하는 해결책이 있다고 여기며 열을 올려 다투는 것은 어리석다.

박사과정의 발전은 학문 수입에서 수출로 나아갈 수 있게 한다. 상품은 수출해야 하지만 학문은 수입하면 된다고 여기는 것은 잘못이다. 수입 학문으로 수출 상품을 잘 만들 수는 없다. 학문이든 상품이든 다 독자적인 개발이 최상의 수준에 이르러야 한다. 그 결과 상품 수출이 학문 수출과 함께 이루어져야 질이 보장되어 지속된다.

그릇된 투자 방식

교육이든 연구든 제대로 하려면 많은 재원이 필요하다. 예산을 획기적으로 늘리고 국가가 많은 부담을 해야 한다는 것이 공통된 의견이다. 돈을 어디에다 어떻게 써야 하는가? 원론적인 검토는 접어두고 구체적인 방안을 구상하자.

인문 및 사회 분야의 기초연구를 획기적으로 진작하기 위해 연간 500억의 국가 예산을 책정한다면 어떻게 사용할 것인가 생각해보자. 돈이 없는 것은 아니다. 이보다 몇 갑절 되는 액수를 책정했다고 발표했다. 일시적인 선심 공세가 아닌지 의심되기도 하지만 진지하게 받아들이고 논의를 계속하자. 돈은 많을수록 좋다고 할 것이 아니다. 500억을 적정액수로 잡고, 투자 효과를 높이는 방법을 찾자.

제1안은 연구비를 지급하는 것이다. 건당 1억 내외의 연구비 500건을 추가로 지급해 연구비를 그만큼 늘린다. 1억 가운데 절반 정도는 정해놓은 단가에 따라 연간 교수는 1,800만원, 박사는 1,500만원, 박사과정 학생은 720만원, 석사과정 학생은 480만원씩 나누고, 나머지는 자료비, 회의비, 여비 등 연구에 직접 소요되는 경비로 사용하도록 한다.

제2안은 거대연구소를 국립으로 신설하는 것이다. 땅을 사고 건물을 짓는 데 처음 두 해에 1,000억은 투입해야 한다. 그 다음부터는 건물 및 사무기구 유지비, 사무직 인건비, 기타 필요 경비 50억, 도서구입비 40억, 전산실 운영비 5억, 출판비 5억, 연구직 인건비 50억, 사업비 350억의 예산을 편성한다. 사업비 가운데 300억은 연구비로 지급하고, 50억은 학술회의를 개최하고 해외학자를 초청하는 데 쓰기로 한다.

제3안은 여러 대학에 이미 있는 연구소에 연구에 전념하는 연구교수를 두도록 하고 인건비를 지급하는 것이다. 연구교수 1인당 연봉과 기본연구비를 포함해 연간 5,000만원씩 배정하면, 500억으로 1,000명의 인재를 확보할 수 있다. 몇몇 대학에 편중되지 않은 100개 내외의 연구소에 각기 10인 정도의 연구교수를 두는 것을 기준으로 삼고, 실적과 계획, 대학 당국의 관심과 지원을 평가해 적정 인원을 배정한다.

제1안은 효과가 의심스럽다. 강의 부담이 과중하고, 미해결 과제가 누적되어 여력이 없는 교수들에게 연구비를 더 준다고 해서 연구가 진작되지는 않는다. 공연한 탐심 때문에 연구 계획서를 만들도록 유혹해 시간이나 빼앗고 말 수 있다. 박사 실업자들에게 한 달에 120만원씩 1년간 주면서 연구 보조에 전념하도록 요구하고 좋은 결과를 기대하는 것은 무리이다. 대학원 학생들에게 주는 돈 또한 장학금이라고 해도 너무 적다. 자연학문에서는 그런 사람들을 모아 커다란 집단을 만들어야 한다고 하지만, 조용하게 진행되는 개인연구라야 내실을 갖추는 인문학문 쪽은 사정이 아주 다르다.

제2안에서는 땅이나 집, 기관 운영에 소요되는 막대한 비용이 헛되다. 50억으로 잡은 인건비를 늘려도 연구 성과를 기대하기는 어렵다. 국립 연구소의 학예연구직은 상급자의 지시에 따라 근무하는 조직원이어서, 학문 발전의 주역이 되는 재량권을 가지고 창조력을 발휘하지 못한다. 연구를 시키는 사람이 제대로 선임되어 이런 결함을 시정할 수는 없다. 연구를 밖에 의뢰해 연구소 설립의 목적을 달성한다는 것은 기만이다.

제3안을 택하면 낭비 요인이 없어 투자 효과가 극대화된다. 계획서를 제출하거나 지시를 받는 절차 없이 스스로 선택해서 진행한 연구의 성과를 연구소 단위로, 일정 기간마다 평가해 지원의 지속과 중단, 또는 확대와 축소를 결정하면 부실의 염려가 없어진다. 선의의 경쟁을 유도해 대학의 질적 향상에 기여하는 효과도 크다.

제1안은 교육부 실무자들이 선호할 만하다. 연구비 유용 여부를 영수증철을 보면 쉽사리 판별할 수 있어 감독권 장악에 유리하다. 제2안은 국정 담당자가 지시해 추진할 만하다. 기존의 연구기관이 부실하다는 비난에 신설로 응답해 자기 업적을 과시하면서, 새로 표방하는 구호 합리화를 지시하고, 가까운 사람들을 들어앉히면 삼중의 이득을 얻을 수 있다.

제3안을 택하면 국고를 자기 돈으로 여기는 사람들이 허전하게 되지만 미련을 버려야 한다. 연구 예산 증액을 홍보하면서 국민을 현혹하려 들지 말고 결과를 보여주어야 한다. 연구 정책이 국가 경영의 과제임을 명심하고 투자 효과를 최대한 높일 수 있는 방안을 찾아 실행해야 한다.

학문 연구는 많은 시간이 필요해 다른 업무에 종사하는 여가에 할 수는 없다. 가르치는 것도 연구라고 생각하기 쉬우나 서로 다르다. 대학에서 연구와 강의를 일치시키고자 하는 이상은 현실과 거리가 있다. 새롭게 치닫는 연구를 고정된 교과목에서 다루기 어렵다. 학생 수준보다 멀리 앞선 연구는 강의에 올리지 못한다. 취직자리를 많이 만들어내지 못하는 분야는 강의의 기회가 줄어들어 연구마저 위축된다.

이런 정도의 일반적인 사정만 걱정할 것은 아니다. 교수가 연구할 수 있는 시간을 더 많이 빼앗아가는 장애요인이 자꾸 늘어난다. 대학입시가 복잡하게 되어 해야 할 일이 거의 일 년 내내 계속 된다. 진학 인구가 줄어들어 학생을 구하러 나서야 한다. 취직난이 가중되면서 졸업생 취업을 위해 더 많은 노력을 해야 한다. 재학생 수가 정원에 현저하게 미달하면 학과를 없애는 대학이 많이 있어 교수는 생존 투쟁에 전력을 바치지 않을 수 없다.

강의를 할 시간도 없는데, 어느 겨를에 연구를 한단 말인가. 연구는 교수의 승진이나 재임용에 소요되는 필요악처럼 되었다. 할 수 없는 연구를 무리하게 하니 질이 저하되지 않을 수 없다. 갖가지 사기술이 생겨나기까지 한다. 그런데도 수를 늘리라고 하고, 발표 지면에 등급을 매긴다. 외형적인 조건을 갖추는 요령이 성패를 결정하도록 한다. 연구 때문에 나라가 망할 지경이다.

모든 교수가 연구를 제대로 할 수 있게 하는 것이 바람직하지만 실제로는 가능하지 않다. 교수 가운데 일부라도 연구를 임무로 해야 한다. 대학 연구소에 연구교수가 있어야 하고, 대학 밖의 연구기관도 수준 높은 연구를 할 수 있는 곳이어야 한다. 강의의 의무는 면제하고 연구에 전념하는 교수를 두어 필요한 지원을 하는 것이 세계 어디서나 국가 경영의 당연한 과제이다. 그렇지 않은 곳은 우리 뿐이다.

멀리 갈 것 없이 가까운 곳만 살펴도 세상 소식을 알 수 있으니 사리 판단의 자료로 삼자. 북한과 중국에서는 과학원 또는 사회과학원을, 대만에서도 그 비슷한 성격의 중앙연구원을 설치해, 그 구성원인 여러 분야 연구교수가 학문을 이끌어나가도록 한다. 일본의 경우에는 대학의 연구소에는 반드시 연구교수가 여럿 있다. 대학 밖의 연구기관, 국립국어연구소, 국립박물관 같은 데 종사하는 사람들도 교수이다.

그런데 우리는 정부 수립과 함께 여러 제도를 만들 때 교수는 가르치는 사람이라고만 규정하고, 수업시간에 관한 의무를 두었다. 무수한 개정을 거치고서도 그 조항이 아직 건재하다. 고등교육법시행령 제6조에 교수의 수업시간은 "매주 9시간을 원칙으로 한다"고 하고, "다만, 학교의 장이 필요하다고 인정하는 경우에는 학칙으로 다르게 정할 수 있다"고 했다. 교수는 강의하는 사람으로 한정했다.

특정한 교수에게 강의시간을 줄여주는 것은 학교에 따라서 할 수 있는 예외적인 조처이다. 연구에 전념하는 연구교수는 국법에서 허용하지 않는다. 대학마다 다투어 설치한 연구소에 연구교수는 없고, 강의교수가 보직을 맡아 행정 업무나 처리하고 있는 것이 그 때문이다. 연구원이라고 하는 사람들이 있어도 하위급 비정규직이며, 행정 업무를 보조한다. 대학 연구소는 생산업체가 아니라, 강의교수들이 틈틈이 연구한 변변치 않은 성과를 모아 행사를 하거나 논문집을 내는 유통업체에 지나지 않는다.

대학 밖에 있는 국사편찬위원회, 국립박물관, 국립국어원 같은 기관은 자체 인력이 있으니 사정이 나을 것 같다. 그러나 연구를 담당해야 할 사람들이 교수급이 아닌 학예연구직이어서 박봉과 잡무에 시달리면서 일반행정직의 통제를 받는다. 기회가 있으면 대학으로 가서 강의하는 사람으로 전업하려고 하는 것을 막을 수 없다. 인문학연구소 같은 것을 국립으로 신설해야 한다는 주장이 있으나, 이런 형편에서 벗어나는 것이 법제적으로 불가능하다.

한국의 국사편찬위원회에 상응하는 일본의 사료편찬소는 동경대학의 연구소이다. 그 구성원이 동경대학 교수여서, 옮겨갈 곳을 찾지 않고 맡은 일에 몰두한다. 동경대학 동양학연구소, 경도대학 인문과학연구소, 동경외국어대학 아시아·아프리카언어문화연구소 같은 데 소속된 수많은 연구교수가 충분한 시간 여유를 가지며 하고 싶은 연구를 마음껏 진행시켜 일본 학문의 수준을 높인다.

한국도 자연학문 분야에는 대학 안팎의 여러 연구소에 대우를 제대로 받고 일하는 연구원이 적지 않으니 함부로 말하지 말라고 할지 모른다. 그것은 반가운 일이지만, 동일한 혜택이 인문이나 사회 분야 학문에도 미쳐야 하고, 제도 개혁이 일제히 이루어져야 한다. 이제 관계 법령을 개정해 교수의 수업시수에 관한 규정을 없애고 연구하는 사람들도 교수라고 해야 한다.

응용학문 만능주의를 버리고 기초학문을 함께 육성하며, 자연학문 편애를 시정하고 인문이나 사회 분야의 학문에도 힘을 기울여야 한다는 요구가 거역할 수 없는 수준에 이르러 정부가 새로운 예산을 편성하지 않을 수 없게 되었다. 그러나 예산 집행을 잘못하면 역효과를 낸다. 하는 일이 너무 많아 고민인 강의교수에게 돈을 갖다 안기고 연구를 실제로 할 사람들을 조수로 써서 그 일부를 나누어주도록 하는 방식은 백해무익한 신판 소작제이다.

능력이 뛰어난 박사 실업자가 많이 있는 것은 뜻하지 않게 생긴 커다란 축복이다. 비약을 가능하게 하는 조건이 마련되었다. 국립이든 사립이든 대학연구소에는 반드시 연구교수를 두도록 제도화하고 그런 인재를 발탁해 연구를 맡기면서, 인건비는 국가에서 부담하는 것이 최상의 투자이다. 시장경쟁에서 불리한 분야일수록 더욱 힘써 지원해 장기간에 걸친 지속적인 연구를 마음 놓고 하게 해야 나라의 발전을 가로막는 가장 큰 장애가 해결된다.

부당한 간섭

정부는 학문 연구의 예산을 한국학술진흥재단(이하 학진)에 맡겨 집행한다. 학진이 잘못 구성되고 운영되어 막중한 책임을 감당하지 못한다. 불합리한 간섭을 하면서 역기능을 수행하기까지 한다. 먼저 무엇이 잘못인지 들어보자.(학진이 한국과학재단과 통합되어 한국연구재단으로 개편되고 있으나, 원래의 명칭을 그대로 사용하면서 과거사를 문제 삼고자 한다. 재출발해도 과오를 되풀이할 가능성이 크기 때문이다.)

명칭에 들어 있는 "진흥"이 무엇을 말하는지 모호하다. 연구의 지원재단인 것 같기도 하고 감독기관인 것 같기도 하다. 이중의 성격을 지닌다고 볼 수 있는데, 근래에는 감독기관의 성격이 더 커지고 있다. 연구는 감독이 가능한지 의문이다.

최상의 학문연구 능력을 가진 사람들로 구성된 조직이라도 연구를 감독할 수는 없다. 학진의 실정은 전혀 반대이면서 권한을 무리하게 행사한다. 학문연구에 종사한 경험이 없거나 일천한 비전문가가 정권 담당자와 가깝다는 이유에서 책임자로 임명되어 아마추어 수준의 식견으로 횡포를 자행한다. 행정력으로 연구를 감독하겠다는 것은 망상이다. 연구를 망치면서 예산을 낭비할 따름이다. 새 대통령이 또 다시 다른 자리를 주기는 어려운 공신을 학진에 보내 수고에 대한 보답으로 삼으면 파국을 맞이한다.

학진이 연구를 기획하고, 심사하고, 지원하는 업무를 모두 관장하고 있어 지나치게 비대한 권한을 남용하지 않을 수 없다. 책임자가 잘 선임되어 합리적인 운영을 하면 해결될 문제가 아니다. 교수들로 위원회를 구성해 도움을 받지만, 금융통화위원회, 문화재위원회처럼 책임과 권한을 가진 위원회가 아니다. 사안에 따라 구성하고 곧 해산하는 많은 위원회가 그렇듯이 제한된 범위 안에서 부여된 일만 한다.

위원 선임자가 절대권을 가지고 있어 어떤 위원도 소신 있게 활동할 수 없다. 비판이나 견제는 가능하지 않다. 잘못을 지적하면 위원회에서 제외된다. 최종결정이 어떻게 되었는지 위원은 알지 못한다. 위원 명단이 공개되지 않아 대외적인 책임을 질 필요가 없다. 명단이 밝혀지지 않은 위원회를 행정부에서 임의로 구성해 입법과 사법까지 관장하는 격이다.

대학 연구소를 평가하고, 학술지의 등급을 판정하는 것은 명백한 월권이다. 학술지 평가는 지원 업무와 무관해 학진이 할 일이 아닌데 그릇되게 수행해 횡포를 자행한다. 평가 기준이 외형에 치우쳐 부작용을 낳는다. 학회 규모가 함부로 확대되어 내실을 잃게 한다. 전국 규모의 학회가 급조로 양산되게 만든다. 역사가 오래 되고 내용이 충실해 학계를 인도하던 대학 연구소 논문집을 무력하게 한다. 대학에서 연구업적을 형식과 수량 위주로 평가하는 폐단을 조장한다.

연구의 형태와 방법을 부당하게 결정해 피해를 끼친다. 학회지에 발표하는 논문이라야 정상적인 연구업적이라 하고, 전작저서는 논문 한 편 또는 그 이하의 가치를 가진 것으로 폄하한다. 미국에서 하는 자연학문 연구의 방식을 한국의 인문사회학문에 잘못 적용해 학문의 정상적인 발전을 저해한다.

BK21이나 기초학문육성지원사업 같은 방식의 대단위 공동연구는 인문사회학문 특히 인문학문의 경우에 연구의 질적 발전을 저해한다. 교수를 연구관리자가 되게 하고, 업무를 번다하게 해서 연구할 수 있는 시간이 줄어들게 하고, 연구참여자들이 간섭과 신분 불안 때문에 창의력을 발휘하지 못하게 한다. 투입한 예산에 비해 성과가 빈약한 것이 당연하다. 대학을 장악해 교육부의 시책을 따르게 하고, 학문후속세대를 상대로 일시적인 선심공세를 하자는 시책으로 이해되어 비난의 대상이 된다. 연구 예산을 연구 이외의 목적으로 배정하는 것은 용납할 수 없는 사기이다.

사전에 작성한 연구 계획서를 심사해 연구를 지원하기 때문에 연구하는 사람의 자율성과 재량권이 무시된다. 심사위원이 연구자보다 능력이 모자라는 경우가 많아 사태가 더욱 심각하다. 심사 통과에 유리한 주제를 택하도록 만든다. 실현 가능성이 없는 계획을 작성하도록 하고 결과가 그대로 된 것처럼 꾸미게 한다. 더 나은 연구 방향이 발견되어도 계획을 변경하지 못하게 한다.

해외에 파견하는 한국학 교수를 부당하게 선정해 국제적인 물의를 일으키고 있다. 적임자를 판단할 능력이 없고 정실에 이끌린다. 무자격자에게 특혜를 주어 외국대학에서 수용을 거부하는 사태가 벌어지기도 했다.

위와 같은 잘못이 서로 얽혀 있어 부분적으로 바로잡을 수 없다. 전면적인 개혁을 하는 획기적인 조처가 있어야 한다. 잘못을 열거한 순서에 따라서 시정 방안을 제시하기로 한다.

학진이 교육부에서 독립된 연구 지원재단이 된다. 재량권을 남용해 감독기관노릇을 할 수 있는 여지를 없앤다.

평가업무는 학술원이 담당하기로 한다. 학술원회원이 책임자가 되어 작성한 평가 이유서를 실명을 밝히고 공포한다. 평가 이유서 초고를 연구자 본인에게 보내 진술이나 소명의 기회를 준다. 이에 맞게 학술원 회원을 보강한다. 판단에 필요한 자문을 얻고 위원회를 설치하는 일도 학술원에서 설치한다. 판사가 자기 이름을 밝히고 판결하고, 판결문을 공개하는 것과 같다.

인문·사회학문은 개인이 장기간에 걸쳐 심혈을 기울여 연구해야 뛰어난 성과를 거두어, 세계 학문 발전을 선도하는 일반이론을 창조하는 경지에까지 이를 수 있다. 공동연구를 하거나 연구보조자를 두는 것은 연구자가 스스로 간절하게 원할 때 하도록 하고, 연구의 통상적인 형태가 되지 말아야 한다. 대학원생을 도와줄 필요가 있으면 보조연구원 수당이 아닌 순수한 장학금을 지급한다.

중요한 연구 성과는 전작저서로 출판해야 한다. 심도 있게 갖춘 전작저서 한 권은 논문 여러 편에 상응하는 가치를 가진 것으로 학술원에서 평가해 연구비를 지급한다. 그 점에 관해 유럽의 전례를 참고할 필요가 있다. 프랑스의 교수는 논문이 아닌 전작저서를 학교에 제출하고 사후 연구비를 받는다. 그렇게 해서 장기간에 걸친 일관성 있는 연구를 진행해 학문 수준을 높이고 일반이론 창조가 가능하게 한다. 그 성과를 외국어로 옮겨 외국에서 출판하면 연구비를 추가로 지급하도록 한다.

사전 계획서 평가에서 사후 결과 평가로 방침을 바꾼다. 연구 결과를 어느 기간 이내에 제출해야 하는지 정하지 않는다. 이용하고 인용한 실적이 뚜렷해지기를 기다려 연구 결과를 제출해 연구비를 받을 수도 있게 한다.

사전에 구체적인 계획을 제시하지 않고 전도금을 청구할 수 있게 하며, 연구 결과를 제출해 평가를 받은 다음 정산하게 한다. 전도금을 청구하지 않은 연구는 연구 결과를 평가해 연구비를 사후에 지급한다. 이렇게 해서 연구 주체의 자율성과 창의성을 최대한 존중하고, 예산 낭비, 연구 계획 변경을 막는다.

연구 결과는 그 자체에다 특별히 필요한 증빙자료를 첨부해 제출하도록 한다. 통상적인 내역의 연구비 사용 내역서 및 영수증은 필요하지 않게 한다. 연구 결과를 보고 사용 경비를 추산하는 것 이상의 절차가 필요하지 않게 한다. 연구 부수 업무를 대폭 줄여 연구를 잘 할 수 있게 한다.

대학연구소에 연구교수를 두고 연구하는 것을 적극 권장하고 필요한 재정을 지원한다. 이 경우에도 전도금 지급, 사후 평가에 의한 정산의 방법을 사용한다. 연구교수 인선, 연구 진행을 대학 스스로 하게 하고, 연구 결과만 사후에 제출하게 한다. 연구교수는 5년 정도 기간이 지난 뒤에 평가를 받는 것이 적절하다. 평가 결과 지원 금액을 환수하기도 하고 증액하기도 한다.

해외에 파견하는 한국학 교수를 우리 학문의 수준을 제대로 알릴 수 있게 선발해야 한다. 특혜를 준다고 생각하지 말고 수고해달라고 간청해야 한다. 해외에 파견되는 인원을 고려해 관계학과 교수 정원을 늘려야 한다.

이상의 해결방안은 학진이 스스로 결정해서 실행할 수 없고, 교육과학기술부로서도 능력 밖이다. 새 대통령이 직접 관장하지 않고서는 희망이 없다. 새 대통령과 가까운 관계에 있는 조언자들조차 무시해버린다면, 우리는 또 다시 5년을 기다려야 한다. 그렇게 되지 않기를 간절하게 바란다. 실행 가능하고 성과가 보장되는 방안을 찾아 학문연구를 획기적으로 발전시키지 않고서 선진국 진입을 기대하는 것은 무리이다.

도서관이 비어 있다

교사가 일방적으로 주입하는 고정된 지식을 학생은 받아들여 외는 것이 공부인가? 대학에서 하는 수업도 그리 다르지 않아 책을 많이 볼 필요는 없는가? 어차피 남들이 하는 말을 전달하기나 하니 흥미로운 설명으로 인기를 끄는 사람이 유능한 교수인가? 새로운 학설은 필요하다면 원산지를 찾아가 수입해 오면 되는가?

시대가 달라져 이렇게 하지 말아야 한다는 것을 이제는 안다. 학생은 스스로 공부하고, 교사는 새로운 지식을 탐구하고, 학자는 세계 어느 곳보다도 앞선 연구업적을 창출해야 한다고 한다. 방향 전환을 위해 적지 않은 노력을 하고 있는 것도 사실이다. 그런데도 두드러진 성과가 없어 고민이다. 그 이유는 무엇인가? 도서관이 세계에서 가장 낙후한 부끄러운 현실을 타개하지 않고서는 희망이 없다. 인터넷이 도서관을 대신한다고 착각하지 말자.

도서관이 어느 정도인가에 따라서 한 나라의 지적 수준이 결정된다. 학생·교사·학자뿐만 아니라 일반시민을 위해서도 반드시 필요한 정신능력의 항구적인 공급처가 도서관이다. 여러 형태의 도서관을 전국 곳곳에 많이 만들어 각기 특성에 맞게 육성해야 한다. 그 가운데 학문 연구를 위한 도서관은 나라의 사활과 직결되므로 다른 것들보다 먼저 정상화하지 않을 수 없다.

이 나라는 학자의 무덤과 같은 곳이다. 가족의 생계를 돌보지 않고, 집안의 가용 공간을 모두 점거해 책을 사서 모으고 보관하지 않고서는 연구다운 연구를 할 수 없는 악조건이 거의 개선되지 않고 있다. 교수는 가끔 연구비를 받아 고민의 일부는 해결할 수 있지만, 박사가 되고도 실업자인 상태에 있거나 아직 학생인 시기에는 그 엄청난 난관을 돌파할 수 없다. 민간학자는 책을 모으다가 일생을 보내고 만다.

서울대학교 도서관은 최상위인데 왜 불평이냐 하고 나무라지 말자. 국내의 등수는 아무 의미도 없다. 그 때문에 스스로 자만하거나 남들이 질투의 대상으로 삼거나 다 어리석기 이를 데 없다. 학문은 전국체전이 아니고 올림픽이다. 수준 이하면 출전을 단념해야 한다. 지금 이용할 수 있는 자료를 가지고서는 함량 미달의 억지 논문을 쓰지 않을 수 없다. 석사과정 이상은 당장 없애고, 학사과정의 존속 여부도 심각하게 고려하는 것이 합당한 처사이다.

외국학술잡지에 논문을 발표하라고 과거 어느 때보다 심하게 요구하면서 왜 내 논문이 실린 외국학술잡지 구독 신청을 거절하고, 받아보던 것들도 끊어야 하는가? 서울대학교 재직시에 총장에게 이런 편지를 보냈더니 대답이 없었다. 교수 개개인에게 주는 연구비는 사탕발림 삼아 증액하면서 대학도서관의 예산은 깎는 국가 시책을 총장의 힘으로 시정하지 못하는 줄 알아 더 말하지 않았다.

국민이 낸 세금을 써서 연구를 제대로 할 수 있게 하는 것도 정부가 해야 할 일이다. 미처 모르고 있었다면 깊이 반성하고 직무유기에서 벗어나는 방책을 찾아야 한다. 특별 예산을 편성해 대학도서관에 나누어주어야 하는가? 아니다. 균등 분배를 해서는 얻을 수 있는 성과가 미미하다. 어느 도서관 하나라도 천만권 정도의 단행본, 세계 각국의 거의 모든 학술잡지를 갖추도록 해야 한다.

미국이라면 거대도서관이 여럿 있어 서로 경쟁할 수 있지만, 중간 규모의 나라는 상당한 경제력이 있어도 특정 도서관을 집중해서 육성하는 방침을 택한다. 일본은 도쿄대학 도서관을, 프랑스는 국립도서관을 연구자료 공급처로 키워왔다. 그 둘은 득실이 분명하다. 특별하게 선발된 사람들은 우대해야 한다는 낡은 사고방식을 버리고, 학문을 할 수 있는 기회를 널리 개방하는 민주사회를 만들어야 한다.

2005년 10월 28일 오랜 떠돌이 시대를 접고 마침내 용산에서 제자리를 잡고 개관한 국립중앙박물관은 세계 최고 수준이다. 이 놀라운 구조물이 많은 것을 말해준다. 우리가 무엇을 이룩하고 살아왔는지 국내외에 알려 깊은 자부심을 가지게 하고 널리 관심을 일깨운다. 정치나 경제만 소중하게 여기지 말고 문화 창조에 더욱 힘써야 한다고 가르친다.

문화대국이 우리의 미래임을 명시하기 위해 반드시 필요한 과업을 과감하게 추진했다. 규모나 예산에서 무리를 했다고 나무랄 것은 아니다. 관계자들의 용단을 치하한다. 나라 일이 하나도 제대로 되지 않는다고 개탄하는 비관주의를 떨쳐버리자.

그러나 박물관만 훌륭하면 문화대국이 되는 것은 아니다. 박물관과 도서관이 함께 있어야 한다. 둘은 외형과 내실의 관계를 가진다. 우리 문화의 수준이나 가치를 박물관은 밖으로 나타내는 데 더 많은 기여를 하고, 도서관은 안에서 이룩하도록 하는 장소로서 한층 소중하다.

국립박물관은 이제 세계 최고 수준이지만, 국립도서관은 부끄럽게도 세계 최하 수준이다. 국립박물관을 다시 만들어 국립도서관과의 불균형이 한층 심해졌다. 이대로 둔다면 문화대국을 향해 나아가자는 것이 거짓말이다. 문화 기형국의 본보기를 보여주어 웃음거리가 될 따름이다.

도서관은 대학도서관을 강화하면 된다고 책임을 전가하지 말아야 한다. 대학은 형편이 어려워 도서관을 제대로 키우지 못한다. 고가의 외서를 중복해 사느라고 불필요한 출혈을 한다. 제대로 된 나라는 국립도서관을 크게 만들고 충실한 내용을 갖추어 학문 연구를 보장하고 필요한 정보를 널리 제공한다.

프랑스에 가서 루브르박물관을 둘러보는 관광객이 많아 우리도 국립박물관을 크게 만들어야 한다는 여론 형성에 기여했다. 국립도서관이 또 하나 프랑스의 자랑인 줄은 반드시 알아야 할 사람들마저 모른다. 보물창고인 구관은 그대로 두고, 미테랑 대통령이 자기 이름을 내걸고 만든 신관에 벌써 도서 1천만 권, 정기간행물 35만 종을 갖추었다. 세계 각국에서 나오는 중요한 책은 다 모은다. 내 저서가 거의 다 있는 것을 확인하고 놀랐다.

프랑스와 영국은 박물관과 도서관을 두고 오랫동안 경쟁해왔다. 영국에는 대영박물관과 대영도서관이 양립하고 있다. 대영도서관은 어떤 곳인가? 자기네 홈페이지에서 알리고 있는 사실을 몇 가지 옮겨보자. 소장 자료가 도합 1억 5천만 종이고, 매년 3백만 종씩 늘어난다. 서가의 길이가 625킬로이고, 매년 12킬로씩 늘어난다. 신관은 20세기 영국의 최대 건물이다.

이제 우리 국립박물관은 프랑스의 루브르박물관이나 영국의 대영박물관과 동급이다. 국립도서관도 같은 수준으로 만들어야 하는 절대적인 과제가 제기되었다. 국립박물관은 신축해서 이전했지만, 국립도서관은 프랑스와 영국의 경우처럼 구관은 그대로 두고 신관을 다시 만들어야 한다. 신관에다 전 세계의 새로운 도서와 정기간행물을 모으는 것이 이미 공인된 정석이다.

국립도서관을 다시 만들 돈이 없다는 억지소리를 하지 말아야 한다. 외형만 소중하게 여기고 내실에는 관심을 가지지 않는 풍조 탓에 오판을 할까 염려된다. 위신을 생각해서 용단을 내리자는 것은 아니다. 도서관은 박물관보다 한층 직접적인 기능을 가지고 나라의 사활을 좌우한다.

시대가 바뀌어 제대로 된 도서관의 필요성이 더 커졌다. 세계화시대가 요구하는 학문을 하고 정보를 얻으려면 지구 전체의 움직임을 소상하게 알아야 한다. 가까이 있는 두 나라 중국과 일본에서 출간되는 자료마저도 제대로 갖춘 도서관이 없어 장님 노릇을 하면서 무식을 용기로 삼는 어리석은 짓은 이제 그만두어야 한다.

토론

❑ 문 : "학문은 행세가 아니고 노동이다"라고 했다. 학문이 과연 '노동'인가? '일'이라고 하면 어떤가?

❑ 답 : '일'이라고 해도 좋지만 '노동'이라는 말을 써서 학문의 특성을 한층 분명하게 할 필요가 있다. 학문은 즐거워서 하는 데 그치지 않고 사회적 효용을 가진 결과를 산출한다. 학문은 노동이 아니므로 학자가 안이하게 학문만 하고 있지 말고 노동하면서 수고하는 사람들을 위해 별도의 봉사를 해야 한다는 주장에 동의할 수 없다. 학문 노동을 잘하는 것이 최대의 봉사이다.

❑ 문 : 학문의 정책과 제도에 대한 연구만 하고 있으면 무슨 소용이 있는가? 나서서 실행해야 할 것이 아닌가?

❑ 답 : 연구는 실행을 위한 지침이 되며, 지금 당장 실행되지 않아도 장래의 가능성이 있어 지속적인 가치를 가진다. 실행을 하려면 연구는 그만두고 공직을 맡거나 사회운동을 해야 하는데, 기회를 얻는다 해도 시간 부족이나 여건의 미비로 뜻을 이루지 못하기 일쑤이다. 일회의 노력이 일회의 실패로 끝나고 말 수 있다. 연구에는 이와 같은 실패가 없다.

❑ 문 : 선생님의 제안이 정책으로 채택되지 않은 이유가 무엇인가? 어떻게 하면 채택되게 할 수 있는가?

❑ 답 : 정책 담당자는 식견이 모자라는 줄 모르고, 설사 안다 해도 바로잡을 시간이 없다. 그 주위에서 자문하는 학자들은 자기네 기존지식의 유용성이 침해될까 염려해 시야를 넓히려고 하지 않는다. 기존지식이 대부분 유학해 공부하는 동안 직접 견문한 외국 특히 미국의 선례여서 어느 한쪽에 치우쳐 있고, 우리가 나아갈 길과는 거리가 멀다. 정책 자문이 독점적인 이권이라고 할 수 있는 것이 되어 그 자체의 생존전략 개발에 가장 많은 노력을 기울인다고 해도 지나친 말이 아니다.

정부에서 돈을 받아 외국의 학문 정책에 관해 고찰한 보고서가 적지 않으나 내용이 부실하고 우리 학문을 위한 고민이 없어 도움이 되지 않는다. 실행을 위한 지침이 되지 않고 있으며, 구해 읽는 사람이 있을지 의문이다. 일일이 거론하면서 비판할까 하다가 시간 낭비라고 생각해 그만두었다. 아무 영향도 끼치지 못하고 생존전략의 일부이기나 한 것을 시비하면 질투한다는 혐의나 얻을 수 있다.

나는 정책을 자문하는 위치에 있지 않고 연구 위촉을 받은 것도 아니지만, 광범위한 비교연구를 하면서 내가 학문을 해온 경험을 살려 우리에게 필요한 지혜를 찾는다. 무엇을 어떻게 해야 하는지 계속 연구해 발표하면서 여러 경로로 영향력을 행사하면 조금씩 실행된다. 실행되지 않는 내용이라도 그 나름대로의 가치를 가지고 후대를 위한 유산으로 남기기를 바란다. 정약용이 지방수령을 뜻한 대로 했다면 『牧民心書』를 쓰지 못하지 않았을까 하고 생각해본다.

❑ 문 : 전달의 통로를 더 넓힐 수는 없는가?

❑ 답 : 지금 하고 있는 강의, 강의 원고 공개와 출판이 최상의 방법이다. 일반대학에서는 가능하지 않은 강의를 이곳 계명대학에서 마음껏 한다. 강의 참가자보다 원고를 열어 보는 사람이 훨씬 많다. 오늘 현재 198명이다. 책이 나오면 더 넓게 유통된다. 이보다 더 좋은 전달 방법이 있겠는가?

❑ 문 : 선생님은 낙관적인 성격인 것 같다.

❑ 답 : 그렇다. 비관을 할 이유가 없다. 세상의 잘못을 나무라는 것은 내가 할 일을 찾기 위한 선행 작업이다. 실현이 보장되지 않아도 최상의 노력을 기울여서 유토피아를 그려야 한다. 할 일이 너무 많아 비관에 사로잡힐 겨를이 없다.

❑ 문 : 인터넷에 많은 자료가 올라 있어 지금은 도서관의 필요성이 줄어들지 않았는가?

❑ 답 : 동서의 고전은 모두 인터넷에 있다. 『조선왕조실록』 원문

및 번역을 자유롭고 편리하게 이용할 수 있어 얼마나 다행인가? 동국대학교에서 『한국불교전서』 전문을 개방한 것은 더욱 고마운 일이다. 그러나 인터넷에서 찾을 수 없는 책이 월등하게 많다. 인터넷만 이용하고 책은 보지 않아서는 학문을 할 수 없다. 제대로 된 도서관이 없는데 학문을 제대로 해야 한다고 하는 것은 억지이다.

❏ 문 : 인터넷에 올려놓은 자료를 유료로 판매하는 것에 대해서는 어떻게 생각하는가?

❏ 답 : 정당한 상행위라면 나무랄 수 없지만, 저작권 침해인 경우가 많다. 내 책 요약본 판매를 막으려고 해도 막지 못하고 있다.

❏ 문 : 프랑스처럼 국립도서관 한 곳만 집중해 육성하면 이용이 불편하지 않는가?

❏ 답 : 지방에서 파리로 가야 하는 점은 불편하다. 그러나 박사과정 학생에게는 별도의 자리를 배정하고 도서 이용에 최대의 편의를 제공한다. 자기 연구실을 가지고 연구를 한다고 할 수 있다. 프랑스는 대학에 교수 연구실이 없는 나라이다.

❏ 문 : 귀중본도 쉽게 이용하는가?

❏ 답 : 귀중본 이용에는 엄격한 제한을 두는 것은 어느 나라든 마찬가지이다.

❏ 문 : 규장각과 장서각의 고서를 이용해 연구를 하고 있는데 불편이 너무 많다. 어떻게 해야 하는가?

❏ 답 : 귀중한 고서는 마이크로필름으로 떠서 여러 곳에 분산해

두어 재난에 대비하고 이용하기 편하게 하는 것이 마땅하다. 한국정신문화연구원(현재의 한국학중앙연구원) 도서관장을 맡았을 때 장서각 귀중본 마이크로필름을 소장한 분관을 우선 한 곳 멀리 진주 경상대학교에다 만들 계획을 세웠으나 실현되지 않았다.

❑ **문** : 학문과 연구라는 것도 시대의 반영일 수 있다고 본다. 그러다보면 연구가 집중적으로 이루어지는 분야, 상대적으로 많은 성과가 나오는 것들이 있는 반면 그렇지 않은 분야나 지역의 연구도 있다. 이런 편향성을 수정할 만한 제도나 방안이 무엇인가?

❑ **답** : 지나치게 많은 연구가 이루어지는 분야는 없다. 연구는 아무리 많이 해도 모자란다. 한 분야의 연구가 너무 많이 되어 다른 분야의 연구를 방해하지는 않는다. 앞서 나가면서 많이 이루어지는 연구는 뒤떨어진 분야를 위해 도움을 준다. 앞선 연구의 성과를 경계의 대상으로 삼지 말고 알아보고 수용하면 뒤떨어진 분야의 연구가 쉽사리 발전한다. 이제부터는 분야를 나누는 것을 능사로 삼지 않고 합쳐서 총체적인 연구를 하는 것이 바람직하므로 혜택을 끼치는 범위가 넓어진다.

제2강 교수 평가와 승진 제도

서두의 논의

강의를 진행하고 있는 동안 2008년 3월 4일에 『문화일보』에 실은 글을 먼저 내놓는다. 원래의 제목은 <교수의 업적 평가에서 나타난 문제>인데, 신문사에서 <교수의 업적 평가 엄격 · 공정해야>라고 고쳤다. 분량이 모자란다고 몇 마디 말을 덧붙인 것을 받아들이지 않고, 원래 것을 내놓으면서 약간 수정한다. 글 서두에서 한 말을 써달라는 것이 원고 청탁의 의도인데, "그러나" 이후의 말을 하려고 응낙했다. 마지막의 두 대목이 특히 중요하다.

교수 연구의 궤도이탈이 계속 화제에 오른다. 고위공직자가 되려는 교수 가운데 논문을 이중으로 발표하거나 부풀린 부적격자들이 있다고 판명되었다. 연구 조작을 한 혐의가 있는 교수가 적발되었다는 소식도 있다. 한국과학기술원(KAIST)에서 업적 미달 교수를 재임용에서 탈락시킨 것이 잘한 일이니 다른 대학에서도 평가를 더욱 엄격하게 해야 한다고 한다.

모두 사실 여부가 명백하고 평가에 관해서도 다른 의견이 있을 수 없다. 교수는 누구나 연구를 본분으로 삼아 정당하게 진행하고 탁월한 업적을 이룩해야 한다는 데 대해 사회적 공감이 확립되어 있다. 그러니 교수 노릇을 잘못 한 사람들이 국정을 담당하겠다는 것은 용납할 수 없다. 연구 능력 대신 사기술로 교수 노릇을 하려고 하는 일은 다시 없게 막아야 한다.

교수는 누구나 연구의 본분을 성실하게 수행하기 위해 최상의 노력을 해야 한다. 한 번 교수가 되면 자리가 계속 보장된다는 착각은 버려야 한다. 학문은 행세 거리가 아니고 노동임을 명심해야 한다. 정당한 노동을 하지 않고는 평가할 만한 결과가 나오지 않는다. 편하게 지내면서 존경을 받으려고, 진출의 발판을 마련하려고 교수가 되려 하지 말아야 한다. 교수의 업적 평가를 엄격하고 공정하게 해야 한다는 것을 다시 강조해서 말하고자 한다.

그러나 교수의 일탈을 나무라는 데 그칠 것은 아니다. 문제 해결을 교수 개개인의 노력으로 돌리고 말 수는 없다. 지탄의 대상으로 등장하지 않은 다른 모든 교수는 연구를 잘하고 있는 것은 아니다. 부적격자를 가려내는 장치만 잘 만들면 대학이 정상화될 수 있다고 안이하게 생각하지 말아야 한다. 상당한 정도로 널리 존재하는 차질이 표면화되었다고 보는 것이 마땅하다. 이 기회에 대학의 연구에 대한 일제 점검을 해야 한다.

여건이 미비하고 개선의 속도는 느린데 요구 수준은 급격하게 향상되어 파행을 가져오는 것이 전반적인 사태이다. 교수 수가 부족해 강의와 학생 지도의 부담이 과중하고, 사무직원이 우수하면 감당할 수 있는 업무를 교수가 맡아 시간을 허비한다. 연구시설이 부족하고, 도서관이 부실해 앞서나가지 못하게 막는다. 여건 개선을 위해 장기적인 전망을 세워 획기적인 투자를 하려고 하지 않고 평가를 더욱 엄격하게 하기만 하면 편법을 써서 이득을 보려고 하는 책동이 늘어나게 마련이다.

업적의 양보다 질이 더욱 소중하다는 데 대해서 반대할 사람은 없다. 그런데 질을 가려낼 만한 객관적인 척도가 없다는 이유로 수량적인 평가를 하는 것이 차질이 생기게 하는 직접적인 이유이다. 과학기술 분야의 연구업적은 논문을 발표한 학술지의 등급, 논문 수, 인용된 회수로 평가를 정확하게 할 수 있다. 인문사회 학문의 연구는 저서, 논문, 서평, 자료조사, 주석, 번역, 사전 편찬 등에서 다양하게 이루어지는 것이 어느 나라든지 다르지 않다. 양쪽의 차이점을 무시하는 관례가 우리나라의 경우에만 깊이 뿌리를 내리고 심한 횡포를 부려 학문의 균형 발전과 연구의 다양화를 망치고 있다.

자연학문 논문이 세계적인 학술지에 실리는 것만 자랑거리가 아니다. 인문사회 학문에서는 창조적인 내용과 가치를 제대로 갖춘 전작저서를 한 권이라도 쓰면 학자가 할 일을 다 했다고 평가하는 일반적인 기준을 우리도 갖추어야 한다. 후대까지 두고두고 애독할 만한 이 시대의 고전을 쓰는 것을 목표로 삼아야 한다. 외국어로 번역되어 널리 읽힐 인류의 재산을 마련하려고 노력해야 한다. 이것 또한 우리 학문 선진화의 길이다.

몇 가지를 보충한다. 초고를 쓸 때에는 "여유와 자발성이 창조의 조건이다"는 말이 있었는데 살리지 못했다. 연구 업적의 수량 평가를 일 년 단위로 하는 것이 아주 잘못 되었다. 전작저서를 여러 해에 걸쳐 쓸 수 있어야 한다. 즐거워서 하는 일이라야 잘 될 수 있다. 강제노동은 생산성이 떨어진다.

“사무직원이 우수하면 감당할 수 있는 업무를 교수가 맡아 시간을 허비한다”고 한 말에 설명이 필요하다. 대학행정 특히 연구행정의 전문가가 없어 교수가 대학이나 연구를 안다는 이유로 행정은 모르면서 일을 맡아 성과 없는 수고를 하는 폐단을 시정해야 한다. 대학행정 특히 연구행정 전문가를 양성하고 발탁해야 앞서 나가는 나라의 대열에 들어설 수 있다. 교수 가운데 일부가 전문적인 능력을 갖추고 보직에 전념하는 것이 이와 병행해서 채택해야 할 방안이다.

미국에서 하고 있는 과학기술 분야 업적평가를 같은 분야에서 그대로 받아들인 것은 잘못이 아니다. 그러나 같은 방식을 인문사회 학문 분야에도 적용하는 것은 미국에서는 하지 않는 일이다. 미국 것은 다 좋다는 이유에서 지나치게 숭상해 차질을 빚어낸다. 자연학문은 학문의 으뜸이므로 다른 분야에서도 따라야 한다는 사고방식이 개재해 사태를 악화시켰다.

문제의 상황

연구업적 평가는 교수의 신규채용, 승진, 재임용 등에 결정적인 작용을 해서 학문 발전을 좌우하는 영향력을 가진다. 평가의 기준을 대학에서 자율적으로 정하던 시대가 지나고, 한국학술진흥재단(이하 학진)이 하고 있는 학술지 등재를 평가의 척도로 삼게 된 것이 지금의 상황이다. 학술지 등재가 많은 부작용을 낳아 학문 발전을 저해하는 것은 거듭 지적되고 있는 바와 같다. 그러나 어떻게 해서 생긴 제도인지 알아야 문제점을 철저하게 검토해 시정할 수 있다. (학진이 한국연구재단으로 개편되면 잘못을 되풀이하지 않도록 하기 위해 이하의 논의를 전개한다.)

"SCI"라는 말을 흔히 듣는다. 그 말은 톰슨(The Thomson Company)이라는 미국 회사의 한 조직 약칭 "ISI"인 "Institute for Scientific Information"(과학 정보 기구)에서 제공하는 데이터베이스 "Science Citation Index"(과학인용 색인)의 약칭이다.(홈페이지가 http://www.isinet.com이다.) 영어 및 몇 개의 유럽 언어를 사용하는 자연학문 분야 학술지에 관한 정보를 제공한다. 논문의 제목, 집필자, 개요, 핵심어를 수록하고 있으며, 인용 빈도수를 잡지별, 논문별, 집필자별로 통계를 내서 제공한다. 사용료를 받아 막대한 수익을 올리고 있다.

"SCI"에서 다루는 학술지는 3,700종이다. 그것들을 흔히 "SCI 잡지"라고 한다. 그것만으로 부족해 "SCI Expended"(확장 SCI)라는 추가 목록을 만들고 5,900개를 취급한다. 그것들은 "SCI급 잡지"라고 일컬어진다. 취급 잡지를 선정하고 두 부류로 나눈 기준은 인용 빈도수이다. 인용 빈도수가 많은 잡지를 취급해야 수익을 더 올릴 수 있다. 인용 빈도수가 수익과 직결되는 가치이다. 잡지의 가치를 평가해 등급을 정하려 하지 않았다. 많이 인용되는 잡지가 좋은 잡지라고 한다면, 의도가 아닌 결과에서 질의 등급을 어느 정도 인정할 수 있는 근거를 제공한다.

"SCI" 사업이 잘 되어 수익이 많아지자 취급 영역을 넓혔다. 약칭 "SSCI"인 "Social Sciences Citation Index"(사회학문 인용 색인)를 만들어 1,700개의 잡지를 취급하고 있다. 약칭 "A&HCI"인 "Arts and Humanities Citation Index"(예술 및 인문학 인용 색인)를 만들어 1,130개의 잡지를 취급하고 있다. 자연학문 분야의 자료는 널리 이용되고, 사회학문이 그 다음이며, 인문학문의 경우에는 이용도가 낮다. “SSCI”나 “A&HCI”는 국내에 알려지지 않은 말이다. 해당 잡지를 지칭할 때 “SCI급 잡지”라고 하는 말을 사회학문에서는 더러 쓰지만, 인문학문의 경우에는 들어보기 어렵다.

그 쪽에서 하는 일과 학진에서 국내 학술지 등재 제도를 마련해 등급을 정하는 것은 공통점도 있고 차이점도 있다. 학술지를 취급 대상으로 하는 점이 같고, “SCI”와 “SCI Expended”를 구별하듯이 “등재학술지”와 “등재후보학술지”를 나누어, 인터넷을 통해 그 결과를 알린다. 학진 홈페이지에 2003년에는 등재학술지 201종, 등재후보학술지 484종이 올라 있더니, 2008년에는 그 수가 1052종과 530종으로 늘어났다.

그러면서 양쪽은 큰 차이가 있다. 그쪽은 미국 회사의 영업이고, 이쪽의 학진은 국민이 낸 세금으로 운영되는 국가기관이다. 그쪽은 자료를 제공하고 돈을 버는데, 이쪽은 학술지의 등급만 정하고 자료는 제공하지 않는다. 인용 색인을 작성해 제공하면 그 나름대로 도움이 되겠는데, 그런 일은 하지 않는다. 국가기관의 두 가지 특징, 권력을 부리는 것과 공익에 봉사하는 것 가운데 앞의 것만 하고 뒤의 것은 버려두고 있다고 할 수 있다.

그쪽과 이쪽은 수량화의 방법을 사용하는 공통점이 있으면서 그 내역은 거의 반대가 된다. 그쪽에서는 인용이 많이 된 연구자나 논문이 어떤 것인지 알려준다. 수량화를 질적 평가와 연결시키고자 할 때 유용하게 사용할 수 있는 정보를 제공한다. 그것은 자유경쟁의 원리이다. 이쪽에서는 필요한 정보는 알려주지 않고, 학술지의 등급만 정해, 등급 높은 학술지에 논문을 몇 편 실었는가 하는 수치를 연구자에 대한 평가 척도로 삼도록 한다. 학술지가 높은 등급을 얻은 이유는 확인할 수 없다. 개개의 연구자나 논문이 얼마나 인용되었는지도 알 길이 없다. 이것은 권위주의와 집단주의의 횡포이다.

학술지를 평가하려고 한다면, 대상과 목적을 학진의 업무에 맞도록 해야 한다. 발간비 지원을 신청한 학술지 가운데 지원할 것을 고르는 것은 고유한 업무 수행이다. 발간비 지원에는 학술지의 가치와 함께 발행처의 재정적 곤란을 당연히 고려해야 한다. 재정이 비교적 넉넉한 대학연구소는 지원하지 않아도 된다. 소수가 뜻을 모아 만든 연구회의 간행물도 특색이 뚜렷해 학문 발전에 상당한 기여를 한다면 지원하는 것이 마땅하다. 그쪽을 위한 예산을 별도로 배정할 필요가 있다.

학술지 발간을 지원하면서 대상으로 선정된 학술지가 일률적으로 우수한 학술지라고 하지 말아야 하고, 그렇게 잘못 알려지지 않도록 주의해야 한다. 학진은 지원기관이고 감독기관이 아님을 명심해 월권을 하지 말아야 한다. 지원과는 무관한 지금의 평가는 관료주의의 속성을 여지없이 폭로하는 부당한 간섭의 전형적인 본보기이다.

본말전도의 기현상

학진에서는 학술지의 등급을 심사해서 정한다. 심사 내역은 공개하지 않으니 심사 결과를 보고 말을 하자. 2003년도의 경우를 한 본보기로 들어보자. 등재학술지에는 『국어교육』, 『어문연구』, 『어문학』, 『한국언어문학』, 등재후보학술지에는 『국어국문학』이 있다. 대학연구소에서 내는 『대동문화연구』, 『동양학』, 『민족문화연구』도 등재후보학술지이다. 오랜 역사를 가지고 학문 발전에 크게 기여한 대학연구소 논문집 가운데 등재후보학술지도 되지 못한 것이 허다하다.

『어문학』과 『한국언어문학』과 『국어국문학』 사이에 차등을 두는 것은 납득할 수 없다. 『어문학』·『한국언어문학』과 『대동문화연구』를 비교해보면 평가가 잘못된 것이 더욱 명백하다. 모든 평가는 타당하게 이루어질 때 최소한의 의의나마 있다고 인정된다. 평가해서 순위를 정하지 말아야 할 것을 한다. 평가가 잘못되면 기여하는 바가 없고 폐해만 낳는다. 국가기관이 그런 일을 하는 것은 용납할 수 없다.

나타난 결과를 보면 분야 안배가 확인된다. 국어국문학과 외국어문학 여러 분야의 등재학술지 수가 대등하다. 학술지 수, 논문을 발표하는 학자의 수 같은 외형적인 조건마저 무시했다. 한 분야의 학술지가 많이 들어가면 다른 분야에서 항의를 할까 염려해 조정했다고 보지 않을 수 없다. 실상을 무시한 인위적인 평등을 행정편의주의의 속성에 맞게 만들어냈다.

선정한 학술지 수에 정원이 있어야 하는 것처럼 생각하고 하나가 들어가면 다른 것은 빠져야 한다고 한다. 추가하기만 하고 제외하지는 않으면 너무 많아져 곤란하다고 여기는 것 같다. 탈락될 수 있다는 위기의식을 조성해 경쟁을 부추겨야 발전이 가속화된다고 여겼다고 볼 수도 있다. 학술지의 운명이 수시로 변하게 해서 학문의 본질인 지속성 또는 일관성에 손상을 끼치는 횡포를 저지른다.

개개의 학술지가 어느 시기에는 들어가고 어느 시기에는 빠지니 인용 빈도수 통계 같은 것을 마련하는 것이 원천적으로 불가능하거나 무의미하다. 어느 학술지에 발표한 논문의 가치가 그 학술지가 등재된 시기인가 아니면 등재에서 빠진 시기인가에 따라 달라지게 했다. 업적 평가를 하는 기관에서 할 일이 아주 많아진다. 대강 하다가는 부정확하게 되어 피해자가 생기게 한다. 행정만능주의 때문에 행정 업무가 폭주하게 되는 사례이다.

학회의 회원 수, 회원의 지역적 분포, 투고 논문과 게재 논문의 상관관계 같은 것들이 중요시된다. 그런 것들은 학술지 자체에 나타나 있는 사실이 아니어서, 별도의 서류를 내서 입증해야 한다. 서류 잘 꾸미기가 당락에 가장 큰 영향을 준다. 학회 운영을 맡고 학회지를 편집하는 교수들로 하여금 연구할 시간을 희생하고 그 일에 매달리게 한다. 연구비를 받으면 연구하는 일보다 영수증 챙기는 데 더 많은 시간이 소요되게 하고, 거기다 더 보태 학회 일 때문에 연구를 더욱 소홀하게 한다.

수록된 논문의 질도 심사 대상으로 삼았다고 할 것인데, 누가 심사했는가 하는 것이 또한 문제이다. 연구 업적이 수준 미달인 사람들이 각종 심사에 참가하는 것이 학진이 하는 사업 전반에서 발견되는 커다란 폐단이라고 지적된다. 사람이 부족하고, 상피의 원리에 의해 심사대상과 심사자가 다르게 하려고 하니 어쩔 수 없다는 변명은 타당성이 없다. 심사자를 공개하고 기명의 심사소견서를 써서 발표하게 하는 것이 여러 형태의 심사에 모두 요구되는데, 심사자 익명제를 고집하면서 학진이 권한을 확대하고 횡포를 키운다.

지금까지 고찰한 바와 같이 학문의 내실과는 무관한 요건들이 모여 본질적으로 부당한 평가를 한다. 지원기관인 것처럼 위장하고 권력의 횡포를 자행하는 것은 더욱 용납할 수 없는 일이다. 제도의 내용이나 시행 방법을 부분적으로 시정해서 될 일이 아니다. 학술지 등재 제도를 당장 그만두어야 연구 활동이 정상화된다.

학술지 등급을 정하는 이유가 학회 발전을 유도하는 데 있다고 하는데, 결과는 그 반대이다. 학술지가 외형을 잘 갖추고, 심사 내역을 서류화하고, 더러는 수정을 요구해 논문을 다듬도록 하는 등의 효과가 있다고 평가할 것은 아니다. 그 때문에 치러야 하는 대가가 너무 크다. 잘못된 제도 때문에 본말전도의 기현상이 도처에서 벌어지고 있는 것이 심각한 문제이다. 학회는 허장성세를 일삼고, 학문은 내실을 잃는다.

학진의 등재학술지가 되려면 전국 규모의 대규모 학회에서 내는 학술지라야 유리하다. 그 때문에 지역의 특성, 구성원의 동질성을 자랑하는 소규모 연구회는 없어지고, 연구회라는 말은 쓰지 않으면서, 전국화·대형화의 경쟁을 벌이고 있다. 학회 이름을 거창하게 짓는 경쟁을 벌이고 있다. 특성을 나타내는 말은 다 빼고 전국, 전 민족, 온 세상의 한국어문학을 다 연구하는 것처럼 보이게 한다. 학과의 교수진과 졸업생들로 구성된 연구모임에서 내는 간행물이라도 위장술을 잘 쓰면 전국 규모의 학회지로 평가될 수 있다. 그런 성공사례가 알려지면 경쟁자들은 한 수 더 뜨는 방책을 강구한다.

학회를 만들고 운영하는 사람들이 잘못 한다고 책임을 전가하지 말라. 게재지가 높은 평가를 얻어 논문을 써 낸 보람이 커지기를 바라는 것은 성현이라도 거절하기 힘든 유혹이다. 그래서 논문 자체에 대한 평가를 제대로 할 수 있는 기회가 점점 줄어드는 것이 심각한 사태이다. 사는 동네를 잘 만나면 집값이 올라 부자가 되고, 좋다는 대학을 다니면 누구나 훌륭한 학생인 것처럼 보여 개개인의 진지한 노력은 필요 없다고 하는 잘못을 학문의 세계에까지 확대시키는 것을 그대로 둘 수 없다.

연합체 성격의 큰 학회도 있어야 하지만 진정으로 소중한 것은 작고 알찬 모임이다. 소수의 인원이 소규모의 연구회를 조직해 공통된 문제의식을 가지고 내실 있는 연구를 계속해 한 학파를 이루는 활동을 되살려야 학문이 제대로 된다. 한국고전문학회가 한국고전문학연구회였던 시절의 문제의식, 열띤 토론이 그립다. 지금의 제도를 없애야 그런 연구회가 계속 생겨나 알찬 활동을 하고, 부당한 간섭에서 벗어나 학문하는 사람들 사이에서 정당한 평가를 얻을 수 있다.

대학연구소 논문집을 학회지와 동일 기준으로 심사하는 것은 아주 잘못되었다. 연구소 논문집은 그 연구소 소속원들의 연구업적을 발표하는 것을 일차적인 임무로 한다. 그것이 정상이다. 투고한 논문을 심사해 불합격시킨 것이 많아야 한다는 주문은 연구소가 생산업체가 아닌 백화점이 되어야 한다는 것이어서 전혀 부당하다. 집필자가 한정되어 있고 주제가 다양할 수 없는 것이 연구소 논문집의 특징이다. 연구진이 구비되어 연구소 활동이 정상화될수록 그런 특징이 커진다.

학진에서 학술지 등급을 정하는 것은 어느 모로 보든 월권이고 횡포이다. 무리를 무릅쓰고 월권과 횡포를 저지르는 이유가 무엇인지 찾는다면 국가권력이 어떤 것인지 보여주어 지배력을 강화하자는 데 있다고 하는 것 외의 다른 말을 할 수 없다. 자유롭고 창조적인 활동에 대한 정부의 규제를 철폐해야 한다고 말은 많이 하고 그렇게 하는 척하기까지 하는 시기에, 교육인적자원부는 학진을 시켜 학문에 대한 규제를 더욱 강화하고 있다.

미국에서 ISI가 하는 사업은 자연학문 위주이고, 사회학문 쪽도 어느 정도 이용하기는 하지만, 인문학문 분야는 이용도가 낮고 영향력이 적다. 학진에서는 모든 분야 학술지를 일제히 획일적으로 평가한다. 그 결과가 학문 분야의 특성은 고려하지 않고 어느 분야든지 동일하게 적용된다. 한국의 학문을 일거에 바꾸어놓는다.

인문학문이나 사회학문 분야는 학회논문집보다 단행본이 더욱 중요한 업적임을 세계 어디서나 함께 인정한다. 그런 관례가 미국에서는 존중되고, 한국에서는 무시된다. 연구서뿐만 아니라 자료 집성, 주해, 번역 등을 어디서나 인문학문의 중요 업적으로 인정하는데, 한국에서만은 학술지에 발표하는 논문이 아니라는 이유에서 평가 절하한다.

자연학문은 몇 가지 고유한 특징이 있어 연구결과가 오직 논문으로 발표된다. 짧은 논문에 필요한 말을 다 쓸 수 있다. 연구결과의 수명이 짧아 출판이 빨리 되는 매체를 선택해야 한다. 세계 전체에 광범위하게 유포되어야 한다. 인문학문이나 사회학문은 그렇지 않아 연구결과를 논문으로 충분히 담아낼 수 없다. 논문은 부분 요약이나 예고편이다. 오랜 기간 동안 노력한 결과를 단행본으로 내놓고 긴 생명을 누리도록 해야 한다. 세계 학계에 내놓을 업적은 저서여야 한다.

소설에다 견주어 말하면, 한쪽은 잡지에 게재되는 단편을 쓰고, 또 한쪽은 전작장편에 주력한다고 할 수 있다. 우리의 인문학문이나 사회학문이 제대로 발전하지 못하는 것은 전작장편이 거의 없기 때문이다. 우리 소설의 특징은 단편이라고 하던 시대를 작가들은 넘어섰는데 학자는 아직 전환의 필요성마저 절감하지 못하고 있다.

연구비를 신청하고 사용하는 방식에서도 미국 자연학문의 관례를 한국의 모든 학문에 획일적으로 적용해 차질을 빚어내고 있다. 보조연구원을 써서 일을 시키라고 하고, 집필 수고료는 인정하지 않는다. 연구비를 받았으면 논문을 만들어 학회지에 내야 한다고 하며, 단행본 업적은 뒷전이다.

교수가 연구비를 받아오고 관리하는 사업주가 되어 대학원생에게 저임금을 주고 시간을 뺏어 혹사시키는 방식으로 연구를 진행하는 것이 자연학문에서는 불가피한지 나는 잘 모른다. 정부나 기업체가 운영하는 연구소에서 같은 연구를 하면 인건비가 많이 소요되므로 대학에 맡겨 교육을 빙자하고 노임을 착취하는 것이 잘못되었다고 길게 나무라지 않기로 한다. 자연학문 전공자가 아닌 것을 다행으로 여길 따름이다.

인문학문은 그런 방식으로 연구 경영을 하지 않아도 되는 장점이 있다. 그런데 자연학문의 방식을 함부로 끌어들여 인문학문을 망치고 있다. 인문학문 연구의 핵심을 이루는 고심하고 생각하는 작업을 보조원에게 맡겨서 할 수 있는 것이 아니다. 노동력보다는 시간이 필요하다. 시간을 확보해 혼자 하면 되는 일이 대부분이다. 내심에서 우러나는 자발적인 창조력을 얼마나 살릴 수 있는가에 따라 성과가 좌우된다.

연구비가 필요한 것은 자료를 구하기도 해야 하지만, 돈을 주고 시간을 사야 하는 것이 더 중요한 이유이다. 도서관에 책을 모으고, 강의나 잡무의 부담을 줄여주는 것이 연구비 지급과 같은 효과이다. 대학원생들에게도 시간이 생명이다. 지원하려면 일하는 데 동원해 시간을 빼앗지 말고 장학금을 지급해야 한다. 대학원생들도 교수를 보조하는 위치에서 벗어나 자기 연구를 하도록 해야 한다.

무엇을 잃고 있는가

ISI는 미국 회사가 하는 영업이고, 미국 사람들을 일차적인 고객으로 한다는 점을 잊지 말아야 한다. 세계적인 잡지를 취급한다고 하지만, 영어를 사용하는 잡지를 우선적으로 취급하고, 불어나 독어를 사용하는 잡지도 일부 포함시킨다. 한국에서는 미국이 세계라고 하는 것을 세계라고 여기는데 세계는 더 넓다.

일본학이나 중국학의 논문도 미국 잡지에 발표하면 우수 논문이라고 한다. 한국학에까지 같은 기준을 적용시킨다. 미국의 한국학 잡지에 논문을 내고, 한국학 전공자들로 구성된 학술회의에 참가해 영어로 발표하는 것을 큰 자랑으로 여기는 풍조가 생겼다. 미국이 모든 학문의 종주국이라는 그릇된 사고방식을 주입시켜 세계 학문의 판도를 실상과는 다르게 이해하고, 우리 학문의 주체적 성장을 저해한다.

논문을 발표 지면에 따라 등급을 가려 ISI에서 취급하는 잡지에 발표한 논문은 1등급, 학진 등재학술지에 발표한 논문은 2등급, 등재후보학술지에 발표한 논문은 3등급이라고 하고, 그 밖의 것들은 등외로 친다. 논문을 국내의 학술지에만 발표하는 분야는 등급이 가장 낮다고 한다. 등급별 논문 수 합계를 내면 연구업적 점수가 쉽게 나온다. 그 점수를 교수의 신규 채용, 승진, 재임용 또는 재계약, 보수 결정의 근거 자료로 삼는다.

이런 기준에서 보면 국어국문학이나 국사학은 등급이 가장 낮은 분야이다. 억울하면 출세를 하라는 말이 있듯이, 영어로 논문을 써서 ISI에서 취급하는 잡지에 발표해 유리한 평가를 받으라고 한다. 그러나 학문의 성격상 가능하지 않은 일이다. 강행하면 수준을 낮추기나 한다.

외국 유학해서 국어국문학이나 국사학을 공부하고 온 사람들이 깊이 있는 연구를 하지 못하고 있는 것이 예사인데, 그 이유가 개인의 특수한 성격이나 사정에 있다고 할 수는 없다. 한문이나 한국어 자료에 대한 논란을 한국어로 전개하면서, 한국의 학계나 대학에서 토론하며 성장할 기회가 없었던 결격사유는 힘들여 보충하지 않으면 계속 남는다. 사용 언어에도 문제가 있다. 한국문학에 관한 논문을 영어로 쓰는 것은 영문학 논문을 한국어로 쓰는 것만큼 노력에 비해 성과가 적다.

외국의 한국학계는 국내에 비해 전문성이 부족하고 수준이 낮다.

국내 학자들과 대등하게 연구하고 토론할 상대역을 찾기 어렵다. 이런 사정 때문에 대외적인 활동에 더욱 힘써야 한다고 하고 말 것은 아니다. 외국의 한국학자들을 주요 독자로 한 한국어 논저를 더 잘 써서 많이 읽도록 하는 것이 더욱 긴요한 작업이다.

한국학의 연구 업적을 외국어로 옮겨 비전공자나 입문자들의 이해를 얻는 것은 참으로 어려운 일이다. 질을 낮추는 것이 불가피하다. 한국어를 이해하지 못하는 사람들이 모인 국제학술회의에서 영어로 논문을 써서 발표할 때 국내의 논저에서 다룬 내용을 쉽게 이해될 수 있는 부분만 간추려 무식하더라도 알 수 있게 설명하지 않을 수 없다. 그런 것들이 영어로 출판된 학술지에 실렸다고 해서 명예로울 것이 없다.

내 논문이 외국의 학술지에 실리거나 단행본의 일부로 발표된 것들이 여럿 있다. 대외적인 활동을 내 나름대로 한 자취이다. 통용되고 있는 기준에 의하면 높은 점수를 받을 수 있다고 하겠으나, 한국어로 써서 국내에서 발표한 업적의 요약이거나 번역에 지나지 않는 이차적인 생산물이다. 외국에 발표한 논문이라야 대단하다고 하는 부당한 기준 때문에 손해를 볼 경우가 아니면 목록에 올리지도 않는다.

국어국문학 내부의 문제를 다루는 연구는 물론 비교연구에 관한 것들까지도 한국어를 사용해야 정확하고 풍부한 내용을 확보하고 알아듣고 토론을 벌일 독자를 만난다. 외국에 가서 강의를 하더라도 한국어를 사용해야 깊이 있는 내용을 전할 수 있어 실력 발휘가 가능하다. 그렇지 못한 수준 이하의 학생들을 상대로 외국어로 하는 강의는 노임이 탐나 감수하는 노동일 수는 있어도, 학문하는 사람이 보람을 느껴 사명감을 가지고 할 일은 아니다.

한국학을 전공하는 외국인 학자가 자기 나라 말로 써서 자기 나라에서 발표하는 논저는 대부분 헛것이다. 모두 부실하다고 여겨 나무라는 말이 아니다. 깊이 있는 내용이라면 이해하고 평가할 사람이 거의 없어 헛되다고 하지 않을 수 없다. 한국어로 써서 한국에 내놓아야 비로소 업적으로 인정되어 문제를 일으키고 논란의 대상이 될 수 있다.

같은 사람의 두 업적 Daniel Bouchez, *Tradition, traduction et interprétation d'un roman coréen, le Namjŏngki* (Paris: Centres d'études coréennes, Collège de France, 1984)와 D. 부셰, <구운몽 저작 언어 변증>, 『한국학보』 68 (서울 : 일지사, 1992)을 비교해보자. 앞의 저서는 말을 아는 사람은 내용을 모르고 내용을 아는 사람은 말을 몰라 독자가 거의 없는 것이 유감이라고 『국어국문학』 94 (국어국문학회, 1985)에 게재한 서평에서 내가 지적했다. 뒤의 논문은 한국어로 써서 한국에서 발표한 덕분에 격렬한 논란을 거쳐 평가할 의의가 있다고 인정되고 있다.

한국학에 머무르지 않고 외국과의 비교연구, 일반이론을 다시 정립하는 작업이라면 당연히 관심을 가진 외국학자들이 읽을 수 있는 형태로 내놓기 위해 힘써야 한다. 그런 내용의 논문을 한국학 분야가 아닌 국제비교문학회 같은 국제학술회의에서 발표하고 발표결과를 정리해서 출판하는 책에 실은 것은 업적이다. 한국어로 쓴 글이 따로 없어 그 자체가 원본이면 논문 목록에 올릴 수 있다.

외국학술지에 실린 논문이 으뜸이라고 하는 지금의 제도와 관행에서는 국내에서 우리말로 내놓은 단행본 연구업적은 홀대한다. 최상의 것이라도 논문 한 편에 해당하는 평가를 얻을 따름이다. 연구저서가 아닌 자료작업 단행본은 거의 무시된다. 국어국문학 발전에 결정적인 기여를 해온 다음 명저와 같은 것들을 다시 쓰는 사람이 등급 높은 학술지에 게재한 논문 편수 미달이라는 이유로 퇴출될 판국이다.

최현배, 『우리말본』
조윤제, 『조선시가사강』
양주동, 『조선고가연구』
백　철, 『신문학사조사』
고정옥, 『조선민요연구』
이숭녕, 『조선어음운론연구』

이런 저서가 ISI에서 취급하는 외국학술지에 발표한 논문 한 편만 못하고, 학진 등재학술지에 발표한 논문 한 편과 대등한 평가를 얻는다고 한다. 누가 힘든 일을 하겠는가? 그릇된 업적 평가 때문에 학문이 죽는다.

유창돈, 『이조어사전』
심재완, 『역대시조전서』
현용준, 『제주도무속자료사전』
김민수 · 고영근, 『역대한국문법대계』
김진세, 『완월회맹연』
조희웅, 『고전소설연구자료총서』

이런 사전, 자료조사, 주해 등의 작업은 투철한 의지, 고도의 수련, 오랜 노고의 산물이며, 학문 발전을 위해 반드시 필요한 기초작업이다. 그런데 논문 한 편에 상응하는 평가도 얻지 못한다. 누가 힘들여 하겠는가? 자료작업이 중단되면 국어국문학은 죽는다. 자료에서 출발하지 않는 공허한 논의, 남들이 연구한 것을 시비하는 데 그치는 논문이나 성행하면 민족문화의 계승과 발전에 막대한 지장이 있다.

자료 작업을 여러 사람이 함께 한 이런 업적은 논문 한 편에도 미달하는 점수를 참가한 사람 수에 따라 나누면 아무 일도 하지 않은 것과 같게 된다. 많은 수고를 하고 연구업적 미달의 판정이나 받는다. 아주 어리석은 사람이 아니고서는 할 짓이 못된다. 예외자는 언제나 있게 마련이라고 하고 말 수는 없다.

미국에서 실시하는 자연학문 방식의 업적 평가를 그릇되게 받아들여 잘못 실시하고 있어 국어국문학은 말라죽을 위기에 빠져 있다. 그렇다고 미국을 나무랄 것도 아니다. 미국에 책임을 전가하는 것은 어리석다. 미국을 잘못 흉내 내다가 나라를 망치는 작태가 문제이다. 그런 작태의 수많은 사례 가운데 여기서 거론하는 것이 심각한 정도에서 상당히 상위에 해당한다.

어떻게 하면 우리 학문을 살릴 수 있는가? 우리 학문의 위기가 더욱 가중되는 지금의 상황을 그대로 두고 볼 수 없다. 국어국문학은 최대의 피해자라면서 신음하고 있지 말고, 살아나기 위해 앞장서서 다른 여러 학문까지 일깨워야 한다.

독자적인 업적 평가 기준을 마련해 시행하도록 하는 것이 그 선결과제이다. 국어국문학회가 이 일을 맡을 수도 있고, 여러 학회가 함께 하는 공동작업을 선도할 수도 있다. 논의만 하고 말지 않고, 자립 노선을 택해 주체적인 제도를 마련하는 데 이르러야 한다. 학계의 중지를 모아 최상의 해결책을 마련해 정부와 대학 양쪽에 제시하고 잘못을 시정하게 해야 한다.

시야를 확대하자

그렇게 하기 위해서 도움이 되는 논의를 더 하자. 미국의 제도나 관습을 받아들이려면 인문학문이나 사회학문에서는 어떻게 하는지 알아야 한다. 그런데 미국에는 참고할 만한 것이 정리되어 있지 않다. 경우에 따라 달라 무어라고 일반화하기 어렵다.

시야를 확대하자. 미국과는 다른 유럽의 전례를 참고하는 것이 도움이 되는 대안이다. 미국은 학문 발전까지도 민간의 자유경쟁에 맡기지만, 유럽은 국가에서 정책을 세우고 예산을 지원해 관리한다. 우리는 국가 관리 방식을 택하고 있으면서 미국식 자유경쟁으로 전환하겠다는 가능하지 않고 실효성이 없는 주장을 되풀이하면서 혼란을 일으키고, 담당 기관의 직무 유기나 직무 배신을 합리화한다. 미국의 전례만 들먹이지 말고 유럽의 경우를 살피자.

독일에서는 오래 전부터 실시하고 프랑스에서는 1998년에 채택한 제도를 보자. 박사학위를 받고 연구와 교육에 상당기간 종사한 사람이 "연구지도 자격"(habilitation à diriger les recherches)을 획득하도록 하는 것이다. 이 제도가 우리 문제를 해결하는 지름길을 제공한다고 보고 자세한 논의를 하기로 한다.

그 두 나라를 위시한 유럽 여러 곳에서는 교수(professeur)는 정교수만을 의미한다. 그 하위직을 독일에서는 강사(Dozent), 프랑스에서는 강의장(maitre de conférence)이라고 한다. 하위직에서 상위직인 교수로 올라가기 위해서는 "연구지도 자격"을 얻어야 한다. 박사학위 논문은 교수라야 지도할 수 있으므로 그런 용어를 쓴다. 프랑스에서는 전에 국가박사(docteur d'état)를 얻으면 그 자격을 가졌는데, 독일의 제도를 받아들여 새로 입법화했다. 새로운 제도가 더 잘 정비되어 있어 프랑스의 것을 들기로 한다.

연구지도 자격 획득은 국가에서 관장하는 제도이다. 공인된 심사위원의 심사를 거쳐 인정된다. 대학 단위로 승진을 결정하지는 않는다. 자격을 가진 사람을 교수로 초빙하는 것은 대학의 재량이다. 공개모집이 아닌 초빙의 방식을 사용하고, 당사자와 대학이 채용 조건을 협상한다. 임용과는 다른 계약의 진면목을 보여준다.

독일의 경우에는 하위직에 재직하고 있던 사람이 상위직의 자격을 얻어 그 대학에서 승진하지 않고 다른 대학에 초빙되어 자리를 옮기는 것이 관례이다. 교수로 재직중인 사람을 다른 대학에서 초빙해갈 수 있다. 어디서 초빙했는데 가지 않았다는 것을 이력서에 쓴 것도 보았다.

연구지도 자격 획득 희망자는 상당한 분량과 내용을 가진 연구업적을 제출해야 한다. 일관된 주제를 다룬 연구서인 것이 원칙이다. 자료연구도 포함하는 것은 물론이다. 서로 관련된 내용의 논문을 10편 이상 모아 책을 만들 수도 있다. 출판되지 않은 원고본을 제출할 수도 있다. 공인된 심사위원이 학계의 중지를 모아 가치를 인정한다. 업적의 양은 무시하고 질만 평가한다.

연구비 지급 방식이 우리와 다른 점도 말할 필요가 있다. 프랑스에서는 출판된 저서 한 권을 대학에 제출하면 심사해 사후연구비를 준다. 논문은 지원 대상에서 제외된다. 저서 외에 다른 서류는 내지 않는다.

연구지도 자격을 얻는 제도는 미국 대학의 평생계약(tenure)과 유사하지만 차이가 있다. 대학 단위가 아닌 전국 단위로 자격을 결정한다. 연구지도 자격을 얻지 못한 사람도 하위직에서 정년퇴임 때까지 근무할 수 있다. 계약이나 재임용에 의해 중간에 내보내지는 않는다. 이른바 시장의 유연성이 확보되어 있는 미국에서는 대학을 옮겨서 계약을 다시 할 수 있는 기회가 많지만, 유럽만 해도 그렇지 않다. 우리는 유럽보다 교수 시장 규모가 더 좁고 고용 관행이 더욱 보수적인데 미국식 재계약 제도를 택한 것이 애초에 무리이다. 계약이라는 개념 자체가 왜곡되어 미국에서 볼 수 있는 효과는 없고 교수 임명권자의 횡포만 자아낸다.

위에서 말한 제도를 우리가 받아들이면 몇 가지 이점이 있다. 학문의 역사를 바꾸어놓는 기념비적인 업적이 계속 나올 수 있다. 등급 높은 잡지 여기저기에 논문을 많이 내서 수량적인 평가를 얻으려 하지 않고 모든 노력을 집중해 단행본 대표작을 쓰려고 하는 바람직한 변화가 일어날 것이다. 위의 명단에서 제기한 것과 같은 역저를 다음 세대도 이룩한다. 그래서 학문의 발전과 출판의 발전을 함께 이룩할 것이다.

부수적인 효과는 교수 승진에 대학 재단이나 대학 운영자가 부당하게 개입할 소지가 줄어드는 것이다. 공인된 자격을 가진 사람이라야 상위직에 임용할 수 있으므로 횡포를 부리기 어렵다. 유자격자를 힘써 찾아 초빙하지 않고서는 대학의 수준을 유지할 수 없게 된다.

또한 교수 공채제도도 달라질 수 있다. 하위직은 현재와 같이 자유경쟁에 의한 공개채용을 하고, 상위직인 교수는 초빙하는 것이 마땅하다. 자기 대학의 후보를 승진시키는 것도 초빙이다. 초빙은 경쟁이 아니고, 최적임자를 정해 좋은 조건을 제시하고 모시는 것이다. 자기 대학의 하위직이 승진에 필요한 자격을 갖추지 못했으면 상위직을 외부에서 초빙해야 한다. 그렇게 하는 것을 하위직이 반대할 수 없다.

대학의 전임이 된 사람이 누구나 대단한 업적을 내고 교수가 되는 것은 아니라고 생각해야 한다. 하위직이 할 일도 많이 있다. 승진을 하지 못해도 하위직의 임무를 계속 성실하게 수행하면 정년을 보장하는 것이 바람직하다.

대책 제안

업적 평가를 잘해야 하는 것은 교수 채용과 승진의 척도가 되기 때문이다. 척도가 잘못 되면 모든 것이 어긋난다. 척도를 바로 하는 새로운 제도를 위의 논의를 종합하고 필요한 논의를 보태 제안한다.

박사학위 취득자를 대상으로 상위 자격에 해당하는 교수 자격 인증 제도를 실시한다. 박사학위는 국내외의 것을 가리지 않는다. 교수 자격 인증은 국어국문학의 경우에 외국에서 받은 것이 있어도 인정하지 않는다. 교수 자격 인증을 받아야 부교수로 초빙되고 교수로 승진할 수 있다. 교육경력은 묻지 않고, 초임에 부교수가 될 수 있다.

이 자격을 가지지 않으면 조교수까지만 승진하고 정년퇴임하게 한다. 연구 업적은 중요시하지 않고 잘 가르치면 정년까지 일하는 데 지장이 없도록 한다. 잘 가르치는 교수가 많이 필요하고, 그렇게 하는 것이 적성인 사람이 연구에서 보람을 찾는 사람보다 다수라는 사실을 당연하다고 받아들여야 한다.

초기에는 학회에서 정년이 5년 미만 남은 교수 가운데 적임자를 심사위원으로 추천하고, 장차는 자격을 이미 얻은 사람들이 호선한다. 정년 5년 미만의 조건이 왜 필요한지 아래에서 설명한다. 심사는 공개로 진행한다. 발표 일자와 장소를 사전에 공고하고, 개요 발표, 심사위원과의 문답, 심사 결과 판정을 누구든지 참관할 수 있게 한다. 심사용 업적은 전작저서이면서 연구사에서 획기적인 의의를 가진다고 평가되는 것을 바람직한 조건으로 한다.

박사학위를 가지면 다른 업적이 없어도 공개채용에 의해 전임강사가 될 수 있다. 전임강사에서 조교수로 승진하는 데 필요한 업적은 위의 조건에 다소 미달한 저서일 수도 있고 논문일 수도 있다. 저서이든 논문이든 외형이나 수보다 질을 우선적으로 고려한다. 발표지면은 고려하지 않는다. 부교수가 교수로 승진하는 데 필요한 업적은 교수 자격 인증에 필요한 업적과 동일 또는 그 이상 수준의 저서여야 하고, 심사는 교내에서 할 수 있다.

이 제도는 업적 평가와 연구비 지급을 연계시킨다. 교수 자격 인증, 교수 승진 심사에 통과된 업적에 관해서는 충분한 액수의 연구비를 사후에 지급한다. 자료조사에 소요된 경비, 자료 구입비를 상한선 없이 전액 지급한다. 교수 자격 인증 업적의 연구비는 학진에서 지급한다. 교수 승진 업적의 연구비 지급처는 특별히 한정하지 않고 여러 문화재단이 참여할 기회를 준다.

그 둘과 별도로 이루어진 사전, 자료조사, 번역과 주해 등의 자료작업에 관해서도 학진이 우선적으로 연구비를 지급한다. 이 경우에는 전도금을 받아 사용하고 업적 출간후 정산하게 한다. 개별논문에 관한 연구비도 다수의 경비가 소요되는 자료작업이 필수적일 때 우선적으로 지급하고, 전도금을 받아 정산하는 방법을 사용한다.

부교수 이상만 대학원 강의를 하고 학위논문 지도를 할 수 있다. 부교수 이상이 3인 이상 있어야 해당 전공 분야의 대학원을 개설한다. 결격 사유가 생기면 대학원 신입생 모집이 중단된다. 재학중인 학생들이 일제히 중퇴하지 않고 졸업을 할 수 있게 하려면 다른 대학에 위탁하고, 다음에 말할 잔여기간 유자격자가 강의와 논문지도에 참여한다.

과도적인 조처로 정년이 5년 미만 남은 교수는 대학원 교육 유자격자로 간주하고, 정년이 더 남았으면 5년 이내에 새 제도에 의해 자격을 획득하도록 한다. 5년 뒤에 새 제도를 전국에서 일제히 시행한다.

이 제도는 업적과 승진을 직접 연결시켜, 최상의 업적을 이룩하도록 하는 것이다. 더 많은 업적을 발표한다고 해서 평가가 향상되는 것은 아니다. 업적의 수량보다 질이 우선하는 원칙을 철저하게 지킨다.

이 과정을 다 거친 사람이면 필생의 업적이라고 할 수 있는 주저 두 권을 이룩한다. 그 업적이 학문 발전에 획기적인 기여를 하고, 출판물의 수준 향상에 기여하고, 외국에서 번역되어 소개되는 문화수출품으로도 큰 기여를 할 것으로 기대한다.

끝으로 강조해서 말할 것은 연구의 본질이다. 우수한 연구 업적은 재계약을 못해 굶어죽을지도 모른다는 강박관념에서 나오지 않는다. 생계 걱정을 하지 않고 시간 여유를 누리면서 내심에서 우러나는 자발적인 욕구를 살려 오랫동안 힘쓴 결과라야 학문의 역사를 바꾸어놓는 가치를 가진다.

이렇게 하는 것은 애초에 불가능하게 하고서, 심사를 잘 해 좋은 것을 골라내는 제도를 마련하는 데 온통 힘을 기울이니 잉태하지 않은 아이를 낳으라는 것과 같다. 업적의 양보다 질을 존중해야 한다고 거듭 주장하고 수많은 대책을 마련해도, 지금 말한 사실을 무시하면 아무 소용이 없다. 할 수 있는 일을 해야 한다.

토론

❑ **문** : 교수 승진을 위한 새로운 제도가 실현될 가능성이 있는가?

❑ **답** : 전국에서 일제히 실현될 가능성은 적다. 정부의 지시로 한꺼

번에 추진한다면 내용이 변질되고 부작용이 클 수 있다. 어느 대학에서 스스로 결정해 먼저 시행하는 것이 바람직하다. 요즈음은 한 대학 안의 단과대학이 독자적인 규정을 만들 수 있다. 어느 대학 인문학대학 교수들이 새로운 제도에 의해 승진을 해 모두 전작저서가 있다면 얼마나 자랑스럽겠는가. 부교수 승진을 할 때 전작저서 한 권만 내게 하고 논문은 불문에 붙이면, 상당한 기간 동안 여유를 가지고 보람 있는 작업을 할 것이다. 그 덕분에 교수가 빛나고 대학이 빛나, 다른 곳들에서 본받고자 할 것이다.

❑ **문** : 교수가 학생과 개인적인 관계를 가지고 박사논문 지도를 하는 것은 도제제도의 폐단이 있지 않는가?

❑ **답** : 지도하는 교수의 자격이 공인되고, 학생이 스스로 교수를 선택하므로 폐단을 염려할 것은 아니다.

❑ **문** : 학생만 교수를 선택하는가?

❑ **답** : 교수 또한 학생을 선택한다. 자기가 지도할 수 있는 분야를 연구하고, 박사논문을 쓸 능력이 있다고 판명되어야 지도를 하기로 한다. 지금 국내에서 실행되고 있는 제도에서는 무엇을 공부하려고 하는지, 누가 지도를 할 수 있는지 따져보지 않고 입학이 이루어져 학생이 지도를 받지 못하고 사실상 독학을 해야 하는 경우가 허다하다.

❑ **문** : 그런 경험이 있는 사람이다. 박사학위를 취득했으나 지도를 받지 못하고 심사위원들도 논문 내용과 거리가 멀었다. 이런 불행을 어떻게 막아야 하는가?

❑ **답** : 바로 그것이 대학원 교육이 부실한 또 하나의 기본 이유이므

로 반드시 바로잡아야 한다. 알기 쉬운 비유를 들어 말해보자. 유명하다는 소문을 듣고, 또는 이용하기 편리하겠다고 여겨 밥 먹을 식당을 고르듯 대학원 진학을 결정하고 낭패를 보는 일이 허다하다. 냉면 집에서 비빔밥을 먹겠다고 하는 격이 되고 말 수 있다. 아무리 큰 식당이라도 모든 음식을 다 갖출 수 없듯이, 필요한 분야를 빠짐없이 지도할 교수진을 갖춘 대학은 있을 수 없다. 대학원 대학을 따로 만들면 해결할 수 있는 문제가 아니다. 어떤 음식을 파는 식당인지 밖에다 써서 붙이듯이, 어느 대학의 대학원이든 특성화된 분야를 명시해 학생이 잘 알고 입학하도록 해야 한다.

❑ 문 : 그렇지만 교수진이 바뀌면 특성화한다고 한 것이 헛될 수 있다. 지도하던 교수가 없어져 학생이 허공에 뜨는 일이 자주 있다. 이에 관한 대책은 무엇인가?

❑ 답 : 독일이나 프랑스에서 하고 있는 방식을 들어 대답을 삼기로 한다. 교수가 지도받기를 희망하는 학생을 받아들이면 입학이 이루어진다. 다른 절차는 없다. 학생은 그 교수의 학생이다. 교수가 대학을 옮기면 학생도 따라간다. 교수와 학생의 관계에서 특성화가 보장되어 있다.

❑ 문 : 미국은 어떤가?

❑ 답 : 미국에서는 대학원 교육에서도 인간관계보다 공공조직을 중요시한다.

❑ 문 : 미국 제도가 더욱 발전된 것이며 경쟁력이 크지 않는가?

❑ 답 : 단순 비교는 가능하지 않다. 미국은 소종래가 각기 달라 서로 믿기 어려운 사람들이 법규에 의해 조직을 만들어 움직이게 된 별천지이다. 그 나름대로 특수성이 있다. 우리 사회는 미국과 다르고

유럽과 상통한다. 인간관계가 우선인 전통을 무시하고 미국처럼 법규에 의거한 공공조직으로 움직이려고 하니 차질이 생긴다. 미국 제도의 장점이 권력의 횡포로 바뀌고 비능률의 원인이 된다.

제3강 연구기관의 허실

무엇이 문제인가

연구는 교육을 이끌어야 한다. 연구를 발전시켜 교육의 향상을 이룩하도록 지원하는 것이 국가의 임무이다. 그런데 우리의 경우에는 교육은 지나치다고 할 정도로 중요시하면서, 연구는 제대로 돌보지 않고 대학교육의 부수적인 영역으로 여기기나 한다. 아무리 열을 올려도 교육이 제대로 되지 않는 이유가 바로 여기에 있는 줄 모른다.

대학 교수가 과도한 강의 부담을 안고 가르치는 여가에 연구를 하도록 하고, 연구교수는 두지 않으며 연구기관을 별도로 만들지 않았다. 이것은 교수를 창조자가 아닌 전달자로, 연구를 생산업이 아닌 수입업으로 여기도록 하는 처사이다. 최신 연구물 수입 대리점을 만들어 판매 수익을 올리는 교수를 가장 높이 평가하고, 학문의 대외 의존도를 높이는 것이 선진화의 길이라고 착각한다.

연구기관이 없는 것은 아니다. 여기저기서 만들어 외형은 어느 정도 갖춘 것처럼 보이지만 내실이 문제이다. 자연학문이나 기술 분야 연구소는 판가름할 능력이 없어 함께 다루지 못하고, 한국학 분야의 연구소를 몇 개 들어 실상을 고찰하기로 한다. 대강 알고 잘못 판단하는 잘못을 저지르지 않기 위해 최대한 노력한다.

한국학중앙연구원

지금은 한국학중앙연구원이라고 하는 곳이 1978년 6월에 한국정신문화연구원이라는 이름으로 창립되었다. 정문연이라고 약칭되었으므로 이 말을 사용하기로 한다. 정문연은 대한민국 건국 이래 처음 생긴 대단위 연구기관이다. 박정희 대통령이 직접 특별한 관심을 가지고 설립을 지시했다. 서울서 그리 멀지 않은 곳인 경기도 성남시 운중동 풍광이 수려한 곳에 전통적인 양식을 살려 지은 우람한 건물에 자리잡아 위엄과 부러움을 자아냈다.

그런데 정문연은 처음부터 두 가지 성격을 함께 지녔다. 하나는 한국학을 하는 연구기관이었다. '國學의 본산'이라는 말로 그 성격을 나타냈다. 그러면서 다른 한편으로는 국민정신 교육기관이라고 표방했다. 국민이 마땅히 갖추어야 할 정신을 교육한다고 하면서 박정희 정권의 통치를 정당화하고 반대 운동을 막기 위한 연수기관 노릇을 했다.

한국학 연구기관일 수 있는 여건을 마련했다. 그 당시로서는 거액이라고 할 수 있는 연구비를 지급해 한국학의 여러 분야 연구에 사용하도록 했다. 한국학대학원을 설립해 필요한 전공을 두루 갖추었다. 도서관을 크게 짓고 창경궁 藏書閣에 있던 고도서를 옮겨왔다. 고문서 수집 사업을 시작했다. 한국학을 하는 외국인 학자들을 초청하고 국제학술회의를 열었다.

그러나 돈과 사업은 있어도 사람은 없었다. 자체 연구진을 갖추지 않고 대학에 재직하고 있는 교수가 파견되어 근무하는 방식을 택했다. 한두 해 동안 파견 근무를 하다가 돌아가게 되어 있어 연구비를 나누어 주면서 연구를 관리하는 데 그치고 스스로 연구하지는 않았다. 파견근무를 교섭 받고 대학에서 맡고 있는 복잡한 임무에서 벗어나 연구에 전념할 수 있는 기회를 얻어 다행이라고 할 것은 아니었다. 연구자가 아닌 관리자가 필요했다. 정문연이 연구진흥기관이기나 하고 연구기관은 아니었다.

한국학대학원 교수는 별도로 두기로 해서 인류학의 강신표, 국사학의 이성무와 함께 국문학의 조동일이 옮겨갔다. 여러 분야의 교수를 널리 초빙하기로 하는 계획을 세웠으나 실현되지 않았다. 정문연이 국민정신교육기관이어야 한다는 쪽에서는 대학원이 커지는 것을 원하지 않았다. 잘못 만들었으므로 문을 닫아야 한다고 주장하기도 했다.

정치학이나 그 인접분야를 전공하는 파견교수들은 정문연이 국민정신교육기관이어야 한다고 주장했다. 연구비 책정에서 당장 필요한 정책 연구를 중요시해야 한다고 했다. 대학원 개편을 주장해 국민윤리학과와 국사학과만 남기자는 공작을 성공시켰다. 국민정신교육에 필요한 정책 연구는 연구비를 지급해도 결과가 잘 들어오지 않았다. 들어와도 관심을 끌 만한 것이 아니었다. 국민윤리학은 학문으로 평가되지 못했다.

국민정신교육이나 국민윤리 대신에 이데올로기 비판, 정치 교육이라는 말도 썼다. 말을 바꿀 때마다 사람이 더 필요하다고 했다. 새로운 방법으로 새로운 대응책을 만들면 정권에 대한 불신을 잠재울 수 있다고 하면서 일자리를 만들었다. 전두환 정권이 어려움을 겪고 있어 그런

공작이 쉽게 성공할 수 있었다. 대학에서 파견되지 않고 정문연에서 직접 채용하는 연구원이 생겨나기 시작해 국민정신교육 쪽의 인원이 계속 늘어났다.

파견교수 제도를 그만두고 전임 연구원만 두도록 하며, 대학원 교수라는 이유에서 누구나 교수 직함을 가지도록 하는 제도를 중간에 만들었다. 당연한 조처이지만, 누구를 발탁하는가가 문제였다. 국민정신교육을 위해 반드시 필요하다는 사람들도 연구나 교육 능력을 묻지 않고 모두 대학원 교수가 되었다.

한국학 쪽은 인재난이었다. 이미 평가를 얻은 학자들은 대학에서 옮겨오는 것을 기대하기 어려웠다. 지위가 불안하고 장래가 불투명하다고 여기는 것이 문제였다. 나중에 공채를 해서 어느 정도 구색을 맞추었으나 대학원 교육을 담당할 만한 경험이나 업적은 없는 것이 예사이다.

한국학대학원이 처음 생길 때에는 다른 곳의 대학원은 유명무실한 곳이 많았다. 학생이 부족하고 강의를 제대로 하지 않았다. 시간이 흐르는 동안에 다른 곳의 대학원은 충실해지고 있는데, 한국학대학원은 교수진이 열세여서 쇠퇴 과정에 들어섰다. 장학금이 큰 혜택이고 매력이었는데, 정문연 예산이 전반적으로 삭감되는 탓에 이제 사정이 달라져 등록금과 기숙사비를 내야 한다.

노태우 시대까지의 군사정권은 정문연을 그 나름대로 지원하면서 이용하려고 했다. 김영삼 이후의 민주정권은 정권 옹호를 위해 정문연이 필요하지 않다고 여기고 연구기관의 육성에는 관심이 없었다. 예산을 삭감해 기능을 축소하는 방향으로 나아갔다. 김대중 정부 시절에 더 큰 타격을 받았다. 국민정신교육 기관의 성격을 버리고 한국학 연구기관이기만 해야 한다는 오랜 주장이 노무현 정부 시절에 실현되어 이름을 한국학중앙연구원으로 바꾸었다. 그러나 연구 역량이 모자라는 결정적인 결함을 시정할 방도가 있는지 의문이다.

한국학중앙연구원의 과거는 실패의 연속이어서 뼈아픈 교훈을 남겼다. 국운이 비색해서 모처럼 만든 연구기관을 망치다시피 했다. 잘못을 바로잡으려고 분투한 사람은 극소수이고 안팎에 지지자가 없었다. 대다수의 학자들은 방관하면서 빈정거리기나 했다. 한국학중앙연구원으로 재출발하고 과거를 청산할 수 있을지 염려된다.

조사 연구

정문연에서 대규모 사업을 수행해서 낸 성과에 『한국구비문학대계』와 『한국민족문화대백과사전』이 있다. 이런 업적이 있는데 잘못했다고 나무라는 것은 부당하다고 할 수 있다. 그러나 내막을 알고 보면 참담하다. 실패로 돌아가지 않을 수 없는 것을 겨우 살렸다. 내가 직접 한 일이어서 자세하게 보고하기로 한다.

정문연을 만들었을 때 어문연구실장을 맡은 유창균 교수가 어떤 연구 사업을 하면 좋겠는가 물어 전국구비문학 조사를 하자고 했다. 이 제안이 채택되어 우선 몇 가지 준비를 했다. 1979년 1월에 『구비문학』이라는 잡지를 창간하고, 1985년 2월에 제8집까지 냈다. 1979년 7월에는 『구비문학조사방법』을 만들어 냈다. 계획을 작성하고 조사를 시작할 때 경주시 일대를 맡아 세 권의 보고서를 내놓았다.

영남대학에서 정문연으로 옮겨간 뒤에는 실제 조사에 참가하지 않고 사업 진행을 기획하고 총괄하는 일을 맡았다. 원내의 사람에게는 제도상 조사비가 지급되지 않아 밖으로 나갈 수 없었다. 설화 분류에 관한 시안을 만들어 몇 차례 협의회를 가지고 『구비문학』에 발표해 의견을 수렴해 수정했다.

조사한 자료를 『한국구비문학대계』라는 이름으로 내기 시작해서 1988년에 82권으로 일단 완간했다. 조희웅, 서대석, 성기열, 김선풍, 김영진, 인권환, 박계홍, 최래옥, 박순호, 지춘상, 이현수, 최덕원, 최정여, 임재해, 정상박, 김승찬, 현용준 등이 조사위원 및 공동조사위원, 그리고 더 많은 수의 조사보조원이 참여해 노력한 결과이다.

82권의 분량으로 간행된 자료는 전국 시·군의 약 4할인 60곳을 조사한 결과이다. 계속해서 전국 시·군을 모두 조사하기로 하고, 월남한 인사들을 대상으로 이북의 구비문학까지 조사하고자 했다. 그런 꿈은 실현되지 않았으며, 원래 계획한 사업을 마치는 데에도 많은 장애가 있었다.

정문연이 국민정신교육 기관이어야 한다는 쪽에서는 구비문학 조사를 두고 불필요한 일을 해서 예산을 낭비하는 표본이라고 했다. 그런 소식이 들려도 굽히지 않다가 일이 한 번 크게 벌어졌다. 당시 이규호 문교부장관이 정문연으로 와서 고병익 원장의 사표를 받고, 1982년 1월에 정재각 원장이 취임하도록 하면서 구비문학 조사를 중단해야 한다고 했다.

완강하게 반대하다가 뜻을 이루지 못해, 예산을 아껴야 하는 것이 이유라면 사업 규모를 축소해서라도 명맥은 잇게 해달라고 간청했다. 규모를 축소하고, 외부 출판사에 출판을 맡겨 출판비를 전액 절약하자는 쪽으로 결론이 났다. 연구원의 다른 출판물과 함께 『한국구비문학대계』의 출판도 고려원이 맡아 갔다. 고려원은 출판 종수가 많은 것을 자랑하다가 몇 년 뒤에 부도가 났다.

1983년 2월 유승국 원장이 취임하고서 다시 구비문학 조사를 중단해야 한다고 했다. 관계 당국이 이미 확고한 방침을 세워 시달하고 있어 재론이 불가한 것처럼 말했다. 그래도 굽히지 않고 다시 대들고 빌고 해서 계속 진행했다. 불행한 소식이 전해질 때마다 조사위원들은 더욱 분발했다. 동지애를 지닌 결속이 다져지고, 사명감이 고양되었다. 조사하고 원고를 쓰는 일을 더 열심히 했다.

1979년에 시작해 1984년까지 제1차 5개년 계획에 의한 조사를 마치고, 1985년에는 『한국구비문학대계』 1차분을 완간하는 것이 원래의 계획이었다. 그런데 규모를 축소하고 예산을 줄인 탓에 3년이 늦어져 1988년에야 일단락 났다. 그 뒤에 다시 제2·3차 5개년 계획까지 실행해 전국의 자료를 모두 조사하고, 후속 작업을 완료하고자 하는 것이 처음의 의도였으나 제안조차 가능하지 않았다.

『한국구비문학대계』에 수록된 자료를 분류하고 색인을 만드는 작업을 이어서 해야 했는데, 예산을 책정하기 어렵고 내가 정문연을 떠나 서울대로 옮겼기 때문에 많이 늦어졌다. 1989년에 이르러 『설화분류집』, 『설화색인집』, 『민요·무가분류집』이 출간되었다. 앞의 둘은 내가, 『민요·무가분류집』은 박경수와 서대석이 담당했다.

조사 결과는 수많은 석·박사학위 논문의 자료가 되고, 구비문학 연구를 활성화하는 데 크게 기여했다. 설화를 이용해 읽을거리를 만들고, 흥미로운 개작을 하는 데 널리 이용되고 있다. 2000년대에 들어서는 정부가 앞장서서 힘써 만들어야 한다고 다그치는 문화콘텐츠라는 것을 위한 최상의 자료이다. 잘 이용하면 정보화시대에 필요한 창조물을 만들어 외국에 팔아서도 큰 수익을 올린다고 한다.

『한국구비문학대계』가 예산 낭비의 표본이라고 나무라는 쪽에서 연구비를 주고 쓰라고 한 논문은 몇 해가 지나도 결과가 나오지 않는 것이 예사이다. 결과가 나올 때 이미 시효가 끝난 것이 대부분이다. 읽을 사람이 없어 원천적으로 무효이기도 했다. 『한국구비문학대계』를 헐뜯는 말을 너무 많이 들어 길게 논하지 않을 수 없다.

어느 대통령의 시책을 특수한 정치적 상황에 맞추어 옹호하는 글을 대통령이 바뀌어 구호가 달라졌을 때 써내는 것은 전형적인 뒷북이다. 돈만 받고 그런 뒷북 소리도 내지 않은 채, 이어서 다음 돈을 또 받는 전문 하청업자들이 허다했다. 국민정신교육, 국민윤리, 이데올로기비판 등으로 이름을 바꾸면서 더욱 신통한 약을 만들겠다고 했다.

자기네에게 돈을 주면 학생 데모를 없애고, 민주화를 요구하는 항거를 잠재울 수 있고, 정부 시책을 적극 지지하도록 만들겠다고 한 것이 모두 벌어먹기 위한 사기술이었다. 얼빠진 소리를 하면서 집권자를 현혹시켜 알량한 이익을 챙기기나 했다. 정문연을 그런 기관으로 만들려고 책동하면서 국학을 원수로 여겨 몰아내려 하고, 한국학대학원의 축소와 변질을 거듭 획책했다.

투입한 예산이 낭비인가는 결과가 나왔는가 하는 것부터 가려 평가해야 한다. 결과가 나오지 않은 것이 낭비임은 더 논할 필요가 없다. 결과가 나온 경우에는 그 시효가 어느 정도인가 가려 낭비 여부를 밝혀야 한다. 결과가 나왔을 때 이미 시효가 끝난 것은 낭비이다. 시효가 짧은 것일수록 낭비가 크다. 자손 대대로 몇 천 년이 지나도 이용할 민족문화의 보고 『한국구비문학대계』가 예산 낭비의 표본이라고 헐뜯는 것은 전혀 부당하다.

그런데 2008년부터 사업을 계속할 수 있게 정부에서 예산을 지원하기로 해서 전기가 마련되었다. 연구원의 요청을 받고, 더 해야 할 일이 다음과 같다고 했다. 그런데 할 일을 제대로 할까 걱정이다. 연구 역량을 갖출 수 있는지 의문이기 때문이다.

(1) 『한국구비문학대계』에 수록된 미조사 시 · 군의 구비문학 자료(설화, 민요, 무가, 민속극 등)를 조사지침서 『구비문학조사방법』에 의거해 조사한다.

(2) 이미 출간된 조사 자료가 미비하다고 판단되는 경우에는 보충조사를 한다.

(3) 북한 및 해외동포 자료 조사 계획을 수립하고 추진하면서 시험적인 조사를 한다.

(4) 조사한 설화를 분류해 유형분류집을 완성한다.

(5) 각 유형의 대표적인 각편을 현대화한 보급판을 만든다.

(6) 설화 색인을 대신할 구비문학 화소(motif) 분류 방법을 개발하고 실제 분류를 한다.

(7) 조사한 자료를 이용해 필요한 후속 연구를 한다.

(8) 위의 사업에서 얻은 결과를 출판한다.

(9) 녹음 자료를 이용할 수 있게 공개한다.

편찬 사업

『한국민족문화대백과사전』 편찬 사업은 1980년 3월에 시작되었다. 정문연 편찬부라는 부서에서 그 일을 맡고, 학계의 협조를 광범위하게 얻어 일을 추진했다. 민족문화를 집대성한 백과사전을 만든다는 것은 좋은 계획이었다. 나중에 집계하니 175억이나 되는 예산을 투입했다.

다리 하나 놓는 데 소요되는 액수에는 미치지 못하지만, 문화사업을 위해 그만한 돈을 내놓은 것은 칭송해야 한다.

국문학 분과의 편집위원이 되어 나는 그 일에 일찍부터 참여하고 원고를 집필하다가, 1986년 3월에 실무책임자인 편찬부장이 되었다. 편찬부장을 처음에는 학계의 원로급에서 맡았다. 원장과 특별한 관계가 있는 것도 필요한 조건이었다. 그런데 일이 잘 되지 않자, 그 두 조건보다 적임자 여부가 더욱 중요시되었다.

1986년 몇 해 전에 편찬부장을 맡아 달라는 요청을 받은 적이 있었다. 공부할 수 있는 시간을 빼앗기는 것이 원통하고, 일이 될 것 같지도 않아 사양했다. 강요하면 정문연을 그만두겠다고 해서 간신히 모면했다. 다시 요청을 받았을 때에는 사태가 더 악화되었다. 그대로 두면 파탄에 이를 지경이었다. 위기 해결을 위해 내가 필요한데 피하기만 할 수는 없었다.

무엇이 잘못되었다고 판단해 어떤 해결책을 제시했는지 조목조목 말하기로 한다. 편찬부장을 맡고 먼저 한 일부터 든다. 사소한 사안을 먼저 거론하다가 더 큰 문제로 넘어가는 순서를 택한다.

실무자인 편수원들 가운데 자질이 부족한 사람은 일을 제대로 감당하기 어려웠다. 어느 기관이든 그렇지만 부적격자들이 정상이 아닌 경로로 채용되어 일이 되지 못하게 했다. 그런 사람일수록 배경이 더욱 단단해 그냥 두는 것이 상책이었다. 잘잘못을 가리려고 해도 증거를 잡기가 어려우니 무리를 할 필요가 없었다. 그런 처세 방법을 모르는 바 아니지만, 사생결단을 해야 할 상황이니 물러날 수 없었다.

부임하는 첫 날 편수원을 다 모아놓고 우리 사업을 살리는 가장 긴요한 방안이 무엇인지 글로 써내라고 했다. 사정이 절박하게 되었으니 중지를 모으자고 했다. 길게 토론하기 전에 먼저 의견을 수집한다고 했다. 자질 평가를 또한 목적으로 한다는 말은 하지 않았다. 아무도 반대하거나 거역할 수 없었다. 모두 글을 써냈다.

써낸 글을 자세히 읽고, 내용이 부실하거나 문장이 제대로 되어 있지 못한 몇 사람에게는 바로 경고 편지를 써서 비밀리에 보냈다. 각별한 노력을 하지 않으면 업무를 담당할 수 없을 것이라고 했다. 계속 지장을 초래한다면 그만두는 것을 고려해야 한다고 했다.

그 뒤 꼭 한 달이 되는 날 전원에게 다시 편지를 써서 보냈다. 제시한 방안 가운데 실행된 것, 실행을 위해 노력하고 있는 것, 실현 불가능한 것이 무엇인지 하나씩 밝혀 적었다. 의견 제시가 헛수고가 아님을 알리고 분발을 촉구했다.

편찬부장이 자주 바뀌고 바뀔 때마다 방침이 변경되고, 조석으로 하는 말이 달라지고 서로 상충되기도 해서 일을 할 수 없다고 했다. 나는 그렇게 하지 않겠다고 해서 될 일이 아니었다. 제도를 바꾸었다. 부장의 지시라는 것은 없다. 부내의 기획위원회에서 합의해 참석자 전원이 서명한 결정만 유효하다고 결정했다.

회의를 할 때 나는 내 의견을 미리 말하지 않으려고 혀를 깨물었다. 토론이 충분히 진행되었을 때 다수가 바라는 쪽으로 조용히 결론을 내리면서 미비점만 약간 보충했다. 천성에 어긋나는 짓을 하니 병이 날 지경이었다.

나는 어떤 회의에 참석하든 시작하자마자 제일 먼저 나서서 문제를 진단하고 해결책을 제시하는 발언을 명쾌하게 해야 하는 성미이다. 그런 줄 알기 때문에 책임 있는 직책을 맡지 않으려고 기를 쓰고 노력했다. 웬만하면 회의에 불참하는 작전을 쓰기도 했다. 그러나 이번은 어쩔 수 없었다. 평소의 나를 죽이고 새 사람이 되어야 했다.

전체 계획을 제대로 하지 않고 분과별 편집위원회에서 항목을 뽑으라고 하고 원고를 청탁한 것이 처음부터 잘못된 일이다. 설계할 시간을 주지 않고 시공부터 한 셈이다. 첫 해부터 원고료가 책정되어 있어 다 써야 했다. 不問可知 항목의 원고는 알아서 쓰면 된다고 했다.

문제를 본격적으로 검토하면 이 일에는 설계자가 없었다. 정부에서 정문연에, 정문연에서 편찬부에 맡긴 것이 건물로 말하면 건축주의 임무일 따름이다. 편찬부장은 건축주 측 실무 책임자였다. 전체 편찬위원회 같은 것을 두었으나 건축주를 위해 자문을 할 따름이고 설계를 담당하지는 않았다. 이따금 회의나 하면서 설계를 담당할 수는 없었다.

분과별 편집위원회 또한 설계자는 아니었다. 시공을 위해 필요한 조처를 약간 할 따름이었다. 상근을 하는 설계자는 어디에도 없었다. 설계 과정은 생략하고 시공에 들어가, 많은 집필자가 서둘러 원고를 썼다.

나와 있는 책을 보아도 위원으로 참여한 수많은 사람의 명단이 있을 따름이고 설계자의 이름은 없다. 총괄해서 만든 사람이 없다. 큰일을 했다고 주는 상을 책 완간 당시의 정문연 원장이 받았다. 분과별 편집위원으로 활동한 경력도 없이 일이 다 된 뒤에 부임한 사람이다.

다른 나라의 경우에는, 서방 여러 나라는 물론이고 중국 같은 사회주의 국가, 어떤 후진국이라도 대백과사전 같은 편찬사업의 총설계자와 협력자들의 이름이 책에 나와 있다. 영어로는 “chief editor”, 불어로는 “dirigé par”, 독어로는 “Herausgeben von”, 한자어로는 “主編”이라고 하고 적는 이름이 『한국민족문화대백과사전』에는 없다. 민족문화백과사전을 만드는 인류 역사상 전례가 없는 대역사를 하면서 건축주와 시공자만 있고 설계자는 없는 가장 낙후하고 비정상적인 방법을 사용했다. 수많은 곡절과 진통을 겪고 책이 나와서 무슨 상을 받을 때 아무 일도 하지 않다가 나중에 관직을 얻은 출간 당시의 연구원 원장이 수상자 노릇을 했다. 그 행사에 나는 불참했음은 물론이다.

그렇게 하는 것이 변함없는 관례였다. 지금도 같은 방식을 사용한다. 사업의 규모가 작거나 독창성을 발휘할 필요가 없어 차질이 생기지 않기 때문이다. 그런데 『한국민족문화대백과사전』은 사정이 달랐다. 관료주의 또는 편의주의로 적당히 감당하기에는 너무 크고 힘든 일이었다. 설계 없이 시공을 하다가 무너지지 않을 수 없는 위기에 봉착했다.

일이 잘 되지 않으면 감사를 받아야 한다고 하면서 관료주의 방식으로 대책을 강구했다. 받은 원고와 지불한 원고료가 맞고 예산회계법상 부정이 없으면 감사를 받아도 다치지 않는다고 했다. 원고료를 횡령하거나 부당하게 지출하는 등의 예산회계법상의 부정을 저지르지 않으면 책이 나오지 않거나 창피스러운 수준의 저질품을 만들어도 문책을 받지는 않는다고 했다.

원고를 버리지 않고 보관하는 데 세심한 주의를 기울였다. 원고가 들어오면 복사해 사용하고 원본에는 손을 대지 않았다. 타자를 치거나 다른 용지에 쓴 원고는 감사에서 인정하지 않는다고 하면서 200자 원고를 사용하지 않은 원고는 200자 원고지에 옮겨 써서 대형 캐비닛에 넣어 잘 보관했다. 감사하는 사람이 와서 수량을 일일이 세서 감사해도 문제가 없도록 철저하게 대비했다. 그 광경을 상상해보라. 얼마나 창피스러운가.

설계 없이 시공을 시작한 잘못은 감사의 대상이 아니라서 문제될 것이 없지만, 그 때문에 사업 전체가 좌초될 판국이었다. 일이 진행될수록 위기가 더욱 심각해졌다. 누가 책임지면 될 일이 아니었다. 전임 부장들이 잘못 했는데 뒤늦게 일을 맡은 내가 어떻게 하겠느냐 하면서 물러앉아 있을 일이 아니었다. 민족문화대백과사전을 잘못 만들어 파탄에 이른다면 민족의 자존심이 용서할 수 없었다.

정문연이 군사정권의 어용기관이라는 이유를 들어 원고 쓰기를 거부하면서 백과사전 편찬이 예상대로 실패로 돌아가게 마련이라고 하는 사람들이 적지 않았다. 그런 언동을 민주화 투쟁인 듯이 여겨 자랑하기도 했다. 잘못 하고 있다고 나무라는 말이 신문 잡지에 오르내렸다. 사정을 좀 알면 암담하다고 생각하지 않을 수 없었다.

그러나 무리한 일을 잘못 시작했다고 나무라고 말 것은 아니었다. 어떻게 해서라도 성사시켜야 할 소중한 사업이었다. 국민이 낸 세금이 헛되지 않게 해야 했다. 사업의 성패가 군사정권의 정당성 판정과는 오히려 거리가 멀고, 학문한다는 사람들의 자세나 능력과 직결되었다. 잘못되고 있는 것을 바로잡을 기회가 왔는데 물러설 수 없었다. 『한국구비문학대계』는 내가 주장해 만들고, 『한국민족문화대백과사전』은 기존의 사업에 참여했지만, 둘 다 어떤 난관을 극복하고서라도 반드시 해야 할 일이었다.

진행 상황이 참담했다고 하는 것이 정확한 표현이다. 민족문화의 정의부터 불분명했다. 취급 범위가 무엇이고, 내부 구조가 어떤지 알 수 없었다. 영역 사이의 경계, 관계를 알 수 없었다. 대부분의 원고가 잘못되어 수록하기 어렵다고 생각되지만 그렇게 판정할 수 있는 근거마저 없었다. 헌법이 없고 개별적인 법률만 더러 있으니, 시행세칙 같은 것을 자세하게 만들어 사태를 수습할 수 없었다.

원고를 주는 대로 받아놓기만 하고 검토는 하지 못했다. 감리에 해당하는 과정이 없었다. 설계 도면이 없으니 감리를 할 수 없었다. 편집 실무자가 유능하면 사실이 틀린 것을 시정하도록 하고 문장을 고칠 수는 있어도 그 이상의 작업을 하지는 못했다.

기본이 되는 과업부터 다시 해야 했다. 항목 선정의 근거가 되는 민족문화 분류 작업을 했다. 외부에 의뢰해서 될 일이 아니고, 시간 여유도 없었다. 모든 수고를 내가 감당하면서 일요일에도 출근해서 일했다. 스스로 결정해 총설계의 임무를 맡기로 했다. 작업한 결과를 부내의 기획위원회를 거치고, 외부 교수들로 구성된 여러 위원회에 회부해 동의를 얻었다.

책 서두에 수록되어 있는 <항목선정>과 <민족문화분류표>를 그런 과정을 거쳐 만들었다. "민족문화는 민족, 강역, 역사, 자연, 생활, 사회, 사고, 언어, 예술"로 크게 분류한다고 했는데, 그것이 바로 분류표의 기본 내용이다. "1 민족"에는 "11 민족형성"이, 그 하위에 "111 형질"이, "9 예술"에는 "91 문학"이, 그 하위에 "999 구비문학"이 있다는 것과 같은 분류를 전 영역에서 일관되게 했다. 설계를 제대로 하고 시공에 착수한 것처럼 사후에 꾸며놓았다.

중복되기도 하고 상치되기도 하는 원고, 분량이나 서술의 순서도 제 각각인 것들을 그대로 둘 수 없었다. 원고보완위원을 박사를 받고 고정된 직장이 없는 사람들 가운데 선임해 어떤 대가나 선배의 원고라도 새로 결정된 방침에 따라 과감하게 고치라고 했다.

대항목에 내세울 만한 특색을 가진 것이 없고, 원고의 분량이 모자랐다. 한국문화의 특징을 잘 나타내는 특별기획 대항목을 두기로 하고, 부내 편수원들에게 현상모집을 했다. <복>, <고향>, <웃음>, <어머니>, <소나무>, <봄> 같은 것들이다. 그 가운데 <웃음>을 내가 써서 원고

청탁을 할 때 본보기로 삼았다.

해외에 있는 우리 문화유산 조사가 미비하고 사진을 확보하지 못해 고민이었다. 일본 것들을 재일교포 사진작가에게 의뢰하려고 하니 막대한 대가를 요구했다. 해외출장 여비가 책정되어 있는 것을 해마다 편찬부장이 나다니는 데 써서 불만이 많으니 다음 사람에게 양보하는 것이 어떻겠느냐고 누가 넌지시 일러준 덕분에 해결책을 쉽게 찾았다.

부장이나 실장이 해외에 나갈 이유가 없다 하고 사진사를 출장 보내 필요한 사진을 찍어 오도록 했다. 사진사 혼자는 어디 가서 무엇을 찍어야 하는지 몰라 감독이 있어야 했다. 연구원의 강인구 교수에게 감독 노릇을 해달라고 부탁했더니, 사진사와 함께 일본에 가서 필요한 사진을 거의 다 마련해 왔다.

편집 체제에 관한 연구가 없었다. 편집 디자인 담당자들에게 무조건 출장비를 주어 어디 가서 놀든 무엇을 하든 좋은 안이 떠오르면 오라고 했다. 1986년 12월 15일에 각기 다른 디자인, 배열, 글자체 등을 한 권에 모은 시안본을 만들어 인쇄해 냈다. 그것을 검토해 최상안을 만들었다.

종이가 문제였다. 국산 종이는 너무 두껍고, 일본 제품을 쓰면 좋지만 민족문화백과사전의 체면상 할 수 없는 일이었다. 대덕연구단지 해당 연구소에 직원을 보내 알아보니 좋은 종이를 개발할 능력을 가진 연구원이 지원을 받지 못해 하지 못한다고 했다. 문교부의 협조로 과학기술처에 요청해 종이 개발 연구비를 지원하게 하고 일본 제품과 동일한 수준의 종이를 만들어냈다.

책이 출간된 뒤에 수정하고 증보해 다시 내는 후속사업이 가능할까 걱정이었다. 계산을 해보니 5만질 이상이 판매되면 후속 사업이 가능하겠다고 판단되어 계획서를 작성했다. 판매 대금을 다른 데서 가져가지 않아야 그럴 수 있었다.

그 때문에 경제기획원의 담당 과장을 만났다. 대학 동기생인 정문연 배한식 교수가 힘써서 실세 중의 실세를 식사하는 자리로 불러내는 데 성공했다. 담당 과장은 말했다. 정부에서 예산을 지원받아 수익 사업을 한 경우에는 과실을 국고에 넣을 수도 있고, 재투자할 수도 있다고 법에서 양쪽을 다 허용하고 있다고 했다. 그러면서 과실이 생긴 전례는 없다고 했다. 돈을 쓰기만 했다는 말이다. 대한민국 정부가 주는 돈은 써버리면 그만이라고 여기는 관례가 널리 정착되었다는 말이었다.

이번에는 그렇지 않아 수익이 생길 것이라고 하니 믿지 않는 눈치였다. 후속 사업이 긴요하다는 점을 인식시키고, 후속 사업의 예산을 계속 지원하는 것보다 과실을 재투자하는 것이 피차 좋다고 했다. 법규상 가능한 일이니 힘써보겠다는 대답을 얻어냈다.

1987년 2월말로 편찬부장을 그만두고, 서울대로 옮겨갔다. 1988년 8월에 마침내 『한국민족문화대백과사전』 전 27권이 1차로 간행되었다. 검토본 1천질이었다. 검토와 수정을 거쳐 1991년 12월에 정식으로 출판했다. 아직 많은 결함이 있지만 대견한 일이다. 국내는 물론 외국대학 도서관 참고열람실에서 그 위용을 자랑하고 있는 것을 보면 눈물이 솟구친다.

편찬부장을 맡고 일한 기간은 1년에 지나지 않는다. 그 기간 동안 내 연구는 버려두고, 무너지는 집을 일으켜 세우려고 심혈을 기울여 일했다. 진부하게 생각될 수 있는 이 말보다 더 나은 것을 찾기 어렵다. 그 결과 병을 얻어 치료를 받아야 했다. 일을 계속하기 어려웠다. 힘든 고비는 넘겼으므로 내가 물러나도 큰 지장은 없다고 판단했다.

나는 이미 떠난 사람이어서 그 뒤의 사정은 알 필요가 없다. 그러나 5만질 이상 팔렸는지는 확인하고 싶어 물어보니, 그렇다고 했다. 후속사업은 염려가 없었다. 보유편과 증보개정판을 내겠다고 책 서두에 한 약속을 지킬 수 있으리라고 믿었다. 제28권 보유편이 예상보다 늦어 1995년 12월에 나왔다. 첫 번째 증보개정판은 *Encykorea*라는 이름으로 2002년 4월에 나왔는데, 책이 아닌 CD이다.

그러는 동안에 후속사업에 사용할 판매 회수금을 정문연에서 일반회계에 넣고 다른 목적으로 썼다. 사람을 다 내보내고 다시 채용하지는 않아 편찬부가 존속할 수 없게 했다. 수정증보를 계속해서 할 수 있는 길을 막았다. 수정증보를 하지 않는 백과사전은 생명을 잃는다.

군사정권을 나무라고 민주화를 위해 싸운다고 자부하던 인사들이 중요한 직책을 맡은 정권에서 그렇게 했다. 예산을 대폭 줄여 정문연을 위축시킨 피해가 가장 만만하다고 생각되는 민족문화백과사전 편찬사업에 집중해서 나타났다. 다시 참담한 지경에 이르렀지만, 누구 하나 걱정하는 사람이 없다. 언론에서도 잊었다.

2008년부터 이 일도 되살아났다. 정부에서 예산을 지원해 수정증보판을 만들 수 있게 되었다. 그러나 누가 맡아서 어떻게 하는가가 문제이다.

국립국어원

2003년 11월 4일에 국립국어원에서 주최한 강연회가 세종문화회관에서 열렸을 때 <어문생활사로 나아가는 열린 시야>에 관해 말했다. 국어원의 방향전환을 주장한 내용을 일반 청중에게 전하는 데 그쳤다.

국어원의 연구진에게 다시 말할 수 있기를 바라고 있었는데, 이상규 원장이 좋은 기회를 마련해주었다. 특히 긴요한 내용을 좀 더 구체화해 재론하면서 새로운 의견을 보태기로 한다.

지금까지 하던 일을 그대로 하라고 국어원을 만들지 않았다. 타성에 젖었거나 준비가 부족한 탓에 빚어낸 차질을 합리화하려고 하지 말고 진로를 다시 설정해야 한다. 국어의 범위와 유산을 폭넓게 파악해 민족문화 발전에 적극 기여해야 한다. 다른 전공자들의 도움을 얻어야 가능한 일이다. 국어원의 구성원을 다변화하고, 외부 학자들이 연구에 동참해서 협력하도록 하는 방법도 써야 한다.

국어사전 편찬은 국어원의 기본 사업이다. 잘못 하면 국어원이 존재 이유를 상실한다. 기존의 잡다한 사전을 베껴 국어사전을 커다랗게 만드는 관습을 과감하게 버려야 한다. 같은 일을 시중의 여러 출판사보다 규모를 확대해서 하라고 국가 기관을 만든 것은 아니다. 사전을 어떻게 만들어야 하는지 알아야 하고 민족문화에 대한 넓고 깊은 이해를 보여주어야 한다. 국어사전을 불신해 찾지 않는 풍조를 시정하고, 외국에서 한국학을 하는 사람들에게 바로 도움을 주어야 한다.

국어원을 만들고 국어사전을 편찬하는 일은 우리만 하지 않는다. 다른 나라에서는 어떻게 하는지 알아야 한다. 국어원의 진로 설정을 위해 두 가지 참고서가 필요하다. 항해를 하려면 해도와 나침반이 있어야 하는 것과 같다. 『세계의 국어연구원』이라는 책은 당장 내놓아야 한다. 『세계의 국어사전』은 더 많은 조사와 연구가 필요하니 시간을 두고 만들어야 한다.

사전은 언어를 규범화해야 하므로 이제부터는 쓰지 말아야 할 말은 수록할 필요가 없다는 주장은 부당하다. 사전의 일차적인 기능은 독해를 위한 길잡이 노릇을 하는 것이다. 지금까지 나온 책을 읽으려면 모르는 말을 찾아볼 수 있는 사전이 필요하다. 민족문화를 깊이 이해하려고 하는 국내외의 독자가 사전을 이것저것 뒤지다가 뜻을 이루지 못하고 지치도록 하지 말아야 한다. 사전이 미비한 탓에 과거와 현재가 단절되고, 문화의 전승과 발전이 중단된다.

『표준국어대사전』이라는 것을 만들었는데 표제가 무슨 뜻인가? "표준국어+대사전"인가? "표준+국어대사전"인가? "표준국어" 사전에 지나지 않는다면 "대사전"일 수 없다. "국어대사전"은 만들지 못했으면서 "표준"이라고 하는 것은 적절하지 못하다. 이제부터 이 사전을 『사전』이라고 약칭한다.

잘못을 합리화하려고 하지 말고, 명실상부한 『국어대사전』을 만들어야 한다. 표준어 사전을 만들면서 다른 것들을 일부 곁들이지 말고, 표준어인지 아닌지 구별하지 않고 모든 국어어휘를 수록하고 풀이하는 큰 사전을 만드는 것이 국어원의 존재 이유이다. 시대와 지역에 따라 달라진 언어가 어떤 관련을 가지는지 설명해야 한다.

<일러두기> (1)에서 "일반어뿐만 아니라 전문어, 고유 명사"도 수록한다고 했다. "일반어" 수록이 우선 과제이다. 일반어를 찾아 수록하는데 힘쓰지 않고 전문어나 고유명사로 항목을 늘리고 분량을 키웠다. 일반어를 찾아내는 것이 국어원의 고유 업무이다. 고유 업무는 소홀하게 하고, 국어사전을 백과사전처럼 만드는 잘못을 그대로 이어 겉치레만 요란하게 했다.

일반어를 찾으려면 선별 기준을 두지 말고 도움이 되는 모든 문헌을 이용해야 한다. <어원정보>와 <조사문헌>에서 문헌을 17세기 이전의 것과 18세기 이후의 것으로 나누었다. 국어사를 음운사 위주로 고찰할

때 설정한 시대구분을 어휘사나 문법사에도 그대로 적용해 국어사전을 빈약하게 만들었다. 문학에서 작품 주해를 하면서 이룬 성과가 많이 있으나 받아들이지 않았다.

17세기 이전의 문헌은 어학 연구에서 소중하게 여기니 철저하게 조사한 것 같으나, 『삼국유사』·『악학궤범』·『시용향악보』 조차 제대로 이용하지 않았다. 『삼국유사』에서 어휘 조사를 하지 않은 것은 변명의 여지가 없는 잘못이다. 『악학궤범』·『시용향악보』에 등장한 어휘를 방언이라는 이유로 대단치 않게 여긴 것도 용납할 수 없다.

18세기 이후의 문헌은 20세기 것 특히 최근의 소설을 긴요하게 여겼다. 18·19세기 것은 거의 버려두었다. 『을병연행록』처럼 중요한 자료를 참고로 하지 않는 것이 움직일 수 없는 증거이다. 18·19세기에 이르러서 소설과 비소설 양면에서 국문 문헌이 획기적으로 늘어나고 국어를 풍부하게 보여준 사실을 무시하고 국어사전을 만든 것은 변명의 여지가 없는 과오이다. 이미 고전의 지위를 얻은 1920·30년대 소설은 무시하고 요즈음 잘 팔리는 인기작가 작품에서 용례를 찾은 것도 잘못이다.

어떻게 하든 말뜻만 풀이하면 되는 것은 아니다. 뜻이 생기고 변천해 온 내력을 밝혀야 한다. 어느 어휘가 언제 처음 쓰이고, 다음 어느 문헌에서 뜻이 달라졌는지 설명해야 한다. 항목 하나하나가 어휘사여야 한다. 이렇게 하는 데 당연히 한자어도 포함해야 한다. 한자어에 관해서는 다음에 다시 말하고자 한다.

어휘를 서사어뿐만 아니라 구두어에서도 찾아야 한다. 구두어를 조사하지 못해 일부의 어휘를 "방언(경상)"이라는 방식으로 소개하고 만 것은 창피스러운 일이다. 어휘나 어형을 있는 대로 다 찾아내고 사용 지역과 사용자의 분포를 밝히는 조사를 해야 한다. 그렇게 하려면 시간과 노력이 많이 필요하므로, 먼저 『한국구비문학대계』에 수록된 유산을 이용하는 것이 바람직하다.

서사어와 구두어에서 새로 찾아낸 많은 어휘가 표준어인가를 가리는 것은 무의미한 일이다. 표준어 사정을 할 때 그런 말이 있는지 몰라 대상으로 삼지 않았다. 표준어 사정에 들어가지 않은 말은 방언이니까 홀대해도 그만이라는 옹졸한 생각을 가지고 국어대사전을 만들 수는 없다. 국어대사전은 표준어 사전일 수 없다. 표준어인지 옛말인지 방언인지 가리지 않고, 고유어와 한자어를 차별하지 말고 모든 국어를 포괄하는 사전이 국어대사전이다.

국어원은 국어학 내부의 영역에 머물러 있지 말고, 어문생활사의 여러 문제를 다루어야 한다. 사전 편찬에서 언어문화의 유산을 폭넓게 계승하는 데 그치지 않고, 작문법, 언어 사용의 실상, 국어와 영어, 세계의 한국어 등에 관해서도 조사하고 연구해야 한다. 현재의 제도와 규정으로는 개선이 가능하지 않다면, 국립국어문화원으로 이름을 고치고 성격을 바꾸어야 한다.

위에서 지적한 여러 사항 가운데 대부분에 관해서는 국어원 내부에서 자체 반성도 하고, 학계에서 비판하는 소리도 있을 것으로 안다. 내가 특별히 하지 않아도 되는 말을 했을 수 있다. 그러나 국어사전을 만들면서 한자어를 제대로 돌보지 않는 잘못은 사정이 다르다고 여겨, 좀 더 자세하게 거론하고자 한다.

한자어는 한자 사용과 결부되어 심각한 논란의 대상이 되어왔다. 한글 전용론자들은 한자는 버려야 하고, 한자어는 순수한 우리말로 바꾸는 것이 바람직하다고 했다. 한자 혼용론자들은 한자를 공부하고,

한자어를 계속 써야 한다고 했다. 그런데 양쪽 다 사전을 만들 때 일본 사전에서 한자어를 베껴 넣기나 하고, 조상 대대로 사용해온 우리 한자어를 찾으려고 하지 않았다. 그래서 없어야 할 것은 있고, 있어야 할 것은 없다. 『사전』에 이르기까지 모든 국어사전이 하나도 예외 없이 이런 잘못을 청산하지 못하고 있다.

수록한 한자어라도 설명이 잘못된 것이 많다. 한문 고전에 대한 무지를 곳곳에서 드러내고 있다. 오랜 유래를 갖춘 전통적인 의미가 있어도 말하지 않고, 근대 이후 일본에서 다시 규정한 뜻만 적거나 서양말의 번역어로 여기기나 하는 것도 흔히 볼 수 있다. 오늘날 사용하는 말의 혼란상을 그대로 보여주기나 하고, 민족문화의 유산을 계승하는 임무를 망각하고 있다. 오랜 기간에 걸쳐 많은 노력을 해서 이룩한 사상 창조의 성과를 무효로 돌리는 횡포를 자행한다.

한 나라의 문화 역량은 어휘 총수로 측정된다. 소중한 유산을 없애 가난을 자초하는 것은 잘못이다. 자국의 언어를 모두 수록한 방대한 사전을 나라마다 다투어 내고 있는 것을 알아야 한다. 영어 사전에서 라틴어의 유산을, 터키어 사전에서 아랍어의 유산을 돌보는 것과 같은 이유로 우리가 만들어야 하는 국어대사전은 한자어를 찾아 수록하는 작업을 충실하게 해야 한다. 이것은 한글 전용 여부와 무관한 일이다.

한자어에 대한 이해는 유래 구분에서 시작된다. (가) 중국 고전에서 유래해 동아시아 여러 나라에서 함께 사용해온 한자어, (나) 그 말의 의미와 용법이 한국에 와서 달라지거나 새로워진 한자어, (다) 한국 전통사회에서 만든 한자어, (라) 일본에서 만든 한자어, (마) 한국에서 근대 이후에 만든 한자어가 각기 다르다. 일률적으로 배격하거나 동일한 방법으로 수록하는 것은 잘못이다. 각기 어떻게 취급해야 할 것인지 고민하고 연구해야 한다.

(가)도 국어이다. 국어사전에 수록해야 찾아서 이용할 수 있다. 이런 말이라도 일본사전을 베끼기나 한 잘못을 청산하고, 우리가 다시 설명해야 한다. 중국 고전의 용례와 함께 우리 선인들이 사용한 용례를 찾아 넣어야 한다.

이런 한자어 "貫道", "瑣錄", "新意", "利祿", "天趣", "尖酸", "樞紐", "托傳", "和唱" 등이 『사전』에 누락되어 있다.

(나)의 좋은 예는 "小說"이다. 나는 <중국 · 한국 · 일본 '小說'의 개념>, 『한국문학과 세계문학』(서울 : 지식산업사, 1991)에서 이 용어의 유래와 변천에 대해 자세하게 고찰했다. (1) 대단치 않은 수작, (2) 기록한 서사문학, (3) 거짓 일을 참된 듯이 말하는 창작 서사문학으로 요약되는 의미가, (1)은 이른 시기 중국에서, (2)는 조선전기쯤 한국에서, (3)은 조선후기 한국에서 생겼다. 같은 말이 서양말의 번역어로 쓰인 것은 그 다음의 일이다. 『사전』의 "소설3"에서는 이런 경과를 무시하고, (3)을 서양말의 번역어로 이해하고 설명했다.

순한문으로 쓴 글에서 사용한 보통명사에도 (나)라고 할 것이 있다. 중국 고전에서는 예사로 쓰던 단어를 특별한 의미를 부여한 용어로 만든 것들이다. 元曉는 "和諍"의 철학을 이룩했다. 李珥는 "잘 울린다"는 뜻의 "善鳴"을 "문학"을 의미하는 용어로 사용했다. 任聖周는 "生意", 崔漢綺는 "神氣"와 "運化"를 자기 철학의 기본용어로 사용했다. 『사전』에 "和諍" · "善鳴" · "運化"가 없다. "生意"와 "神氣"는 있으나, 임성주와 최한기가 사용한 뜻은 설명하지 않았다.

사상을 창조하고 문화를 논하는 데 쓴 한자어는 대부분 (나)이고 (가)가 아니다. 예컨대 "教觀幷修", "談禪法會", "事智", "寓興觸物", "離

言眞如", "理一分殊", "智正覺世間", "推恕", "沖澹蕭散" 등이 있다. 이런 말이 『사전』에 하나도 등장하지 않는다.

(다)의 예는 "野談"이다. 이 말은 한국에서 생겼으므로 『中文大辭典』(臺北 : 中華學術院, 1973)에 없는 것이 당연하다. 『사전』 "야담2: 야사를 바탕으로 흥미롭게 꾸민 이야기"라고 한 것은 설명이 부정확하다. 고전은 다 버려두고, 이문열의 소설에서 용례를 가져온 것도 잘못이다. "野談"은 "野史"와는 구별되는 말이다. "야사"와 "野乘"은 중국과 일본에도 있고, "야담"은 한국에서 만든 말이다. 『於于野談』, 『青邱野談』 등을 들어야 했다.

이런 한자어 "口學", "羅言", "錄冊", "端歌", "世德歌", "女提學", "肉談風月", "儈家", "鄕風體歌" 등도 『사전』에 등장하지 않는다.

대학 연구소에서 많은 노력을 기울여 『韓國漢字語辭典』(서울 : 단국대학교 동양학연구소, 1996)을 내놓았으나 기대에 미치지 못한다. (가)와 (나)는 취급 대상으로 하지 않아 한국에서 사용된 양상을 파악할 수 없다. (다)를 모은다고 표방하고서 제대로 하지 않았다. 보통명사에도 한국 한자어가 있다고 생각조차 하지 못하고, 역사학에서 다루는 고유명사 위주로 어휘를 뽑았다. "野談"은 없고 "野譚"이라는 책 이름만 있다. "口學", "羅言", "錄冊", "端歌", "世德歌", "女提學", "肉談風月", "儈家", "鄕風體歌"가 하나도 없다. "短歌"마저 없다.

(라) 일본에서 만든 한자어 가운데 우리는 전연 쓰지 않는 것들은 일본어이기만 한데 『사전』에 올라 있다. 기존의 여러 사전에서 일본어 사전을 베껴 넣은 것을 그런 줄 모르고 다시 베꼈으니 죄가 없다고 할 것은 아니다. 일본어가 우리말처럼 쓰이고 있으니 사전에 수록하지 않을 수 없다고 변명할 수 있다. 그렇다면 일본어임을 밝히고 우리말은

무엇인지 알려야 한다. (일본어 이해는 이덕심, 『일본어 한자읽기 사전』, 서울 : 시사문화사, 1992에 의거한다.)

"內金"은 "うちきん"이라고 훈독하는 일본어이다. 『사전』에 올려놓고 "지급하여야 할 총금액 가운데 미리 지급하는 일부의 금액"이라고 했다. "법"이라고 했으니 법률 용어로 쓰이고 있는 말이다. 버릴 수 없다면 일본어임을 알려야 한다. 영어 사전에 프랑스어를 올릴 때에는 프랑스어라고 밝히는 것과 같다.

"物騷"는 "ぶっそう"라고 읽는 일본어이다. 『사전』에 올려놓고 "세상이 조용하거나 편안하지 못하고 어수선함"이라고 설명했다.

"三文文士" · "三文文學" · "三文小說"은 "서푼"을 뜻하는 "三文"(さんもん)에서 유래한 일본어인데 『사전』에 올라 있다. 우리말인 줄 잘못 아는 사람들이 있다면, "三文"만 내놓고 일본어라고 밝힌 다음 우리말로는 "서푼"이라고 해야 한다.

"初孫" · "初子"는 우리말일 수 있을 것 같으나 "ういまご", "はつご"라고 훈독하는 일본어인데 『사전』에 수록했다. 잘못 쓰이는 것을 알리려는 의도에서 수록했다면, 둘 다 일본어임을 밝히고 우리말로는 "長孫" · "長子"라고 해야 한다.

이런 말은 『中文大辭典』에서 찾을 수 없어, (가) 중국 고전에서 유래해 동아시아 여러 나라에서 함께 사용해온 한자어가 아니고 (라) 일본에서 만든 한자어임을 확인할 수 있다.

(마) "洋妾"은 자생적인 한자어이며 1930년대 소설에 흔히 등장했는데, 『사전』에 없다. 소설을 읽으면서 고유어만 찾았기 때문이라고 생각된다. 서양을 뜻하는 "洋"을 얹어 만든 수많은 어휘의 생성과 소멸을 일제히 추적할 필요가 있다.

"敎述"은 내가 만든 신조어이다. 이제는 국문학계는 물론 고등학교 수준의 문학교육에서도 널리 사용되고 있는데 『사전』에 없다. 어디서 굴러들어왔는지 "교술민요"와 "교술시"만 있다. 일본의 신조어는 우대하고, 국내의 신조어는 박대하는 관습이 끈덕지게 이어진다.

(가)에서 (마)까지의 한자어를 모두 국어사전에 수록하고, 그 어느 쪽인지 구분해야 하고, 의미 변천을 설명해야 한다. 한자어는 국어가 아니라고 여기고, 한자어는 국어학 연구의 대상으로 삼지 않는 잘못의 폐해가 심각하다. 만약 기존 진용은 반성을 한다고 해도 역부족이라면, 식견 있는 인재를 발탁해 일을 맡겨야 한다.

원전을 모두 뒤지는 것은 어려운 일이므로 오늘날의 연구서를 먼저 다루는 것이 효율적인 방법이다. 전통문화를 연구한 오늘날의 학술논저를 읽고 이해할 수 있게 하는 사전이 절실하게 필요하다. 한국학을 하는 외국인이 겪고 있는 어려움을 알고 해결해주어야 한다. 국어사전을 제대로 만들려면 장기간의 노력이 필요하므로 기다리고 있으라고 할 수는 없다. 한국학 용어사전 같은 것을 먼저 만들 필요가 있다. 기존의 사전을 베끼려고 하지 말고, 기본이 되는 연구업적에서 표제어를 뽑고 풀이를 하는 것이 마땅하다.

지금까지 지적한 결함은 북쪽에서 나온 국어사전에도 거의 그대로 나타난다. (가) · (나) · (다)의 본보기로 들고 『사전』에 없다고 한 말 가운데 『조선말대사전』(평양 : 사회과학출판사, 1992)에 등장하는 것은 "新意"와 "和唱"뿐이며 상식적인 설명을 하는 데 그쳤다. (라)는 어떤지 조사해보면 "物騷" · "初孫" · "初子"는 없지만, "內金" · "三文文士" · "三文文學" · "三文小說"은 있다. 다만 "內金"에는 "×" 표시를 해서 쓰지 말아야 할 말임을 알렸다.

『사전』에서 이미 『조선말대사전』에 있는 북한어를 대거 수록했다고 했다. 이제 와서 『겨레말큰사전』을 만든다고 하는데, 무엇을 한단 말인가? 남북의 사전을 전면적으로 합치기나 하면 잘못이 더욱 고착화되고, 식민지 통치 때문에 생긴 불행한 과거 청산이 한층 어려워진다. 양쪽 다 그릇되어 그런 줄도 모르고 도출한 합의는 학문에 대한 반역이고 역사에 대한 배신이다.

마땅히 있어야 하는데 양쪽 사전에 다 없는 말을 찾는 것이 가장 긴요한 과업이다. 나라가 망하기 전부터 사용하던 모든 우리말을 문헌과 현지조사를 통해 철저하게 조사하고 정리하는 일을 힘을 합쳐 함께 해야 한다. 정치 이념이나 체제의 차이를 넘어서 민족문화를 함께 찾는 공동의 과업 가운데 이보다 더 크고 중요한 것을 생각하기 어렵다.

『조선말대사전』에서는 19세기말 이후의 문헌에서만 어휘를 뽑는다고 했다. 그 전의 자료는 거의 다 남쪽에 있어 북쪽에서 별도로 해야 할 일이 많지 않다. 그러나 구두어 조사를 위해서는 북쪽에서 절반의 노력을 해야 한다. 양쪽이 힘을 합쳐 언어문화의 유산을 제대로 이어받아 민족의 동질성을 확인하고 심화해야 통일을 바람직하게 이룩할 수 있다.

<국립국어원에 바란다>라는 제목을 붙여 위의 글을 2006년 8월 22일에 국립국어원에 가서 발표했다. 거의 전 직원이 들었다. 토론에서 내 말이 맞다는 것을 인정했다. 이상규 원장이 말했다. "발표에서 지적한 대로 국어사전을 다시 만들어야 한다. 그런데 일할 사람이 없다. 국립국어연구원을 국립국어원으로 개편하면서 일반직은 늘이고 학예직은 줄여 국어사전 일을 할 사람이 없다. 상급기관인 문화관광부의 여러 간부에게 내 원고를 보이고 문제 해결을 가능하게 해달라고 교섭

하는 중이다.”

다른 여러 연구기관

연구기관은 더 있다. 국사편찬위원회, 국립문화재연구소, 동북아연구재단 등이 있어 적다고 할 수는 없다. 그러나 모두 연구를 제대로 하지 못하고 있다. 하나하나 구체적인 검토를 하지 않고 무엇이 문제인지 크게 살피기로 한다. 이 기회에 국립국어원에 관한 고찰도 더 하기로 한다.

국가 기관인 국립국어원, 국사편찬위원회, 국립문화재연구소에서는 학예연구직이 연구를 맡는데 대학의 교수에 비해 대우가 나쁘고 공무원의 근무 방식으로 일을 해야 한다. 일반행정직이 많고 권한이 커서 연구직을 간섭한다. 국립국어연구원이 국립국어원이 되면서 일반행정직 위주로 기구가 개편되었다. 동북아연구재단 또한 일반행정직 위주로 운영된다. 한국학중앙연구원만 대학원이 있다는 이유에서 연구원을 교수로 해서 이런 폐단에서 벗어났다.

모두 연구의 영역이 한정되었다. 국사편찬위원회는 자료 연구를 하고 책을 편찬하는 곳이다. 국사에 대한 본격적인 연구는 소관사가 아니다. 국립문화재연구소는 문화재 자료를 조사하고 보존하는 업무에 종사한다. 문화유산에 대한 광범위한 연구를 하는 것은 아니다.

동북아연구재단은 더 많은 문제점이 있다. 중국의 고구려사 왜곡에 대응하기 위해 만든 고구려연구재단을 개편하고 확대해 일본에 대한 대응까지 감당하는데, 스스로 연구를 할 수 있는 역량을 갖추지 못하고 연구비를 지급해 대학의 교수들을 연구에 동원한다. 시간이 없어 연구를 하지 못하는 교수들에게 감당하기 어려운 돈을 주어 시간을 더 없앤다. 이미 내놓은 논저를 재탕해 선전물로 이용하면 외국 학계에게 타격을 주리라고 믿는다.

이들 연구기관은 필요에 따라 각기 만들었다. 통괄된 방침이나 계획은 없다. 조직과 운영에서 행정부 각 부서의 감독을 받는다. 방향을 정하고, 인원을 구성하고, 예산을 책정하고, 업무를 평가하고 인원을 구성하는 권한을 행정 관료들이 장악하고 있다. 학문에 대한 식견이 없어 횡포를 부리는 것을 감독으로 삼고 있다.

어느 기관이든 지위와 임무에 결격 사유가 있어 대외적인 활동에 지장이 있다. 남북 학술교류를 하려면 북한 사회과학원 여러 연구소의 상대역이 되는 기관이 있어야 한다. 사회과학원 전체와 한국학중앙연구원, 역사연구소와 국사편찬위원회, 언어학연구소와 국립국어원, 고전연구소와 한국고전번역원이 짝을 이룰 수 있는가? 아니다. 남쪽의 기구는 너무 허약하다.

중국 사회과학원의 우리 역사 왜곡에 동북아연구재단이 맞설 수 있다고 믿는 것은 더 큰 착각이다. 사태를 명확하게 하기 위해 험한 비유를 쓰기로 한다. 모든 것을 제대로 갖춘 정규군 몇 개 사단의 전투력과 급조된 병참 인원 몇이 얕은 술수로 맞서려고 하는 격이다. 물론 학문은 전투가 아니다. 교류와 토론을 거쳐서 공동의 이해를 도출해야 한다. 이럴 능력이 없으니 요란하게 떠들기만 한다. 상대방이 학문을 정치로 한다고 나무라면서 학문은 물론 정치에서도 수준 이하임을 널리 알리기나 한다.

시행착오 시정 방안

거대한 건물이라도 건축주가 스스로 필요한 인원을 고용하고 외부의 자문도 얻어 설계를 하고 시공을 하면 될 것 같은데, 그럴 수 없다고 한다. 안전에 문제가 있고, 외관도 잘못될 수 있으므로 맡겨둘 수 없다고 한다. 그러면 어떻게 해야 하는가 하는 질문에 대해 정답이 있어 새삼스러운 논의가 필요하지 않다. 건축주와 설계사를 분리하는 것이다.

건축주는 설계사에게 설계를 의뢰할 따름이고 지시하거나 감독하지는 못한다. 일정 규모 이상의 공공건물 설계는 온 세계에 널리 알려 공모한다. 설계사는 건물의 안전과 외관에 대해서 책임을 지고 설계하며 감리할 뿐만 아니라, 명예를 걸고 이룩한 작품에다 이름을 남긴다. 설계를 보조하고 시공을 하는 데 많은 인원이 동원되는 것은 그 다음의 일이다.

건축가가 대단한 재량권을 가지고 창조작업을 하는 것은 놀라운 일이다. 돈과 권력을 상대로 한 오랜 투쟁을 승리로 이끌어 인류의 지혜를 한 단계 높이는 데 기여했다. 나라에 따라 법과 제도가 다른 것을 그대로 두지 않고 천하만국이 대등한 수준의 문명을 함께 누리게 한 공적 또한 치하해 마땅하다.

문화사업의 건축물에는 설계사가 없는 오늘날의 우리 실정이 너무나도 개탄스러워 불필요할 듯한 서두가 길어졌다. 왕조시대에 국가사업으로 펴낸 『동문선』, 『동국여지승람』, 『문헌비고』 같은 것들은 누구의 작품인가 명시해놓았으며, 취지를 밝힌 서문이 명문으로 남아 있다. 그런데 지금은 무기명의 괴물을 만들어낼 따름이다.

시대가 바뀌어 다른 나라도 다 그런 것은 아니다. 프랑스, 독일, 영국, 미국, 러시아, 인도, 중국, 일본의 경우를 다 살펴보아도 백과사전,

총서, 대계 등으로 분류될 수 있는 거대저작에는 총설계자가 명시되어 있다. 사회주의 체제의 러시아나 중국은 개인의 활약은 무시할 것 같지만 전혀 그렇지 않아 부러워하지 않을 수 없다.

『한국민족문화대백과사전』을 내놓으면서 심한 시행착오를 겪은 것을 잊지 말아야 한다. 주무기관인 한국정신문화연구원 편찬부가 건축주는 설계와 시공을 어떻게 의뢰해야 하는지 알지 못해 차질을 빚어냈다. 전체 설계를 하지 않아 무엇이 어떻게 돌아가는지 모르는 상태에서 예산 집행을 서둘러야 했다. 수많은 분과별 편집위원회에서 각기 작성한 세부도면을 원고 집필자에게 넘겨 시공을 하면 완성품이 나온다고 안이하게 생각했다.

국정 책임자는 한국정신문화연구원장을, 원장은 편찬부장을 자주 바꾸어 최소한의 일관성마저 유지하지 못하고, 실정 파악도 어렵게 했다. 편중되고 중복되며, 상충되고 부실한 원고가 원고료 지불 액수에 비례해 쌓여가, 감사를 받아도 예산회계법상의 잘못은 없으나 목표 달성과는 점차 멀어졌다. 나는 그 단계에서 한 해 동안 편찬부장의 일을 맡아 죽을 고생을 했다. 설계의 기본도면 민족문화분류표를 새삼스럽게 만들고, 취급 범위와 서술 범례를 뒤늦게 정하고서, 마구잡이 공사로 거의 다 지은 집을 비상수단을 써서 헐고 고치고 다듬어야 했다. 그래서 나온 책이니, 힘써 수정하고 증보해야 한다.

그런 일은 한 번으로 그치지 않고 되풀이된다. 국사편찬위원회에서 장기간에 걸쳐 거대한 규모의 『한국문화사』를 내고자 하는 계획을 세우고 있어, 자문회의에 참석해 발언할 기회를 얻었다. 임명을 받아 거취가 결정되는 공직자는 건축주 노릇을 제대로 하는 것이 임무인 줄 알고, 설계사를 따로 두는 것이 마땅하다고 했다. 계획안 공모를 거쳐 선정된 설계사가 처음부터 끝까지 책임지고 자손만대에 남고 세계만방에 자랑할 만한 위대한 작품을 만들도록 위촉하자고 했다. 같이 일할 사람들의 인선도 맡기자고 했다.

이 제안은 예산회계법상의 난점 때문에 받아들일 수 없다고 했다. 정부종합청사 설계를 공모하는 것과 같은 방식이 문화사업에는 적용되지 않는다는 실무자의 견해 때문에 더 말을 잇지 못했다. 도움이 될 길이 없어 자문위원을 그만두었지만, 위에서 든 일이 없었던 것으로 하고 말 수는 없다. 우리는 언제까지 설계자가 없는 학문의 건축물을 세우는 후진적 관료주의를 고집할 것인지 묻고 싶다. 시행착오를 얼마나 더 저지르면 반성할 것인지 묻고 싶다. 이 물음에 대답할 사람이 누구인지 알고 싶다.

어떻게 해야 하는가

연구기관은 특정한 임무를 지니고 공동작업을 하는 곳도 있고, 구성원 각자가 자유롭게 연구하는 곳도 있다. 지금까지의 고찰은 앞의 것에 한정되었다. 특정한 임무를 맡은 연구기관이 부당한 간섭, 미비한 제도, 부적절한 인적 구성 등의 이유로 제대로 운영되지 못하고 있는 실상을 파헤쳐 고발했다.

두 가지 연구기관 가운데 구성원 각자가 자유롭게 연구하는 곳이 더욱 소중하다. 연구 발전에 더욱 적극적인 기여를 할 수 있다. 특정한 임무를 수행하라고 이미 만들어 놓은 연구기관이 파행을 거듭하고 있는데, 또 한 가지 형태의 연구기관을 만들라고 더욱 힘써 요구하는 것은 무리이다. 이미 하고 있는 일을 제대로 하고 더 나아가는 것이

순리이다.

연구소 하나 연구소답게 운영하지 못하는 나라가 과연 나라인가 하는 의문을 떨칠 수 없다. 그러나 실망하지 말고 희망을 찾자. 잘못된 책임이 정부에 있다고 지적하고 규탄하면 희망을 찾을 수 있는 것은 아니다. 학문하는 사람들이 스스로 반성하고 노력해야 하는 것이 더욱 긴요한 과제이다.

토론

❑ 문 : 민족문화백과사전은 만들라 하면서 구비문학 조사는 하지 말라고 한 이유가 무엇인가? 둘이 어떻게 다른가?

❑ 답 : 사업 자체의 의의는 고려하지 않고, 남북 관계에 근거를 둔 정치적 판단을 했다. 외국 것을 번안하지 않고 백과사전을 독자적으로 만드는 사업을 북한에서 먼저 시작했으므로 경쟁해야 한다고 다그쳤다. 구비문학 조사는 북한에서 큰 규모로 했다는 소문이 들리지 않아 경쟁사업일 수 없었다. 북한에서 먼저 한 일은 더 잘 해야 한다고 하고, 북한에서 하지 않은 일은 하지 말라고 막는 판국이었다. 고전국역도 북한보다 뒤떨어지지 않으려고 서둘러 했다. 구비문학 조사는 북한이 충격을 받고 분발하도록 하는 반대의 경우라고 생각할 수 있는 수준이 아니었다.

2004년 7월 19일부터 20일까지 중국 沈陽에서 남북한 학자들이 만나 전통민요에 관한 학술회의를 할 때 북쪽 대표가 『한국구비문학대계』 조사 및 출간 사업이 중단된 것이 안타까운 일인데 무슨 까닭인가 하고 물었다. 내가 사업 추진의 당사자였음을 밝히고, 정부 당국의 반대로 제1차 계획만 겨우 마치고 제2・3차 계획은 시작하지 못했다고 했다. 시정을 요구하지만 뜻을 이루지 못하고 있다 하고, 북쪽에서 압력을 넣으면 가장 큰 효과가 있을 것이라고 했다.

❑ 문 : 연구기관이 부실해지고, 맡고 있는 연구가 제대로 되지 않는 것은 정부가 잘못 하기 때문인가?

❑ 답 : 그렇기는 하지만, 정부 당국자의 책임을 물으면 해결될 일이 아니다. 연구에 대한 이해가 근본적으로 잘못된 것을 시정해야 한다. 연구는 대학에서 교수들이 맡아서 하니 연구기관은 연구를 관리하고 지원하면 된다고 여기는 그릇된 사고방식이 연구를 망친다.

❑ 문 : 무엇이 잘못 되었다는 말인가?

❑ 답 : 오늘 거론한 전국구비문학 조사, 민족문화대백과사전 또는 국어대사전 편찬, 한국문화사대계 등을 다시 보자. 뛰어난 능력을 가진 학자들 다수가 상당한 기간 동안 집중적인 작업을 해야 바람직한 수준의 결실을 얻을 수 있다. 강의를 하는 여가에 연구도 하는 교수나 학자의 능력을 가지지 못한 보조인원이 감당할 수 있는 일이 아니다. 이와 같은 공동의 작업뿐만 아니라 개개인이 자유롭게 하는 연구에도 근무시간을 모두 바쳐야 제대로 될 수 있는 것이 대부분이다.

❑ 문 : 지금 말한 사실을 왜 모르고 있는가?

❑ 답 : 행정직, 대학교수, 국정담당자, 이 셋은 이해관계가 일치해 진실을 외면한다. 행정직은 자기네 자리를 늘리려고 연구기관을 장악하면서 연구는 대학교수가 하니 연구기관의 임무는 연구비 지원이라고 한다. 대학교수는 영향력을 키우고 금전상의 이득도 보려고 연구비

를 받아 대학원생들을 부려먹는 연구 소작제를 선호한다. 국정책임자는 행정직과 대학교수 양쪽의 환심을 사면 일을 잘한다고 착각한다.

❑ 문 : 연구를 위한 예산이 많이 늘어난 것은 평가해야 하지 않는가?

❑ 답 : 연구를 위한 예산을 땅 사고 집 짓는 데다 먼저 쓰지 않는 것도 함께 평가해야 한다. 그러나 연구는 돈으로 하는 줄 알고 사람이 하는 줄 모른다. 사람을 모으지 않고 돈을 나누어준다.

❑ 문 : 국정에 참여하는 대학교수가 적지 않은데 왜 바로잡지 못하는가?

❑ 답 : 연구에 헌신하려고 하지 않고 연구를 이용하고자 하는 교수들이 국정에 참여해 그릇된 관행을 고착시킨다.

❑ 문 : 대안은 무엇인가?

❑ 답 : 연구 소작제를 연구 자작제로 바꾸어야 한다. 다른 일에 시간을 빼앗기지 않고 대학원 공부를 제대로 해 필요한 능력을 착실하게 기른 인재들이 연구기관에 들어가 연구를 생업으로 삼으면서 큰일을 하도록 해야 한다. 노비가 소작인으로, 소작인이 자작농으로 바뀐 변화가 우리가 하는 연구의 역사에서도 일어나야 한다. 그러면 인권이 신장되어 다행이라고 하고 말 것은 아니다. 생산성의 증대가 더 큰 효과이다. 연구 소작제에서는 기대할 수 없는 성과를 연구 자작제에서는 거둘 수 있다.

❑ 문 : 바꾸려면 어떻게 해야 하는가?

❑ 답 : 여론의 지지를 얻어 국정담당자가 결단을 내려야 하는데,

기대하기 어려운 실정이다. 연구 소작인들이 들고 일어나 자작농의 지위를 쟁취하는 것이 그 다음 방법인데, 불행히도 사태 파악조차 하지 못하고 있다. 수준 이하의 나라임을 절감한다. 그래도 절망하지 않고 이런 강의를 하고 책을 써내면서 계속 노력하고자 한다. 대학원생들의 분발을 촉구하는 것이 가장 큰 과업이다.

❏ 문 : 대학원생이 공부를 어떻게 해야 하는가?

❏ 답 : 전공을 중핵으로 하고 그 주위에 여러 동심원을 그리면서 관심을 확대해야 한다. 연구의 정책과 제도가 어떻게 돌아가는지 알고, 거대한 규모의 공동작업을 위한 기본설계를 할 능력도 길러야 한다.

❏ 문 : 지금의 제도에서 가능한가?

❏ 답 : 혁명이나 개혁의 주체는 스스로 노력해 비약해야 한다.

❏ 문 : 어떤 책을 얼마나 읽어야 하는가?

❏ 답 : 책보다 현실을 더 큰 교재로 삼아야 하고, 좁은 공부방을 떠나 넓은 산천을 거닐면서 깨달음을 얻어야 한다.

제4강 학문 죽이기와 살리기

자료 소개

이 글은 1999년 12월 3일 인문사회연구회에서 주최해 개최한 학술회의 "인문학연구 이대로 좋은가"에서 기조발표를 한 원고를 조금 손질한 것이다. 『이 땅에서 학문하기』(서울 : 지식산업사, 2000)에 수록했지만 다시 내놓는다. 원래의 제목은 <인문학연구의 발전을 위한 정책과제>이고, 그 책에서는 <학문을 죽이는 정책과 살리는 정책>이라고 했다.

왜 그런 행사를 개최했으며, 어떤 토론이 있었는가를 글 뒤의 <덧붙임>에서 말했는데 이쪽으로 옮긴다. 김대중정부는 정부출연 연구기관을 모아서 통괄하는 기구를 국무총리 산하에 설치했다. 행사를 개최한 '인문사회연구회'도 그 가운데 하나이며, 인문 · 사회학문 분야 정부출연 연구기관 9개를 통괄한다. 그런데 산하에 인문학 분야 연구소는 하나도 없어 명실상부하지 못하므로 인문학연구소를 신설하기로 하고 "인문학연구 이대로 좋은가"라는 물음을 내건 학술회의를 큰 규모로 개최했다.

인문학연구소 신설에 대해 내가 당연히 찬성하리라고 기대하고 기조발표를 부탁했다. 내 발표를 널리 알리고 계획한 사업을 바로 시작하려고 했다는 말을 나중에 들었다. 그러나 나는 인문학연구소를 정부출연기관으로 설립하는 것은 학문을 죽이는 정책이니 그만두라고 했다. 기존의 연구소가 정상화되도록 하고, 대학 연구소에 연구교수를 두도록 지원하는 것이 마땅하다고 했다.

기조발표자가 계획한 사업을 정면으로 반대하니 주최 측은 크게 당황했다. 인문학연구소에 들어가기로 약속된 사람들이 토론자로 나와 있다가 내 발표에 대해서 일제히 반론을 제기했으나 타당성이 없어 쉽사리 논박할 수 있었다. 내 발표는 언론에 보도되지 않았으나 인문학연구소 설립을 중단시키는 효과가 있었다.

그것으로 모든 일이 끝난 것은 아니었다. 미련을 가지고 계속 추진하면서 인문학연구원이 아닌 인문학정책원을 만든다고 하기도 했다. 관련이 없는 것 같은 기관에서 용역을 얻어 그런 계획서를 만들어 발표하는 사태가 벌어졌다. 어떻게 해서라도 여론을 돌리려고 했으나 뜻을 이루지 못했다. 그러나 준비하고 추진하는 예산이 남아 있어 그만둘 수 없었다. 위원회를 구성해 공연한 일을 계속 만들어냈다.

이제 인문학연구원 신설 안은 취소되고 후속 작업도 거의 끝난 것 같다. 그러나 문제가 해결된 것은 아니다. 연구를 제대로 할 수 없게 하는 저해요인이 그대로 남아 있어 지적하고 시정하기 위해 분투해야 한다. 여기서 벌인 논란을 계속하면서 발전시켜야 한다.

무엇이 문제인가

'제2건국'이라는 말을 많이 하는데, 들으면 분개하는 마음을 누르기 어렵다. 1948년 정부를 수립할 때의 중대한 실수를 찾아서 바로잡을 생각은 하지 않고, 국민을 상대로 도덕적 훈계나 일삼기 때문이다. 이제 전쟁의 상처도 어느 정도 아물고 절대빈곤에서도 벗어나 통일을 앞두고 21세기로 나아가는 시점에 이르렀으니, 나라 만들기에 무엇이 잘못되었는지 근본적으로 반성하고 시정해야 한다. 거기까지 생각이 미치지 못하면서 '제2건국'이라는 말을 함부로 해서 불신을 자아낸다.

무엇이 얼마나 잘못되었단 말인가? 나라가 나라다우려면 학문을 할 수 있게 해야 한다. 학자들이 연구에 전념하면서 학문을 발전시키는 기관이 있어야 하는데, 그런 곳이 없다. 교육정책만 있고 학문정책은 없어, 대학은 만들었지만 연구기관은 만들지 않았다. 연구는 대학에서 하면 된다 하고서, 사실상 불가능하게 했다. 교수는 강의하는 사람이라야 한다고 규정하고, 강의를 하는 여가에 연구를 하기도 어렵게 과도한 강의 책임 시간수를 법령으로 정했다.

그 때문에 모든 학문이 일제히 타격을 받고 있다. 인문·사회·자연학문 가운데 자연학문은 크게 유용하다고 판단해 막대한 예산을 들여 특별히 지원하고, 국가 시책과 직결되는 문제를 다루는 사회학문에도 그 나름대로 관심을 가지는 것이 해결책일 수 없다. 대학의 교수는 강의에 매달려야 하고, 대학 밖의 연구소는 학문을 할 수 있는 여건이 마련되어 있지 않은 전반적인 장애를 어느 특정 학문을 지원해 바로잡을 수 없다. 학문을 정상화하려면 학문정책의 근본적인 전환이 필수적인 과제이다.

학문의 전반적인 위기가 인문학문에서 특히 심각하게 나타나고 있다. 경쟁력이니 퇴출이니 하는 말이 유행하면서, 인문학문은 경쟁력이 없으니 퇴출시켜야 한다고 하는 그릇된 생각 때문에 빈사상태에 이르렀다. 그것은 인문학문만의 불행이 아니다. 인문학문이 죽으면, 나라가 망하고 역사가 빗나가고 문명이 파괴된다. 인문학문이 앞서서 주체적이고 창의적인 능력을 개발해야 사회학문도 제 자리에 서고, 자연학문의 경쟁력이 커진다.

인문학문도 사회학문이나 자연학문 수준으로 지원하면 문제가 해결되는 것은 아니다. 이제 학문정책 전반의 잘못을 반성하고 시정해야 할 단계에 이르렀다. 그런데 무엇이 잘못되었는가 알지 못하고 있으니 바로잡을 길이 없다. 다른 나라는 학문정책을 어떻게 하는지 알아보려고도 하지 않는 수준의 정치인이 국정을 담당하고, 학문이 무엇인지 짐작조차 하지 못하는 관료집단이 연구행정을 관장하고 있어 새로운 출발을 가로막는다. 겹겹의 악조건을 무릅쓰고 학문을 하려고 분투하는 동지들이 연구가 아닌 일에 소중한 시간을 소비할 수 없다는 이유로 침묵하고 있지는 못할 중대사태이다.

다른 나라는 어떻게 하고 있는가

다른 나라도 다 한국과 같은 줄 알고 있는 사람이 많아 비교하는 설명부터 할 필요가 있다. 대만의 사례부터 들어보자. 대만에서는 국내외 학문 발전을 선도하는 세계적인 연구기관 중앙연구원을 설치해 국력을 기울여 육성하고 있어 부러움을 자아낸다. 북경에 있던 기관을 피난할 때 대북으로 옮겼다. 어려운 시기 미비한 여건에서도 중앙연구원은 정치에서 독립된 순수한 학문연구기관이게 하고 최대의 지원을 아끼지 않아, 학자들이 마음 놓고 연구할 수 있게 해왔다. 연구소 육성에 관해서는 대만이 선진국이고 한국은 후진국이라는 사실이 극명한 대조를 이룬다.

대만만 그런 것은 아니다. 중국은 북경 및 각 성에 과학원과 사회과학원을 두어 대학보다 상위의 학문연구기관 노릇을 하게 한다. 과학원에서는 자연학문을, 사회과학원에서는 인문·사회학문을 연구하도록 하고, 그 하위에 각기 여러 연구소를 두었다. 그것은 소련에서 시작된 사회주의 국가 공통의 제도이다. 북한에서도 처음부터 사회주의권의 제도를 받아들여 과학원과 사회과학원을 두었다. 근래에는 주체과학원이라는 것을 다시 만들었다. 거기 상응하는 남쪽의 연구기관은 어느 것인가 의문이 아닐 수 없다.(사회주의 국가의 과학원에 관해서는 제7-9강에서 상론한다.)

일본은 중앙연구원이나 사회과학원 같은 전국적인 기관은 없는 대신에 대학에 연구소를 설치하고 있다. 대학의 연구소에는 반드시 연구에 전념하는 연구교수가 있어야 한다. 그렇지 않은 곳은 연구소라고 일컬을 수 없게 제도화했다. 그 가운데 몇 예를 들어보면, 동경대학의 동양문화연구소, 경도대학의 인문과학연구소, 동경외국어대학의 아시아·아프리카언어문화연구소 같은 곳에서는 60여명 정도의 연구교수가 연구에 몰두하고 있어 대단한 업적을 내놓는다. 국가 시책상 필요한 연구소라도 가능한 한 대학 안에 두고 연구 인력을 대학교수로 해서 능력을 제고하고 신분은 안정시키고 있다. 史料編纂所는 한국의 국사편찬위원회에 상응하는 기관인데, 동경대학 안에 들어 있는 연구소이며 연구 인력이 학예연구직이 아닌 교수이다.

대학 밖에 설립한 연구기관이나 박물관 같은 곳의 연구 인력도 대학의 교수와 대등한 교수로 해서, 교수가 되기 위해 대학으로 옮겨갈 필요가 없게 한다. 국립국어연구소도 그 가운데 하나이다. 기존의 박물관이 허다한데, 국립민족학박물관, 국립역사민속박물관, 江戸・東京박물관 같은 대규모 박물관을 새로 설립해 거기 근무하는 교수들이 연구할 수 있게 하고, 국민의 지적 수준을 높이는 데 기여하게 한다. 교수가 한국에서는 가르치는 사람이기만 한데, 일본에서는 가르치는 사람이기도 하고 연구하는 사람이기도 한 차이점 때문에 한국은 연구 역량에서 일본보다 뒤떨어지지 않을 수 없다.(일본의 연구기관은 제13강에서 상론한다.)

유럽 각국이나 미국에도 연구에 전념하는 사람들이 대학 안팎 여러 곳에 포진하고 있어 많은 시간이 소요되는 연구를 장기간에 걸쳐 할 수 있다. 그 가운데 프랑스의 경우가 특이해 별도로 소개할 필요가 있다. 프랑스에는 다양한 형태의 연구기관이 있다. 학생은 없고 연구교수만 있는 대학 콜레즈 드 프랑스(Collège de France)가 최상위의 학문을 하는 곳으로 공인되어 있다. 연구중심의 대학 고등연구원(École pratique des hautes études)이 인문학문과 사회학문 양쪽에 있어 새로운 연구를 활발하게 펼친다. 프랑스극동학원(École Française d'Etrême-Orient)처럼 지역연구의 전문가가 외국에 장기간 파견되어 현지에 거주하면서 연구하도록 하는 기관도 있다.

그뿐 아니라 국립과학연구센터(Centre national de la recherche scientifique, 약칭 CNRS)라고 하는 방대한 규모의 연구기관은 더욱 주목할 만하므로 조금 자세하게 소개하기로 한다. 거기 소속된 학자 세 사람에게 물었더니, 총원이 2만 명, 1만 명, 8천 명쯤 될 것이라고 각기 다르게 대답했다. 그만큼 기구 전체에 대해서 무관심하다. 실제 인원은 제11강에서 말한다. 규모가 그렇게 크니 건물이나 기구가 엄청날 것이라고 상상하기 쉬우나 그렇지 않다. 부대비용은 최대한 줄이고 예산을 전액

연구에 직접 투자해 효율성을 최대한 높이는 방식으로 운영하고 있어, 외형은 없애고 내실만 남겼다.

국립과학연구센터에 소속되었다는 것은 거기서 월급을 받는다는 말이다. 월급을 받고 자기 집이나 공동도서관에서 연구를 한다. 출근할 건물도 없고, 출근할 의무도 없다. 자기 스스로 하고 싶은 연구를 한 결과를 내놓고 평가를 받는다. 그러면서 전국 모든 대학의 교수를 겸직하고 있는 것과 다름없는 신분이어서, 대학에서 별도의 보수 없이 강의도 맡고, 학위논문 지도도 하며, 때로는 보직도 할 수 있다. 그렇지만 연구 이외의 일에 종사해서 돈을 벌면 월급을 그만큼 삭감한다.

프랑스인은 자유업을 선호하므로 그런 제도를 창안했다. 학자들이 바라는 방법으로 연구를 지원하면서 일체의 낭비가 없이 예산을 효율적으로 사용해, 학문의 국가경쟁력을 최대한 키우고 있다. 프랑스가 학문 수출국의 위치를 계속 견지하고 있는 것이 그 때문이다. 특히 인문학문에서는 프랑스의 우위가 흔들리지 않고 있으며, 미국은 최대의 수입국 노릇을 하게 한다. 한국은 프랑스의 학문을 미국을 통해 가까스로 수입해오는 나라 가운데 하나이다.(프랑스의 연구기관은 제11강에서 상론한다.)

학문하는 사람들 능력의 차이 때문에 그런 격차가 생기는 것은 아니다. 프랑스 정부는 학자가 연구할 수 있게 하고, 한국 정부는 그렇게 하지 못하게 막는다. 연구를 하지 못하게 해도 대단한 업적을 내는 극소수의 예외자만 가지고 한 나라의 학문이 정상적으로 발전할 수는 없다.

우리는 무엇이 잘못되었는가

한국은 연구기관을 만들지 않고 나라를 운영하는 예외적인 나라이다. 연구는 대학의 교수가 강의를 하는 본분을 수행하고 남는 여가에 하도록 하고 있다. 연구에 소요되는 비용은 대학을 운영하는 예산에 포함되어 있지 않아, 교수 각자가 개인적으로 조달하도록 하고 있다. 그러면서도 나라를 비교할 때 연구업적에 관한 통계도 필요하다는 것은 알아, 한국 학자들의 업적이 많이 모자란다고 나무라는 것은 잊지 않는다.

인문학문 같은 것은 연구하든지 말든지 당사자가 알아서 할 분야이므로 돌보지 않아도 된다고 여기는 사람들도 과학기술 분야의 연구가 성과 있게 이루어지지 않는다고 개탄하면서 다른 나라의 경우와 수치를 들어 비교하기를 좋아한다. 연구에 투입하는 자금은 적은 편이 아닌데, 연구 성과는 현저하게 뒤떨어지고 있으니 이해하기 어렵다고 개탄한다. 이해하지 못할 것이 무엇인가? 통계 숫자에 들어 있는 예산을 연구와 관련이 없는 데다 써서 낭비한 때문이다. 그보다 더욱 심각한 이유는 연구할 시간이 없게 하는 것이다.

나는 지금 하고 있는 방대한 연구에 너무 많은 시간이 소요되어 연구교수가 되기를 진심으로 바란다. 1996년 4월에 서울대학교의 교수직을 사임하고 연구에 전념할 수 있게 해준다면 어디라도 가겠다고 하는 공개구직 광고를 냈다. 일간신문에서 그 사실을 일제히 보도해 관심과 격려를 나타냈다. 그래서 몇 대학과 접촉이 있었으나, 뜻을 이루지 못했다. 강의는 하지 않고 연구만 하는 교수는 국법에서 허용하지 않는다는 사실을 확인했을 따름이다. 법령의 규제를 받지 않고 있는 사립재단에서는 혜택을 베풀어줄지도 모른다고 기대를 가져보았으나 허사였다.

1999년 9월에 자연학문 분야 두 교수가 서울대학교를 떠나 '고등과학원'으로 옮긴 것이 충격을 주는 사태라고 한다. 거기 가면 연구할 수 있는 시간을 얻고 연구비 신청에 따르는 잡무에서도 면제되는데, 연구에 뜻을 둔 사람이라면 누가 마다할 것인가? 자연학문은 유용하다고 판단해 그런 혜택을 주면서, 인문・사회학문은 무용하므로 연구를 하고 싶으면 개인적으로 하라고 한다. 이래도 되는가? 이런 나라가 국가경쟁력을 가지고 21세기로 나아갈 수 있겠는가?

연구비를 많이 주면 연구가 잘 되는 것은 아니다. 강의와 잡무에 시달려 연구할 시간이 없는 고민을 돈으로 해결할 수는 없다. 연구의 실제 작업은 학생들에게 맡기고 교수는 관리만 하면 된다는 것은 심한 착각이다. 인문학문이 당면한 어려움도 같은 방식으로 해결하면 된다고 하면서 연구비를 요구하는 소리가 높으나, 인문학문 연구는 남에게 맡길 수 있는 부분이 거의 없고 오직 연구하는 사람 자신이 스스로 감당해야 할 시간과의 싸움이다.

교수들에게 주는 연구비를 대폭 증액하면 연구가 잘 될 수 있다고 기대하는 것은 잘못이다. 교수라면 누구든지 연구계획서를 제출해 심사에 통과되면 연구비를 받을 수 있게 하는 것이 연구를 진작시키는 훌륭한 제도라고 착각하지 말아야 한다. 그 제도에는 치명적인 결함이 있다. 장기간 일관성 있게 지속되는 연구를 하는 대신에 연구라는 이름의 투기를 일삼도록 부추긴다. 연구할 뜻이 없어도 돈이 탐나 계획서를 내도록 유혹한다. 채택될 수 있는 계획이 무엇인가 궁리하느라고 연구의 자율성・창의성・일관성이 손상되지 않을 수 없다. 연구계획과 연구결과를 일치시켜야 하므로 연구가 마음껏 뻗어나갈 수 없다.

근래에는 서류 작성이 나날이 번다해지고, 연구비 사용 내역서와 영수증을 챙기는 수고가 더욱 커져, 그렇지 않아도 모자라는 시간을 무참하게 앗아간다. 연구비를 받은 사람 가운데 연구결과가 계획과 어긋나고, 연구비를 예산항목대로 쓰지 않고 유용하는 잘못을 저지르지 않은 사람은 아무도 없다. 감사를 해서 문책을 하면 누구나 죄인이 될 수 있으므로 전전긍긍하지 않을 수 없다. 그런 사정이 겹겹이 얽혀, 연구비라는 미끼가 연구를 방해한다. 연구비를 증액하는 것만큼 방해 작용도 더 커진다.

구두로 발표할 때 이 대목에 이르러서, 연구비 지급 방식을 연구계획서 대신에 완성된 연구물을 심사해 연구비를 지급하는 것으로 바꾸면, 지금 제도의 결함을 대폭 시정할 수 있을 것이라고 했다. 토론자로 지정되어 있는 한국학술진흥재단 이사장이 토론을 할 때 이에 대해 대답을 해달라고 요청하고 싶은데, 그 자리에 나와 있지 않은 것이 유감이라고 했다.

연구비를 신청하지 않으면 그만이지 공연히 말썽을 부리지 말라고 할 일이 아니다. 연구비를 받지 않으면 연구가 잘 될 수 있는 것도 아니다. 연구의 필수적인 여건인 시간이 없으니 연구를 하는 척하면서 책임을 면할 방도를 찾지 않을 수 없다. 학문의 제조업은 하지 못하고 수입업에만 매달릴 수밖에 없다. 상품은 수출해야 하지만 학문은 수입해다 써도 나쁠 것이 없다고 하는 말로 수입업을 두둔하지 말자. 학문의 본질은 모르더라도 시대가 달라진 것은 알아야 한다. 남의 기술로 우리 상품을 만들 수 있는 시대도, 남의 학문으로 우리 기술을 개발할 수 있는 시대도 다 지나가고, 이제 우리 학문이 아니면 기술과 상품에서 경쟁을 할 수 없는 시대에 이르렀다.

인문학문 가운데서도 국학은 그 기초이고 핵심이며 수입해서 할 수 없으므로 힘써 육성해야 한다. 다른 연구소는 없어도 국학연구소는 있어야 하는데, 그렇지 못한 것은 정부의 직무유기이다. 정부를 수립할 때부터 국립박물관과 국사편찬위원회를 설치하고, 그 뒤에 국립국어연구원도 만들었는데, 무슨 소리냐 하고 반문할지 모른다. 그러나 국립박물관과 국사편찬위원회는 부끄러운 말이지만 조선총독부에서 있었던 것을 폐지하지 않았을 따름이다. 국립국어연구소는 문화정책의 기본을 관장하는 필수적인 기구라는 주장을 뒤늦게 받아들여 마지못해 설치했다. 이 기구의 명칭을 국립국어연구원으로, 다시 국립국어원으로 바꾸었다.

국립박물관·국사편찬위원회·국립국어원 같은 국립연구기관은 특정의 사명이 있어 학문 발전에 널리 기여하기 어려울 뿐만 아니라, 직제에 치명적인 결함이 있다. 그 기관 자체가 상위 행정기관의 직접적인 감독을 받아야 하는 탓에 연구의 본질인 자발성과 창의력이 크게 제약된다. 연구에 종사하는 사람들이 일반 공무원 직종의 하나인 학예연구직이어서 상위 행정직의 간섭을 받는다. 연구 능력이 뛰어난 학예연구원일수록 핍박을 견디어내는 데는 더욱 무능해 줄곧 괴로워하다가 대학에 자리가 나면 떠나가도록 만든다. 그밖에 한국고전번역원이나 독립운동사연구소 같은 것들이 더 있어도, 연구를 제대로 하기 어렵게 하는 조건을 스스로 해결할 수 없다.

이 땅에는 사회과학원이나 인문사회과학원 같은 것을 임의의 사설단체로 누구나 만들 수 있을 만큼 결사의 절대적인 자유가 보장되어 있어, 정부 수립 이전 상태라고 하지 않을 수 없다. 수많은 학회나 학술단체가 다채로운 활동을 하고 있고, 민간학자들도 아주 많아 연구가 아주 활발한 것 같다. 그러나 학문에 종사하는 시간을 확보하면서 생계 걱정은 하지 않고, 학문을 하는 데 필요한 자료나 비용을 항상 조달할 수 있는 사람은 아무도 없다.

학문을 한다는 것이 독립운동 수준의 자기희생이다. 비장한 각오나 눈물겨운 노력이 있어도 바람직한 성과를 거두지 못한다. 다른 나라 학자들은 국가가 지원하는 혜택을 누리면서 현대화된 공장을 돌려 시장을 계통적으로 장악한다. 한국의 학자들은 원시적인 방식의 수공업으로 만든 제품을 각자 팔고 다니는 행상을 겸하고 있다고 해야 할 실정이다.

실패를 되풀이할 것인가

한국에도 연구기관이 있어야 한다는 주장이 뒤늦게 일어나, 그 일부는 채택되었다. 자연학문 분야에는 대학 안팎에, 정부 또는 민간에서 출자해 여러 연구소를 세웠다. 연구해야 살 수 있다고 하면서 연구를 독려하고 있다. 그래서 잘 되고 있는지 검토해야 하겠지만, 내 소관사는 아니고 능력 밖이니 접어두고자 한다. 인문·사회학문에서는 국책의 당면과제를 부서별로 다루는 정책연구기관이 있어야 한다고 해서 여러 연구소를 다투어 설립하더니, 이제는 통합해 관리하는 새로운 제도를 만들었다. 그래서 어떤 점이 개선되었는가? 각 부처에서 세운 연구기관을 한 데 모아놓으면, 연구 능력이 크게 향상되어 학문 발전에 적극 기여하는가?

거액의 예산을 들여 창설하고 운영하는 한국정신문화연구원(현재의 한국학중앙연구원)은 그런 군소연구기관과는 차원이 다르니 한꺼번에 논하지 말라고 할 수 있다. 그러나 나는 한국정신문화연구원이 겪어온 시련을 뼈저리게 체험해 잘 알고 있다. 인건비보다 사업비를 많이 책정해야 한다면서 자체 연구는 도외시하고, 사업비로 책정한 연구비를 지급해 연구를 시키는 기관이게 한 것이 처음부터 문제였다. 국학 연구에 힘써 천년을 갈 업적을 내놓아야 한다고 하는 학계의 염원과 내부의 열망을 무시하고, 집권자의 정치적 구호를 윤색해 몇 해 지나면 휴지 쪽에 지나지 않을 글이나 써내라는 요구를 끊임없이 받아왔다. 새마을운동, 국민윤리, 국민정신교육, 이데올로기 비판, 그리고 역사바로세우기 등을 위해 나서라고 하더니, 그 구호가 제2건국으로 바뀌었다. 거기다 덧보태 대학원 기능을 대폭 확대하려고 한다는데, 그렇다면 교육이 연구를 밀어내는 기존 대학의 폐단을 재현하기까지 한다.

국학을 연구하는 기관을 따로 만드니 기대를 해보자고 할 수 있다. 그러나 설립을 추진하는 과정에서 국학연구원이 국학진흥원으로 바뀌어 연구와는 거리가 멀어졌다. 첫 사업으로 땅을 마련하고 집을 짓는데, 건축비만 3백억이나 소요된다고 한다. 건물을 유지하고, 사무기구를 운영하려고 하면 더 많은 돈이 필요하다. 국학진흥원을 만들어 운영하는 돈을 국학을 진흥하는 데 바로 쓰면 당장 큰 성과를 거둘 것인데 그렇게 하지 않는다. 연구를 진흥하고 지원하겠다는 기구나 인원은 나날이 늘어나고, 정작 연구를 할 사람은 없다. 누수율이 100퍼센트에 가까운 수도공사를 거듭해서 하고 있는 셈이다.

정부 산하의 연구기관에 인문·사회학문 특히 그 가운데 인문학문의 연구를 하는 곳은 없으니 신설해야 한다고 주장할 수 있다. 가칭 인문학연구원이라는 것을 만든다고 하자. 빈약한 예산으로 소규모의 연구기관을 창설해서는 한국정신문화연구원의 실패를 만회할 수 없다. 그쪽보다 많은 예산을 배정해 또 하나의 연구원을 더 크게 만들어야 비교 가능한 업적을 이룩할 수 있다. 그렇게 하면 인문학문 연구를 획기적으로 진작할 수 있겠는가? 아니다. 전혀 그렇지 않다.

설립을 추진하는 국정책임자가 적극적인 관심을 가지면 허세가 확대되는 병폐가 이번에는 생겨나지 않는다는 보장이 없다. 국정책임자가 내세우는 정치적인 구호를 해설하고 홍보하는 일을 맡아 유용한 기관이 되라고 요구하는 것은 피하기 어려운 일이다. 원장의 직급을 높이고 집을 크게 잘 지으면 훌륭한 연구원이 된다고 하는 망상이 되살아나 일을 망칠 것이다. 거창한 규모에 걸맞은 유력한 인사가 원장으로 부임해, 사무국장 이하 방대한 사무기구를 만들고, 땅을 구하고, 집을 짓느라고 소동을 벌이면서 또 다시 낭비를 일삼을 것이다.

그렇더라도 대만의 중앙연구원 같은 세계적인 수준의 연구기관을 만들면 투자한 보람이 있다고 할지 모르나, 그럴 가능성은 없다. 새로 설립하는 연구원이 대만의 중앙연구원이나 중국 또는 북한의 사회과학원처럼 대학보다 상위의 연구기관일 수 있게 하는 방법은 없다. 그런 법을 제정하는 것이 원리상 합당하지 않고, 설사 제정한다 해도 기존의 관습과 어긋나 효력을 발휘하지 못한다. 돈으로 해결책을 삼으려고 하면 낭비만 확대할 따름이다.

자연학문 분야에서는 노벨상 수상자급의 세계적인 석학을 초빙하면 새로 설립하는 연구기관이 당장 최고의 수준에 이른다고 장담한다. 과연 그렇게 되었는지 알 수 없으나, 석학이라고 한국에까지 알려져 초빙에 응할 사람은 새로운 연구를 할 수 있는 여력이 없다고 보는 것이 정상이다. 더구나 인문학문에는 노벨상은 물론 거기 버금가는 상도 없을 뿐만 아니라, 엄청난 보수를 주고 외국의 석학을 초빙한다 해도 우리에게 필요한 연구를 할 수 없고, 우리 학문의 발전에 기여하지는 못한다. 국내에서도 석학이라고 널리 알려지는 것은 연구가 끝난 뒤라야 가능하다. 예산이 많아 훌륭한 양로원을 차리는 것은 사회복지를 위해 좋은 일이지만, 학문 발전에 도움이 되지는 않는다.

그런 허세는 버리고 유능한 현역 학자들로 연구진을 구성하려면 대학에 재직하고 있는 부교수급의 뛰어난 학자들을 초빙하는 것이 상책이라 하겠는데, 적임자가 아니면 자리를 쉽게 옮길 수 있겠지만, 적임자라면 그렇지 않을 것이다. 교수직을 버리고 학예연구직을 맡으려고 하지 않고, 상하관계로 이루어진 관료조직에 들어가는 것을 싫어하고, 행정업무 때문에 연구는 하지 못하게 될까, 원하지 않는 연구계획에 동원될까 염려해 초빙에 응하지 않을 것이다. 보수를 높여 유인책을 삼으면, 연구할 뜻이 없는 사람들이나 적극 호응한다. 신진학자를 공개채용해서 모으면 된다 하겠지만, 대학에 자리가 날 때까지 잠시 머물고자 할 것이다.

그 어느 경우에도 연구진 구성이 잘 되리라는 보장이 없다. 상위조직이 비대하고 운영방식이 관료적인 데 비례해 학문 외적 기준이 더 많이 개입하는 탓에 연구진의 인선이 잘못되고, 부적절한 연구계획을 하달하려고 하다가 마찰을 빚어, 연구 성과가 제대로 나타나지 않으리라고 예견하는 것이 잘못이 아니다. 감독관청에서 행정적인 규제를 강화해 문제를 해결하려고 하면 사태가 한층 악화된다. 내부의 관리직이 대단한 권한을 가지고 연구직을 독려하도록 하면 파국에 이른다. 노예노동은 능률이 낮아 일찍 폐기되었던 사실을 바로 알아야 한다.

우수한 연구진용을 갖추기 위해 대학원이라도 설치해 학예연구직을 교수직으로 바꾸면, 강의부담이 생겨나서 연구기관을 별도로 설립하는 의의가 없어진다. 대학원 학생의 질이 또한 문제가 된다. 파격적인 장학금을 주어 대학원 학생의 질을 높이려고 하면 본말이 전도되고, 연구에 쓸 예산이 더욱 줄어든다. 대학원이 더 필요해서 새로운 사업을 벌여야 하는 것은 아니다.

연구는 내부에서만 하지 말고 외부의 교수들에게 연구비를 나누어주어 혜택을 널리 베풀어야 한다는 주장이 나오게 되는 것도 쉽사리 예견할 수 있다. 예산을 편성할 때 인건비보다 사업비가 많아야 한다는 상투적인 논거가 재등장할 것이다. 연구비를 지급하는 기관이 하나 더 생기는 것을 대학에 있는 교수들은 환영할 것이다. 그렇지만 연구비를 지급하는 액수가 많아지면 연구는 사람이 하지 않고 돈이 한다고 하는 그릇된 사고방식을 키워 연구를 더욱 왜곡하는 작용이나 할 것이다.

위에서 든 여러 조항에서, 신설되는 연구원은 한국정신문화연구원의 전례를 따르게 되리라고 쉽사리 예견할 수 있다. 신설되는 연구원의 장래를 이렇게 예견하는 것은 지나친 비관론인가? 국정책임자가 올바른 생각을 가지고 원장이나 사무국장을 잘 선임하면 되는데, 지나친 상상을 하면서 공연한 험담을 하는 것인가? 아니다. 전혀 그렇지 않다.

정부에서 설립하고 감독해 운영하는 모든 기관의 속성을 이루고 있는 관료주의가 연구라는 창조행위와는 반드시 어긋난다. 그 둘이 충돌해 관료주의가 이기고 창조행위가 져서 연구가 황폐하게 되는 것을 누구도 막지 못한다. 담당자의 인성에 따라 사정이 달라질 수 있는 것은 아니다. 정부에서 설립하는 기관에 관료주의가 끼어들지 못하게 차단할 수 있을 만큼 위대한 지도자는 없다.

대안 제시

그러면 어떻게 해야 하는가? 우선 필요한 일은 교수의 자격 규정을 다시 하는 것이다. 교육은 하지 않고 연구에만 종사하는 사람도 교수로 해서, 자율성과 신분안정을 부여하는 대신에 능력을 제고하고 충실한 연구 성과를 내놓도록 요구해야 한다. 그렇게 해야 연구기관을 세워서 운영하는 보람이 있다. 그래야 국립박물관 · 국사편찬위원회 · 국립국어원뿐만 아니라 다른 여러 공공의 박물관이나 미술관, 정부에 소속되거나 정부출연기관인 각종 연구소가 맡은 임무를 충실하게 수행할 수 있다.

학예연구직을 교수로 전환하는 데는 다소의 추가 예산이 소요되지만, 투자한 것 이상의 성과를 거둘 수 있을 것이다. 자격 미달의 연구소나 연구진을 정리하면, 예산 지출 총액은 오히려 줄어든다. 어느 부처의 정책 수립을 위해 연구소를 두는 것은 낭비이고, 연구의 질을 저하시키는 부작용을 낳는다. 정책 수립을 위해 필요한 연구는 기존의 연구소에 의뢰해서 하면 된다.

교수의 자격을 갖추지 못한 학예연구직은 연구의 보조 인력으로 남아 일하거나 퇴진하도록 해야 한다. 교수진을 확보하지 못하는 연구소는 충실한 연구 성과를 기대하지 못하므로 폐쇄하는 것이 마땅하다. 연구 성과의 학술적 가치에 대해 엄격한 평가를 해서 수준 미달인 연구기관은 정리해야 한다. 연구진 개개인이나 연구기관 전체의 학문적 능력과 업적에 대한 평가를 공정하게 하기 위해서 그 일을 학술원에서 맡도록 하는 것이 바람직한 방안이다.

학문의 위기를 타개하기 위한 더욱 적극적인 대책은 정부 예산으로 대학의 연구소를 육성하는 것이다. 대학의 연구소가 서로 경쟁하면서 평가를 받는 것을 조건으로 정부가 재정을 맡는 것이 대학과 정부의 가장 바람직한 역할 분담이다. 대학의 연구소를 육성해 학문을 하게 하면 추가 재원을 최소화하면서 능률을 극대화할 수 있다. 일체의 낭비나 허세를 배제하고 적은 재원을 효율적으로 사용해서 다른 나라보다 앞서는 학문을 할 수 있게 하는 방안이 여기 있다.

불신과 비난을 아무리 많이 받고 있어도 믿을 곳은 대학이다. 대학은 관료주의의 폐단이 상대적으로 적으면서 연구를 관리할 수 있는 능력은 어느 정도 갖춘 곳임을 인정해야 한다. 그것은 정부의 본질과는 다른 대학의 본질이다. 정부는 잘못하는데 대학은 잘 하고 있다고 하는 것은 아니다. 본질이 다르므로 임무 또한 같을 수 없다. 연구 업무 관장에서는 훌륭한 정부가 나쁜 대학을 따르지 못한다.

정부는 하나이지만 대학은 여럿인 것도 연구를 맡기는 데 유리한 점이다. 여러 대학이 서로 경쟁하는 관계에 있어, 지원할 연구소를 선정하고, 업적을 비교해 평가할 수 있다. 연구소를 조직하고, 개편하고, 폐지하는 일을 대학이 스스로 하도록 하고, 국가는 그 내역을 평가해 지원 여부와 그 규모를 결정하면 된다. 국가가 연구소 내부의 일에 대해서 직접 간섭해 부작용이 생기게 할 필요는 없다.

구체적인 방안을 말해보자. 대학의 연구소에는 반드시 연구교수를 두도록 제도화하고, 연구교수의 인건비를 국가에서 부담하는 것이 그 핵심이다. 한 사람의 1년간 급여 총액은 5,000만 원쯤 된다. 5,000만 원만 있으면 한 명, 그 열 배이면 열 명의 연구교수 인건비를 책정해, 국립대학의 경우에는 당사자에게 직접 지급하고, 사립대학이라면 대학재정을 보조하면 된다. 원장이나 사무직의 인건비도, 집을 짓고 운영하는 비용도 따로 필요하지 않다. 시설이나 도서는 이미 있는 것을 이용하면서 단계적으로 보완하면 된다.

대학의 연구소도 통폐합을 능사로 삼아 대형화해야 한다는 것은 잘못된 생각이다. 소장의 직급을 높이면 연구소가 훌륭해진다는 것은 심한 착각이다. 학문의 본질인 자발적 창의력은 대규모의 조직을 거부하고, 관료주의를 배격한다. 특성화된 주제에 대한 일관된 연구를 내실을 갖추어 진행하면서, 연구시키는 사람과 연구하는 사람이 분리되는 폐단을 막고, 관료주의가 끼어들 틈이 없게 하려면, 서로 좋아서 모인 10명 내외의 소집단이 한 연구소를 이루어야 한다.

그 정도의 인원이 서로 대등한 관계를 가지면서 스스로 선정한 대주제에 대해서 공동연구, 협동연구, 개인연구 등을 다양한 방식으로 병행시켜 진행하는 것이 바람직하다. 서로 연관관계를 가지는 개인연구가 각기 별개의 단행본으로 출판되어 총서를 이루는 것이 좋은 방식이다. 그런 연구소가 전국 각 대학에 많이 있어 다양한 연구를 각기 힘써 하도록 하는 것이 최상의 방안이다.

연구교수는 먼저 기존의 교수 가운데 신청을 받아 선발해야 연구교수가 강의교수보다 하위의 교수라는 그릇된 관례가 생기지 않는다. 나머지 필요한 인원은 장기적인 연구계획을 명시하고 동참하기를 진심으로 바라는 후보 가운데 공개채용해야 한다. 연구교수와 강의교수는 서로 넘나들 수 있게 해야 한다. 연구교수라도 한 학기에 한 과목에 한해서 강의를 할 수 있게 하되, 교과과정에 들어 있지 않은 새로운 강의를 되풀이 없이 한 번만 해야 그 내용이 연구와 직결된다. 그런 강의는 대학 밖으로도 널리 공개해 누구나 청강할 수 있게 하는 것이 마땅하다. 그렇게 하면 연구하는 기풍이 진작되고, 연구한 성과의 파급효과가 커질 것이다.

이런 연구소가 전국 각 대학에 100개정도 있으면, 새 역사가 시작된다. 연구교수 1,000명이면 프랑스의 14분의 1 수준이지만, 학문 선진국으로 나아가는 기틀을 마련할 것이다. 그런 연구소 설치에 관한 연구계획과 충원계획을 대학 단위로 작성해 내도록 하고, 심사해서 허가하면 된다. 수를 채우기 위해 조건을 낮추지 말고, 처음에는 몇 개로 시작해서 100개의 연구소를 연차적으로 선정해야 한다. 연구 역량이 늘어나고 예산이 증액될 수 있으면, 더 많은 연구소를 육성하는 것이 바람직하다.

한국학문을 발전시켜 세계학문을 선도하는 데까지 이르는 연구를 최우선으로 지원해야 한다. 한국학문의 전통을 계승해 21세기 학문의 새로운 방향을 제시하는 것이 그렇게 하는 데 반드시 포함되어야 할 과제이다. 학과의 경계를 넘어선 연구, 특히 인문학문과 사회학문, 인문학문·사회학문·자연학문을 통합하는 연구, 국학과 양학을 합치는 연구를 하는 연구소는 힘써 육성해야 한다. 한국문화(또는 한국의 어느 지역문화)와 외국문화(또는 외국의 어느 지역문화)를 비교해 연구하는 것도 권장할 일이다.

시장경쟁에서 밀려나는 이른바 비인기학과의 교수들이 연구소로 자리를 옮겨 연구의 이상을 실현하는 것은 권장할 만한 일이다. 대학에 학과가 설치될 수 없거나 강의교수의 자리는 나지 않지만 필요한 분야의 연구를 적극 지원해야 한다. 대학에 학과가 설치된 분야가 아니면 전공학자가 취업하지 못해 연구가 이루어질 수 없는 현행 제도의 근본적인 결함을 연구소 운영을 통해서 시정해야 한다.

연구소의 업적을 평가해 잘 하면 지원을 확대하고 못하면 지원을 축소하는 것이 마땅하다. 연구비 사용에 대한 회계감사를 평가의 척도로 삼지 말아야 한다. 영수증을 잘 챙기면 연구비를 제대로 썼다고 할 것은 아니다. 연구비를 유용하게 썼는가는 예산회계법에서 정한 척도를 넘어서서 오직 연구결과만이 입증해줄 수 있다. 중간과정은 묻지 말아야 연구를 위한 최대의 자산인 시간을 빼앗지 않는다. 연구비 얼마를 가지고 어떤 과제를 수행했는지 따지는 것도 무의미한 일이다. 연구소에 소속된 교수 전원이 이룩한 모든 업적에 대한 질적인 평가만 해야 한다.

평가의 주기는 5년 정도가 적당하다. 좋은 평가를 얻으면 당해 연구소에 대한 지원을 확대하거나 그 대학에서 다른 연구소를 더 만들 수 있게 하고, 그 반대의 경우는 지원을 축소하거나 삭감한다. 지원이 삭감된 연구소는 존속할 수 없다. 그 과정에서 연구교수의 구성이 바뀌는 것이 당연하다. 새로 초빙되는 연구교수도 있고, 본의 아니게 퇴임해야 하는 연구교수도 있게 된다. 그런 방법을 사용해, 동일 조건에서 정당하게 경쟁해 특성 있는 명문대학이 생겨나게 해야 한다.

이 경우에도 평가는 학술원에서 담당하는 것이 바람직하다. 학술원은 원로학자들을 예우하는 기능에다 학문연구에 대해 평가하는 기능을 하나 더 보태야 존재 이유가 더욱 뚜렷해진다. 학술원회원들이 모든 평가를 직접 할 수는 없으므로, 적임자를 골라 업무를 분담하는 것이 당연하다. 어떻게 평가해야 하는가, 누가 평가의 적임자인가를 아는 사람이 학술원회원이 되어야 한다는 데는 이론의 여지가 없다.

대학의 연구소를 그렇게 육성하는 데 소요되는 기본예산은 연간 400억이다. 거기다 연구자료 조사 및 구입비 등 연구에 직접 소요되는 경비를 50퍼센트 정도 추가하면, 총액이 600억이다. 5년간에 3,000억이 소요된다. 그 정도의 돈이 없는 것은 아니다. 지금 추진하고 있는 '두뇌한국 21'의 소요예산 1조 4,000억보다는 현저하게 적은 액수이다. '두뇌

한국 21'은 여러 가지 문제점이 있는 가운데 교수들의 잡무를 늘리고 연구할 시간을 뺏는 것이 가장 치명적이다. 대학원생에게 장학금을 주어 조수로 활용하면 연구하는 데 도움이 된다는 것은 자연학문의 경우이다. 인문·사회학문은 교수가 스스로 연구해야 한다. 연구를 위해서 절대적으로 필요한 조건은 시간 확보이다.

'두뇌한국 21'에서 표방하고 있는 것처럼 대학원 학생들에게 장학금을 주어 21세기를 맡을 한국의 두뇌를 길러낸다고 하자. 연구할 곳을 마련해주지 않으면, 들인 돈이 원천적인 낭비이다. 국내에서 길러냈든 외국유학을 했든 성적이 우수하고 학위논문을 잘 쓴 인재가 그 자체로 훌륭하다고 할 것은 아니고 연구를 해 역량을 발휘하도록 해야 나라의 보배가 된다. 인문학문은 시장경쟁에서 밀려나 실용성이 없다는 이유에서 우수한 논문으로 박사학위를 받은 인재가 실업자가 되어 일당 2만5천원을 받고 공공근로사업에나 종사해야 하는 기막힌 현실을 타개하려면 대학 연구소에다 일할 자리를 많이 만들어야 한다.

지금 박사 실업자가 해마나 누적되어 문제가 심각하다. 전국적인 소요사태가 일어날 지경에 이르렀다. 우려하는 바를 떨치고 '두뇌한국 21'이 예정대로 진척된다고 하면 박사 실업자를 더 많이 만들어낼 것이다. 박사가 실업자가 되는 것은 개인적인 실패라고 할 것이 아니고, 국력을 낭비하고 사장시키는 불행임을 바로 알아야 한다. 박사를 길러내는 쪽보다 활용하는 데 더 많은 투자를 해서, 부당하게 사장되어 사회불안이나 야기하는 개개인의 능력이 국력으로 전환되도록 해야 한다.

연구교수 1,000명을 두면 일자리 1,000개를 만든다. 1,000명이 연구해서 얻은 성과를 다각도로 활용하면 일자리 1,000개가 10만개나 100만

개로 확대될 것이다. 지금은 지식이 자산이고, 문화가 산업이고, 지적 수준이 국력인 시대이다. 일자리 1,000개를 만들 예산을 연구원 신설에 투입하면, 대지, 건축, 시설관리 등에 많은 재원이 소요되고, 사무직이 비대해져, 연구직에는 그 일부밖에 배정되지 않는다. 소수의 연구직이라도 제도상의 결함 때문에 우수한 연구물을 생산해내지 못하므로, 일자리 확대를 위해 기여하지 못한다. 두 가지 경우의 경제적인 이득을 쉽사리 비교할 수 있다.

'두뇌한국 21'에 대해서 강하게 반발하고 있는 대학사회의 여론이 대학 연구소를 육성해 학문을 살리려고 하는 이 방안에 대해서는 일제히 환영할 것이다. 이 방안은 기회균등의 원칙에 따라서 학문을 하는 사람들에게 널리 혜택을 줄 수 있어서 그런 것만은 아니다. 21세기의 한국을 이끌어나가는 더욱 타당한 방안이 어느 쪽인가 자명하기 때문이다.

토론

❑ 문 : 인문학연구원을 만들고자 한 이유가 무엇인가?

❑ 답 : 인문사회연구회가 관장하는 인문학 연구소가 없어 신설해야 한다고 했다. 한국정신문화연구원이 대학원이니 교육기관이라고 자처하고 산하에 들어오지 않아 생긴 차질을 시정해야 한다고 했다. 이것이 공식적인 이유인데 말이 되지 않는다. 한국정신문화연구원이 인문사회연구원 산하에 들어오지 않는 것은 조금도 문제 될 것이 없었다. 인문사회위원회의 체면이 손상되어 고민이라면 명칭을 바꾸면 되었다. 이유가 되지 않는 이유를 댈 때에는 이면에 다른 무엇이 있다고

보는 것이 정상이다.

인문학연구원을 신설하려면 엄청난 예산이 소요된다. 국정책임자가 결정하지 않고서는 가능하지 않은 일이다. 국정책임자가 왜 인문학연구원을 만들고자 했는지 들어보지 못하고 물어보지도 못했다. 가능한 추정을 하는 수밖에 없다. 증거가 없이 하는 말은 허위라고 하고 명예훼손으로 걸어 넣는 것을 감수하기로 한다.

인문학의 중요성을 크게 인식하고 획기적인 지원을 한다는 칭송을 듣고자 했을 수 있다. 이것이 가장 쉽게 생각할 수 있는 이유이다. 액수를 보면 획기적인 지원이라고 할 수 있는 예산이 사실은 땅 사고 집 짓고 기구 관리하는 데 쓰여 원천적인 낭비임을 몰라 문제 삼지 않을 것으로 믿고 세상을 속이려고 한 것이다. 실제로 언론이나 야당도 아무 것도 따지지 않고, 인문학 진흥이라면 찬사를 보내는 데 동참했다.

과거의 국정책임자를 설립자로 하는 기존의 연구기관보다 더 좋은 것을 만들어 자기 업적을 과시하려고 했다고 할 수도 있다. 별도의 재원이 있어 새로운 기관을 만들고자 한 것은 아니다. 기존의 연구기관은 지원을 줄여 고사 상태에 빠뜨리고, 연구에 투입될 다른 예산까지 끌어 모아 허세를 부리고자 한 것이다. 그 때문에 한국정신문화연구원이 타격을 받아 한국학중앙연구원이 된 지금까지 어려움을 겪고 있다.

새로운 기관을 만들면 많은 일자리가 생긴다. 기관의 위상을 높인다면서 기구를 복잡하게 만들면 연구직이나 행정직은 물론 기능직까지 아주 다양한 직책이 필요하다. 퇴임 전에 취직을 시켜야 하는데 마땅한 자리가 없고 능력이 모자라 걱정이었던 다수의 인원을 구제할 수 있다. 이것이 결정적인 작용을 한 숨은 이유라고 하면 말이 지나친가?

❏ 문 : 잘못을 막을 조언자들이 없었다는 말인가?

❏ 답 : 그 모든 일이 연구 행정의 주무장관인 교육부장관과 무관하게 획책되었다. 교육부장관은 침묵을 지키고 있다가 반론을 따돌리는 것 외에 할 일이 없었다. 아주 미안한 말이지만, 허수아비 노릇을 해야 했다. 허수아비는 그냥 서 있지 않고 새를 쫓는 일은 한다. 이에 관해 내가 직접 겪어서 알고 있는 숨은 내막을 다음 강의에서 밝힌다.

인문사회연구원의 구성원도 교육부장관도 대학교수였다. 학문을 어떻게 해야 하는지 아주 모르지는 않고, 인문학연구원을 신설하겠다는 숨은 의도를 가까이 있어 나보다 더 잘 간파했을 것이다. 그러나 내 주장에 조금도 동의하지 않았다. 권력을 위해 봉사하는 사람답게 복종하는 자세를 견지했다. 학문에서 얻은 바를 국정에 참여해 실현하고자 한 분들에게 지나친 험담을 한다고 나무라지 말기 바란다. 학식과 덕망을 헐값에 매매해 교수의 명예를 훼손한 사례라고 지적하지 않을 수 없다.

잘못 행사되는 권력의 도구가 되지 않고, 맞서 싸워 바로잡고자 하는 것이 정당한 사회참여이다. 진보적이라고 자처하면서 사회참여를 한다는 교수들은 으레 추종의 대열에 서고, 권력의 횡포를 바로잡는 데는 동참하지 않는 사태가 오래 계속되었다. 무엇이 어떻게 돌아가는지 몰라 가만있는 대다수가 깨어나 진정한 진보를 실현해야 할 때이다.

❏ 문 : 국가 경영에 커다란 허점이 있다는 말인가?

❏ 답 : 그렇다. 국가 경영에 커다란 허점이 있어서 선진국으로 올라서지 못하고 후진국으로 미끄러지지 않을까 깊이 염려해야 할 사태이다. 허장성세로 민심을 현혹하려고 하던 시기를 지나 지금은 실용을

중요시하고 경쟁력을 키우겠다고 하지만, 무엇을 어떻게 하는지 문제이다. 당면한 이익 추구를 위해 장기적인 투자를 소홀하게 하는 방식은 기업체 운영에도 부적합한데 국가를 움직이고 학문을 하는 데 적용해 파탄을 초래할 수 있다.

무엇이 이익인지 스스로 판단하지 못해 길을 잃는다. 미국을 따르면 된다 하고 학문도 미국의 방식대로 하라고 한다. 그런데 미국 학문의 시장 경쟁은 미국 특유 상황의 산물이며, 폐단이 커서 자기비판의 소리가 높다. 이에 관해서 장차 자세하게 고찰할 예정이다. 미국과 경쟁하고자 하는 다른 많은 나라가 자기 특성에 맞게 학문 정책을 세운다. 그 가운데 몇을 들어 상론하는 것도 강의 계획에 포함되어 있다.

❑ 문 : 미국의 성공을 낮게 평가하는가?

❑ 답 : 세계 모든 곳의 수많은 사람이 모여드는 것이 미국이 성공한 비결이다. 그 가운데 뛰어난 학자들도 있다. 이것은 우리에게 가능하지 않은 일이다. 미국은 성공한 나라만은 아니고, 그 이면에 심각한 실패가 있다. 어렵고 복잡한 이야기를 할 필요가 없다. 범죄자와 비만인구가 세계 최고인 것이 분명하게 나타난 증후이다. 우리는 그 반대여서 희망이 있다. 인류의 미래를 낙관할 수 있게 하는 사명을 지녔다고 해도 좋다. 학문을 하는 방식과 내용에서도 미국과 다른 길을 찾아 인류를 위해 마땅히 할 일을 해야 한다.

❑ 문 : 학문 정책과 제도에 관한 지금까지의 잘못을 누가 바로잡아야 하는가?

❑ 답 : 국정책임자가 선두에 서서 기본 방향을 바로잡아야 하지만, 학문하는 사람들이 들고 일어나야 가능하다. 잘못을 규탄하고 학문

정책을 제대로 하라고 요구하면 될 일이 아니고, 의욕이나 용기가 성사를 보장하지 않는다. 계획과 실행의 주체 노릇을 할 학문경영 또는 연구경영 전문가 집단이 있어야 한다. 프랑스의 경우에는 교육부와는 별도로 학문부를 두고 연구경영 전문가들이 활약하는 기관으로 삼고 있다. 우리 경우에는 학문경영 전문가가 전무해 학문 정책을 제대로 세울 수 없고 집행하지 못한다.

지금 내가 하고 있는 작업을 많은 사람이 맡아 더 잘 해야 한다. 우리 학문 정책을 올바르게 세우기 위해 외국의 선례에 대한 광범위한 비교고찰이 필수 과제이다. 편벽된 견문만 가진 사람들이 함부로 우겨 대세를 그릇되지 않게 해야 한다. 우리는 우리 길을 찾아야 한다. 여건 미비를 무릅쓰고 연구 성과를 기대 이상으로 이룩한 사례를 조사해 비결을 얻어내는 것도 긴요한 작업이다. 창조의 비밀에 대한 깊은 탐구를 하는 데까지 나아가야 한다. 이 모든 작업이 연구를 위한 연구에 머무르지 않고 실행 방안이 되어야 한다.

❑ 문 : 연구경영 전문가 양성은 대학의 어느 학과 소관인가?

❑ 답 : 교육학의 고등교육 분야라고 할 수 있지만 실제로는 역부족이다. 행정학이나 경영학도 어느 정도의 도움을 줄 수 있을 따름이다. 철학이 학문학으로 전환해야 한다고 거듭 역설했다. 학문학은 학문 내부의 문제만 다루는 것으로 생각해왔는데, 외부와의 관계도 관장해야 한다. 이 모든 일을 하는 것은 아주 어렵지만 감당하지 않을 수 없다. 관심을 가지고 능력이 있는 사람들이 분발해 가장 중요한 내용은 스스로 탐구해야 한다. 세상을 구하기 위해 고행하고 득도해야 하는 것과 그리 다르지 않다.

❑ 문 : 연구경영을 열심히 탐구해도 행정직에 종사하기나 하고 교수는 되지 못할 것인데 누가 분발하겠는가?

❑ 답 : 연구경영 능력이 뛰어난 행정직은 보수나 평가에서 교수와 대등하거나 그 이상인 나라가 선진국이다. 대학총장이나 교육과학부장관, 국정책임자까지도 그 가운데서 선발되어야 한다. 이것은 지나친 말이 아니다. 교육과학부장관 노릇을 훌륭하게 해서 학문·과학·교육을 모든 사람이 기대하듯이 획기적으로 향상했다면 국정 전반을 맡을 수 있는 자격을 가진다.

그것은 당장 기대할 수 없는 일이므로 차선책을 제시한다. 지금으로서는 연구경영 전문가인 교수들이 대학을 이끌고 학문의 정책과 제도를 마련하는 데 관여하는 것이 바람직하다. 희망 사항이 모두 이루어지지 않아도 연구경영 능력은 유용하게 쓰인다. 학자는 누구나 자기를 위해서도 경영 능력을 갖추는 것이 마땅하다. 요령을 부리자는 말이 아니다. 질적 비약을 이룩하는 비결을 얻자는 말이다.

제5강 혼미를 거듭하다가

논의의 전제

학문은 뜻있는 사람이 힘써 하면 되는 것은 아니다. 끼니를 잇기 어려운 형편인데도 천지만물의 근본이치를 탐구하는 데 몰두한 徐敬德을 본받자고 하는 것은 무리이다. 별도의 생업을 얻어 살아가는 여가에 학문을 하기는 어렵다. 학문은 하루 종일 힘써 해도 될까 말까한 일이므로 생업이 되어야 한다. 학문을 해서 끼니를 잇고 가족을 부양해야 한다.

학문을 생업으로 인정하기까지 많은 진통과 차질이 있었다. 국가나 산업체에서 직접 필요로 하는 연구를 능력있는 사람을 고용해 한다는 것은 쉽게 생각할 수 있는 방법이어서 일찍부터 시행되었다. 그렇지 않은 연구는 교사가 되어 가르치면서 하면 된다는 것이 널리 채택된 대책이다.

교사는 먹고 살 수 있다. 교사가 되면 학문을 하는 생업을 얻었다고 할 수 있다. 교육과 연구는 밀접한 관련을 가져, 교육하면서 연구하고 연구하면서 교육하는 것이 마땅하다고 해도 좋다. 그러나 교육이 바로 연구는 아니다. 교육과 연구를 함께 하는 데 언제나 어려움이 있다. 무엇이 어려운지 구체적으로 말해보자.

첫째 어려움은 행위 자체의 차이 때문에 생긴다. 교육은 이미 얻은 지식의 전수이고, 연구는 새로운 지식의 탐구이다. 교육은 학생의 수준에 맞추어 해야 하고, 연구는 최고 수준을 더욱 높여야 한다. 학생의 수준이 낮을수록 둘 사이의 거리가 멀어진다. 최고 수준에 이른 박사과정 학생을 가르치는 교사만 연구를 한다면 수가 아주 제한되어 산출하는 결과가 너무 적다.

둘째 어려움은 시간 배분에 있다. 교육은 많은 시간을 필요로 하는 힘든 일이므로 충실하게 하면 연구를 하기 어렵다. 교육을 하는 여가에 연구를 하라는 것은 교육과 다른 생업을 가지고 근무시간이 아닌 시간을 연구에 이용하라는 것과 그리 다르지 않다. 연구 자체를 생업으로 인정해 근무시간을 온통 사용할 수 있게 해야 연구가 제대로 될 수 있다.

셋째 어려움은 연구비 때문에 생긴다. 학문 연구를 하려면 연구비가 있어야 한다. 연구하는 사람에게 교사 월급만 주고 연구비는 주지 않으면 월급에서 연구비를 충당해야 한다. 월급에서 연구비를 충당하면 생활이 어려우므로 연구를 하지 않거나 연구비가 필요하지 않은 연구만 하게 된다. 연구비가 필요하지 않은 연구는 대단한 것일 수 없다.

봉급 전액을 털어 귀중본 도서를 샀다는 분들에 관한 말이 전해온다. 생계 대책이 없어도 개의하지 않는 것이 선비의 도리라는 데 아내가 반론을 제기하지 못하던 시절의 이야기이다. 지금은 있을 수 없는 일이다. 그러나 연구를 하려면 책이 있어야 한다는 것은 변함없는 사실이다. 지금도 도서관이 부실해 책을 사지 않고서는 연구를 할 수 없다. 교육과 연구는 필요한 책 권 수가 전혀 다르다. 연구에 필요한 책을 사기 위해 연구비가 있어야 한다.

학문은 하고자 하는 사람의 개인적인 취향을 만족시켜주는 행위라고 여기는 것은 잘못이다. 연구 결과의 유용성 여부를 가려 지원 여부를 결정하려고 하지 말아야 한다. 국가나 산업체에서 직접 필요로 하지 않은 연구도 할 수 있게 해야 한다. 연구해서 얻는 결과는 사회를 발전시키고 인류를 행복하게 하는 공유의 재화이다. 누가 더 잘 만들어내는가 세계 각국이 치열하게 경쟁하고 있다. 학문하는 사람은 공익에 봉사하므로 공공의 재원으로 지원하는 것이 당연하다. 지원의 요체는 연구 시간과 연구비를 제공하는 것이다.

이에 대해 사회가 인식하고 정부가 마땅한 대책을 마련하기까지 많은 시간이 걸리고 차질이 빚어지고 있다. 사회 여론을 대변한다는 언론은 연구가 무엇인지 모른다. 교육을 잘 하는 것이 연구라고 착각한다. 정부에서도 교사의 월급을 주면 할 일을 다 한다고 여기는 수준에서 나아가지 못하고 있다.

교육부가 학문부는 아니어서 무얼 모르는 무지몽매한 시대가 오래 계속되었다. 교육 정책은 지나치게 중요시해서 자주 바꾸고, 학문 정책은 없다고 할 수 있는 수준에 머무르고 있다. 연구비를 나누어주는 것 외에 다른 일을 하지 않는다. 교육부가 교육과학기술부로 개편되어 나아졌다고 할 것이 있을지 의문이다. 과학기술은 연구해야 하지만 과학도 기술도 아닌 분야는 교육의 소관이라고 여긴다.

과학도 기술도 아닌 인문·사회 분야는 연구가 반드시 필요한 것은 아니지만 교수가 강의하고 남은 시간을 그냥 보내는 것을 두고 볼 수 없어 연구를 하라고 한다. 연구는 교수가 채용되고 승진하고 행세하는 데 소요되는 필요악인 듯이 취급한다. 연구비는 주면서 연구 시간에 대한 배려는 없다. 연구는 하지 않고 돈에 욕심이 있는 사이비 학자들은 중요한 위치를 차지하고 있으면서 연구 시간은 말하지 않고 연구비 증액만 요구하는 것을 정부는 알지 못해 헛돈을 쓴다.

이것은 후진국의 작태이다. 후진국의 작태에서 벗어나지 못하고 있으면서 선진국이 되려고 하니 차질이 더 심해진다. 선진국이 되려면 선진을 수입하면 된다고 여긴다. 영어로 강의를 하고, 외국인 교수를 초빙하고, 논문을 외국에 발표하라고 한다. 근본을 다지는 데는 관심이 없어 학문의 생산지가 되어 창조적인 연구를 할 수 있는 방법은 찾지 않는다.

학문의 선진국과 후진국은 어떻게 다른가? 『인문학문의 사명』(서울: 서울대학교출판부, 1997)의 한 대목을 옮겨오기로 하자.(20-24면) 미국의 학자가 제3세계의 고등교육에 대해서 쓴 책에서 다음과 같이 말했다.(필립 알트바하, 김성재 역, 『제3세계의 고등교육』, 서울: 현대사상사, 1992, 30면) 내 주장은 외면하는 사람들도 이런 말에는 귀를 기울이므로 다시 이용하기로 한다.

> 선진국들은 세계의 대부분의 지식, 연구, 그리고 기술혁신을 산출한다. 그리고 이러한 지식을 책과 정기간행물을 통해서 전달한다. 이 국가들은 제3세계의 많은 교사와 학자들을 훈련시킨다. 또한 이러한 지식을 제3세계에 '수출'한다.
>
> 어떤 의미에서 선진국은 이러한 국제적인 지식체계에서 '중심'이고, 제3세계는 '주변'이다.
>
> 대부분의 대학들은 최소한 교수들에게 얼마간의 연구 성과를

> 기대하지만, 제3세계 상황에서는 이러한 기대는 시간, 시설 혹은 하부구조의 부족 때문에 때때로 문제가 된다. 많은 제3세계 국가들에서는 교수 책임이 막중하기 때문에 연구할 시간이 거의 없다. 도서관 장서는 매우 제한되어 있어 최근의 새로운 지식을 접하기 어려우며, 과학 분야에서는 실험 시설과 특히 현대적 장비가 부족하다. 총괄적으로 연구를 위한 조건이 부족하며, 따라서 제3세계 교수들의 학문적 성과가 낮은 것은 당연하다.

위의 글에서는 제3세계를 후진국이라는 뜻으로 사용했다. 제3세계는 새로운 역사의 창조자여야 한다. 한국은 제3세계 후진국임을 부인하고 제1세계인 듯이 착각하고 있다. 그 때문에 새로운 역사 창조자인 제3세계일 수 있는 길을 찾으려고 하지 않는다.

경제협력개발기구(OECD)에 가입한 것을 자랑하고 있는데, 그 기구에서 한국의 대학은 교육 때문에 연구를 돌보지 않는 잘못을 바로잡아야 선진국의 대열에 낄 수 있다고 충고했다. 위에서 인용한 글이나 경제개발협력기구의 충고는 사실과 부합되는 타당한 내용을 지녔지만, 모욕적인 언사라고 하지 않을 수 없다. 우리가 할 일을 스스로 하지 못하고, 남들의 충고를 듣는 신세가 되었다. 크게 분발해 우리에게 필요한 발전 전략을 세우고 실행해야 한다.

선진을 수입하려고 하지 말고 넘어서기 위해 눈을 크게 떠야 한다. 창조적인 학문을 생산할 수 있게 하려고 오래 전부터 힘써온 여러 나라에서는 어떤 정책과 제도를 택하는지 알아야 한다. 그 가운데 어느 하나를 본뜨면 된다고 성급하게 결론을 내리지 말고, 광범위한 비교연구를 착실하게 하면서 나라마다 서로 다른 점을 주목해야 한다.

모두 자기에게 맞는 방식을 택하고 있지만 그 나름대로 문제점이 있다. 우리는 어떻게 해야 하는가? 우리 방법을 찾아내고 문제점을 줄여야 한다. 학문의 기본설계에 힘을 기울여야 하는데, 인식조차 없는 것이 지금의 실정이다. 장래의 희망을 말하는 것은 접어두고 얼마나 처참한 지경에 있는지 알아차리는 것부터 해야 한다. 먼저 직접 경험한 두 가지 사례를 들기로 한다.

사태 보고 1

학문정책에 관해 교육부장관을 상대로 논란을 벌인 적이 있었다. 발언한 원고는 홈페이지에 올려놓은 것을 다시 이용한다. 이면의 이야기는 여기서 처음 한다. 개인에 대한 시비는 아니므로 장관의 이름은 밝히지 않는다.

2000년 1월 17일 한국여성단체협의회가 모임을 만들었다. 서울 프라자호텔 22층 덕수홀에서 "교육부장관 초청 교육정책토론회 : 왜 인문학을 살려야 하는가?"라는 것을 하기로 했다. 장관과 내가 초청되어, 내가 하는 질문에 장관이 답변을 하는 방식을 택했다. 나는 답변 시간을 많이 확보하기 위해 긴 말을 하지 않고, 준비해 간 질의문을 참석자들에 배부하고 읽는다고 했다. <인문학의 위기 극복에 관해 교육부장관에 드리는 질의>라고 한 것이다. 전문이 다음과 같다.

이번 국정감사에 보고된 통계에 의하면 서울대학교 인문대 박사 취업률은 31%라고 합니다. 전국 평균은 이보다 훨씬 낮으리라고 생각합니다. 이 문제를 해결하는 방안이 무엇이라고 생각하십니까? 지금

전국 각 대학에서는 학생들이 실리 위주의 사고방식 때문에 대학을 직업양성소로 생각하고 인문학을 외면하는 탓에 인문학 교수가 줄어들고 있습니다. 정년퇴임하는 자리도 메우지 않습니다. 인문학 박사는 어디로 가야 합니까? 인문학 박사의 배출을 막아 수급을 조절하는 것이 마땅한 대책입니까?

정부에서 인문학연구소를 세워 문제를 해결해야 한다는 주장이 있는데, 땅 사고, 집 짓고, 사무기구 유지하는 등에 소요되는 막대한 부대비용이 낭비가 아닌가요? 연구에 종사하는 사람은 몇이나 채용할 수 있다고 보십니까? 국사편찬위원회, 국립국어연구원 같은 기존의 연구기관의 연구원이 일반직 하위공무원의 하나인 학예연구직이어서, 박봉과 관료적인 간섭에 시달리고 연구의 자유를 누리지 못하므로 기회만 있으면 대학으로 옮기고자 하는 폐단을 새로운 연구기관에서는 해결할 수 있다고 보십니까? 한국정신문화연구원처럼 대학원을 만들어 교수 자리를 확보해 그 문제를 해결하는 것이 적절한 방법일까요?

국학 분야는 자료학에 머무르고, 이론학은 모두 수입에 의존한 탓에 양자를 아우르는 종합적이고 창조적인 연구는 하지 못하고 있는 것이 우리 인문학의 실정입니다. 그 때문에 학문의 수준이 낮고, 가치관의 혼란을 막는 책무를 포기하고, 민족사와 인류사의 미래를 슬기롭게 설계하지 못하고 있는 것이 인문학 위기의 내부적 원인입니다. 이것을 어떻게 해결해야 합니까? 대학의 교수는 강의와 학생 지도의 부담이 과중하고, 입시 방법의 변화로 잡무가 나날이 늘어나 장기간에 걸친 연구를 집중적으로 할 수 없는 실정입니다. 대학에 강의교수만 있고, 연구교수는 없는 1948년 건국 당시에 잘못 만든 제도를 이제는 고치는 제2의 건국을 단행해 대학연구소에 연구교수를 두어, 인문학 연구를 획기적으로 발전시키고, 실업 상태의 유능한 인재에게 줄 수 있는 일자리를 마련해야 하지 않겠습니까?

교육부에서는 인문학의 진흥을 위해 2001년도에 200억의 특별예산을 편성하는 것으로 알고 있습니다. 그 돈이 누구에게 가야 합니까? 시간이 없어 연구하지 못하는 교수들에게 연구비를 지급해 관리 업무를 가중시키는 것이 현명한 처사입니까? 연구비 사용에 대한 행정적 규제의 강화로 연구의 질을 높일 수 있습니까? 박사 실업자를 보조연구원으로 채용해 월 100만원 수준의 대우를 하면 생계 걱정 없이 연구할 수 있다고 봅니까? 다른 예산은 전혀 편성하지 않아 일체의 낭비를 배제하고, 연봉 4000만원의 연구교수 500명을 각 대학이 신규로 채용해 연구에 전념할 수 있게 하는 것이 최상의 방안이 아닐까요? 연간 400억의 예산을 사용해 연구교수 1000명이 연구에 전념해 인문학을 획기적으로 발전시킬 수 있게 하면 다른 대책은 필요하지 않다고 봅니다. 이렇게 하는 것이 어려운 일입니까?

정부가 연봉을 지급하는 연구소교수의 인원을 각 대학에 배정할 때 편중이나 불공정 시비가 생기지 않게 하기 위해, 전국 각 대학에서 스스로 결정해 자체 부담에 의해 기존교수를 연구소교수로 전환하는 인원 1명당 연구소교수 2명씩을 배정하는 것이 좋은 방안이라고 생각합니다. 그 3명의 연구 성과를 5년 정도 단위로 종합적으로 평가해 지원 계속 여부를 결정하면 낭비를 막을 수 있습니다. 이런 제안을 받아들일 용의가 있습니까?

학생들의 외면으로 강의할 과목을 잃고 정년 전에 물러나야 하는 기존의 인문학 교수들이 연구소교수가 되어 새로운 기여를 할 수 있게 하는 것도 고려할 사항이 아닌가요?

이 질의에 대해서 장관은 응답하지 않았다. 토론의 주제와 별 관련이 없는 서양교육사에 관한 이러저러한 이야기로 응답시간을 거의 소비하고 "대답을 꼭 들으려고 하는 것은 아니지요?"라고 반문한 다음 말을 마쳤다. 인문학을 살리는 데 도움이 된다면 누가 어디서 주최하는 모임에라도 나가서 어떤 노력이라도 하겠다는 각오로 시간을 냈는데, 결과는 실망스러웠다.

장관이 왜 그랬는지 전혀 말하지 않아 추측해야 한다. 나의 반론에 찬성하면 인문학연구원 창설에 반대해 국정책임자의 뜻을 어기게 되었다. 나의 반론에 반대하는 논리를 펴는 것은 가능하지 않았다. 장관이 할 수 있는 일은 반론을 따돌리는 것밖에 없었다.

장관과 개인적으로 아는 사이이다. 모임을 끝내고 나오면서 둘만 있는 기회에 한 마디 했다. "오늘과 같이 처신해 장관을 오래 할지 모르지만, 이런 장관을 해서 무얼 하는가요?"라고 말했다. 이 말에 대해서도 대답이 없었다. 그런데 얼마 뒤에 장관이 물러나야 했다. 처신의 한계를 드러냈다.

사태 보고 2

또 하나의 사례를 보고한다. 2001년 6월 29일에 교육부장관 주재로 학문정책 협의회가 있었다. 먼저보다 더 많은 몇 천억의 예산을 책정해 기초학문을 살리기로 하겠다고 했다. 어떻게 사용할 것인지 자문을 구한다고 회의를 소집했다.

조동일을 비롯한 여러 위원이 사용방법을 회의에서 결정한다고 언론에 보도되었다. 교육부에서 그런 자료를 배부한 것은 확인하지 않아도 알 수 있는 일이었다. 내 이름을 이용하고자 한다는 것을 직감하고 긴장해야 했다. 사리를 분명하게 하기 위해 준비한 원고를 배부하고 읽었다.

기초학문이 죽어가고 있는 이유는 셋으로 요약된다. 정부가 경쟁력 없는 분야는 퇴출시킨다는 방침을 천명해 기초학문에 치명적인 상처를 입혔다. 당장 수입을 올리는 것을 경쟁력이라고 하니 기초학문은 당연히 퇴출 대상 제1호이다. 학생들이 취업에 직접 도움이 되는 실용학문을 선호하고 기초학문을 외면한다. 대학을 직업양성소로 바꾸어 놓고 있다. 대학운영자들이 정부의 시책과 학생들의 요구에 따라 대학을 개편하는 것이 평가받을 만한 구조조정이고 개혁이라고 여긴다. 이 대학 저 대학에서 기초학문을 죽이는 경쟁을 벌이고 있다.

기초학문을 살려야 할 이유에 대해서는 긴 말이 필요하지 않다. 기초학문이 죽으면 응용학문도 살아남지 못한다. 우리 사회의 총체적인 위기를 치유하는 가치관, 통일을 바람직하게 이룩하는 역사 창조의 지침, 대외적인 경쟁력을 가진 선진 기술을 얻으려면 기초학문 여러 분야에서 우리 스스로 심오한 연구를 해야 한다. 학문의 효용성을 당장 얻는 수익으로 평가하는 천박한 사고방식을 버리지 않으면 기초학문은 물론 응용학문도 할 수 없다.

기초학문의 필요성을 역설하고 있으면 문제가 해결되는 것은 아니다. 기초학문을 죽이는 구실을 한다고, 위에서 든 정부, 학생, 대학운영자 가운데 그 어느 쪽이 생각을 바꾸어 기초학문 죽이기를 그만두고 살리는 쪽으로 돌아서라고 요구해야 하는가? 이에 대해서 세 대답이 있을 수 있어 하나씩 검토해보자.

학생들의 잘못을 나무라는 것이 가장 쉽다. 기초학문 없이 응용학문이 제대로 될 수 없다고 설득하는 것은 교수들이 해야 할 일이다. 그런 내용의 강의를 깊은 연구에 근거를 두고 열심히 해야 한다. 그러나 기초학문을 해도 장래가 보장된다고 하면서 학생들을 유인할 수는 없다. 기초학문과 응용학문이 바람직한 관계를 가지고 균형을 지키도록 하는 제도를 만들어 운영하는 권한이 교수들에게 있는 것은 아니다.

대학운영자가 신념을 가지고 기초학문을 육성하는 것이 문제 해결을 가능하게 하는 실질적인 방안이라고 여겨, 교수들이 서명운동을 하는 데까지 이르렀다. 왜 그렇게 되었는지 의아하게 생각하는 사람들이 많아 해명이 필요하다. 한국의 대학은 총장을 직선하는 경우에도 교수들의 의사를 집결하는 의결 기관은 없어, 대통령만 있고 국회는 없는 명목상의 공화국과 같다. 민의를 관철시키려면 민란을 일으키는 길밖에 없다.

재단이 실질적인 운영자인 사립대학은 군주국이다. 민란을 모의한다는 혐의만 있어도 제거된다. 근래에 정부가 재임명제도의 칼을 더 예리하게 갈아 주어 대학 운영자들의 위세를 가중시켰다. 기초학문 육성을 둘러싸고 대학에서 분란이 일어나고 희생자가 생기는 것은 커다란 불행이다.

대학의 재정문제가 더 큰 난관이다. 국립대학이든 사립대학이든 기초학문을 육성할 만한 재원이 없다. 존립마저 위태롭게 된 대학도 적지 않다. 예산 부족이라는 이유를 들어 모든 요구를 물리칠 수 있다. 정부의 시책을 받아들여 다소나마 지원을 받고 학생들의 요구를 최대한 존중해 등록금 수입을 확보하는 것과 대치될 수 있는 재정확보 방안을 제시하지 못하므로 기초학문 육성론은 공상에 지나지 않는다.

재정 문제가 심각한 대학의 교수들은 침묵할 수밖에 없다. 기초학문 분야는 배제하더라도 대학 전체가 망해 모두 실업자가 되지는 않아야 한다.

해결책은 정부가 달라져야 하는 것뿐이다. 정부의 잘못을 비판하면서 시정을 요구하고, 정권교체를 해서라도 뜻을 이루는 것이 국민의 권리임은 공인되어 있다. 대학운영자를 비판하다가 탈락되는 것과 같은 수난을 정부를 비판할 때에는 감수하지 않을 정도로 민주화가 이루어진 것이 큰 다행이다. 국민은 재임명을 받지 않는다. 정부에서 월급을 받지 않고 정부가 일을 하도록 세금을 낸다. 대통령뿐만아니라 국회의원도 뽑는다.

정부에게 기초학문을 살리라고 요구할 때에는 재원을 마련하는 방법을 제시하지 않아도 된다. 정부는 국민이 낸 세금을 써야 한다. 역대 정권이 교육을 위한 투자를 대폭 증액한다는 말을 되풀이해왔다. 기초학문을 포기해서 절약하는 예산을 다른 데로 돌려야 한다고 하는 대통령 후보는 앞으로도 없을 것이다.

정부가 기초학문 육성을 위해 돈을 쓴다면 어떻게 해야 하는가? 기초학문을 하는 학생들에게 장학금을, 교수들에게는 연구비를, 기초학문을 버리지 않는 대학에는 보조금을 주는 것은 소극적인 방법이다. 적극적인 방법은 기초학문에 종사하는 사람들이 안심하고 연구에 종사하도록 하는 일자리를 많이 만드는 것이다. 연구는 사람이 한다. 굶고는 연구를 할 수 없다.

기초학문의 후속세대는 대거 실업자가 되어 거리를 방황하고 있다. 대학에서 기초학문을 밀어내는 탓에 중년교수도 실업자에 추가된다. 이런 심각한 사태를 해결하는 획기적인 방안이 나오지 않고서는 아무 희망이 없다. 기초학문을 전공하고 대학원까지 진학하는 사람은 장차 거의 없어져 실업 문제는 자연스럽게 해결될 수 있지만, 학문 공백의 후유증은 몇 백 년 뒤까지도 남는다.

그렇다고 해서 기초학문 연구소를 대학 밖에다 따로 세우면, 땅 사고 집 짓는 비용이 과다해 낭비를 하고, 관료의 통제에서 벗어나지 못하며, 대학의 변질을 방치하는 삼중의 손해가 있다. 연구소의 구성원들이 부당한 처우 때문에 안정을 얻지 못하고 기회만 있으면 대학으로 진출하려는 것을 지금 잘 경험하고 있다. 그렇게 되지 않으려면 대학연구소가 연구소답게 해야 한다. 국립대학이든 사립대학이든 대학연구소에는 국가 예산에서 월급을 받는 연구교수들이 있어 기초학문이 응용학문을 키우는 위력을 입증할 수 있게 하는 것이 최상의 방안이다.

기초학문은 연구교수가, 응용학문은 강의교수가 맡는 것이 바람직하다. 기초학문 연구에는 많은 시간이 필요하다. 강의 부담이 적어질 수밖에 없는 것이 전화위복이다. 많은 학생을 상대하는 응용학문의 교수는 잘 가르치는 데 더욱 힘써야 한다. 그러면서 양쪽이 공통적인 영역을 가져 협동의 근거로 삼는 것이 마땅하다. 연구교수라도 최소한의 강의를 자기 나름대로 개설하는 것이 좋고, 강의교수가 강의를 잘하기 위해서도 당연히 연구를 해야 한다.

대한민국을 건국할 때 연구교수 제도를 두지 않고 교수는 모두 가르치는 사람이라고 한 것이 큰 실책이다. 멀리까지는 갈 것도 없고, 우리 주위의 중국·대만·북한·일본에 모두 최고의 대우를 받으면서 연구에 전념하는 학자들이 있다. 그런 사람들이 인기변동이나 수지득실을 떠나 기초학문을 발전시키도록 국력을 기울여 지원한다. 우리는 이제 깨달아 방향을 바꾸는 것이 부끄럽다고 여기지 말고 더 잘 하면 된다.

대학연구소에 소속된 연구교수들이 기초학문을 담당하도록 하면, 지금 염려하고 있는 사태가 모두 해결된다. 대다수의 학생이 응용학문 쪽에 쏠린다고 개탄할 필요가 없게 된다. 기초학문을 택하는 소수의 학생은 진로가 보장되므로 열심히 공부할 것이다. 연구교수의 인건비는 자기 대학에서 부담하지 않으니, 대학운영자들이 기초학문을 죽여 이익을 얻으려고 할 필요가 없다. 정부는 국민의 세금을 적절하게 사용해 나라를 살렸다는 칭송을 들어 좋을 것이다.

이 의견은 채택되지 않았다. 참석자들이 귀를 기울이지 않고 찬성자가 없었다. 교수들이 연구계획서를 내서 연구비를 받고 보조연구원을 많이 써서 연구를 하도록 하는 계획이 이미 작성되어 있어 그대로 시행할 판국이었다. 회의를 모은 것은 요식행위이다. 부당한 방법이라는 비난이 일어날 때 쓰는 방패막이를 마련하려고 회의를 이용하고 내 이름이 필요했다는 것이 밝혀졌다. 박사실업자를 임시직으로 써서 단기간 동안만 일을 시키지 말고 대학연구소 연구교수가 되어 자기 연구를 장기간에 걸쳐 하도록 하자고 아무리 역설해도 통하지 않았다.

교육부장관도 참석했으나 회의에서는 말이 없었다. 장관의 뜻을 잘 아는 사람이 의장을 맡고, 교육부 실무자가 만든 계획에 동의를 구했다. 다른 참가자들은 별다른 의견이 없다는 반응이었다. 내 주장은 반론도 없고 찬성도 없어 소용없게 되었다. 자문회의이니 공식적인 절차를 밟을 필요가 없었다. 의결을 하지 않았지만 한 것과 다름없이 되었다. 나는 참담한 심정이 되어 위원을 그만두겠으니 다시는 부르지 말라고 교육부 실무자에게 말했다.

그래도 회의를 마치고 저녁을 먹으러 갈 때 빠지지 않았다. 이치는 분명하게 해두려고 거기서도 주장이 타당하다고 다시 말했다. 다른 사람들은 반응을 보이지 않았다. 교육부장관은 그 때 입을 열고, 세상에는 다 맞는 것 같아도 틀린 말이 있을 수 있다고 하더니 일화를 하나 들었다. 자기가 다니는 목욕탕에서 치약을 탕 안이 아닌 밖에 내놓고 있어 사용하기 불편하다고 주인을 불러 불평을 했더니 주인이 "안에 두면 곰팡이가 핍니다"라고 했다고 했다. 자기는 그런 줄 미처 몰랐다고 했다.

있었던 일을 자세하게 적었어도 사태의 진상은 드러나지 않았다. 숨은 내막이 있기 때문이다. 정치가 학문을 이용하는 것이 숨은 내막이다. 인문학문 또는 기초학문을 염려해 살리도록 하는 데 돈을 쓰는 대통령이 훌륭하다고 칭송을 받으려고 단기간에 많은 사람이 혜택을 볼 수 있는 방법을 택하려고 했다. 이렇게 보는 것은 올바른 관찰이지만 많이 모자란다.

더 깊은 내막이 있다. 앞의 시기에는 인문학연구원을 만들어 좋은 일 한다는 소리를 들으면서 자기 사람들에게 일자리를 제공할 계획을 세웠다. 한국정신문화연구원 예산을 줄이고, 연구를 위해 쓰는 다른 돈도 전용하는 판국이었다. 무엇이 문제인지 교육부장관은 알고 있으므로 그 계획을 옹호하지 못하고 내 주장에 반론을 제기하지도 않고 딴 소리만 했다. 그래서 교육부장관을 오래 하려고 했지만 이 사람 또한 곧 그만두어야 했다.

교육부장관이 바뀌고 새로운 사태가 조성되었다. 대통령 선거에서 정권을 재창출하기 위해 4천억 원이나 되는 국가 예산을 최대의 불만세력인 박사 실업자들에게 쏟아 붓기로 했다. 되도록 많은 사람에게 나누어주어야 하므로 대학연구소에 연구교수를 두자는 말을 꺼낼 수도 없었다는 것을 나는 나중에야 알았다. 교육부가 하자고 한 것은 아니다. 교육부는 시키는 대로 해야 하는 피해자이다. 장관이 목욕탕의 비유를 들어 하고자 한 말이 바로 이것이다.

학문을 정치에 이용하지 말아야 한다. 학문은 학문으로 육성해야 한다. 정치에 흑막이 없어야 가능한 일이다. 학문 정책을 담당한 교육부 장관이 지닌 최소한의 양식이나마 대통령이 받아들여야 한다. 이런 초보적인 주장을 열 올려 해야 하는 상황이니 기가 막힌다.

교육부가 학문부가 아니어서 무얼 모른다. 교육부장관을 맡은 사람의 한계를 말하는 것은 아니다. 교육부라는 기구가 학문이 무엇인지 모르고 학문을 교육의 부속품으로 취급하는 것을 시정할 수 있는 힘이 교육부장관에게 제도상 또는 구조적으로 없다. 학문 정책을 세울 수 있는 가능성이 없다. 교육부가 과학교육부가 되어 사정이 달라졌다고 할 수 있을지 의문이다.

이런 일반적인 이유에 특수한 사정이 첨가된다. 학식과 덕망을 갖추었다고 세상에 알려진 교수가 교육부장관으로 발탁되는 것이 예사인데, 국정책임자가 그 명성을 필요로 하기 때문이다. 그러나 권한을 주는 것은 아니다. 자기 소관 업무 결정에서 소외되고, 평소의 소신을 살리지 못하는 것을 각오해야 한다. 국정책임자가 측근들과 함께 결정한 사항을 집행하면서 반론을 막지 못하면 따돌리는 데 학식과 덕망을 이용해야 한다. 다른 장관이 모두 이런지 모르지만, 교육부장관의 경우는 숨은 진실을 말할 수 있다. 국정책임자가 교육 정책을 잘해 인기를 얻으려고 서두르면서 교육대통령이라고 자처하면 교육부장관은 더욱 비참해진다. 처신을 잘하려고 해도 자주 바뀐다. 그래서 나라가 망한다.

교육부를 폐지해야 나라가 바로 된다고 하는 말이 자주 들린다.

그러나 교육부는 제 구실을 하지 못하고 있으니 폐지된 것과 그리 다르지 않다. 피해자라고 해도 지나친 말이 아닌데 가해자에 대한 원망을 다 뒤집어쓰고 장관이 희생양 노릇을 하는 사태가 자주 벌어진다. 교육부는 없어지지 않고 살아나야 한다. 교육에 머무르지 않고 학문까지 관장하는 학문교육부로 다시 태어나야 한다. 학문부와 교육부가 각기 존재하는 나라에서 두 부서가 하는 일을 함께 해야 한다.

2008년에 대통령이 바뀌면서 교육부가 과학기술부와 합쳐 교육과학기술부가 된 것은 잘 된 일이라고 할 수 있다. 자연과학이 학문의 일부임을 명시하고 전반적인 학문정책의 일환으로 육성책을 마련해야 마땅하기 때문이다. 그러나 '교육'과 병칭된 '과학'과 '기술'을 위해 온통 봉사하고 다른 분야 학문은 교육의 하위영역으로나 여겨 더욱 무시하는 반대의 결과가 나타나지 않을까 염려된다.

학문정책을 위한 토론

"노무현 정부의 학문정책 개혁 과제"를 말하는 모임이 2003년 4월 18일에 있었다. 문화연대, 민주화를 위한 전국교수협의회, 전국교수노동조합, 전국대학인문학연구소협의회, 학술단체협의회, 대학비정규직교수노동조합이 공동으로 주최했다. 토론자로 참석해, 강내희 · 유초하 · 김정인 · 최갑수의 발표를 듣고 발언한 내용 가운데 긴요한 것을 간추려 적는다.

교육정책만 있고 학문정책은 없다. 학문은 국가운영의 보조축이 아닌 중심축이다. 대통령 산하에 학문정책위원회를 두고, 학문학 연구를 근거로 한 장기적인 학문정책을 수립해야 한다. 세계적 경쟁력을 확보하려면 주체성을 확립해 학문을 선진화해야 한다. 학문 후속세대를 제대로 양성하고 적극 활용해야 한다. 연구 예산을 쓰는 제도와 방법을 바꾸어야 한다. 발표자들이 편 이런 주장은 모두 타당하고 적절하다.

그런데 출발점을 제대로 찾으려면 위기 상황을 바로 알아야 한다. 근래 몇 년 동안 두뇌한국21이니 기초학문지원사업이니 하는 이름으로 갑자기 몇 천억을 투입해 박사 실업자들의 불만을 일시적으로 완화하려고 했다. 선거용 선심공세를 위한 낭비라는 비난을 면하기 어렵다. 새 정부는 그런 잘못을 답습하지 말고, 장기적인 계획을 바로 세워 뿌리를 내리고 실효를 거두는 학문정책을 수립해야 한다.

바람직한 연구를 실제로 진행하고 또한 박사 실업자들에게 일자리를 주기 위해 국립 연구소를 큰 규모로 세워야 한다는 주장이 아직도 있어 문제 삼지 않을 수 없다. 땅 사고, 집 짓고, 관리기구 운영하는 데 돈을 쓰는 것은 낭비이다. 연구를 한 곳에 집중시켜 하려는 것은 전체주의적인 발상이다. 전국 각 대학의 많은 연구소에 연구교수를 두도록 하고, 국립이든 사립이든 인건비를 국가가 부담하는 것이 최상의 방안이다. 연구교수는 한 강좌를 임의로 개설해 강의하도록 해서 대학 교육의 질적 향상에도 직접 기여하도록 하는 것이 좋다.

지금의 연구교수는 거의 다 임시직이다. 단기간의 계약으로 연구과제를 수행하면서 생활비 이하의 보수를 받다가 강의교수가 될 기회를 찾고, 그렇지 못하면 다시 실업자가 된다. 그런 자리를 되도록 많이 만드는 선심공세를 펴서, 빈곤을 불안으로 바꾸어놓는 정도의 향상을 일시적으로 이룰 따름이다. 연구교수는 지위나 보수가 강의교수와 같아야 한다. 강의교수가 되는 것을 원하지 않고 더 큰 자부심을 가지고 연구에 전념해야 커다란 성과를 거둔다. 빈민구제가 아닌 창조력 향상이 학문정책의 과제이다.

2003년도에 교육인적자원부가 한국학술진흥재단에 넘겨서 집행하는 수탁사업비가 2천억을 상회한다. 그것이 바로 뿌리는 돈이다. 그 돈이면 평균연봉 5천만원대 연구교수 4천명의 고정된 일자리를 마련할 수 있다. 누구에게 소속되지 않고, 신분과 생계의 불안이 없어 연구에 전념할 수 있는 역군을 그 정도 확보하고, 선발과 업적 평가를 제대로 하면 학문 선진국에 진입하는 기본 조건이 마련된다.

연구교수 자리를 여러 대학의 연구소에 분산해서 배정해야 한다. 그래야 땅 사고 집 지을 돈을 달라고 하지 않게 해서 낭비를 없앤다. 여러 대학이 대등한 조건에서 출발할 수 있게 하고, 최소한 5년 이상 동안 이룬 업적을 정확하게 평가해 지원의 지속 여부, 또는 확대와 중단을 결정하는 것이 선의의 경쟁을 향상의 동력으로 삼는 방안이다.

연구교수를 두기 위해 국립대학 교수 자리를 늘리는 것은 교육인적자원부의 힘으로 할 수 없다고 한다. "인적자원"이라는 말을 붙이고 부총리를 둔 것은 허울뿐이다. 거창한 이름을 붙여 빈민 구제사업을 벌인 것도 스스로 결정해서 한 일이 아니어서, 교육인적자원부는 억울함을 하소연하지도 못하는 피해자임을 모르는 바 아니다. 과학기술부와 함께 추진해야 학문 정책을 바꿀 수 있는데, 힘이 미치지 못한다.

대통령이 나서지 않고서는 크고 중요한 문제는 해결되지 않는다. 대통령은 무엇이든지 다 알아야 한다는 것은 아니다. 노무현대통령은 전임자들의 잘못을 되풀이하지 말고, 학문정책위원회에서 연구해서 마련한 최상의 방안을 받아들여, 학문정책 근본 개혁을 직접 추진해야 한다. 이제야 대통령다운 대통령이 나타났다고 환호하는 데 나도 한몫

끼고 싶다.

변화의 조짐

2007년에 이르러 "인문사회 분야에서 한국을 대표할 만한 세계 수준의 연구 역량을 지닌 우수학자"를 특별히 지원하는 방안이 마련되었다. 10명 이내의 인원을 선발해 연3천만 원씩 5년간 도합 1억5천만 원의 연구비를 지급한다고 했다. 연구할 시간이 없는데 연구비를 많이 주면 좋은 결과가 나올 수 있는 것이 아니다. 연구비 사용의 항목과 방법이 엄격하게 정해져 있어 자유로운 사용이 불가능하다. 연구비를 쓸 수 있는 조건을 만드느라고 불필요한 지출을 하지 않을 수 없다.

선정된 결과를 보니 국문학, 철학, 사회학, 법학에서 한 명씩, 경제학에서 두 명 선정되었다. 국문학은 현대문학이고, 철학은 서양철학이다. 모두 독자적이면서 창조적인 연구를 철저하게 해온 전례가 없는 분야여서 어떤 결과를 내놓을지 의심스럽다. 지금까지 우리 학문을 이끌어왔다고 일반적으로 인정되는 고전문학, 국어학, 국사학, 또는 중국문학, 동양사학은 포함되지 않았다. 왜 이렇게 되었는가 생각해보지 않을 수 없다.

분야의 사정이 아닌 개인적인 능력 차이라고 할 것은 아니다. 심사의 기준과 과정에 정통하고 계획서를 잘 쓰는, 적응력이 뛰어난 분야가 빛을 보았다고 할 수 있다. 외국에 발표한 업적을 특별히 중요시해서 기존의 업적을 평가한 탓일 수도 있다. 자료학에 힘쓰고 사실을 밝히는 데 치중하는 것은 긴요하지 않다고 여기고, "세계 수준의 연구 역량" 수입을 잘 하는 쪽을 밀어주기로 했을 수도 있다.

이 제도가 성과를 거두려면, 계획서 작성의 역량과 심사 과정의 우연적인 요인에 따라 선정이 이루어지지 않도록 해야 한다. 우리 학문의 미래상에 관한 연구를 먼저 진행하고 실현에 도움이 되도록 연구비를 지급해야 한다. 연구 결과를 평가할 때 형식적인 요건만 중요시하고 실질적인 성과는 문제로 삼지 않을 염려가 있다. 연구 진행 과정을 공개강의를 통해 알리고 토론하고 점검하는 것이 좋은 방법이다.

더욱 근본적인 대책을 세 단계로 제시한다. 인원수를 대폭 늘려야 한다. 도서관을 충실하게 해서 자료 구입비를 많이 쓰지 않아도 연구를 제대로 할 수 있게 해야 한다. 연구비를 증액하는 것보다 연구할 수 있는 시간을 제공하는 것이 더욱 소중하다.

인문 분야 연구소를 획기적으로 지원한다는 정책도 발표되었다. 연 10-15억을 지원하는 대형연구소, 연 5-8억을 지원하는 중형연구소, 해외지역연구소를 각기 5-10개씩 선정해 10년간 지원한다고 했다. 연간 2천 7백만 원 이상의 전임강사 수준의 인건비를 받고 정년이 보장되는 연구교수와 전임연구원을 대형연구소는 10명 이상, 중형연구소는 5명 이상 채용해야 한다고 했다.

연구교수 제도를 두는 것은 늦었지만 크게 환영할 일이다. 연구소에 지원하는 총액에서 인건비를 지급하라고 하고, 인건비의 액수를 전임강사 이상의 수준으로 하라고 했다. 인건비를 줄이려고 하는 것이 당연해 상위급 연구교수는 두지 않으리라고 예상된다. 연구교수는 강의교수가 될 때까지 거치는 과정이 되고 말 염려가 있다. "연구교수와 전임연구원"이라는 말을 써서 전임연구원을 두어도 된다고 했다. 전임연구원은 연구소 행정업무에 동원되어 연구를 하지 못할 염려가 크다.

위의 조항에서 말한 "인문사회 분야에서 한국을 대표할 만한 세계 수준의 연구 역량을 지닌 우수학자"가 연구교수여야 업적을 제대로 낼 수 있다. 연구 역량과 연구 시간이 둘 다 갖추어져야 연구 성과를 기대할 수 있다. 역량이 있는 쪽은 시간이 없고, 시간이 있는 쪽은 역량이 없으면 연구가 되지 않는다.

인원수에도 문제가 있다. 최대한 잡으면 대형연구소 10곳에 10명씩, 중형연구소 10곳에 5명씩, 도합 150명의 연구교수 또는 전임연구원을 둔다는 말이다. 없는 것보다는 낫다고 하겠지만, 교수 총원에 비하면 너무나도 적다. 다른 나라의 경우와 비교하면 초라하다고 하지 않을 수 없다. 선정된 결과를 보자.

> 대형연구소: 부산대, 전북대, 고려대, 성균관대, 이화여대, 서울대
> 중형연구소: 한림대, 경북대, 성공회대, 인하대, 순천대 + 경상대, 서울시립대, 금강대, 강원대, 부산대, 연세대
> 유망연구소: 인제대, 건국대(충주)
> 해외지역분야: 고려대, 부산외국어대, 한양대,
> 해외지역유망연구소: 상명대(천안), 한국외국어대(용인), 충북대, 서울대, 국민대, 한국외국어대, 부산외국어대

세상에 알려져 있는 대학의 등급과 선정 결과는 대체로 일치한다. 국립대학을 우대하고 사립대학은 박대했다. 서울대 인문학연구원은 업적이 적어도 선정되고, 단국대 동양학연구소는 업적이 많아도 선정되지 않았다. 그러면서 일부 예외가 있다. 전북대 대형연구소가 선정되었다. 연세대의 국학연구원은 보이지 않고 중형연구소로 선정된 곳이 미디어아트연구소이다.

부산대와 전북대를 앞세워 지방을 우대한 것 같은 인상을 주지만, 서울에 많은 비중을 두고 국립대학 위주로 지역 안배에도 어느 정도 유의했다. 대전-충남과 제주에는 선정된 대학이 없다. 대구-경북에서는 경북대의 중형연구소가 하나 선정되었을 따름이다. 경북대 영남문화연구원은 그리 두드러진 존재가 아닌데 경북대가 국립대학이라는 이유에서 혜택을 얻었다고 생각된다. 역사와 업적이 앞서는 연구소가 동일지역 사립대학에 있어도 평가를 받지 못했다.

중형연구소에 성공회대 아시아연구소와 금강대의 불교문화연구소가 선정된 것은 특기할 일이다. 동아시아연구를 성균관대 · 한림대 · 인하대에서도 하고 성공회대에서도 하므로 비교의 대상이 된다. 불교연구를 동국대나 원광대가 아닌 금강대가 맡은 것도 의외의 결과일 수 있다. 선정이 타당하다는 것을 결과로 입증해야 한다. 우수한 연구원 확보가 성패의 관건일 것이다.

서두에 든 부산대의 과제는 "로컬리티의 인문학"이다. 영어 용어를 가져와 수입학이나 하고 말지 않을까 염려된다. 서울대의 경우에는 한국문화연구원은 탈락하고 인문학연구원이 선정되었다. "한국인문학"의 새로운 구상을 다룬다고 하는데, 한국에서 하는 인문학을 열거하는 데 그칠 염려가 있다. '한국학'은 퇴조를 보이고 '인문학'이 득세를 하면서 창조학의 이상에서 더욱 멀어질 수 있다.

지역연구가 중요시된 것은 평가할 만하다. 일본 2, 중국, 남아시아, 중동 및 동지중해, 중동, 유라시아, 중국 러시아 몽골 알타이지역, 러시아, 라틴아메리카 2, 아프리카여서 고루 분포되었다고 할 수 있다. 기존 연구의 성과나 소개하면서 간접적인 연구를 하지 않고 현지 이해를 철저하게 하는 것이 과제이다. 유럽문명권중심주의에서 벗어나 세계

이해를 다원화하는 새로운 시각을 확보해야 한다. 둘 다 쉬운 일이 아니어서 장기간의 노력이 필요하고, 지속적인 지원이 있어야 한다.

정부가 대학연구소를 지원하겠다는 것은 환영할 일이지만, 지금의 방식에는 심각한 부작용이 있다. 등급이 높은 국립대학 위주로 지원을 하면 기득권 옹호에 그쳐 새로운 활력이 생기지 않는다. 특정 분야의 연구만 장려하는 것도 잘못이다. 많은 대학 여러 학문이 혜택에서 제외되어 학문을 하는 의욕을 잃을 수 있다. 계획서 심사에 통과하는 절차를 거치지 않고 스스로 분발해 연구하면 지원을 받을 수 있게 해야 한다.

연구교수를 공채한다는 광고에 연구교수의 보수는 동급 기존교수의 90퍼센트로 한다고 한 곳이 있다. 차등을 두어서는 안 된다. 연구교수는 하위교수라는 인식을 심어주면 연구에 지장이 있다. 우수학자가 강의 교수를 그만두고 연구교수로 자리를 옮길 수 있게 해야 한다.

우수학자 지원과 대학연구소 지원을 합쳐서 제도를 다시 마련해야 한다. 우수학자는 강의 여가에 연구하고 대학연구소의 연구는 신참교수가 맡으면 둘 다 일이 되지 않는다. 우수교수가 연구소에 근무하면서 충분한 시간을 연구에 바치도록 하는 것이 바람직하다. 수가 많고 분야와 주제가 다양해야 한다.

변화의 조짐이다. 변화가 나타나고 있어 다행이다. 그러나 잘 될 수 있으리라고 기대하기는 어렵다. 전례에 비추어보면 지금 하고 있는 여러 사업도 정권 재창출을 위한 일시적인 선심공세로 끝나지 않을까 경계하고 염려하지 않을 수 없다. 이것은 지나친 염려라고 하더라도 모처럼 하는 일이 그릇될 수 있다. 잘못이 굳어지기 전에 바로잡아야 한다.

우리 학문의 미래에 대한 구상을 가지고 정책과 제도를 마련해야 한다. 장기적인 계획이 없이 새로운 시책을 펴는 모험은 이제 그만두어야 한다. 구체적으로 무엇을 어떻게 해야 하는지 외국의 경우를 두루 돌아본 다음 다시 논하기로 한다. 혼자 할 수 없는 일이지만 다른 사람들은 잠잠하니 우선 맡아 나서지 않을 수 없다.

토론

❑ 문 : 자주 불려 나간 이유가 무엇인가?

❑ 답 : 얼마 되지 않은 명성을 이용하고자 했기 때문이다. 낌새가 좋지 않아 정신을 차려야 했다. 어물어물 하다가는 두고두고 후회해야 할 일이 생기므로, 해야 할 말을 분명하게 하려고 글로 써 가서 배부했다.

❑ 문 : 낌새란 무엇인가?

❑ 답 : 무언가 예사롭지 않은 전후의 사정을 살펴 직감적으로 얻는 통찰이다.

❑ 문 : 학문과는 어떤 관계에 있는가?

❑ 답 : 학문을 하려면 갖추어야 하고, 학문과 현실을 연결시킬 때 더욱 긴요하다.

❑ 문 : 대학 연구소를 선정해 연구교수를 배정하는 사업을 계속할 것인가?

❑ 답 : 계속한다고 발표했다. 정부가 달라져도 없애지 않을 것이다.

❑ 문 : 선발되려면 어떤 계획을 내는 것이 유리하다고 보는가?

❑ 답 : 연구교수 10명을 두는 대형연구소는 수가 늘어나기 어렵고, 연구교수 5명을 두는 중형연구소는 융통성이 있다. 중형연구소는 특성

을 분명하게 해야 경쟁에서 유리하다고 본다. 지원을 획득하지 않았는데 분배에 신경을 쓰다가 실패한 경우가 많은 것 같다. 특성화를 위한 대학 내부의 결정이 선결 과제인데 쉬운 일이 아니다. 지금의 선발 방식은 여러 모로 잘못 되었으므로 고쳐야 한다.

❑ 문 : 어떻게 고쳐야 하는가?

❑ 답 : 연구 업적이 뛰어난 기존의 강의교수가 연구교수로 자리를 옮기면 2명 정도의 연구교수를 배정해 함께 연구하게 하고 계획이 아닌 결과를 평가하는 것이 최상의 방법이라고 거듭 말했다. 이렇게 하면 지금 실시하고 있는 제도의 모든 차질을 시정할 수 있다.

❑ 문 : 그 방식이 특성화와 어떻게 연결되는가?

❑ 답 : 연구교수로 자리를 옮긴 교수가 연구 방향을 널리 알리고 연구교수 2명을 선발해 함께 연구하고 함께 평가를 받게 하면 연구의 특성화와 심화가 바람직하게 이루어진다. 연구교수로 자리를 옮기는 교수의 능력만 심사하고 모든 것을 맡기면 되니, 절차가 간편하고 효과는 극대화된다. 대학 안에서 시끄러운 논의를 할 필요가 없고, 분배에 신경을 쓰지 않아도 된다.

내가 정년퇴임 전으로 돌아가 기회를 얻는다고 상상해본다. “한국학의 세계화를 위한 비교문학”을 연구교수 2명과 힘을 합쳐 연구하겠다. 함께 연구하는 2명은 문제의식을 공유하고 연구의 방법에 관한 의견도 접근해 있으면서 주전공이나 외국어 구사 능력이 나와 달라야 한다. 연구 결과를 외국어로도 내놓는 일을 각자의 능력을 살려 다양하게 하는 것이 더욱 바람직하다.

거기서 다음 단계로 나아갈 수 있다. 5년이라고 한 기간 뒤에 연구 결과가 크게 인정되어 인원이 갑절로 늘면 더 많은 일을 할 수 있다.

"한국학의 세계화를 위한 비교사학", "한국학의 세계화를 위한 비교철학" 연구진이 옆에 있어 서로 돕기까지 하면 더욱 놀라운 경지에 이른다. 작업의 성패는 대학의 명성, 연구소의 규모나 기존업적 같은 것들과 무관하고, 누가 연구하는가에 달려 있다. 허세는 모두 없어지고 실속만 남는다.

❑ 문 : 지금 선발된 연구교수의 작업 환경은 어느 정도인가?

❑ 답 : 선발 방법은 적절하지 않지만, 작업 환경은 평가할 만하다. 10년 동안 계속되는 연구에 참여하니, 상당한 수준의 정규직이다. 불안해 하지 말고 열심히 연구해 커다란 성과를 이룩하는 것이 마땅하다. 그런데 연구교수를 하기에 적합하지 않은 사람들이 선발되어 혜택을 헛되게 할 염려가 있다.

❑ 문 : 어떤 경우인가?

❑ 답 : 하위직인 연구교수의 처지에서 벗어나 상위직인 강의교수가 되려고 강의를 많이 맡고 교제의 범위를 넓히려고 돌아다니다가 연구를 소홀하게 할 수 있다. 이것은 개인이 망하고, 대학이 망하고, 나라가 망하는 길이다.

❑ 문 : 연구교수는 강의는 하지 않고 연구만 해야 하는가? 교육을 위해서는 기여하지 않아도 되는가?

❑ 답 : 연구는 독백이 아니고 대화이고 토론이다. 혼자 골방에 들어앉아 시간을 보내면 착상이 고갈된다. 연구한 바를 발표하고 토론하는 강의는 하는 것이 좋으나 기회를 얻기 어려울 것이다. 연구교수들끼리 매주 만나 교대로 발표자가 되어 두 시간 발표하고 세 시간 토론하는 모임을 가지는 것이 이상적이다. 이 모임에 대학원생들이 참관하다가

토론할 수 있게 하면 교육에 크게 기여한다.

❑ 문 : 각자 자기 연구를 하는 것이 좋다는 말인가? 힘을 합쳐 함께 연구한다고 한 것은 무슨 뜻인가?

❑ 답 : 공동연구를 해야 한다는 것은 아니다. 공동연구는 능력의 하향 평준화를 초래해 내용이 부실해질 수 있다. 하고 싶은 작업이 아니어서 참가자들이 불만을 가질 수 있다. 연구소를 위해서 공동연구를 하는 여가에 자기를 위해 개인연구를 하는 것은 연구소를 위해서나 개인을 위해서나 도움이 되지 않는다. 개인연구가 서로 연결되어 피차 도움을 주는 협동연구를 하는 것이 바람직한 대안이다. 두 시간 발표하고 세 시간 토론하는 모임이 이 경우에 최대의 효과를 거둔다. 논문은 먼저 배부해 읽어오도록 해 발표는 생략하고 토론만 다섯 시간 하면 더 좋다.

❑ 문 : 근래 한국학 분야에 중점을 두고 많은 대학원들에게 나라에서 장학금을 주면서도 졸업해 일할 자리를 마련하지 않는 것을 어떻게 생각하는가?

❑ 답 : 어느 수준의 장학금인가?

❑ 문 : 등록금에 근접하는 액수이다.

❑ 답 : 수혜자 수를 줄이더라도 생활비까지 할 수 있는 장학금을 주는 것이 마땅하다고 본다. 다른 수입이 있으면 장학금을 줄이거나 중단하는 것을 조건으로 하고, 대학원생들이 생활비를 벌겠다고 사교육 시장에서 뛰어다니느라고 공부를 하지 못하지 않는가. 대학원생들이 제대로 공부하게 하고 연구교수 자리를 많이 만들어 진출의 기회를 넓혀야 한다.

❑ 문 : 자기 대학 출신을 교수로 채용하는 비율이 너무 높아 문제인 곳도 있지만 너무 낮아 희망을 가지지 못하게 하는 곳도 있다. 시정해야 할 일이 아닌가?

❑ 답 : 자기 대학 출신이 교수 총원의 3분의 1정도 되는 것이 이상적이라고 생각한다. 그 3분의 1이 우수해야 주인 노릇을 제대로 한다. 그런데 자기 대학 출신인가를 어떻게 판정하는지 문제이다. 학사를 따지는 것은 우스운 일이다. 박사를 따져야 한다. 박사를 따지면 자기 대학 출신 교수가 3분의 1 이상인 곳은 거의 없다. 외국 박사가 압도적인 비중을 차지하기 때문이다. 생각을 바꾸라고만 하지 말고, 국내 학위의 질을 높여야 한다.

❑ 문 : 국내 학위의 질을 높이기 위해 장학금 증액 외에 또 무엇을 해야 하는가?

❑ 답 : 대학원생 수가 대폭 늘어나 다 잘 가르치기는 어려운 실정이다. 대학원 교육의 대중화는 막을 수 없는 일이다. 장차 교수가 되어야 할 소수 정예를 위한 특별한 훈련을 병행한다면 그래서 생기는 폐단을 막을 수 있다. 지금 내가 하고 있는 것과 같은 공개강의를 더 만들어 희망하면 들을 수 있게 하고, 연구교수들의 자체 발표를 참관할 기회를 주는 것이 좋은 방법이다. 지도교수를 선정하고 강의를 수강하는 기회를 전국적으로 확대하는 적극적인 방안을 마련하는 것은 더욱 바람직하다.

❑ 문 : 연구경영 전문가가 교육부장관이 되고 다시 국정책임자가 되는 것이 마땅하다고 했는데 납득하기 어렵다.

❑ 답 : 모든 경영 가운데 연구경영이 가장 어렵다. 연구경영을 제대로 하면 다른 경영을 다 잘 할 수 있다. 국정책임자는 연구경영의 이론

과 경험이 뛰어난 인물을 학문교육부장관(내가 희망하는 명칭)으로 발탁해 자기 임기 전 기간 동안 소신껏 일하도록 하고, 실적이 뛰어나면 자기 자리를 잇게 하는 것이 마땅하다. 실적이 미흡하면 정권을 교체해 새 출발의 기회를 마련해야 한다.

❑ **문** : 그렇게 하는 나라가 있는가?

❑ **답** : 정당이 연속성을 가지고 정당에서 학문교육 정책을 지속적으로 개발하는 나라는 사실상 이렇게 한다고 할 수 있다. 학문교육 정책 수립자가 장관이 되어 자기 각본을 가지고 감독을 해 작품을 만든다. 그런데 우리는 각본 따로 감독 따로여서 곤란한 것만도 아니다. 누가 만든지도 모르는 각본을 불러주는 대로 감독만 하다가 잘못에 대한 책임은 다 져야 한다. 정당이 급조되고 자주 바뀌며 정책이란 선거용 사기술에 지나지 않는다. 정당정치가 본궤도에 들어서야 하는 것이 당연한 선결과제이지만 실현 가능성이 적으므로 위에서 말한 제안을 했다.

제6강 시야를 넓혀 길을 찾자

비교 고찰의 필요성

학문 정책과 제도는 각국의 것들이 서로 다르다. 각기 자기 특성에 맞는 길을 택했다. 그런데 한국에서는 독자적인 정책과 제도를 마련하기 위한 노력이 없었다. 무엇이 우리 특성에 맞는지 생각하지 못했다. 시행착오를 거듭하면서 이렇게도 하고 저렇게도 해온 것이 그 동안의 경과이다.

크게 보면 특색이 없는 것은 아니다. 미국의 방식을 택하려고 한다. 미국의 영향이 크고, 미국에서 공부한 사람들이 요직을 차지하고 있어, 교육도 학문도 미국에서 하는 것처럼 하면 된다고 여긴다. 미국은 학문을 시장에 내맡기고, 시장 경쟁을 발전을 위한 최상의 방법으로 삼는다.

한국은 미국과 다르다. 한국뿐만 아니라 프랑스나 독일, 또는 일본도 미국과는 달라 자기 방식을 택한다. 러시아에서 시작해 널리 퍼진 방식은 더욱 다르다. 학문 시장의 규모가 미국처럼 크지 않아 자유경쟁을 하기에 적합하지 않은 곳들에서는 국가에서 설립하고 운영하는 연구기관이 커다란 구실을 한다.

우리는 어떻게 할 것인가? 우리에게 맞는 방식을 찾아야 한다. 우리 방식을 찾으려면 광범위한 비교연구를 거쳐야 한다. 어떤 방식이 있는지 알아야 한다. 선택한 방식이 문화 전통이나 사회 구조와 어떤 관련이 있는지도 알아야 하다.

학문 정책

박덕규 · 김지순, 『국내외 인문학 지원체제 비교 연구』(인문사회연구회, 한국교육개발원, 2002)에서 외국의 연구 지원정책을 한국과 비교했다. 비교 대상 국가는 미국, 프랑스, 일본, 영국, 독일, 유럽연합이다. 필요한 작업을 했으나 너무 많은 내용을 간략하게 다루어 핵심이 불분명하다.

비교 대상이 되는 나라들을 따라가기 위해서 필요한 대책은 넷으로 요약된다. (가) 연구 지원 확대를 법제화해야 한다. (나) 연구 지원을 기획하고 관장하는 기구를 격상해서 만들어야 한다. (다) 지원 예산의 규모를 대폭 늘려야 한다. (라) 대학 강의에서 인문학의 비중을 늘려야 한다.

(가)는 다른 둘을 위한 조처이다. (나) 또한 (다)를 위한 기구이다. 결국 예산의 증액이 학문의 발전을 가져온다는 말이다. (라)는 연구의 여건을 좋게 하는 조처이기는 해도 연구 자체를 발전시키지 않는다. 연구는 하지 못하고 강의나 하면 학문이 발전하지 않는다. 유사한 형태의 여러 보고서에서 강의에 대한 논의를 많이 하는 것은 연구에서는 이렇다 할 실적이나 포부가 없는 사람들이 용역을 맡기 때문이다.

학문을 하는 데 돈이 들지만, 돈을 들이면 학문이 잘 되는 것은 아니다. 대통령이 직접 나서서 큰 기구를 움직이면서 많은 예산을 연구에 투입하도록 하면 학문 발전이 바람직하게 이루어지는 것은 아니다. 연구를 잘 하도록 하는 정책과 제도 가운데 효과적인 것이 무엇인가 찾고, 우리도 그렇게 하면 될 것인지 따져야 한다.

미국은 연구도 연구지원도 분산되어 있다. 분산되어 있는 것들이 서로 경쟁한다. 그것은 영국에서 시작된 전통인데, 미국처럼 큰 나라에서는 효과를 거두지만 영국은 그렇지 않다. 중간 규모의 나라에서는 집중적인 지원이 필요하다.

전영평 외, 『선진국 인문학 진흥체계와 한국 인문정책 연구기관 운영방안』(인문사회연구회, 2004)에서도 비교고찰을 했다. 우리가 어떻게 해야 할 것인가 말하기 위해 외국의 선례를 들었다. 미국·영국·프랑스·일본의 경우에 관해 다음과 같이 말했다.

미국에서는 국립인문재단(National Endowment for the Humanities)이 지원을 맡는다. 민간재단도 많이 있다. 영국은 영국학술원(British Academy)과 인문·예술지원회의(Art and Humanities Research Council)가 지원을 담당한다. 프랑스는 CNRS(Centre National des Recherches Scientifiques)를 육성한다.(이 기관을 '국립학술원'이라고 번역했는데 '국립과학연구센터'라고 하는 것이 적합하다.) 일본은 문부과학성의 자문기구인 과학기술·학술심의회총회에 인문사회과학특별위원회를 두고 지원한다.

이러한 전례를 참고해 인문정책연구원을 설립하자고 제안했다. 정책원은 외국에 전례가 없다. 프랑스의 국립과학연구센터가 대규모의 연구기관임을 알지 못했거나 밝혀 논하지 못했다. 미국과 영국에서 든 것은 연구 지원기관이다. 일본 것은 정책을 다룬다고 할 수 있으나 소규모의 위원회이다. 정책원을 큰 규모로 만든 나라는 없다.

정책원은 연구하는 기관이 아니고 연구 지원을 하기 위해 필요한 것도 아니다. 학문이 무엇인지 모르는 관료나 사이비 학자들이 실권을 장악하고 학문에 대한 정치적 간섭이나 행정적 규제나 일삼을 것이다. 불필요한 예산을 사용해 학문을 방해하는 구실이나 할 것이다.

대학의 역사

학문의 정책과 제도에 관해 알려면 대학의 역사를 비교해 고찰해야 한다. 이광주, 『대학사 : 이념 · 제도 · 구조』(서울 : 민음사, 1997)에서 충실한 작업을 했다. 유럽 중세의 대학, 근대의 대학, 미국의 대학을 차례대로 고찰하고 얻은 결과를 적절하게 총괄했다.

12세기 이래로 유럽에서 대학이 생긴 것은 획기적인 일이지만, 고전 주해에 치중하는 중세학문의 관습에서 벗어나지 못해 14세기부터 침체기에 들어서고, 17세기 이후의 역사 발전에 기여하지 못했다. 19세기 초에 출현한 근대의 대학은 학문의 자유를 누리면서 철학을 혁신하고 과학을 창조하는 주역 노릇을 하면서 '학자 공화국'을 따로 만든 것이 문제이다. 20세기에 등장한 미국의 대학은 산업사회의 다양한 요구를 받아들여 활성화된 반면 이익 추구의 기업체가 되는 폐단을 가져왔다.

대학사연구회, 『전환의 시대 대학은 무엇인가』(서울 : 한길사, 2000)에서는 여러 논자가 공동작업을 했다. 한국, 아시아 각국, 유럽 순서로 대학의 역사를 고찰하면서 여러 나라의 경우를 다루었다. 중국, 인도, 러시아의 경우까지 들어 시야를 넓히고자 한 것을 평가할 만하다. 유럽의 대학이 모범 사례라고 하지 않았다. 어느 곳에서도 문제가 있고 진통을 겪었음을 밝혀 논하고 대학이 나아갈 길을 찾고자 했다.

권말에 수록된 이광주, <'대학의 이념'을 위하여>가 결론 격이다. 대중매체의 언어가 지배하는 사회에 휩쓸리지 않고 대학이 임무를 발견하고 수행해야 한다고 했다. "풍요한 파토스와 상상력에 힘입어 우리 모두의 공동체를 위하여 나 자신의 말을 하고 스스로 생각하는 젊은 세대를 길러내"야 한다고 했다. (458면)

대학의 역사에 관해 외국에서 이루어진 연구는 아주 많아 감당하기 어렵다. 하나를 들면 『유럽대학의 역사』라는 총서 전4권이 있다. 그 가운데 제3권 19세기에서 20세기 전반기까지 다룬 것을 구해 읽었다. (Walter Rüegg ed., *A History of the University in Europe vol. III University in the Nineteenth and Early Twentieth Centuries 1800-1945,* Cambridge: Cambridge University Press, 2004)

유럽에서 근대대학이 자리를 잡는 시기를 다룬 것이다. 각국의 경우를 자세하게 고찰하면서 대학이 국가 정책과 밀접한 관련을 가졌음을 밝혀 논했다. 근대대학은 근대국가의 경쟁적 창조물이다. 유럽 밖의 다른 곳에서는 유럽의 근대국가와 함께 근대대학도 받아들였다. 대학의 발전이 국력 경쟁과 직결된다는 것을 깨달았다고 했다.

연구중심대학의 성립에 관한 연구를 하나 더 보자. (William Clark, *Academic Charisma and the Origins of the Research University,* Chicago: The University of Chicago Press, 2006) 독일에서 출현한 근대대학은 연구를 중요시하는 연구중심대학인 점이 그 전의 대학과 다르다고 했다. 독일에서 일어난 변화를 유럽의 다른 나라에서 받아들이고, 미국으로도 가져가 연구중심대학을 만든 획기적인 변화를 자세하게 고찰하고 높이 평가했다.

대학의 역사에서 유럽문명권의 우위는 너무나도 뚜렷해 재론의 여지가 없는 것 같다. 많이 뒤떨어져 수입과 모방에 급급한 다른 문명권의 대학은 독자적인 역사가 없어 따로 논할 필요가 없을 듯하다. 이런 통념에 대해 프랑스에서 교수를 하는 월남인 학자가 『교육과 문명, 현대세계의 탄생』에서 반론을 제기했다. (Le Thanh Khoi, *Éducation et civilizations, genèse du monde contemporain,* Paris: Bruno Leprince, 2001)

현대화를 지향하는 교육의 발전을 문명사의 관점에서 고찰하면서 '산업화된 사회'라고 일컬은 유럽과 '전환기 사회'라고 한 제3세계의 경우를 비교했다. 교육 전반을 다루면서 대학에 많은 비중을 두었다. 아시아, 아프리카, 라틴아메리카의 경우를 모두 다루고, 개별 국가의 사례를 풍부하게 고찰했다. 남북한에 관한 논의가 다 있다.

제3세계의 현대교육은 세 단계로 전개되었다고 했다. 처음에는 서양의 침공을 받고 그쪽의 교육을 이식해야만 했다. 그 다음에는 민족해방과 더불어 독자적인 전통을 되살리고자 하는 자각이 일어났다. 이제 각기 자기 나름대로의 발전을 이룩하기 위해 노력하고 있다. 선진과 후진의 격차가 다음 시대에는 해소되도록 하기 위해 새로운 것을 모방하지 않고 창조하는 능력 기르기를 목표로 삼아야 한다고 했다.

선진국 대학이라도 순조롭게 발전하고 있는 것은 아니다. 대학의 위기가 닥친 사정을 여러 나라의 경우를 들어 고찰한 책이 일본에서 나왔다. (潮木守一, 『世界の大學危機』, 東京 : 中央公論社, 2004) 잘 나간다는 나라에서 대학이 지나치게 팽창한 것이 문제라고 했다. 1960년부터 2000년까지 대학생 수가 영국은 16배, 프랑스는 7배, 독일・미국・일본은 4배 증가한 다음, 재정난과 진학 인구 감소로 대학은 위기에 봉착했다고 했다. 그 구체적인 양상을 각국의 사정과 대학의 특징을 들어 고찰했다.

지금까지 고찰한 것과 같은 대학의 역사를 그대로 받아들일 수 없다. 모자라는 점을 보충하고 잘못을 고쳐야 한다. 개별저작을 하나씩 비판하자는 것은 아니다. 대학의 역사에 관한 기존의 이해 방식을 바꾸는 전반적인 대안을 제시해야 한다.

대학이라는 제도가 나타나기 전에도 수준 높은 교육을 하는 곳들이 있었다. 널리 알려져 있는 플라톤(Platon)의 아카데미만 이에 해당하는 것은 아니다. 학문 연구에서 높은 경지에 이른 사람들은 누구나 제자들을 모아 대학 또는 대학원 수준의 강의를 했다. 한국의 경우에는 知訥의 修禪社를 좋은 본보기로 들 수 있다. 이런 것들을 대학 이전의 대학이라고 일컬으면서 대학의 역사에 포함시켜 다루는 것이 마땅하다.

대학이 유럽에서만 생겨난 것은 아니다. 다른 문명권에도 중세대학이 있었다. 인도의 나란다(Nalanda)대학은 규모에서나 학문 내용에서나 후대의 대학이 따르지 못하는 수준이었다. 이슬람세계에도 규모가 큰 대학이 있었다. 가잘리(al-Ghazali)가 바그다드에서 교수 노릇을 하다가 자기 학문에 회의를 느껴 그만두고 떠나간 것이 널리 알려진 사건이다.

대학의 역사가 곧 학문의 역사는 아니다. 유럽에서도 대학은 14세기 이후에 침체기에 들어서서 학문 발전과 무관한 시기가 있었다고 했다. 파리에 가 보면 실증주의의 창시자 콩트(Auguste Comte)의 동상이 소르본느대학 구내에 서 있다. 콩트가 근처에 살았던 인연이 있기 때문이고, 그 대학의 교수였던 것은 아니다. 콩트의 학문은 대학 밖에서 이루어졌다. 대학 안에서는 혁신이 불가능했다. 대학의 역사를 대학 밖에서 학문을 한 역사와 함께 고찰해야 전모를 알 수 있다.

대학 제도의 역사를 들어 학문을 한 내력을 살피면 유럽 밖의 여러 곳은 다룬 내용이 빈약하다. 그러나 대학의 제도와는 무관하게 학문을 해온 사실까지 다루면 유럽 밖의 학문사가 더욱 풍부할 수 있다. 이런 전통과 유산까지 모두 들어 학문의 역사를 연구한 결과를 『세계학문사』로 내놓아야 한다. 오늘날 필요한 학문의 정책과 제도를 논의하는 근거를 이런 책에서 얻어야 한다.

대학의 역사는 있으나 대학 밖 연구기관의 역사는 없다. 여러 나라에 대학이 없을 때에도 연구기관은 있었다. 집현전이나 규장각이 본보기가 된다. 이 비슷한 국가기관이 다른 여러 나라에도 있었을 것이다. 종교교단에서 창설하거나 개인이 스스로 만든 연구기관까지 들면 더 많았을 것이다. 이에 대해서도 알아야 한다.

근대 대학의 제도를 마련한 뒤에도 별도의 연구기관이 대부분의 나라에 있다. 대학을 바로잡지 못하면 다른 기관을 만들었다. 대학에서 하지 못하는 연구를 별도의 연구기관에서 하도록 한다. 이에 대한 종합적 고찰이나 비교론은 없다. 장차 이 강의에서 하고자 하는 것이 세계 최초의 시도이다.

대학뿐만 아니라 대학 밖의 연구기관, 양쪽에서 하는 학문에 위기가 닥친 것이 세계 전체의 상황이다. 위기의 양상은 각기 달라도 지금까지 하던 방식으로 연구를 계속하기는 어렵게 되었다는 것은 서로 같다. 한국의 대학은 아직 뒤떨어져 있고 대학 밖의 연구기관은 거의 없다. 발전을 위해 노력하고 없는 것을 갖추면서 세계적인 위기를 수입하려 하지 말고 넘어서는 길을 찾는 것이 마땅하다.

대학교수

학문의 역사와 현황을 살피려면 학문하는 사람에 대해서도 알아야 한다. 학자에 관한 일반론이나 비교연구는 찾아볼 수 없다. 교수는 대학에 포함되어 논의되고 따로 문제되지 않는 것이 예사이다.

그런데 이성호, 『한국의 대학교수』(서울 : 학지사, 1992)에서 흥미로운 작업을 했다. 대학교수는 누구이며 무엇을 하는가 하고 묻고, 교수가 하는 교육, 연구, 대외활동, 생애, 인간관계 등에 관해 고찰했다. 그런데 사용한 방법은 설문지를 이용해 조사한 결과를 수치로 제시하는 것이다. 대체적인 경향은 알 수 있지만 심층적인 이해는 없다. 무엇이 문제이며 어떻게 해결해야 하는지 논의하지는 않았다.

같은 문항을 가지고 동일한 방법으로 다른 여러 나라의 경우를 조사해 다시 『세계의 대학교수』(서울 : 문이당, 1995)를 냈다. 조사한 곳은 호주, 브라질, 칠레, 독일, 홍콩, 이스라엘, 일본, 한국, 멕시코, 네덜란드, 러시아, 스웨덴, 영국, 미국, 모두 14개국이다. 조사 결과를 수치로 제시하는 데 그친 단점을 앞의 책과 함께 지니면서, 한국의 교수를 되돌아볼 수 있게 한 공적을 평가할 만하다. 한국의 교수가 보여주는 두드러진 특징을 들어본다.

강의 시간이 주당 평균 23.1시간이어서 가장 많다. 업적을 보면 저술은 8위이고, 논문은 12위이다. 이 둘은 밀접한 관련을 가진다. 강의 시간수가 많아 연구를 제대로 하지 못한다. 연구 업적이 최하위가 아닌 것은 어려운 여건을 무릅쓰고 노력한다는 말이다.

정부의 간섭이 심하다고 하는 교수가 88.8%여서 가장 많다. 학교 행정진과의 관계를 37.6%가 부정적으로 보아 가장 많다. 이중의 간섭 때문에 어려움을 겪고 있다. 정년보장이 된 교수가 32.2%여서 가장 적다. 평균 1.4개교에서 근무해서 이동이 가장 적다. 정년이 보장되지 않으면 다른 대학으로 가는 것이 당연한데 그럴 기회가 없다는 말이다.

그래서 절망하고 있는 것은 아니다. 창의적이고 생산적인 학문을 한다는 교수가 74.9%여서 가장 많다. 교수는 사회의 영향력이 있는 지도자라고 62.4%가 생각해 가장 많다. 의욕을 가지고 일하면서 크게 기여하고자 한다. 이유가 무엇인가? 이에 대한 논의는 하지 않았다. 심층적인 논의는 소관사로 삼지 않았기 때문이다.

같은 조사를 다시 한다고 한다. 이 대목의 강의를 하는 2008년 3월 26일에 받은 전자우편을 소개한다. 서두의 긴요한 대목을 옮기고, 설문 내용은 생략한다.

> 교수님을 제2차 세계의 대학교수에 관한 국제비교 연구의 한국 측 설문조사에 모시고자 합니다. 이 국제비교연구는 OECD국가를 비롯한 아시아, 북미, 유럽, 남미 등 세계 22개국이 공동으로 실시하며, 제1차 연구는 미국 카네기재단에서 1990년에 실시한 바 있습니다.
>
> 설문의 주된 내용은 교수님들의 교육 및 연구 활동을 비롯하여, 학자로서의 성장과정, 현재의 고용상태, 대학의 자율에 관한 인식 등을 포괄적으로 포함하고 있습니다. 설문패널은 교수님께서 한국학술진흥재단을 통하여 공개해 주신 자료를 바탕으로 무작위로 선정하였음을 밝혀둡니다.
>
> 국제비교 연구팀에서는 지난 2월 말부터 3월 중순까지 설문조사를 실시하였습니다만, 일부 영역의 경우 필요한 설문 응답수를 충족시키지 못하여 부득이하게 추가적인 조사를 하게 되었습니

다. 많이 번거로우시겠지만, 교수님의 응답내용이 한국의 교수사회를 대표한다는 점을 감안하시어 성실히 답변해 주시면 감사하겠습니다.

국제비교연구 책임자 : W. Cummings, Ph.D. George Washington University (U.S.)

한국측 연구책임자 : 서울대학교 교육학과 교수 신정철 올림

나는 퇴임했으므로 설문에 답할 처지가 아니다. 결과가 궁금하지만 강의를 끝내고 책을 낼 때까지 발표될 수 있을 것 같지 않다. 다른 여러 나라에 비해 한국에서 뒤떨어진 사항이 시정되었다고 확인되지는 않으리라고 생각한다.

각국의 교육 현황을 수치로 나타낸 경제협력개발기구(OECD)의 자료가 있어 참고가 된다.(*Education at a Glance OECD Indicators 2006,* Paris: OECD Publications, 2006) 교육 전반을 다루어 대학에 관한 사항이 자세하게 나타나 있지 않으나 한국의 대학이 차지하는 위치를 어느 정도 파악할 수 있다. 30개 회원국 가운데 현저하게 뒤떨어진 것들을 들어본다.

학생 1인당으로 나눈 대학의 연구개발비와 예산 총액을 보자. (단위는 달러이다.) 연구개발비 평균이 3,254이고, 한국은 876이어서 26위이다. 총액은 평균이 11,254이고, 한국은 7,089이어서 25위이다.

대학 예산 총액 가운데 공공의 자금이 차지하는 비중을 보자. 평균이 76.2%이고, 한국은 23.2%여서 최하인 30위이다.

대학 교수 1인이 학생 몇 명을 가르치는가 보자. 평균이 15.5인이고, 한국은 25.2인이어서 최하에서 두 번째인 29위이다.

한국의 대학이 얼마나 뒤떨어져 있고, 한국의 대학 교수가 얼마나 어려움을 겪고 있는지 알 수 있다. 대학의 예산이 다른 나라보다 아주 적고, 그 가운데 공공의 자금이 차지하는 비중이 최하위이다. 대학을 학생 등록금으로 유지한다는 말이다. 등록금이 해마다 증액되어 커다란 충돌이 일어난다.

교수 1인이 가르치는 학생이 25.2인이어서 최하에서 두 번째인 29위이고, 먼저 제시된 자료에서 밝힌 바와 같이 강의 시간이 주당 평균 23.1시간이어서 가장 많다. 두 가지 사항은 밀접한 관련을 가진다. 교수가 많아지면 두 가지 수치가 다 줄어든다. 투자가 적은 것이 이유이지만, 사실에 대한 인식이 없고 개선을 위한 노력을 하지 않는다.

그렇다고 해서 절망할 것은 아니다. 개선을 위해 끊임없이 노력하고 투쟁해야 하지만, 어려운 조건에서도 의욕을 가지고 교육하고 연구해야 한다. 더 잘 할 수 있는 방안을 찾고 실행해야 한다. 역경이 창조의 원천임을 입증할 수 있어야 한다.

학문하는 사람

학문하는 사람은 누구이며, 학문을 어떻게 하는가 하는 의문을 『學問人』이라고 번역할 수 있는 제목을 내건 책에서 다루었다.(Pierre Bourdieu, *Homo Academicus,* Paris: Les Éditions de Minuit, 1984 ; 피에르 부르디외, 김정곤 · 임기대 역, 『호모아카데미쿠스』, 서울 : 동문선, 2005) '학문인'은 학자를 다르게 일컬은 말이다. 학문을 하는 것이 사람의 기본적인 욕구이고 활동임을 말하기 위해 만든 말이다. 수치화된 자료를 많이 사용했으나 가시적인 사실을 고찰하는 데 그치지 않고, 학문을 하는 직업이 가지는 다면적인 특징을 깊이 있게 고찰했다.

그러나 일반론이라고 할 수 있는 것은 아니며 특수한 대상에 대한 자기 나름대로의 접근이다. 학문인에 대한 논의가 전개되어온 내력이나 기존의 업적 같은 것은 거론하지 않았다. 저자 자신이 속한 학문 세계에 대한 논의가 객관적 타당성을 지니고 진행될 수 있는지 따지는 서장을 길게 늘어놓았다. 사변적인 학풍의 특징을 보여주었다. 이어지는 논의가 모두 단락이 길고 문장이 복잡해 이해하기 어렵다.

프랑스 학문에 관해 논의하기만 하고 다른 나라와 비교는 하지 않았다. 기득권의 존속 여부, 학문 분야 사이의 경쟁, 대학과 연구기관의 차이 등에서 나타나는 권력관계를 분석하기 위해 자기가 고안한 갖가지 개념의 틀을 사용해 밝히고자 했다. 제도가 빚어내는 구체적인 상황을 문제 삼으면서도 역사적인 관점이 없는 공시적 고찰이고, 무엇이 잘못 되었으니 어떻게 고쳐야 한다고 주장하지도 않았다. 학자의 삶을 남들과의 관계에서 성찰하는 사변적인 저작이다.

다른 한편에는 경험적이고 실용적인 관점에서 학문 활동에 접근하는 작업이 있다. (Robert T. Blackburn & Janet H. Lawrence, *Faculty at Work, Motivation, Expectation, Satisfaction,* Baltimore: The Johns Hopkins University Press, 1995) 주어진 조건과 자아의 욕구가 작용해서 생산물을 만들어내는 방식에 대한 가설을 서두에서 제시하고 자료를 들어 증명했다. 가장 중요한 자료는 통계이다. 두드러진 가치를 가지는 업적이 어떤 경우에 나타나는지 알아내고자 했다. 그 결과 활용 가능한 이론적 모형을 제시하고자 했다. 학자가 직업인으로 성공하는 비결을 알려주는 유용성을 가치로 삼고, 학문은 무엇이며 왜 하는가 하는 근본적인 물음은 제기하지 않았다.

연구 행정과 경영

학자는 제도 속에서 학문을 한다. 제도에 대한 고찰이 학문론의 긴요한 과제이다. 학문을 하는 제도를 어떻게 마련해야 하는가? 제도가 학문 발전을 방해하지 않고 촉진하려면 어떻게 해야 하는가? 학문 발전을 위한 연구 행정 또는 경영을 어떻게 해야 하는가?

이런 의문에 관해 고찰한 책이 있다. (Chrystelle Schaegis, *Progrès scientifique et responsabilité adminisrative,* Paris: CNRS Editions, 1998) 제목을 번역하면 『과학의 진보와 행정의 책임』이다. 저자는 파리북부대학 공법학 부교수(maître de conférences en droit public à l'Université de Paris-Nord)라고 했다. 출판한 곳은 국립과학연구센터(CNRS, Centre national de la recherche scientifique) 출판부이다. 국립과학연구센터의 연구 행정에 필요한 제도에 대한 공법적 고찰을 했다 하겠으나, 구체적인 사실은 다루지 않고 기본적인 사항에 관한 논의로 일관했다. 연구행정가가 고도의 식견을 가지도록 하는 원론적인 지침서를 마련했다.

과학이 발전하려면 법률도 발전해야 한다. 조직 안에서 연구하려면 협동심이 있어야 한다. 연구가 성과 있게 진행되려면 책임감을 가지도록 해야 한다. 규제나 징벌을 능사로 삼지 않고, 추상적인 언사로 당위성을 역설하는 수준에 머무르지 않으며, 협동심과 책임감을 실제로 북돋우려면 법률이 어떻게 해야 하는가를 최종적인 과제로 삼았다.

법률이 달라져야 할 사항을 결론에서 정리해 말했다. 과학처럼 정확한 언어를 사용해야 한다. 전문가의 식견을 존중해야 한다. 세분화되어야 한다. 문제점을 인식해야 한다. 경직성을 버려야 한다. 복잡성을 인식해야 한다. 이런 내용을 서술하고 있다.

다른 여러 가지 논의도 있다. 법률의 범위를 넘어서고 연구행정에 머무르지 않으며 연구경영이라고 할 것을 개발하기 위해 많은 노력을 하고 있다. 우리에게는 전혀 없는 일이므로 깊은 관심을 가지고 참고하고 이용해야 한다.

현재의 제도 속에서 학문 연구를 어떻게 해야 하는지 고찰한 책을 먼저 들어보자. 『연구의 본질, 대학 상황에서의 논란』이라는 것이다. (Angela Brew, *The Nature of Research, Inquiry in Academic Contexts,* London: Routelde, 2001) 오스트레일리아 학자가 그 쪽의 경험을 정리해, 문제점을 고찰하고 대처 방안을 찾아 널리 이용할 만한 편람을 만들었다. 온건한 접근의 본보기라고 할 수 있다.

경영학의 석좌교수이며, 지도력에 관한 최고의 권위자여서 대통령 넷의 자문을 담당했다고 하는 미국학자가 언론인과 함께 쓴 책도 있다. 『천재성의 조직화, 집단 창조력의 비밀』이라는 것이다.(Warren Bennis and Patricia Ward Biederman, *Organizing Genius, the Secret of Creative Collaboration,* New York: Basic Books, 1997) 연구경영을 잘 하는 적극적인 방안을 제시했다. 개인이 천재 노릇을 하는 시대는 가고, 잘 조직되고 운영되는 집단이 뛰어난 창조력을 지니게 되었다고 했다. 유능한 지도자가 뛰어난 인재를 모아 함께 일하는 조직이 정치나 사업에서뿐만 아니라 연구에서도 최상의 결실을 가져온다는 지론이다.

조직 속의 집단작업이 연구를 잘 할 수 있는 방안을 구체적으로 고찰한 책도 여럿 있다. 지도력을 어떻게 갖추고 협동하며, 창조가 가능하게 하려면 어떻게 해야 하는지 논란이 분분하다. 연구 방법을 작업 진행의 실제 상황에서 정립하는 연구 경영학이라고 할 것을 마련하려고 한다.(Alice M. Sapienza, *Managing Scientists, Leadership Strategies in Scientific Research,* Hoboken: Wiley-Liss, 2004; Richard A.

Swanson and Elwood F. Holton III ed., *Research in Organizations, Foundations and Methods of Inquiry,* San Francesco: Berrett-Koehler, 2005)

창조력 증진

문제는 결국 창조력이다. 집단작업도 창조력을 발현할 수 있다고 하지만, 창조는 학문하는 사람의 내면에서 준비되고 발현된다. 이에 대한 탐구가 긴요한 과제라고 여겨 많은 저작이 이루어졌다. 사례 연구나 원리 탐구에서 다양한 시도를 했다.(Michael Michalko, *Cracking Creativity, the Secrets of Creative Genius,* Berkeley: Ten Speed Press, 2001; Jane Piirto, Understanding Creativity, Scottsdale: Great Potential Press, 2004; Robert J. Sternberg et al. ed., *Creativity, from Potential to Realization,* Washington, DC: American Psychological Association, 2004. 최근에 나온 것들 가운데 몇 가지를 골라 이 정도만 든다.)

모두 좋은 책이지만 결정적인 한계가 있다. 심리학에서 주무를 담당하고 있으면서 심리학을 창조하는 학문의 본보기로 들지 않고 예술가의 작업을 자주 거론한다. 창조력을 체득한 사람은 알아듣게 설명하지 못하고, 설명하는 사람은 체득하지 못해 남들의 전례를 구경한 소감을 말한다. 참고로 할 필요가 있지만 믿고 따를 것은 못된다.

창조에 관한 논의는 유럽문명권에서만 했다. 그쪽에서 말하는 것이 창조 일반론이어서 다른 데서 따로 할 말은 없는 것 같지만, 그렇지 않다. 창조에 관한 인식이 문명권이나 문화권에 따라 다를 수 있다는 생각을 가지고 시야를 넓힌 작업이 있어 주목된다.(James C. Kaufmann and Robert J. Sternberg ed., *The International Handbook of Creativity,*

Cambridge: Cambridge University Press, 2006)

그러나 여러 곳에 관한 논의를 각기 했을 따름이고 비교는 아니다. 우리의 경우에 관한 논의를 보자.(In-Soo Choe, "Creativity- A Sudden Rising Star in South Korea") 한국의 급격한 발전이 어떤 창조력의 발현인가 하는 문제를 제기하고, 창조력을 가졌다고 생각되는 당대의 명사들을 면담해 조사한 내용을 정리했다. 한국의 문화 전통과 그 표현물에 대한 심층적인 이해가 요망된다. 다른 나라의 경우와 비교하는 것은 아직 요원한 일이다.

중간 점검

책을 많이 열거하는 것은 제대로 읽지 못했기 때문이다. 열거한 것 외에도 수많은 책이 있어 당황하게 한다. 모두 구해 읽지는 못해도 어느 정도는 알아야 한다. 우리에게 필요한 학문의 정책과 제도를 마련하기 위해서 남들은 어떻게 하는지 알아야 한다. 사례를 알아야 하는데 그치지 않고 학문 제도 원론이라고 할 것도 갖추어야 한다.

내가 시작한 일이 다음 사람들에게 도움이 되기를 진심으로 바란다. 구한 책을 모두 계명대학교 도서관에 기증해 누구나 볼 수 있게 하겠다. 학문하는 사람들에게 널리 도움을 주고자 한다. 학문 정책과 제도를 관장하는 사람들도 드나들기 바란다. 학문 정책과 제도를 연구하는 학자가 있어 필요한 지식을 두루 갖추어 널리 제공하는 것이 마땅하다.

알면 그대로 행해야 하는 것은 아니다. 외국의 전례는 우리 길을 찾는 데 필요한 참고사항이다. 원론이라고 할 것도 다시 마련해야 한다. 학문의 정책과 제도를 마땅하게 마련하는 데서도 최상의 창조가 있어야 한다. 대화와 토론이 창조의 자극제이며 시험하고 입증하는 과정이다.

토론

❑ **문** : 강의를 계속 들으면서 우리는 지금 위기를 겪고 있다고 생각하게 되었다. 위기의 본질과 극복 방법을 명확하게 말할 수 있는가?

❑ **답** : 후진에서 선진으로 나아가기 위한 진통이 위기로 인식되고 있다. 남들이 이미 한 작업을 널리 참고로 해서 우리를 위한 최상의 길을 스스로 찾아야 극복이 가능하다. 수입학을 해결책으로 삼지 말고 창조학을 이룩해야 한다.

❑ **문** : 한국의 대학이 뒤떨어졌다고만 하고 대학 진학률에서 여러 나라보다 앞서는 사실은 왜 말하지 않았는가?

❑ **답** : 누구나 대학에 진학하는 것 같은 대단한 학구열은 조상 전래의 특징이고 오늘날 노력해서 이룬 바가 아니다. 김홍도의 풍속화에 돗자리 짜고 물래 잣는 부모 곁에서 어린 아이가 책을 읽는 장면이 있다. 한문 공부를 하는 것 같다. 돗자리를 짜서 생계를 잇는 처지이면서도 자식을 서당에 보내던 열의가 이어지고 있다. 우리 민족은 외국에 가서 살아도 학구열이 남다르고 학업성적이 뛰어나다. 중국 여러 민족이 모두 민족종교가 있는데 조선족의 민족종교는 무엇인가 하는 물음에 교육을 종교로 삼는다고 한다.

학교 공부로는 부족하다고 여겨 초등학생부터 많이 배우고 열심히 공부를 하는데, 대학이 부실하고 특히 박사과정은 유명무실하다. 학구열이 으뜸인 나라가 학문 후진국을 면하지 못한다. 이것은 물려받은 유산과는 무관한 오늘날의 잘못이다. 밑에서 올라오는 공부의 열의가 지나치다고 나무라 억제하려고 하지 말고 맨 위에서부터 내실을 다져야 한다. 학구열이 우리의 자랑이고 희망이다. 잘 살려 학문 발전의 동력으로 삼아야 한다.

❑ 문 : 집단이 창조력을 발휘하는 공동연구에 대해서 부정적인 견해를 가지고 있는 것 같은데 잘못이 아닌가?

❑ 답 : 우리는 집단이 창조력을 발휘하는 공동연구를 해본 경험이 거의 없어 긍정적인 견해를 내놓기 어렵다. 권력의 횡포, 지도력 결핍, 참여의식 부족, 자발적 노력 배척 등이 이유가 되어 공동연구가 잘못되는 것이 예사이다. 시정하기 위해 노력하는 것이 마땅하지만 고려할 사항이 있다. 한국인은 공동연구보다 개인연구를 더 잘 하는 기질이므로 공동연구에 지나친 기대를 걸지 말아야 한다. 공동연구와 개인연구의 중간 형태인 협동연구를 힘써 하는 것이 마땅하다.

조직의 행정 책임자가 공동연구를 지휘하려는 것은 큰 잘못이다. 별도의 적임자를 찾아 일을 맡겨야 한다. 건축주와 설계자는 다른 사람이어야 한다. 설계자에 해당하는 공동연구 책임자는 연구 방향 설정에 필요한 넓은 안목을 가져야 하며, 작업 진행을 위한 최상의 절차를 판단하고 연구 참여자의 선발과 동원에서 탁월한 능력을 가져야 한다. 오랜 기간 동안 많은 사람이 함께 하는 작업이 혼란에 빠지지 않고 체계적이고도 능률적으로 진행되어 기대한 성과를 얻게 하는 비결을 터득하고 실행해야 한다. 공동연구 책임자가 작은 일까지 혼자 하려고 하거나, 다른 사람들에게 일을 맡겨놓고 뒷전에 물러나 있거나 하면 실패한다. 자기가 직접 해야 할 일과 다른 사람들과 함께 할 일을 명확하게 규정하고 정확하게 실행해야 한다.

『한국구비문학대계』 소재 설화 유형 분류를 맡아 진행한 경험을 들어 구체적인 설명을 하겠다. 연구 책임자인 내가 분류 방법의 기본을 스스로 개발해 전국 각 대학 교수들인 자료 조사위원 십여 명과 만나 합숙을 하면서 토론했다. 토론의 결과를 받아들여 이미 한 작업을 대폭 수정하고 다음 것을 만들어 토론하는 과정을 몇 해에 걸쳐 했다. 기본설계를 이룩한 다음 박사학위 소지자 네 사람의 공동연구자와 함께 실제 분류를 하면서 세부사항을 갖추었다. 공동연구자는 각기 석사 보조연구원 상당수의 도움을 받아 자기가 맡은 부분의 실제 분류를 완료했다. 자세한 내역과 얻은 결과가 조동일 · 이복규 · 김대숙 · 강진옥 · 박순임, 『한국구비문학대계 별책부록 (1) 한국설화유형분류집』(성남: 한국정신문화연구원, 1989)에 있다.

이제 구비문학 조사사업을 계속하게 되었다. 추가로 조사한 자료를 넣어 설화 유형 분류를 다시 하면서 필요한 수정을 해야 한다. 조사 결과가 출간되어 있는 다른 모든 자료를 넣어 분류하는 것도 생각할 일이다. 설화 유형(type)과 함께 화소(motif)도 분류해야 하는데, 연구사업이 중단되어 하지 못했다. 설화 제목 색인으로 대신했다. 화소 분류의 독자적인 방법을 개발하고 실제 분류를 완료하는 것은 엄청난 규모의 난공사이다. 더 잘 해야 하는데 누가 감당할지 의문이다.

❑ 문 : 유형 및 화소 분류에서 독자 노선을 택하는 이유가 무엇인가?

❑ 답 : 미국 학자가 핀란드 학자의 작업을 이어받은 유형분류(Aarne-Thompson Type)와 스스로 개발한 화소 분류(Thompson, Motif-index)가 기득권을 지니고 있다. 그런데 원리에서 결함이 많고 포괄할 수 있는

범위가 한정되어 널리 통용되지 않는다. 우리 자료를 분류하는 데 쓰려고 하면 불가피하게 요구되는 수정과 확대 탓에 원래의 모습에서 멀어진다. 적당한 선에서 멈추고 편의상의 분류방법을 마련하면 된다고 여기는 사람들이 적지 않은데, 학문적인 엄밀성을 저버리고 이용하기 불편한 이중의 결함을 외면한다. 설화의 보편적인 원리를 분명하게 하는 상위유형을 갖추고 우리 자료를 충실하게 분류할 수 있는 하위유형을 찾는 이중의 작업을 일관되게 진행한 것이 최상의 대안이다.

작업을 진행하고 있는 도중에 혼선이 생겼다. 어느 재미교포가 유력자의 추천을 얻고 연구원 원장을 움직여, 국내의 능력으로는 감당할 수 없는 일을 하는 것이 잘못이니 예산을 대폭 증액해 자기에게 맡기면 미국에서 개발한 선진 방법으로 처리하겠다고 했다. 선진 방법이란 인간관계파일(Human Relation File)이라고 하는 것인데, 설화 분류를 위해서는 의의를 갖지 않았다. 미국에서 우편으로 보내온 대량의 복사물을 미국과 같은 방식으로 분류해 이용하도록 하는 것인데, 인터넷의 등장으로 무용하게 되었다. 시대에 뒤떨어진 국수주의자라는 비난을 들으면서 백방으로 노력해 그 시도를 막고, 하던 작업을 진행했다. 미국학문과의 관계가 불행을 초래할 사례로 오래 기억할 만한 것이다.

❏ 문 : 미국학문과의 불행한 관계가 미국 탓인가?

❏ 답 : 아니다. 미국 탓은 아니다. 미국학문에서 자기 나름대로 큰 규모의 창조학을 하고 있는 것을 평가하고 알아서 참고로 삼는 것이 마땅하다. 우리가 해야 할 일의 선행 작업으로 주목해야 할 것들이 그 가운데 있다. 그런데 미국에서 공부한 한국인 유학생들은 그 정상을 오르지 못하고 멀리서 바라보면서 이룩한 성과 가운데 일부를 숭앙하

고 따라야 한다고 여기며 수입학의 대상으로 삼는다.

미국에 가서 박사학위를 얻고, 대학에서 가르치고, 종신직(tenure) 교수가 되는 세 과정 가운데 세 번째까지 간 사람은 드물다. 두 번째까지 가서 평가가 낮고 강의를 위주로 하는 대학에서 조교수 노릇을 하다가 귀국하거나, 첫 번째에 그쳐 박사학위만 얻고 돌아와 미국에서는 학문을 어떻게 하는가 말하는 것은 어린아이가 어른의 세계를 말하는 격이라고 해도 지나치지 않다. 세 번째까지 가서 교수 노릇을 제대로 한 극소수는 미국에서 학문하는 방식을 비판하는 발언을 하지만, 두 번째까지 가고 만 사람들은 찬양 일변도인 것이 예사이다. 그래서 자기가 얻은 자격증의 가치를 높이려고 하고, 학문을 어떻게 해야 하는가 하는 고민은 내보이지 않는다.

❑ 문 : 미국에 가서 공부하지 않고 미국을 어떻게 아는가?

❑ 답 : 나는 어느 나라에도 유학하지 않고, 어느 나라 학문을 전공하지도 않았다. 머무르는 곳이 없으면서 세계를 널리 알고자 한다. 중요한 비교대상의 하나로 미국에 관심을 가져 책을 읽고 자료를 구한다. 미국 전공자보다 세부 사항 이해에서는 많이 모자라는 것이 당연하지만, 널리 비교하는 덕분에 전체의 모습을 크게 보는 데는 앞설 수 있다.

각국 문학 공부는 전공자를 도저히 따르지 못한다. 그러면서 세계문학 전반에 대해 누구보다도 많은 관심을 가지고 있어 깊지 못한 것을 넓이로 보충한다. 세계문학을 널리 이해하려고 여러 외국어를 익히려고 애써왔다. 어느 한 외국어를 아주 잘 하는 것보다 여러 외국어를 어느 정도 하는 것이 더 필요하다. 나의 불어 해득력이 자기보다 못하다고 나무라는 말을 글로 쓴 불문학자가 있는데, 어쩔 수 없다고 변명하지 않을 수 없다. 어느 한 곳에 머무르지 않고 세계를 널리 돌아보면서 우리 길을 찾는 것이 세계화시대의 한국학을 하는 자세이고 방법이다.

세계문학은 영문학이나 불문학의 소관이라는 착각은 버려야 한다. 영어나 불어로는 쓰지 않은 세계문학사를 나는 한국어로 내놓았다. 세계문학사에서 유럽문학이 차지하는 위치에 관해 유럽문명권중심주의를 넘어서서 균형 잡힌 논의를 하는 작업을 내가 맡았다. 독일이나 프랑스, 중국이나 일본에 대해서도 같은 말을 할 수 있다.

❑ **문** : 많은 연구 업적을 낸 비결이 무엇인가?

❑ **답** : 셋을 들어 말할 수 있다. 첫째는 보직을 하지 않고 연구시간을 확보하려고 분투했다. 학과장이나 학회장도 맡기지 말아달라고 간청해 허락을 얻었다. 둘째는 강의와 연구를 일치시키려고 노력했다. 나중에는 강의 제목을 무시하고 연구하고 있는 것을 강의하는 반칙을 저지르기까지 했다. 셋째는 내 자신을 위한 연구 경영에 깊은 관심을 가지고 최상의 방법을 찾고자 했다. 앞에서 말한 외국어 및 외국문학 공부의 요령도 그 가운데 하나이다.

그래도 시간이 모자라 할 일을 제대로 하지 못했다. 강의교수를 그만두고 연구교수가 되겠다고 간절하게 바랐으나 뜻을 이루지 못했다. 밤잠을 자지 않으면 되는 것은 아니다. 이튿날까지 능률이 저하되어 하나마나 한 짓만 하고 만다. 심신의 건강을 확보하고 즐거운 마음으로 집중해서 하는 작업이라야 후회를 덜 하게 된다. 적절한 휴식, 산책과 등산이 필수이다. 산천을 거닐 때 발상의 비약을 얻는다.

작업 관리를 철저하게 해서 일이 잘 된 것은 아니고, 오히려 실패를 자초했다. 시간 부족을 한탄하면서 더욱 서둘러 지나치게 많은 일을 성글고 거칠게 했다. 내놓은 논저가 너무 많아 오히려 부끄럽다. 누가 물으면 대답하기 난처하다. 일거리가 쏟아져 내려 어쩔 수 없었다는 변명으로 용서받을 수 없는 과오를 여기저기 저질러놓았다. 지적해주는 분들이 있어 고맙지만 호의에 보답하지 못한다.

과오를 모두 찾아내 바로잡고자 하는 것은 능력 밖이고, 또 하나의 과욕이다. 이것을 정년퇴임 후의 일거리로 삼겠다고 하다가 감당하지 못하고, 새로운 작업을 하면서 새로운 과오를 저지르고 있다. 『한국문학통사』 하나만이라도 제대로 다듬으려고 노력을 집중해 어느 정도의 성과를 거두었을 따름이다. 문제가 될 만한 과오는 다음 연구를 위한 자극제가 되어 나름대로 기여하리라고 기대하면서 지나친 후회는 하지 않기로 한다.

불운과 실수를 대물림하지 않기를 간절하게 바란다. 연구교수가 되는 영광을 얻는 분들에게 축복을 보낸다. 강의교수를 하면서 연구를 하더라도 작업 방법을 더욱 슬기롭게 마련할 수 있기를 바란다. 발상의 폭은 줄이지 않으면서 필요한 작업은 하나씩 착실하게 해야 한다. 논저의 분량은 절반 이하로 줄이는 것이 마땅하다.

제7강 소련의 과학원

어디로 가는가

학문의 정책과 제도를 바로잡는 데 필요한 참고 자료를 외국에서 구하기 위해 길을 떠나기로 한다. 어디로 갈 것인가? 방향을 잘 찾아야 헛수고를 피하고 내실을 얻을 수 있다.

학술원이니 과학원이니 하는 것들이 거의 모든 나라에 있으나 학문 연구 기관은 아니다.(Joseph G. Kinger ed., *International Encyclopedia of Learned Societies and Academies,* Westport: Greenwood Press, 1993이 있다.) 공적이 뛰어난 원로 학자들을 명예롭게 하는 구실이나 한다. 한국의 학술원도 그 가운데 하나이다. 한국의 학술원을 포함한 세계 각국의 학술원에 대해 고찰하는 작업은 학문의 정책과 제도에 관한 새로운 논의에 도움이 되지 않는다. 학문은 명예를 내용이나 목적으로 하지 않기 때문이다.

명예 대신 창조를 소중하게 여기고, 학문 연구를 실제로 하는 기구도 있다. 이 경우에는 학술원을 버리고 과학원이라는 용어를 쓰는 것이 적합하다. 연구 기관인 과학원의 좋은 본보기를 이룩한 곳은 러시아이다. 거기서 만든 "소비에트 사회주의공화국연방 과학원", 약칭 "소련의 과학원"은 인류 역사상 가장 방대한 연구기구이고, 국가의 지원, 조직과 운영에서 널리 참고가 된다.

소련의 과학원은 공산주의 이념 구현을 위한 기구라고 스스로 표방했다. 그러나 이념 구현의 방법을 학문에서 찾았다. 학문 연구를 본격적으로 충실하게 해야 목적을 달성할 수 있다고 여기고 필요한 여건을 마련했다. 학문을 생업으로 인정해, 충분한 시간을 주고 연구에 전념할 수 있게 한 것은 다른 어디에도 없던 일이다. 정치와의 관련이 상대적으로 적은 분야에서는 높이 평가할 성과가 이룩되었다.

과학원은 소비에트 체제의 산물로 국한되지 않는다. 제정러시아의 유산이 소비에트 시대에 대폭 개편되고 확대되었다가 이제 러시아 공화국의 기구로 이어지고 있다. 체제가 몇 번 달라져도 과학원은 건재하다. 국가가 지원하는 과학원이 연구를 주도해 당면한 이익 추구와는 구별되는 공공의 가치를 높여야 한다는 생각이 변함없다. 이것은 대학이 시장 경쟁을 하면서 학문을 발전시켜야 한다는 것과 상반된 원리이다.

소련의 과학원은 사회주의 체제를 택한 여러 나라에 이식되었다가, 세상이 달라져도 청산의 대상이 되지 않고 지속되며 존중된다. 독일이나 프랑스 같은 데서 국가 지원의 연구기관을 다른 방식으로 만들어 경쟁력을 키우도록 하는 구실을 했다. 어느 나라에서든지 연구를 실제로 하는 연구소를 만들고자 하면 반드시 참고해야 할 전례가 된다.

과학원의 내력

소련의 과학원에 관한 이해를 위해 그쪽에서 나온 자료를 이용할 능력이 없어 대안을 찾지 않을 수 없다. 미국에서 많은 연구를 해서 참고할 책이 적지 않다. 『소련과학원과 공산당』(Loren R. Graham, *The Soviet Academy of Sciences and the Communist Party 1927-1932,* Princeton: Princeton University Press, 1967)이라는 것을 먼저 보자. 소련의 체제가 아직 건재할 때 쓴 것이며, 평가를 앞세우지 않고 사실을 이해하려고 했다. 요약하면서 보충설명을 하기로 한다.

러시아의 페테르(Peter) 대제는 서부유럽의 전례를 필요한 대로 받아들이고 자기 나라에 맞게 바꾸어 1725년에 새로운 성격의 과학원을 만들었다. 달라진 점을 셋으로 요약할 수 있다. (가) 과학원이 국가의 주요기관이게 했다. (나) 특정 목표를 달성하기 위해 계획적인 노력을 하도록 했다. (다) 상근의 구성원이 연구에 종사하게 했다.

(가)를 위해 국왕이 직접 관장하고 자율성을 인정하지 않았다. (나)는 서부 유럽의 방식에 따라 러시아를 근대화하는 것으로 구체화되었다. (다) 구성원을 외국에서 초빙해 독일인이 대다수를 이루었다가 러시아 학자들로 대치되었다.

러시아는 근대화가 뒤떨어졌으나 학문 후진국은 아니었다. 산업발전과 직결되지 않은 이론적인 학문을 뛰어난 수준으로 하는 전통이 있고, 수학을 특히 잘 했다. 이런 전통을 키우는 데 과학원이 큰 기여를 했다. 소련 시대에 국가의 이념적 통제를 받고 학문을 할 때에도 추상적인 이론 분야는 침해를 덜 받아 발전을 지속시켰다.

페테르 대제의 과학원이 있었기 때문에 후속 기관인 소련의 과학원이 이루어졌다. 과학원 육성을 위해 국가가 더욱 힘쓰면서 목표를 다시 설정했다. 1917년의 혁명을 거쳐 등장한 공산당 정권에서 (가)에서 (다)까지의 특징을 새롭게 만들었다. 그 작업을 1927년부터 1932년까지 제1차 경제개발 5개년계획을 실현하는 기간 동안 진행했다.

(가) 국가 기구인 과학원을 공산당이 지도했다. 소비에트과학원(Soviet Academy of Sciences)이 전국의 모든 연구를 총괄하도록 하고 그 산하에 여러 개별 연구소를 두었다. 소련을 구성하고 있는 개별 공화국에도 그 나름대로 과학원과 그 산하의 개별연구소들을 갖추었다. 연구는 연구소에서 하고, 대학은 교육을 담당하도록 했다.

(나) 사회주의 국가를 건설하고 마르크스주의를 실현하며 발전시키는 것을 학문의 목표로 했다. 학문 육성에 어느 나라보다도 많은 노력을 기울였다. 새로운 사회를 만들어 사회주의 단계를 거쳐 공산주의로 나아가는 데 필요한 물질적 토대와 정신적 지침을 학문이 제공한다고 믿고 최대한의 지원을 했다. 경쟁관계에 있는 자본주의 국가들보다 학문이 앞서서 다른 모든 것을 이끌어나갈 수 있다고 믿었다. 이를 위해 연구를 어느 정도까지 계획할 것인가, 공동의 목표와 개별 연구의 관계를 어떻게 할 것인지를 두고 고민과 논란이 있었다.

(다) 소련과학원 원사를 지도자로 한 수많은 연구원이 여러 개별 연구소에서 상근하면서 연구에 종사하게 했다. 과학원원사는 최상의 대우와 명예를 누리고, 일반 연구원도 생활의 안정을 얻었다. 과학원의 구성원을 영어로는 'academician'이라고 하는데 북한에서는 '원사'라고 한다. 이 용어를 사용하기로 한다.

과학원 재조직을 담당한 공산당 간부는 부하린(Bukharin)이었다. 부하린은 공산당 정치국원이면서 과학원원사여서 이론과 실무 양면에서 많은 일을 했다. 무리하게 추진하지 않고 슬기로운 방법을 찾았다.

학문은 경제처럼 계획해서 발전시킬 수 없다고 생각했다. 학문 발전에 필요한 창조력은 자유로운 조건에서 발현되고, 예상하지 않던 비약이 있다는 것을 인정했다. 이런 이유에서 계획에 일정한 한계를 두었다. 학문을 위한 계획(planning for science)은 해야 하지만, 학문의 계획(planning of science)은 하지 않는 것이 좋다고 했다. 학문을 위한 계획에서 어떤 연구소를 어디다 세울 것인가가 가장 큰 과제이다. 자연학문은 물론 사회학문이나 인문학문을 하는 연구소도 필요한 것들을 모두 갖추고 전국에 고루 분산시켰다. 과학원과 개별 연구소의 관계, 연구소의 조직과 운영에 관한 사항도 계획하고 실행했다. 그러면서 학문의 계획은 국가 정책의 과제로 삼지 않고 자율성을 인정했다.

그런데 1929년에 부하린을 제거한 스탈린은 과학원을 공산당의 직접적인 통제 하에 두고 연구의 자율성을 인정하지 않았다. 연구는 계획에 의해 집체적으로 해야 한다고 하고, 이념 통제를 강화했다. 부르주아의 기풍인 개인주의를 배격하고 집체 작업을 해야 한다고 했다. 1930년에 제정한 새로운 강령에서 순수한 학문을 배격하고 실천적인 의의를 우선적으로 고려하는 연구를 해야 한다고 했다. 소련과학원이 모든 연구를 계획하는 중추기관이어야 한다고 했다.

새로운 방침에 반대하거나 적극적으로 동조하지 않는 연구 종사자들은 다수 체포되고 숙청되었다. 능력이 필요할 때에는 옥중의 연구실에서 일하도록 했다. 그러면서 과학원에 대한 지원은 확대했다. 1965년에 러시아 공화국에서는 166개 연구소에서 14,000명의 연구원이, 소련 전체에서는 600개 연구소에서 50,000명의 연구원이 연구에 종사하면서 대단한 성과를 올렸다.

책 말미에서 총평한 말을 들어보자. 소련은 과거 어느 국가보다 더욱 적극적으로 학문 연구를 지원해 국제적으로 주목되는 업적을 이룩할 수 있었다. 학문이 비약적인 발전을 해서 국력을 신장하고 학문 일반의 발전에 기여했으나, 자유를 희생시키는 비싼 대가를 치러 후유증이 적지 않다. 성취와 실패 양면을 다 알아야 그 전례를 바람직하게 발전시킬 수 있다.

연구소

과학원 산하 연구소의 현황을 말해주는 책을 둘 구했다. (*A Scholars' Guide to Humanities and Social Sciences in Soviet Union,* Armonk, New York: M. E. Sharpe, 1985; *A Scholars' Guide to Humanities and Social Sciences in the Soviet Successors' States,* 같은 곳, 1993) 인문·사회학문 연구소만 다룬 것들이다. 소련 시대의 상황을 말해주는 1985년의 보고서를 이용해 어떤 연구소가 있는지 알아보자.

책이 3부로 이루어져 있다. 제1부에서는 소련과학원 산하의 연구소, 제2부에서는 소련방에 소속된 러시아 이외 다른 여러 나라 과학원 산하의 연구소, 제3부에서는 학문협의회 또는 학회를 다루었다. 제1·2부에서 다룬 연구소가 모두 158개이다. 연구소명을 소개하기로 한다. 개인 인명이 첨가된 것은 생략한다. 괄호 안에 성립 연도, 구성원 수를 적는다. 공란인 것은 확인되지 않은 경우이다.

소련과학원 최고회의(Presidium of USSR Academy of Sciences) 직속 연구소:

1 체계 연구를 위한 전 연방 과학 연구소(All-Union Scientific

Research Institute for Systematic Research, 1976, 222)

소련과학원 최고회의 사회학문 분야(Social Sciences Section of the Presidium of USSR Academy of Sciences) 직속 연구소:

2 사회학문 과학 정보 연구소(Institute of Scientific Information in the Social Sciences, 1969, 200)

역사 분과 연구소:

3 소련과학원 기록보관소(Archive of USSR Academy of Sciences, 1728)

4 고고학연구소(Institute of Archeology, 1846, 300)

5 같은 연구소 레닌그라드 분소(1945, 90)

6 민족학연구소(Institute of Ethnology, 1714, 200)

7 같은 연구소 레닌그라드 분소(1714, 100)

8 소련역사연구소(Institute of History of the USSR, 1924, 400)

9 군사역사연구소(Institute of Military History, 1966)

10 동양학연구소(Institute of Oriental Studies, 1818, 300)

11 같은 연구소 레닌그라드 분소(1950, 111)

12 슬라브 및 발칸 연구소(Institute of Slavic and Balkan Studies, 220)

13 세계사연구소(Institute of World History, 1968, 250)

철학 및 법학 분과 연구소:

14 과학과 기술의 역사 연구소(Institute of the History of the

Natural Sciences and Technology, 1921)

15 국제노동운동연구소(Institute of the International Worker' Movement, 1966, 300)

16 철학연구소(Institute of Philosophy, 1918, 280)

17 심리학연구소(Institute of Psychology, 1971, 200)

18 사회학연구소(Institute of Sociological Research, 1968, 400)

19 국가와 법률 연구소(Institute of State and Law, 1922, 250)

경제학 분과 연구소:

20 중앙 경제-수학 연구소(Central Economic-Mathematical Institute, 1963)

21 아프리카연구소(Institute of Africa, 1959, 208)

22 경제학연구소(Institute of Economics, 1922, 234)

23 세계사회주의체제의 경제학 연구소(Institute of Economics of the World Socialist System, 1960, 300)

24 극동연구소(Institute of the Far East, 1966, 200)

25 라틴아메리카연구소(Institute of Latin America, 1961, 200)

26 사회경제학적 문제 연구소(Institute of Socioeconomic Problems, 1975, 200)

27 농산업 복합 발전의 사회경제적 문제 연구소(Institute of Socioeconomic Problems of the Developing of the Agroindustrial Complex, 1980)

28 미국 및 캐나다 연구소(Institute of the United States and Canada, 1968, 211)

29 세계경제 및 국제관계 연구소(Institute of World Economy and International Relations, 1959, 380)

어문학 분과 연구소:

30 전 연방 예술 연구소(All-Union Scientific Research Institute of Art Studies, 1944, 216)

31 언어학연구소(Institute of Linguistics, 1921, 114)

32 러시아어연구소(Institute of Russian Language, 1944, 160)

33 러시아문학연구소(Institute of Russian Literature, 1905, 140)

34 세계문학연구소(Institute of World Literature, 1932, 300)

이 밖에 소련과학원 지방 분원에 소속된 연구소가 35에서 56까지이다.

소련방에 소속된 여러 자치공화국 과학원에 소속된 연구소가 57에서 158까지이다.

운영의 실상

『소련의 붕괴와 학문 연구』(Alessandro Mongili, *La chute de l'U.R.S.S. et la recherche scientifique,* Paris: L'Harmattan, 1998)이라는 책은 두 가지 점에서 위의 것과 다르다. 소련 시대 마지막 단계 고르바초프 집권 시기인 1988-1989년의 상황을 1991년 에 소련이 붕괴된 이후에 고찰했다. 학문 연구의 전반적인 상황을 다루지 않고 한 연구소를 택해 직접 가서 어떻게 운영되는지 실상을 조사해 보고했다.

소련과학원 산하 과학과 기술의 역사 연구소를 조사 대상으로 삼았다. 위의 연구소 명단 14번에 있는 것이다. 1921년에 처음 생기고, 1932년, 1938년, 1945년, 1953년에 개편된 곳이다. 과학과 기술의 역사를 연구하는 연구소를 따로 둔 것은 주목하고 평가할 일이다. 학문의 과거를 연구해 미래를 전망하는 중추적인 구실을 한다고 인정되므로 연구소 운영을 알아보는 본보기로 삼을 만하다.

세 연구부가 있다. 자연학문의 역사, 기술의 역사, 학문일반론이다. 세 연구부에 15개의 연구실이 있다. 학문일반론에 속하는 연구실에 학문의 사회학, 학문 조직의 이론, 학문 창조의 심리학, 학문 국제교류의 역사를 다룬 것들도 있다. 자연학문에 치우쳐 있기는 하지만, 학문학 연구소라고 일컬어도 된다. 학문학이라는 학문이 있어야 한다고 거듭 주장해도 반응이 없는데, 그쪽에는 학문학연구소가 있다니 놀랍다.

연구종사자 총수는 200명에서 250명 사이이다. 10명에서 20명 사이의 인원이 독립된 연구실을 이룬다. 개인을 위한 공간이 없다. 연구실을 공동으로 이용하면서, 협의하고, 발표하고, 토론한다. 연구 단위에 주어진 임무를 책임자의 지도하에 구체적인 연구 주제를 정하고 공동연구 또는 개인연구를 진행해 수행한다.

연구종사자는 화요일과 목요일 이틀만 출근한다. 다른 날은 자기 집이나 도서관에서 연구 작업을 한다. 출근은 10시, 퇴근은 18시에 하게 되어 있으나, 실제로는 15시에 출근하고 17시에 퇴근하는 것이 예사이다. 출근해 있는 시간 절반 정도는 차를 마시고 이야기를 나누면서 보낸다.

연구종사자는 자연학문과 철학을 함께 전공해야 한다. 상급 연구종사자의 추천에 의해 기회를 얻는 경우가 많다. 연구종사자가 되려면 질문 문항이 많은 서류를 작성하고 신원조회를 거쳐야 한다. 당원이면 유리하고, 친척이 외국에 있으면 조사가 까다롭다.

연구종사자는 처음에 박사과정 학생으로 선발되고, 박사학위를 취득하면 정식 종사자가 된다. 논문 두 편을 먼저 발표해야 박사논문 제출 자격을 얻는다. 지도교수의 지도를 받아 논문을 완성하고, 연구소 운영위원회의 공개 심사를 받는다. 박사학위 취득이 절대적인 조건은 아니다. 박사학위가 없어도 승진이 가능하고, 보수에서 차이가 있을 따름이다.

연구종사자의 직급은 다섯이다. 최상위 직급 해당자는 없어, 실제로는 네 직급이다. 네 직급의 명칭을 편의상 번역하고, 월급 액수를 옮겨 적는다. 단위는 루블이다. 괄호 안에 적은 것은 박사학위가 없는 경우의 월급이다. 책임연구원 500(400), 상급연구원 310(300), 일반연구원 190(175), 보조연구원 170(150).

연구종사자에는 관료학자가 있고, 순수학자가 있다. 관료학자는 공산당과 밀접한 관련을 가지고 주요 직책을 맡거나 이념 실현을 위한 연구를 한다. 순수학자는 저촉이 되지 않는 범위 안에서 자기 나름대로 연구하고자 한다. 통제를 강화해도 순수학자가 없어지지 않았다. 학문 이외의 다른 일에는 관심이 없으면 순수학자가 될 수 있다.

200명 이상의 인원이 학문학 연구를 생업으로 삼고 있다는 것은 대단한 일이다. 다른 일로 시간을 보내지 않고 출근해 근무하는 부담을 최소한으로 줄이면서 연구에 전념할 수 있다. 주어지는 요구에 순응해야 하고 이념의 통제가 있지만, 순수학자로 살아가면서 자기 학문을 할 수 있다. 시간 여유가 있는 것이 최대의 장점이다. 조직 내의 평가나 당대의 인정에 관심을 가지지 않는다면 진정으로 가치 있는 연구를 할 수 있다.

업적 본보기

고르키 세계문학연구소(영어로는 Gorki Institute of World Literature)는 소련과학원 산하의 한 연구소이다. 위에서 든 34번 연구소이다. 오랜 기간 동안 노력한 결과 『세계문학사』(*История Всемирной Литературы*) 제1권부터 8권까지를 1987년부터 1994년까지 내놓아 내가 관심을 가졌다. 그 연구소에 근무하는 동포학자 김려호 교수가 책을 구해주어, 『세계문학사의 허실』(서울 : 지식산업사, 1996)을 쓸 때 이 문학사를 자세하게 다루고 연구소에 관해서도 고찰했다.

1932년에 발의하고 착수해, 1934년에 발족했다.(『세계문학사의 허실』 326면에서 "1918년에 창설"했다고 한 것은 잘못이다.) 고르키가 발의한 것을 기념해 이름을 붙였다. 창설 취지문에서 말했다. 세계 및 소련방 여러 민족의 문학을 마르크스-엥겔스-레닌-스탈린의 가르침에 맞추어 연구 · 정리 · 선전하는 것을 목적으로 한다고 했다. "여러 학문 사이의 이론적 문제", "세계문학사", "20세기 외국문학", "아시아와 아프리카문학", "러시아 고전문학", "소비에트문학"으로 이루어진 여섯 연구부가 있다.

1985년도의 보고에서 말한 인원을 보자. 구성원 총원은 300명이라고 했다. 박사가 52명, 박사후보가 125명, 대학원생이 60명이라고 했다. 대학원을 겸하는 곳이다. 대학원에서 500명의 박사와 박사후보를 배출했다고 했다.

그 동안 영국, 프랑스, 독일, 고대그리스, 로마 등의 문학사, 영국 낭만주의, 프랑스 고전주의, 이탈리아 문예부흥, 17세기 세계문학의 발전 등에 관한 주제별 연구, 아프리카문학의 문제점, 라틴아메리카 민족문학의 출현 등의 제3세계문학에 관한 논의가 두드러진 연구 성과였다 하고, 9-14세기 비잔틴문학 선집을 낸 것도 소중한 의의가 있다고 했다. 그 모든 작업이 9권으로 내는 세계문학사와 직결된다 하고, 세계문학사에 관해서는 "이런 기본적인 저작을 마련하기 위해서 많은 이론적이고 역사적인 문제를 새로운 수준에서 해결해야 했다"고 했다.(84면)

2003년 6월에 그 연구소에서 열리는 학술회의에서 발표하기 위해서 그 곳을 방문할 수 있었다. 대로변에 있는 그리 크지 않은 독립건물 한 채를 연구소가 사용했다. 문에 들어서니 그리 넓지 않은 마당에 고르키의 동상이 사람 키보다 크게 서 있었다. 현관에 바로 책 파는 곳이 있었다. 모두 러시아어 서적만 있어 사지 못한 것이 유감이다. 왼쪽의 큰 방 소장실에서 부소장 쿠데린(Kudeline)과 인사를 나누었다. 김려호 교수가 동석해 통역을 해주었다. 그 때의 사진이 『학문에 바친 나날 되돌아보며』(서울 : 지식산업사, 2004) 서두에 있다.

소장의 유고로 부소장이 소장 직무를 수행한다고 했다. 쿠데린은 아랍문학 전공자이다. 1991년 여름 일본에서 열린 국제비교문학회에서 발표하는 것을 들은 적이 있다. 제3권 제10강에서 이미 소개했다. 소련과학원(Academy of Sciences) 소속인 쿠데린이 <아랍 중세시에 나타난 시간의 범주>(La catégorie du temps dans la poétique arabe médiévale)에 관해 발표하면서 고전적 규범의 지속상을 시간론의 관점에서 풀이하는 데 그쳤다. 같은 논의가 다른 문명권의 중세문학에서도 가능할 수 있어 비교론과 일반화가 필요하다고 생각했다.

소속이 소련과학원이라고 한 것은 과학원원사라는 말이다. 아랍문학 전공자가 과학원원사이고 세계문학연구소의 부소장인 것은 주목할 일이다. 아랍문학을 그만큼 중요시한다는 뜻이다. 세계문학을 널리 연구해야 한다는 방침을 주지시킨 처사이다. 아랍어에 능통한 것은 당연한 일이다. 비교문학회의 발표는 불어로 했다.

준수하게 생긴 사람이고, 차분한 어조로 이야기했다. 세계문학연구소가 무엇을 하는 곳이냐고 물으니 『세계문학사』를 가장 중요한 업적으로 삼는다고 했다. 내 책에서 자세하게 다루었다고 하자, 김려호 교수에게서 들어 알고 있다고 하며 감사하다고 말했다. 내 논평이 가장 먼저 나오고 가장 자세하다고 했다.

그 곳의 『세계문학사』는 지금까지 세계 각국에서 나온 유사한 성격의 저작 가운데 내용이 가장 충실하다. 유럽문명권중심주의를 넘어서서 세계 각처의 문학을 고루 다루고자 하는 노력에서 최상의 성과를 이룩했다. 연구소가 중심이 되어 소련 학계의 역량을 총동원해서 그럴 수 있었다. 소련에서만 할 수 있는 일이고, 소련에서 학문을 하는 방식의 장점을 잘 보여준다. 자본주의 국가에는 같은 정도의 일을 할 기구가 없다. 다른 사회주의 국가는 동원할 만한 역량이 모자란다.

소련과학원 산하의 각 연구소에서 인류문명을 총괄하는 작업을 힘써 해왔다. 세계사와 세계철학사를 낸 데 이어서 세계문학사를 냈다. 그 둘은 스탈린 시대의 업적이다. 마르크스주의를 충실하게 구현하면서 우위를 입증하고자 했다. 『세계철학사』는 『철학사와 문학사 둘인가 하나인가』(서울 : 지식산업사, 1997)에서 고찰했다. 『세계문학사』는 스탈린 이후 시기에 이념 재설정을 하면서 집필했다.

『세계문학사의 허실』에서 고찰한 내용을 간추려 옮긴다. 책 전체의 총편자는 밝혀져 있지 않고, 연구소의 소장이었던 아니시모프(Иван

Иванович Анисимов)가 전체 방침 결정을 주도하고, 비페르(Ю. Б. Виппер)를 위시한 몇 사람이 집필 방향 기획에 특히 기여했다. 세계문학연구소뿐만 아니라, 러시아문학연구소, 동양학연구소, 슬라브족 및 발칸반도연구소 등 다른 여러 연구소도 동참하고, 그 밖의 다른 곳에 소속된 많은 학자가 집필을 맡았다고 밝혀, 소련 학계의 전 역량을 기울여 이룬 거대한 업적임을 알렸다. 집필자 성명은 항목마다 밝혀져 있다.

그 전에 러시아에는 대학 교재용 세계문학사가 몇 가지 있었으나 유럽문명권중심주의의 폐단이 크고, 내용이 자세하지 못한 결함이 두드러져 새로운 작업을 하기 위해 오랫동안 노력을 한 결과가 이 책이다. 머리말에서 "마르크스주의 문학연구에서 이 저서는 광범위한 자료를 다룬 첫 번째 방대한 저술이다"라고 하고, "소비에트 학문의 탁월한 업적"이라고 했다. 전체가 9권으로 이루어져 있으며, 각권에서 취급하는 시기가 다음과 같다.

제1권 : 이른 시기 원시문학 및 고대문학

제2권 : 2·3세기에서 13·14세기초까지의 초기와 중기의 중세

제3권 : 13세기말·14세기초에서 16세기까지

제4권 : 17세기

제5권 : 18세기

제6권 : 프랑스혁명에서 19세기 중엽까지

제7권 : 19세기 후반

제8권 : 1880년 제국주의 형성기에서 1917년 러시아 사회주의 혁명 이전까지

제9권 : 1917년부터 1945년까지

1987년에 제1권이 나오기 시작했으며, 1995년에 제8권까지 내놓았다. 제9권은 써놓았으나, 소련이 해체되고 러시아 국가가 탄생하는 역사적인 변동에 맞게 수정해야 하는가 하는 문제에 관한 논의의 결말을 보지 못해 출간하기 어렵게 되었다고 한다. 1945년 이후의 문학에 관한 제10권도 낼까 했으나, 그 시기를 정리하고 미래를 예견하는 관점 정립이 어려워 계획 단계에서 포기하기로 했다고 한다. 그래서 제8권 말미에서 제9권 이하는 나오지 못하고, 제8권으로 저술을 일단 완료한다고 밝혀놓았다.

연구소의 많은 연구 종사자들이 세계문학과 러시아문학을 연구하며, 세계문학사를 저술하고, 세계문학전집을 내고, 러시아 중요 작가 톨스토이, 고르키 등의 전집을 다시 편찬하는 것을 중요한 사업으로 한다고 했다. 세계문학전집을 200권 규모로 냈다. 그 가운데 동양문학 작품이 적지 않은 분량을 차지하고, 한국문학 작품으로는 시조선과 『홍길동전』, 『구운몽』, 『춘향전』 등이 포함되어 있다고 김려호 교수는 말했다. 서양문학뿐만 아니라 동양문학에 대해서도 정당한 인식을 할 수 있게 하는 것과 병행해서 세계문학사를 기획하고 집필했다고 한다.

책 서두의 머리말에서 밝힌 저술의 취지 가운데 중요한 내용을 간추려 옮기기로 한다. (가) 마르크스주의의 역사적 일원론에 입각해, 사회적 토대와 이데올로기적 상부구조의 하나인 문학의 유기적인 관계를 밝힌다. (나) 각국 문학의 상관관계 및 상호작용을 역사적 · 유형론적 방법에 의한 비교연구를 하는 데 힘쓴다. (다) 세계문학사를 강대국의 문학사로 보지 말고 “작은” 문학도 빼놓지 않는다. (라) 연대기적 기준에 따라서 각권의 내용을 배분하면서 세계문학사 발전의 불균형을 인정한다.

(가)에 대해 다시 말하면서 마르크스주의를 융통성 있게 적용하겠다고 했다. 적극적인 대안은 마련하지 못했다. (나)에서 문학사 특유의 방법을 마련하겠다고 했다. 평가할 만한 성과를 거두지는 못했다. (다)를 특히 내세웠으나 성과는 미흡하다. 소련방을 이루는 여러 민족의 문학을 힘써 다루는 것을 가장 중요한 성과로 삼았다. (라)를 말하면서 유럽문명권중심주의를 온존시키고, 다른 곳들의 문학은 전후나 좌우의 연결을 소홀하게 파악했다.

18세기문학을 다룬 부분을 보자. 아프리카문학은 소홀하게 취급되었다. 구비문학도 18세기의 것으로 볼 수 있는 것들이 있고, 기록문학에서도 스와힐리문학 외에 하우사, 말라가시 등 여러 언어의 문학이 이루어진 것을 살피지 않았다. 에티오피아의 게에즈어문학과 암하릭어문학도 독립시켜 다룰 의의가 있는데 무시했다.

동아시아 각국 문학을 나란히 등장시켜 대등한 비중을 가지고 다룬 것은 특기할 만한 일이다. 표기 언어, 문학갈래, 대표적인 작가와 작품 등 다양한 기준을 들어 표제로 삼았다. 그러나 동아시아문학사의 전개를 유기적으로 다루지 못하고 각국의 경우를 하나씩 독립시켰다. 한국문학에 관한 서술은 소략하고 부정확하다. 북한에서 이루어진 연구업적도 제대로 이용하지 못했다.

제8권을 들어 내용을 살펴보기로 하자. 1917년 이후 시기에 관한 제9권이나 1945년 이후 시기에 관한 제10권은 나오지 못하게 되어, "1880년 제국주의 형성기에서 1917년 러시아 사회주의 혁명 이전까지"를 취급한 제8권에서, 유럽문명권중심주의를 극복하겠다고 한 취지가 제대로 실현되었음을 밝혀 최종적인 도달점을 보여주어야 했다. 다른 문명권에서는 유럽문명권 문학의 이식에 의한 피동적인 변화를 겪었다고 하더라도 그것이 전부는 아니다. 1880년부터 1917년까지에는 근대문학으로의 이행이 어디서나 확인된다. 이용할 만한 자료가 부족해서 곤란을 겪지는 않게 되었다. 여러 문명권, 많은 민족의 문학을 두루 다룰 만한 전문가들을 세계문학연구소에 모아들일 수 없어 차질이 생길 이유도 없었다.

그런데 유럽문명권중심주의를 러시아중심주의로 고쳐 자기네에게 유리하게 이해하려고 했을 따름이고, 다른 문명권의 문학은 세계문학사의 변두리로 여기는 관습을 시정하려고 하지 않았다. 제8권 서두의 시대개관에서 본문 서술에 이르기까지 일관되게 유럽문명권문학 자체의 동향을 자세하게 살피는 데 힘쓰기만 하고, 유럽문명권문학의 세계제패에 대해서도 깊은 관심을 가지지 않았다. 유럽문학사가 세계문학사라고 하는 관습은 시정하지 않고, 유럽의 중심을 러시아로 옮기려고 애쓰기만 했다.

시대개관의 내용 구성을 문단별로 나누어보면, 모두 60개의 문단 가운데 처음부터 41번째 문단까지에서, 그리고 54번째 이후 문단에서 전개한 총괄론에서도 유럽문명권문학에 관해 고찰하면서 러시아문학의 대두와 신연극의 등장이 두드러진 특징이라고 했다. 신연극을 이룩하는 데 러시아의 기여가 특히 컸으며 안톤 체호프가 그 전형을 보여주었다고 자부하기 때문에, 그 두 가지 특징은 결국 하나로 합치된다.

그 중간에 든 42번째 문단에서 53번째 문단에 이르기까지, 유럽문명권의 자극으로 아시아문학의 각성이 일어난 사정을 간략하게 서술하기만 했다. 아랍세계나 아프리카의 경우는 곁들여서 언급하는 정도에 그쳤다. 서술한 내용은 역사 일반론이거나 정치사상론이고, 문학에 대해서 특별하게 말한 바는 없다. 아시아문학의 새로운 동향은 유럽문명권문학의 영향을 받아 세계문학의 흐름에 편입된 것일 따름이라고 하고, 그 자체의 특징을 파악해서 유럽문명권의 경우와 비교하려고 하지 않았다.

이 책은 세계문학연구소라는 거대한 연구기관에서 온갖 정성을 기울여 수십 년 동안 애써 만든 노작이지만, 여러 가지 결함이 있어 고쳐 써야 마땅하다. 세계 학문을 근본적으로 혁신하겠다고 한 제2세계의 포부를 실현했다고 하기 어려우며, 이론 발전을 위한 긴장된 노력은 하지 않고 마르크스주의를 융통성 있게 적용하는 데 그쳐 수준을 낮추었다. 그런데 처음에 모두 10권으로 계획한 것이 제8권까지 나오고 더 이어지지 못하게 되었다.

문학의 시작에서부터 오늘날까지의 세계문학사 전 영역을 제2세계의 시각에서 정리하겠다는 포부는 실현되지 않았다. 마르크스주의를 문학사의 이론으로 삼는다 하고서, 스스로 표방한 것과 다르게 러시아중심주의를 전개하다가 말았다. 소련이 붕괴되고 러시아가 그 뒤를 이으면서, 국력을 기울여 연구를 지원하는 시대가 가고, 이념 다툼을 해야 할 이유가 흐려져, 다시는 그런 큰일을 할 수 없을 것으로 보인다. 모스크바의 세계문학연구소 같은 규모와 인원을 갖춘 연구소가 전에 없었음은 물론이고 다시 생길 수 있을 것 같지도 않은데, 이룬 성과가 그리 대단하지 않아 실망을 주고, 전과 같이 활동할 수 없게 되어 아쉽다.

파국을 맞이하고

1991년에 소련이 해체되면서 소련과학원은 그대로 유지될 수 없었다. 새로운 진로를 모색하는 모임이 1991년 12월에 열렸다. 이에 관해 Loren R. Graham, *Science in Russia and the Soviet Union, a Short History* (Cambridge: Cambridge University Press, 1993)에서 자세하게 서술했다.

저자는 미국 메사추세츠공과대학(MIT) 과학사 교수이며, 소련의 과학에 대해서 많은 연구를 했다. 그 모임에 직접 참여하고 현장에서 파악한 사실을 보고했다. 모임 이름을 '연구원 과학자들의 회의'라고 하고, 전국에서 선출된 700명의 대표, 소련과학원 원사 300명, 그리고 미국, 영국, 프랑스, 이탈리아, 독일, 네덜란드 등의 외국에서 초청된 인사들이 참석했다. 저자는 초청된 미국인 가운데 하나라고 했다.

소련과학원의 장래를 민주적인 방식으로 논의한 것을 주목하고 평가할 만하다. 외국인들을 초청해 논의를 개방하고 자문을 구한 것도 예사롭지 않다. 소련과학원을 어떻게 할 것인가? 이 문제를 제기하고 해답을 구했다. 이에 대해서 네 가지 주장이 제기되었다.

급진파는 소련과학원을 미국의 National Academy of Sciences 또는 영국의 Royal Society 같은 것으로 만들어, 연구는 하지 않고 학문에 대해 자문하고 조언하는 기능만 수행하는 것이 마땅하다고 했다. 연구는 대학에서 하면 된다고 했다.

적극개혁파는 과학원이라는 중심 기구를 유지하되 전국의 연구를 지도하거나 통제하지 않고, 개별 연구소들의 독자적인 활동을 연결시키고 조정하는 정도의 기능만 수행하자고 했다. 연구는 개별 연구소에서 각기 하는 것이 바람직하다고 했다.

온건개혁파는 과학원을 중심기구로 유지하고 연구를 지도하거나 통제하는 임무를 계속 수행하도록 하되, 운영을 민주화하자고 했다. 과학원과 연관관계를 가지고 개별연구소에서 연구하는 방식은 그대로 유지하자고 했다.

개혁 반대파도 있어, 소련과학원이 잘 해오고 과오가 있어도 사소한 것들이므로 달라져야 할 이유가 없다고 했다.

이 가운데 온건개혁파의 주장이 채택되어 소련과학원을 러시아과학원으로 개편했다. 다른 나라의 과학원이나 연구소와의 관계는 끊고 통제의 범위를 러시아 안의 연구소들로 국한시켰다. 그런데 정부의 재정 위기가 닥쳐와 연구 예산을 대폭 삭감해야 했다. 연구소가 파산 지경에 이르고, 연구 종사자들의 대우가 급격하게 악화되었다. 연구 종사자들이 살 수 있는 방도를 찾아 대거 외국으로 이주했다. 군사과학에 종사하는 연구원들마저 여러 나라로 흩어져 대량 살상무기의 확산이 우려된다고 했다.

같은 저자가 쓴 다른 책에서는 그 때의 사정을 더 자세하게 말했다. (Loren R. Graham, *What Have We Learned About Science and Technology from the Russian Experience?,* Stanford: Stanford University Press, 1998) 국민총생산에서 과학기술에 투자하는 금액이 차지하는 비중이 1991년에는 1.03퍼센트였는데, 1996년에는 0.3퍼센트로 줄어들었다. 그 기간 동안 국민총생산이 현저하게 감소되었다. 1992년에서 1996년에 이르는 동안에 러시아과학원의 예산이 10분의 1 이상 줄었다. 과학원원사의 급여는 5분의 1 이상 줄었다. 1995년도 월급이 미화로 환산하면 과학원원사는 95달러, 상위 연구원은 15달러였다. 그나마도 몇 달씩 받지 못했다.

그 때문에 이직자가 속출했다. 연구 종사자들 총수가 1989년에는

150만이었는데, 1993년에는 절반 이상 줄어들어 60만 명이었다. 그 가운데 상당수가 새로운 일자리를 찾아 외국으로 이주했다. 1990년에서 1993년까지 미국에 1만 명이 갔다. 1991년 말에 이스라엘에 6천 명이 갔다. 1993년 가을에 외국으로 간 사람이 3만 명이다.

이러한 사태를 기술하고 저자는 물었다. 학문을 하려면 자유와 돈 가운데 어느 것이 더 긴요한가? 자유가 아니고 돈이라고 대답했다. 스탈린시대의 억압이 계속되는 동안에도 소련에서는 연구를 위한 지원이 다른 어느 나라보다 컸다. 연구 종사자가 최상의 대우와 존경을 받아 지망자가 천문학적인 숫자로 늘어났다.

돈이 연구를 가능하게 했다고 하는 설명에다 덧붙여 더욱 중요한 논의를 했다. 연구 종사자들은 다른 데 관심을 가지지 않고 연구에 몰두했다고 하고, 그 이유를 둘 들었다. 하나는 새로운 사회 건설에 학문이 기여한다고 자부하고 미래를 낙관한 것이 사실이라고 했다. 또 하나의 이유는 학문 자체가 지닌 매력이라고 했다. 정치적 위협과 도덕적 타락에 말려들어 괴로워하지 않고 자기 나름대로 보람 있게 사는 길이 학문에 있었다. 다른 것들은 잊고 연구에 몰두할 수 있어 즐거웠다. 러시아 학문의 장기인 수학이나 순수이론 분야 연구자들이 가장 행복해 특히 많은 성과를 올렸다.

1980년대 중반 러시아에서는 연구 종사자가 인구 1만명당 1명이어서 미국보다 몇 갑절이었다. 연구에서 행복을 찾을 수 있는 사람이 그만큼 많았다. 여유를 가지고 창조 작업을 하면서 학문 발전에 기여할 수 있었다. 이것이 스탈린 통치 이면의 진실이다. 사회주의 체제를 청산하자 나라가 파산하고 학문을 포기했다. 자유를 얻은 대가는 살 길을 잃은 것이다. 먹고 살지 못하는데 학문을 하는 즐거움을 누릴 수는 없다.

소련과 동유럽 다른 나라의 과학원이 어떻게 달라졌는지 여러 논자가 함께 고찰한 책이 있다.(Michael David-Fox and György Pèteri ed., *Academia in Upheaval, Origin, Transfers, and Transformations of the Communist Academic Regime in Russia and East Central Europe,* Westport Connecticut: Bergin and Garvey, 2000) 책 말미에 있는 결론에 해당하는 글을 보자.(Linda Lucia Lubrano, "Scholars Steer through the Turbulent Seas of History") 마지막 대목에서 소련과 동유럽 과학원에 대한 총괄적인 논의를 했다. 간추려 옮기기로 한다.

러시아에서 격변이 일어나 새로운 정치체제가 등장하자, 내세우는 이상이나 이론에 기대를 걸고 학자들이 도움을 청하는 일이 두 번 있었다. 한 번은 사회주의 혁명이고, 또 한 번은 사회주의 체제의 해체이다. 정치가 달라져 학문을 위해 어느 정도 기여하는가는 경우에 따라 달랐다.

사회주의 혁명을 일으킨 지도자들이 과학은 급격하게 개조하려고 하지 않고 점차적인 변화를 꾀했다. 기존의 과학원을 구성하고 있던 학자들을 배척하지 않고 합치점을 찾았다. 낡은 가치관을 지닌 구세대 출신이 대다수인 과학원 구성원들이 점차 혁명 과업에 참여하고, 국가의 대폭적인 지원을 얻어 새로운 연구에 종사했다.

사회주의 체제가 해체되고 러시아가 민주화되는 지금의 시기에는 사정이 다르다. 정치 변화가 학문을 위해 불리한 작용을 하기만 한다. 정부의 재정 형편 때문에 과학 연구에 많이 투자할 수 없고, 여론에서 요구하지도 않는다. 시장을 장악한 국내외의 기업인들은 과학 연구에 관심을 가지지 않는다. 과학 존중의 기풍이 급격히 사라지고, 젊은 과학자들이 대거 다른 직업이나 외국으로 가서 문제가 더욱 심각해졌다. 과학을 민주화해야 한다는 이론을 실행하지 못한다고 했다.

지금의 형편

소련 시대의 제도는 잘못 되었는가? 폐기해야 하는가? 한 연구소의 실상을 보고했던 논자가 러시아과학원의 현황에 대해 체계적인 연구를 한 결과는 그렇지 않다는 것으로 나타났다.(Alessandro Mongili, *La science en Russie, la nouvelle organisation de la recherche,* Paris: L'Harmattan, 2005) 소련의 유산이 적절한 변혁을 거쳐 이어지면서 새 시대에 맞게 조직되고 운영된다고 했다.

러시아과학원에 모든 개별 연구기관이 소속되어 있다. 개별 연구기관은 소장이 책임지고 운영한다. 소장은 세 단계를 거쳐 선출된다. 해당 기관 연구 종사자들이 토론한다. 그 결과를 참고해 러시아과학원 지역협의회에서 비밀투표를 한다. 러시아과학원 최고회의에서 승인한다. 연구소 내외의 평가를 아우르고, 특수성과 보편성을 함께 고려하는 방식이다.

위계질서가 없어진 것은 아니지만 정치적인 간섭은 없고, 연구의 자율성과 창의력이 연구소에서도 개별 연구종사자에게도 보장되어 있다. 정부가 예산의 일부를 부담하면서 '국가의 논리'를 유지하도록 하는 한편, 모자라는 예산은 스스로 조달하면서 '시장의 논리'를 따른다. 보수가 일률적이지 않고, 연구 성과에 따른 보상이 있다.

본보기로 든 연구소의 예산 구성을 보자. 1980년에는 정부에서 80퍼센트, 러시아 산업체에서 20퍼센트를 부담했다. 오늘날은 정부 20퍼센트, 국가 재단 10퍼센트, 외국 기관 5퍼센트, 외국 연구비 60퍼센트, 러시아 산업체 5퍼센트로 바뀌었다. 외국 연구비를 어느 정도 받을 수 있는가는 연구의 성격에 따라 달라 불안 요인이 있지만, 연구소의 자율적 운영이 가능하다.

『러시아과학아카데미 연구활동 보고서 2003』(한국과학기술연구원, 한·러과학기술협력센터, 2005)이 우리말로 번역되어 있다. 서론 앞머리에서 "2003년에도 러시아과학아카데미는 이전과 마찬가지로 2002년 3월 20일 러시아연방대통령이 확정한 <우선 과학기술기계 발전방향> 및 <러시아연방 주요기술목록>에 따라 기초연구 및 응용연구를 수행했다"고 했다. 응용연구를 중요시한 것 같으나, 기초연구에 관한 보고가 앞에 있고 응용연구에 관한 보고보다 2배 이상의 비중을 차지한다.

기초연구에 관한 보고는 수학, 물리학, 정보기술 및 컴퓨터 시스템, 에너지 공학 기계학 제어프로세스, 화학 및 재료공학, 생물학, 지구과학, 사회학문, 역사 및 어문학으로 이루어져 있다. 역사는 동방학, 고고학, 민족학으로, 어문학은 문학 및 구비문학, 어학으로 나누어 고찰했다.

『인류의 역사 제8권 러시아』가 출간되어 오랜 작업이 완결되었다고 했다. 『전 세계 언어의 어원 분포 사전 알타이편』 또한 장기적인 연구의 마지막 결실이다. 『소련의 특수 이주자들 1930-1960』에서 강제이주의 내력을 밝혀 과거의 잘못을 파헤쳤다. 『중세문화사전』, 『종교 시스템으로서의 이슬람』, 『러시아문학의 주제 및 소재 색인 사전 시험본』, 여러 민족의 구비서사시 조사연구 등도 주요 업적으로 들었다.

시련을 이겨내고 러시아과학원은 건재하다. 학문의 기초가 되는 연구를 성과 있게 진행하고 있다. 연구소에 상근하는 인력이 개인연구와 공동연구를 병행하면서 많은 노력이 필요한 작업을 꾸준히 진행한다. 여기서 검토의 대상으로 삼지 않은 자연학문이나 사회학문에만 힘쓰지 않고, 인문학문에도 대단한 노력을 기울여 러시아가 학문 균형 발전의 모범을 보이는 나라이게 한다.

총괄 평가

소련은 학문의 의의를 높이 평가하고 연구의 발전을 위해 다른 어느 나라보다 많은 지원을 했다. 학자 수가 많고 노동 강도가 그리 크지 않았다. 정치적 억압을 피할 수 있으면 충분한 시간을 가지고 학문에 몰두할 수 있었다. 실용적인 연구를 하라고 요구했으나 모든 학문이 그렇게 되지 않고 순수 이론 분야의 강점이 발현되었다.

소련이 해체되자 연구 지원이 줄어들어, 외국에서 필요로 하는 자연학문이나 기술 분야의 연구 종사자들은 대거 외국으로 갔다. 인문학문이나 사회학문 연구자들은 남아 있어야 했다. 연구는 대학에서 해야 한다는 주장을 받아들이지 않고 과학원과 개별 연구소가 관련을 가지고 연구를 진행하는 새로운 방식을 광범위한 여론 수렴을 거쳐 슬기롭게 마련했다.

소련 시대의 제도를 버리지 않고 이어받아 민주화했다. 연구기관이 위계질서를 가지면서 독자적으로 운영될 수 있도록 했다. 연구소 소장 선출 방식에서 그 점이 잘 나타난다. 국가에서 요구하는 바를 실현하면서 시장의 논리도 따르는 이중의 기능을 수행하고 있다. 양자의 조화를 이루는 모범적인 사례를 보여주고 있다.

토론

❑ 문 : 연구기관을 국가가 지원해 운영하면서 무엇을 기대하는가?

❑ 답 : 국력 신장에 직접 소요되는 성과를 얻고자 하는 것만은 아니다. 학문 수준이 국가의 위상이라고 여겨 장기적인 투자를 한다. 그런데 한국의 어느 대통령은 수익을 내지 않아 경쟁력이 없는 연구기관은 다 폐쇄하겠다고 했다. 전임자들이 "농악은 남양토인들이나 하는 짓이니 금하라", "새 마을에 헌 나무가 있을 수 없으니 다 베어라"라고 한 것들과 같은 등급의 무식한 지시로 학문을 망칠 뻔했다.

❑ 문 : 연구기관이 중앙에 집중되어 폐단을 자아내지 않는가?

❑ 답 : 소련의 경우 여러 공화국에 각기 과학원이 있고, 지방마다 과학원 분원이 있어 연구기관의 지방 분산이 잘 이루어진 편이다. 지방의 연구기관은 그 지방의 역사와 문화를 연구한다. 『세계문학사』에서 여러 소수민족의 문학을 다룬 것이 그래서 가능했다.

❑ 문 : 연구 성과는 어떻게 전달되는가?

❑ 답 : 다양한 출판물로 전달된다. 세계문학연구소에 가보니 입구 현관 왼쪽의 서점을 가득 메운 책이 모두 연구소의 간행물이었다. 러시아어를 알았더라면 한 아름 사왔을 것이다. 연구 성과를 출판하면서 수지타산은 고려하지 않는 것이 그 곳의 특징이다.

❑ 문 : 외국으로 가지 못하고 자기 나라에 남아 연구를 계속하는 러시아의 인문학자들은 견디기 힘들어 사기가 아주 저하되어 있지 않는가?

❑ 답 : 자연학문 전공자는 대거 외국으로 가고, 사회학문 전공자들은 할 일을 잃은 경우가 많다. 그러나 인문학문 특히 러시아에 관한 연구를 하는 학자들은 자기 자리를 지키고 있다. 자본주의 물가에 사회주의 봉급을 받고 살아가려고 하니 아주 힘들지만, 자부심을 잃지 않고 安貧樂道하는 자세로 학문을 한다. 세계문학연구소에서는 『고르키전집』을 다시 만들고, 망명자문학에 관해 조사하고 연구하는 데 힘쓴다고 했다. 소비에트 체제의 요구에서 벗어나 있는 고르키의 전모를 찾는다. 소련을 버리고 간 사람들이 외국에서 이룩한 작품을 찾아 정리하고 평가한다. 많은 노력이 필요한 이러한 일을 공동의 작업으로 삼아 묵묵히 해내고 있다. 연구소가 있어서 가능하다.

❑ 문 : 관료학자와 순수학자의 구분에 관심을 가진다. 관료학자의 횡포를 순수학자가 어떻게 견디어야 하는가?

❑ 답 : 관료학자와 순수학자는 어디든지 있다. 보직교수와 일반교수의 관계도 이와 같다. 연구를 제대로 하지 않는 관료학자가 순수학자를 평가하는 권한을 행사하는 것이 심각한 문제이다. 소련의 경우에는 관료학자가 이념을 내세워 영향력이 더 크지만, 순수학자들이 경쟁자가 되겠다고 나서지 않으면 그리 큰 어려움을 겪지 않는다. 퇴출의 위협을 받지 않고 시간 여유를 가지고 연구를 할 수 있다. 한국의 경우에는 시간 부족으로 연구를 할 수 없는 상황을 보직교수들이 횡포를 자아내면서 더욱 악화시켜 일반교수들마저 가짜 논문을 양산하게 만든다. 보직교수는 연구를 면제하고 연구 여건 조성을 업적으로 삼아야 숨통이 트인다.

❏ 문 : 연구소 연구원과 대학의 교수는 어떤 관계인가?

❏ 답 : 연구소 연구원이 연구한 결과를 대학의 교수가 강의하는 것이 소련에서 정착한 방식이다. 중국이나 북한도 같은 방법을 택했다. 독일이나 프랑스에서도 연구를 많이 하는 곳은 대학이 아닌 연구기관이다. 연구를 제대로 하려면 강의하는 수준을 넘어서야 하고, 시간을 충분히 가져야 하는 것이 둘을 구분하는 이유이다. 교수들의 연구 업적으로 대학의 순위를 판정할 때 독일이나 프랑스의 대학이 상위 명단에 오르지 않는 것은 당연하다. 특별한 곳에서 특별한 학자들이 대단한 연구를 하고, 일반대학 교수는 대부분 업적이 그리 많지 않다.

일본의 몇몇 대학은 서열이 높다. 교수 수가 많아 강의 부담이 적기 때문이다. 연구소 교수가 많이 있는 것이 더욱 유리한 여건이다. 그런데 대부분의 다른 대학 교수는 강의를 많이 하고, 연구는 열심히 하지 않아도 된다. 연구 업적은 문제 삼지 않는 것 같다. 이것이 일본이 택한 전략이다. 그런데 한국에서는 전국 모든 대학의 모든 교수가 일제히 강의도 많이 하고 연구도 많이 하라고 다그친다. 할 수 없는 일을 하라고 하니 가짜 연구가 양산되어 폐해가 심각하다.

연구중심대학을 따로 두어 문제를 해결하려고 하는 것은 적절한 방안이 아니다. 연구중심대학 후보가 되는 곳들에 연구를 잘 할 수 있는 교수가 모여 있는 것은 아니다. 강의를 본업으로 삼고 연구를 덜 하기를 바라는 교수가 다른 여러 대학에서도 동일한 비율로 있다. 물갈이를 위해 일제히 인사이동을 하는 것은 전혀 불가능하다.

그러면 어떻게 해야 하는가? 어느 대학이든 연구에 전념해 탁월한 성과를 올릴 수 있는 교수를 선발해 집중지원하면서 대등한 조건에서 서로 경쟁하게 하는 것이 마땅하다. 보직전담교수는 연구를 면제하는 대신에 연구전담교수는 강의 부담을 최소한으로 줄여주어야 한다는 것이 이 말이다. 연구전담교수는 학과가 아닌 연구소에 소속하게 하고 신규채용자의 인건비를 국가에서 부담하면 진짜 연구가 크게 활성화된다.

❑ 문 : 연구하는 사람과 강의하는 사람 사이에 지위의 우열 문제가 생기지 않는가?

❑ 답 : 소련을 비롯한 여러 사회주의 국가에서는 과학원원사가 최고의 지위를 누린다. 젊은이들의 장래 희망 가운데 으뜸이다. 독일, 프랑스, 일본 등지에서는 강의하는 사람이 연구하는 사람보다 더 큰 권한을 행사한다는 이유에서 선호의 대상이 된다. 내가 주장하는 새로운 제도에서는 양자가 대등하기를 바란다. 연구소 소속의 연구교수와 학과 소속의 강의교수가 자리를 바꿀 수 있게 보장하는 것이 대등하게 하는 요건의 하나이다.

제8강 동유럽 각국의 과학원

더 해야 할 일

과학원에 관한 고찰은 소련의 과학원에서 끝낼 수 있다. 크고 중요한 문제는 거의 다 다루었다고 할 수 있기 때문이다. 그러나 내막을 더 알기 위해 자료를 확대할 필요가 있다. 사회주의 국가마다 과학원이 다 있으며, 그 나름대로의 특성을 갖추었다. 이념 구현을 위한 공통된 목표를 설정하고 상이하게 구현했다. 공통점과 차이점 양면에서 탐구를 더 하는 것이 마땅하다.

동유럽이나 아시아의 사회주의 국가는 대부분 작은 나라이다. 소련에서처럼 방대한 기구를 만들어 학문의 거의 모든 분야를 연구한다고 할 수 없다. 지원할 수 있는 재력이 모자라고 동원 가능한 인원도 제한되어 있다. 선택과 집중이 불가피하다. 그 양상이 나라마다 많이 다르지 않고, 과학원이 민족학문의 전당이게 하는 데 더 힘쓴 것이 거의 같다. 제대로 돌보지 못하고 방치해온 자기네 역사나 문화를 본격적으로 연구하는 것을 긴요한 과제로 삼았다. 소련에서 세계문학사에 바친 노력을 자국문학사를 자세하게 서술하는 데로 돌렸다.

다른 여러 곳에서도 러시아처럼 체제가 바뀌거나 사정이 달라져 과학원이 과거와 같이 운영될 수 없다. 국가가 지원할 능력을 잃어 파탄에 이르다시피 했다. 그래도 과학원을 없애고 연구소를 폐쇄하지는 않고 어떻게든지 살리려고 한다. 무엇을 어떻게 하고 있는지 알면 우리가 나아갈 길을 생각하는 데 도움이 된다.

상황 점검

동유럽 여러 나라는 제2차 세계대전 후에 공산당이 집권하자 소련의 제도를 받아들였다. 교육도 예외가 아니어서, 대학을 소련과 같이 만들려고 진통을 겪었다. 제도 개편, 교수진 교체, 이념 교육 등이 대학의 질 향상에 어느 정도 도움이 되었던지 의문이라고 한다. (John Connelly, *Captive University, the Sovietization of East German, Czech, and Polish Higher Education 1945-1956,* Chapel Hill: The University of North Carolina Press, 2000)

그러나 과학원을 만든 것은 긍정적 평가를 해야 하는 획기적인 처사였다. 그 전에도 연구기관이 있기는 했지만 상징적 의미가 두드러지고 소속원이 명예직인 것이 예사이다. 소련에서와 같은 과학원을 만들고, 그 산하에 여러 연구소를 두어 학자들이 연구에 전념하도록 한 것은 평가해야 마땅하다. 연구소에서 대학원 교육을 일부 담당해 교육의 수준을 높이는 데 기여했다.

헝가리과학원(Hungarian Academy of Sciences)을 보자. (http://www.mta.hu) 1825년에 창설한 기구를 1949년에 소련의 방식을 받아들여 개편했다. 어문학, 역사와 철학, 수학, 농학, 의학, 공학, 화학, 생물학, 경제학과

법학, 지구과학, 물리학, 열 한 개 분과를 둔다고 했다. 어문학을 첫째로 든 것을 주목할 만하고, 나머지는 일정한 순서가 없다.

각 분과에는 위원회가 있고, 연구소가 있다. 위원회는 전국의 연구를 관장하고, 연구소는 독자적인 연구를 한다. 어문학분과의 경우 위원회는 고전어, 문화사, 연극과 영화, 민족학, 헝가리어학, 언어학, 문학연구, 음악학, 동양학에 관한 것들이 있다. 연구소는 문학연구소, 예술사연구소, 소수민족연구소, 언어학연구소가 있다.

문학연구소에 대해서 더 알아보자.(http://www.iti.mta.hu) 1956년에 문학사연구소로 출발해서, 1959년에 문학이론 연구실이 추가되었다. 1964년에서 66년까지 『헝가리문학사』 전 6권을 이룩했다. 1968년에 문학연구소로 개명했다. 1970년과 1986년에 연구실 신설이 있었다. 현재는 연구실이 르네상스와 바로크, 18세기, 19세기, 근대문학, 문학이론, 중부 및 동부유럽으로 구성되었다고 하고, 실장의 명단이 제시되어 있다.

루마니아과학원(The Romanian Academy of Sciences) 또한 오랜 내력이 있다.(http://www.academiaromanaro) 1866년에 생긴 루마니아 문학협회(The Romanian Literary Society)를 1879년에 루마니아과학원(The Romanian Academy)으로 확대해 언어-문학, 역사-고고학, 자연학문의 분야를 연구하다가, 1949년에 현재의 기구를 만들었다. 181명의 원사 및 후보원사가 정년이 없는 종신직이라고 했다.

선행 조직의 세 분야에다 경제-법률-사회학, 철학-신학-심리학-교육학, 예술-건축-시청각 분야를 추가하고, 자연학문은 9개 분야로 나누었으나, 언어-문학을 계속 중요시한다. 설치법에 “민족어와 문학의 개발, 민족사의 연구, 주요 과학 분야에 관한 탐구”를 목표로 한다고 설명했다. 방대한 규모의『루마니아문학사전』편찬을 주요 사업으로 들었다.

불가리아과학원(Bulgarian Academy of Sciences)은 몇 단계의 변화를 거쳤다고 명시하고 있다.(http://www.bas.bg) 1869년에 창설된 불가리아 학술협회(Bulgarian Learned Society)를 전신으로 든다. 1949년에 사회주의 국가의 과학원으로 개편되었다. 1991년에 국가의 통제에서 벗어나 민주적이고 독립적인 기구가 되어 구성원의 자치로 운영된다고 했다.

수학, 물리학, 화학, 생물학, 지구과학, 공학, 인문학, 사회학문의 분과를 둔다고 했다. 연구소는 71개이다. 인문학 분과에는 불가리어, 문학, 역사, 트라시아(Thracia), 고고학 발칸연구, 민족학, 예술학, 민속학, 키릴(Cyril)과 메토디우스(Methodius), 건축에 관한 연구를 하는 연구소가 있다. 트라시아는 옛적 나라 이름이다. 키릴과 메토디우스는 교회슬라브어를 정립한 성직자들이다. 연구소 구성에서 자국의 역사와 전통을 중요시했다.『키릴과 메토디우스 백과사전』(*Cyrillo-Methodian Encyclopedia*) 전 4권을 만들었다.

폴란드과학원(Polish Academy of sciences) 또한 비슷한 시기인 1952년에 창설되었다.(http://www.pan.pl) 그러나 전에 없었던 것은 아니다. 1816년에 처음 만들고, 1936년에 본격적으로 확대한 폴란드학술원(Polish Academy of Learning)을 소련과학원을 모형으로 해서 개편했다.

지금의 조직을 보면, 사회학문, 생물학, 수학-물리학-화학, 공학, 농학-임학-수의학, 의학, 지구과학의 일곱 분과를 두었다. 그 산하에 모두 79개의 연구소가 있다. 사회학문 분과 연구소에 비유럽국가, 고고학과 민족학, 예술, 경제학, 법학, 문학, 철학과 사회학, 폴란드어, 정치학, 심리학, 지방 및 농업 발전, 슬라브학, 역사학 등의 연구소가 있다.

문학사연구소는 1972년부터 방대한 규모의 『폴란드문학사』 출간을 으뜸 가는 사업으로 들었다. 연구실을 문학사 및 문학이론, 문학 자료, 사전에 관한 것으로 나누었다. 문학사 및 문학이론 연구실은 중세문학, 르네상스 및 바로크, 계몽주의, 낭만주의, 19세기후반, 20세기 및 21세기, 시학의 역사, 시학 이론 및 문학어, 문학적 소통에 관한 작업을 하는 곳으로 세분되었다. 연구원 196명의 명단을 내놓고, 이력을 검색할 수 있게 했다.

체코슬로바키아과학원(Czechoslvak Academy of Sciences)은 1953년에 창설되었다. 1784년에 생긴 체코왕립과학협회(Royal Czech Society of Sciences)를 새 시대의 노선에 따라 재조직했다. 사회주의 정권이 들어설 때 소련의 방식으로 과학원을 창설했다. 민주화가 추진되면서 1992년에 나라가 둘로 갈라지자, 체코과학원(Academy of Sciences of the Czech Republic)과 슬로바크과학원(Slovak Academy of Sciences)이 생겨났다.

체코과학원의 현황을 보자.(http://www.cas.cz) 분과는 수학, 물리학, 지구과학 분과, 생명 및 화학 분과, 인문 및 사회학문 분과로 나누고, 소분과를 두었다. 인문 및 사회학문 분과에 속하는 소분과는 사회 및 경제과학, 역사과학, 인문학 및 어문학이다. 연구소는 53개이다. 종사하는 인원은 7,000명이고, 절반 이상이 대학에서 학위를 얻은 연구원이다. 대학원 과정을 두고 박사를 배출한다.

인문 및 사회학문 분과를 구성하는 세 소분과의 소속 연구소를 들어보자. 사회 및 경제과학 소분과에 경제학, 심리학, 사회학, 국가 및 법학을 다루는 연구소와 함께 중앙도서관이 포함되어 있다. 역사과학 소분과에 고고학, 역사학, 예술사, 현대사를 다루는 연구소와 함께 공문

서보관소가 있다. 인문학 및 어문학 소분과에 민족학, 철학, 동양학, 슬라브학, 체코문학, 체코어를 다루는 연구소가 있다.

슬로바키아과학원은 독자적인 역사가 있다.(http://www.sav.sk) 선행하는 기구가 1735년에 설립되었다고 한다. 체코슬로바키아과학원에 통합되었다가 분리되어 조직을 정비했다. 무생물과학, 생물과학 및 화학, 사회 및 문화의 세 분과를 두었다. 사회 및 문화 분과는 역사과학, 인간과학, 문화 및 예술 과학으로 나누었다. 문화 및 예술 과학에 미술사, 음악학, 동양학, 슬로바키아학, 연극 및 영화, 세계문학, 슬라브학, 언어학 연구소가 있다.

크로아티아에는 크로아티아과학 · 예술원(Croatian Academy of Sciences and Arts)이 있다.(http://mahazu.hazu.hr/ENG/indexENG.html) 내력이 복잡하다. 크로아티아가 오스트리아 · 헝가리제국의 지배를 받던 시기인 1861년에 아카데미라는 이름으로 처음 만든 기관이 독립국가가 된 1941년부터 1945년까지 현재의 이름을 사용했다. 크로아티아가 유고슬라비아의 일부가 되자 유고슬라비아과학 · 예술원 산하 기구가 되었다가, 1991년에 크로아티아가 독립하면서 과학 · 예술원도 독립했다.

분과가 모두 아홉이다. 1 사회과학, 2 수학 물리학 화학, 3 자연과학, 4 의학, 5 언어학, 6 문학, 7 미술, 8 음악 및 음악학, 9 기술과학이다. 문학 분과 원사는 모두 17명이다. 작가도 있고 학자도 있다. 학자 가운데 여럿이 수도 자그레브(Zagreb) 대학 은퇴교수이다. 원사가 연구에는 종사하지 않는 명예직인 것 같다.

산하에 여러 연구소가 있다. 문학에 관한 연구는 크로아티아 문학 · 연극 · 음악사 연구소(The Institute for History of Croatian Literature, Theatre and Music)이다. 그 안에 크로아티아문학사분과(The Division for the History of Croatian Literature)가 있다. 연구소 구성원이 실제 연구를 담당하는 전문직이라고 생각된다. 연구 사업에 대한 설명을 보니 문학작품 자료를 정리해 출판하는 데 힘쓰고 있다. 문학사를 만든다는 말은 없다. 아직 거기까지 나아가지 않은 것 같다.

알바니아에서는 알바니아과학원(Academy of Sciences of Albania)을 1972년에 창설했다.(http://www.academyofsciences.net) 사회학문과 자연학문의 두 분과를 두었다. 사회학문 분과에는 역사학, 어문학, 민속, 고고학, 예술학, 『알바니아백과사전』에 관한 연구소가 있다. 『알바니아백과사전』 연구소를 둔 것을 주목할 만하다. 1985년에 1,246면의 분량으로 내놓은 『알바니아백과사전편찬지침』(*The Albanian Encyclopedical Directory*)을 수정하고 있다고 했다. 본격적인 작업은 그 다음에 시작한다고 했다.

동유럽 여러 나라는 소련의 방식을 받아들여 과학원을 설치하면서 나라의 실정에 맞게 변용했다. 과학과 기술을 발전시키고, 이념을 다지는 것 외에 민족문화 재평가가 긴요한 과제였다. 어느 나라든지 자국의 문학사를 자세하게 서술하고, 자랑스러운 문화유산을 힘써 돌본다. 이것은 민족의식을 가지고 민족국가를 만들고자 하면서 줄곧 가져온 소망인데 새로운 체제 덕분에 실현될 수 있었다. 필요한 인력을 확보해 많은 노력이 요구되는 작업을 진행하는 것이 가능하게 되었다.

학자의 삶

공산당이 집권한 사회주의 국가에서 학자가 어떻게 살아왔는지 여러 나라의 경우를 함께 고찰한 책이 있어 소중한 자료가 된다.(Georges

Ripka, Vivre savant sous le communisme, Paris: Belin, 2002) 저자는 체코 사람이다. 공산당에 의해 전복된 정부의 장관 아들이다. 1939년에 1차로, 1948년에 2차로 프랑스로 이주해 핵물리학자가 되었다.

대표적인 학자들의 면담을 통해 지난 시기에 학자들이 어떻게 살았는지 고찰했다. 나라별로 보면, 체코 6명, 동독 2명, 폴란드 2명, 헝가리 1명, 유고슬라비아 2명, 루마니아 1명, 소련 9명, 도합 23명이다. 대부분 물리학자이고, 수학자도 더러 있으며, 철학자가 둘이다.

저자는 새로운 체제를 겪어보지 않고 망명한 사람이다. 망명을 정당화하자는 의도로 책을 썼다고 할 수 있다. 그러나 수록해놓은 발언이 비난 일색은 아니다. 공산주의 정부의 학문 정책, 과학원 주도의 연구 활동을 재인식할 만한 내용이 적지 않다. 면담 기록을 제시하기에 앞서서 <책의 내력>이라고 하는 서론이 있다. 그 서두에서 한 말을 옮긴다.

1989년에 철의 장막이 걷혔을 때 동쪽에서 이주한 많은 과학자가 유럽과 미국의 실험실에 밀려들었다. 이 사람들은 질적으로 우수하고 훈련이 잘 되어 있어 서방의 동료들을 놀라게 했다. 공산주의 정권이 이중의 구실을 해서 생활하기 어렵게 하면서 또한 그런 능력을 갖추게 했다. 한편으로는 조심스럽고 위험하기도 한 정치적인 상황에서 살아야 했다. 상대적으로 고립되어, 시설이 좋지 못한 연구실에서 일해야 했다. 다른 한편으로는 공산주의 정권이 지속되는 동안 우수한 인재가 과학을 지망하고, 이념적이고 정치적인 간섭에서 벗어나는 피란처를 얻었다. 서방에 정착한 수많은 학자가 받아준 기관의 연구를 발전시키는 데 크게 기여하고 있다.

면담 내용 가운데 자료가 될 만한 발언을 책에 수록된 순서로 옮긴다. 거론하기 쉽게 (가)·(나)·(다)…로 일컫는다.

(가) 국가에서 계획해 복잡한 서열을 갖추어 열거한 주제 목록에 내 계획이 포함되어야 연구를 마음 놓고 진행할 수 있었다. 기존의 틀을 따르는 목록에 새로운 주제를 넣는 것은 아주 어려운 일이었다… 국가의 연구 계획을 작성하는 사람들은 직함이나 학위를 자랑하지만 학자라기보다 관료였다. 중앙 집중의 계획과 관료적인 관리에 의거해 하향식 제도가 경직되게 운영되었다. 학술 정보가 빨리 변하는 데 적응하는 것은 어려웠다… 나는 인공지능에 관한 연구를 하고 있었는데, 그런 분야는 인정되지 않았다. 다른 연구를 하는 것처럼 위장하는 방책을 써야 했다.(63-64면)

과학자로 살아가는 것이 나쁘지는 않았다. 상대적으로 좋은 대우를 받고, 어느 정도의 지적 자유를 누렸다(문인들보다 자유가 더 컸다)… 창조적인 사람들은 과학이나 예술에 종사하는 길을 택했는데, 예술은 하기 어려웠다. 그뿐만 아니라, 공산주의 체제하에서는 과학이 공인된 평가를 누렸다. 공산주의는 이념이나 경제를 다른 무엇보다 과학에 근거를 둔다고 자부했다. 과학원은 예산이 엄청난 거대기구였다. (67-68면) (Ivan Havel, 체코의 정보과학자 및 철학자)

(나) 몇 가지 이유에서 과학은 소련에서나 독일민주주의공화국에서나 중요한 기능을 수행했다. 과학이 없으면 엄청나게 닥쳐오는 경제적 문제를 해결하지 못한다고 정부에서 이해했다. 계몽주의 시대처럼 사람들을 과학으로 교육하고 개발하고 문화수준을 높일 수 있는 가능성

이 인정되었다. 어느 정도의 제약이 있기는 하지만, 과학이 존중되었다고 일반화해서 말할 수 있다. 국가에서 정한 노선에 따라 과학을 해야 한다고 했다. 그러나 물리학에서는, 특히 내가 연구하는 분야에서는 아무도 우리 생각을 통제하지 못했다. 주제가 너무 복잡해 우리가 하고 싶은 대로 연구하는 재량권을 많든 적든 가졌다. (115면) (Dieter Ebert, 동독의 물리학자)

(다) 능력 있는 모든 사람이 과학자를 지망했다. 상대적인 자유를 누리고, 공산당에 가입하라는 요구를 받지도 않았기 때문이다. 소득이 많기 때문이기도 했다. 과학을 하면 아주 정직하게 살 수 있기 때문이기도 했다. (136면) (Andrej Bialas, 폴란드 물리학자)

(라) 1950년대 말에 나는 대학교수가 되었다. 학생들이 아주 우수했다. 사회학문과 자연학문 가운데 자연학문을 특히 선호했다. 사회학문은 그 당시 통제가 심했고, 자연학문은 새로운 분야이고 이념이 아닌 실험에서 얻은 사실에 근거를 두기 때문이었다. 지금 많은 제자가 미국과 헝가리에서 교수로 일하고 있다. (152면) (Georg Marx, 헝가리 물리학자 및 천체물리학자)

(마) 처음에는 완강했다. 그러나 1952년 이후에는 규제가 풀렸다. 공산주의자들이 관용적인 태도를 지녔다. 체제를 비판하지 않으면, 문제가 생기지 않았다. 유고슬라비아에서는 과학도 예술도 충분히 자유로워졌다. 체코나 폴란드, 그리고 소련과는 다른 상황이었다. (166면) (Ivan Supek, 유고슬라비아 물리학자, 철학자, 작가)

(바) 과학자가 되는 길을 내가 선택했다. 과학자는 이념에서 어느 정도 중립적일 수 있고, 공인된 대우를 받을 수 있기 때문이다. 진정으로 재능 있는 사람들이 다른 직업인보다 과학자 가운데 많고, 과학을 하면 재능을 진정으로 발현할 수 있다. 과학은 지적 생활에서 구원을 얻을 수 있는 장소이고, 다른 직업에서 강요되는 양보와 타협을 견디지 못할 사람들에게 제공되는 피란처이다.(183면) (Ion Filotti, 루마니아의 정보과학자 및 수학자)

과학의 중요성을 크게 인정하고 과학 발전을 위해 많은 노력을 기울인 것은 공통적인 사항이다. (가)와 (나)에서 말한 것이 다른 나라에도 해당한다. 모든 사회주의 국가에서 과학의 이념적 · 교육적 · 실용적 가치를 존중했다.

연구는 국가 계획에 의해 진행되었다. 계획에 포함되어야 연구를 할 수 있었다. 계획수립 담당자는 학자라기보다 관료여서 관례에서 벗어나는 작업은 인정하지 않았다. 새로운 연구를 계획에 포함시키기 위해서는 위장술을 써야 했다. (가)에서 이렇게 말한 것이 일반적인 사정이다. 이념적 통제가 고도의 전문적 연구 내용에는 미칠 수 없어 자유를 누릴 수 있었다고 (나)에서는 말했다.

이념적인 규제에서 벗어나기 위해 학문을 하는 것을 선호하게 하고 자연학문을 힘써 하도록 만들었다. 학문의 다른 분야보다 자연학문의 발전이 앞서게 했다. 과학의 이념적 가치를 가장 잘 발현한다고 평가된 자연학문이 탈이념의 안전지대로 되었다. 이에 관해 (가) · (다) · (라) · (바)가 거의 같은 사실을 말했다.

사회주의 체제에서 육성한 과학의 인재가 서방으로 진출해서 크게 활약한다. (라)에서 말한 사실이 다른 나라에도 해당한다. 원래 능력이 뛰어난 사람들이 있어서 그랬던 것은 아니다. 자연학문을 열심히 하게 만들고 연구에 전념하도록 하는 사회적 조건이 인재를 양성했다. 많은 연구비를 투입해 연구를 촉진한 덕분에 평가받는 업적을 산출했다. 이념적 억압 자체가 또한 혜택이었다는 역설이 성립된다.

이념적 규제의 정도에는 차이가 있었다. (마)에서 말한 바와 같이 유고슬라비아는 1952년에 소련과의 관계를 청산하고 비동맹국가가 되면서 자유롭게 되었다. 자유를 누리면서 학문을 하는 방도를 스스로 찾으라고 한 것은 아니다. 과학원 운영은 전과 같이 하고, 학문에 대한 국가의 지원을 계속했다.

재출발

위에서 거론한 책에서 모든 학문을 고루 취급하지 않았다. 인문학자는 자연학문과 가까운 작업을 하는 사람만 포함시키고, 사회학문의 경우는 문제 삼지 않았다. 인문·사회학문을 하는 사람들은 자연학문 전공자들만큼 존중되지 않고, 학문을 하면서 이념적 구속에서 벗어나기는 어려웠다. 그러나 생활의 안정을 얻고, 시간을 충분히 확보해 연구에 몰두할 수 있었다. 작은 나라라도 학문을 위해 그 나름대로 최선을 다해 어느 학문에서든지 혜택을 누렸다.

이념과 체제를 합리화하고자 해서 지속적인 의의가 의심스러운 학문도 있지만, 자연학문 못지않게 보편적인 의의를 가진 연구도 적지 않게 축적되었다. 망각된 사실을 찾아 역사를 고찰하고, 문화유산의 깊은 층위까지 캐낸 업적은 인류 전체를 위해 크게 기여했다. 강의를 하는 여가에나 연구를 하고, 업적 평가를 시장에 내맡겨서는 기대할 수 없는 성과를 거두었다.

사회주의 체제에서 벗어나 자본주의 경제의 길을 택하는 변화가 동유럽에서 일제히 일어났다. 연구에 대한 국가 지원이 줄어들고 시장에서 경쟁해야 하는 사태가 벌어지고 있다. 그러나 과학원 주도의 연구 방식을 버리지 않았다. 소련에서 독립한 나라들도 소련과학원 산하에 있던 자국의 과학원을 독립시켜 육성하고 있다.

예외는 둘이다. 동독은 서독에 통합되어 과학원이 없어지고 연구소가 개편되었다. 발트 3국 에스토니아 · 라트비아 · 리투아니아는 소련에 대한 반감이 특히 심해 소비에트 체제 청산의 일환으로 과학원을 없앴다. 연구소는 그대로 두고 정부에 직접 소속되게 했다. 이것은 바람직한 개혁이 아닌 것으로 평가된다. 비전문가인 관료의 간섭으로 연구의 질이 떨어진다. (Renate Mayntz, "The Impact of Radical Regime Change on the East European Academies of Sciences", Renate Mayntz, Uwe Schimank, Peter Weingart ed., *East European Academies in Transition,* Dordrecht: Kluwer Academic Publishers, 1998)

동유럽의 다른 여러 나라에서는 과학원과 연구소를 그대로 두고 조직과 운영을 민주화했다. 지난 시기 연구 지원의 잘못은 버리고 장점을 살려나가고자 한다. 이념적 규제는 없애고 독자적인 운영을 보장하면서 이미 이룬 성과를 이어나가고 더욱 발전시킬 수 있도록 한다.

1992년에 다시 설립한 체코과학원을 보자. "과학원의 재정은 주로 정부 예산으로 한다"고 하고, 과학원은 총회를 의결기관으로 하고 독자적으로 운영된다고 했다. 총회 구성원 3분의 2는 과학원 소속 각 연구소의 연구원들로, 나머지 3분의 1은 대학, 정부, 기업 등에서 선출한 대표로 한다고 했다. 정부는 지원의 의무만 지고 간섭할 권한은 없다.

헝가리에서는 1994년에, 폴란드에서는 1997년에 새로운 법을 제정했다. 정부는 예산만 지원하고 운영에는 관여하지 않는 제도를 택했다. 연구원 총회가 최종적인 권한을 가지고 선거에 의해 과학원의 주요 구성원을 선출하는 것이 기본적인 공통점이다.

개편의 방향이 러시아에서 하고 있는 것과 같다. 정부의 지원이 절반 이하로 줄어든 위기 상황에 대처하면서 연구를 새롭게 하기 위해서 힘써야 하는 것이 어디나 같다. 인원 감축을 연구 능력에 따라 해야 한다. 국제적인 교류와 협력에 힘써야 한다. 자율적인 결정을 슬기롭게 해야 한다. 새로운 시장과 사회적 요구에 맞게 연구를 진행해야 한다.

러시아와 체코의 경우를 비교해 논한 보고서가 있다. 이러한 과업을 러시아에서는 부적절하게, 체코에서는 적절하게 수행하고 있다고 한다. 러시아에서는 강대국의 몰락을 비관적으로 생각하지만, 체코 사람들은 희망을 가지고 미래를 건설하고자 하기 때문이라고 했다.(Peter Weingart, “Self-Conception, Strategies of Transformation, and Moods in Coping”, Renate Mayntz 외 공편, 위의 책)

새로운 시도

위의 책에서 면담한 학자 가운데 이반 하벨(Ivan Havel)이 있다. 면담에서 한 말을 들고 고찰했다. 더 많은 논의가 필요해 항목을 따로 잡았다. 하벨의 경우가 동유럽에서 학문을 어떻게 하고 있는지 말해주는 좋은 본보기이기 때문이다.

경력을 간추려보자. 이반 하벨은 1938년에 태어났다. 1966년에 프라하에 있는 체코기술대학을 졸업했다. 1969년에서 71년까지 미국 버클리 캘리포니아대학에 유학하고 컴퓨터공학의 박사학위를 받았다. 미국에 머무르지 않고 귀국해 체코슬로바키아과학원 연구원이 되었다. 컴퓨터과학의 이론, 인공지능, 인지과학, 그리고 이런 영역과 관련된 철학을 탐구했다.

공산주의 정권이 무너지는 1989년부터 프라하에 있는 자기 아파트에서 비공식 연구 모임을 열었다. 다음 해까지 자유화운동에 참여했다. 형인 바츨라브 하벨(Vaclav Havel)이 그 선두에 나섰다가 대통령이 되었다. 자기는 학문을 계속하기로 했다.

1992년에 과학원을 떠나 프라하의 찰스대학으로 자리를 옮겨 부교수(Docent)로 재직하고 있다. '이론연구소'(Center for Theoretical Study)라는 연구소를 만들어 정보과학과 철학을 하나로 만들어 모든 학문 이론을 총괄하는 작업을 하고 있다. 찰스대학 및 체코과학원과 관련을 가지고 운영되는 국제적인 연구소이다.

면담에서 한 말을 들어 보충설명을 한다. 일찍부터 과학에 뜻을 두었다. 생물학을 하려고 하다가 물리학으로 바꾸고, 다시 수학자가 되고 싶었다. 그러나 부르주아 출신이기 때문에 대학 진학에 지장이 있었다. 기술대학 야간부를 수학하는 기회만 허용되었다. 학교에서 배우는 것으로 만족하지 않고, 수학에 관심을 가지면서 기술의 근거가 되는 이론을 캤다. 미국 몇 대학과 연결을 가지다가 버클리로 가서 컴퓨터 이론 정보과학을 전공해 박사학위를 받았다.

그 당시 미국에 간 체코인은 귀국하지 않는 것이 예사였지만, 하벨은 귀국을 선택했다. 정보과학은 국내에서는 가능하지 않고 미국에 가야 할 수 있는 분야였다. 정보과학 박사는 셋뿐이었는데, 하나는 미국에

남고, 하나는 슬로바키아인이고, 또 하나가 자기였다고 면담에서 말했다.

귀국하자 과학원의 연구원이 되었다. 능력을 인정받았기 때문이었다. 그러나 하려고 하는 연구는 이해하지 못해 다른 작업을 한다고 위장했다고 위에서 인용한 말에서 밝혔다. 다소의 어려움이 있어도 오랜 기간 동안 안정을 얻고 연구에 몰두하면서 뜻한 바를 이루고자 했다. 정보과학을 철학과 통합하고자 하는 시도를 자기 나름대로 했다.

1992년에 과학원이 개편될 때 대학으로 자리를 옮겼다. 예산 부족으로 과학원을 축소해야 했으므로 떠났을 수 있다. 대학에서 받아주어 다행이었으나, 교수 직위는 얻지 못하고 부교수로 만족해야 했다. 과학원이 연구를 독점하는 시대가 끝나고 대학도 연구에서 커다란 기여를 해야 할 때 새로운 기회를 얻었다고 생각된다.

그러나 대학에 머물러 있으면서 연구하는 데 그치지 않고, 독립된 연구소를 만들고 '이론연구소'라고 했다. 정보과학과 철학을 합쳐서 모든 학문의 기본이론을 마련하는 작업을 구체화하려고 가장 포괄적인 이름을 붙였다. 과학원에서 일하는 동안 자기 나름대로 시도하고, 체제가 바뀔 때에는 연구 모임을 만들어 동참자를 구해서 하고자 했던 연구를 공식적으로 추진하는 곳을 만들었다.

연구소를 자유롭게 창설할 수 있는 시대가 와서 오랜 희망을 실현했다. 찰스대학 및 과학원과 관련을 가진다고 했는데, 재정적 지원을 받는다는 말일 수 있다. 학문 이론 통합에서 세계 다른 어느 곳보다도 앞서는 작업을 자기 구상대로 진행하면서 학문 발전을 선도하고 있다. 과학원에서 일하는 동안 안정을 누리고 시간 여유를 얻어 필요한 준비를 했기 때문에 가능한 일이다.

다시 보기

동유럽 각국의 과학원은 러시아의 경우처럼 세 단계의 변화를 거쳤다. (가) 18세기 또는 19세기에 왕립과학원이라는 것들이 있었는데, (나) 1950년대 사회주의 국가가 들어서서 국가의 이름을 내건 과학원을 다시 만들고, (다) 1990년대에는 자유화되고 민주화되는 방식으로 개편했다. (가)는 지원이 부족하고 조직이 미비해 연구를 하기 어려운 곳이었다. (나)는 국가의 간섭과 지원을 받고 연구를 실제로 하는 곳이었다. (다)는 국가의 간섭과 지원이 줄어들었다.

(나)를 만든 것은 잘못인가? (가)에서는 하기 어려운 연구를 (나)에서 했다. 해야 할 연구는 둘로 나눌 수 있다. (나1) 민족문화를 이어받아 민족국가의 정신적 토대로 삼아야 하고, (나2) 학문 일반을 발전시켜 사회 전반의 수준 향상을 해야 했다. 이 두 가지 과업을 실현하는 데 필요한 지원을 사회주의 국가가 감당했다.

소련의 방식을 받아들였다고 해서 외세에 의존했다고 할 것은 전혀 아니다. (나1)은 동유럽 각국이 소련을 따르지 않고 독자 노선을 마련하는 데 필수적인 과업이다. (나2)의 목표를 달성해야 자주국가일 수 있다. 소련의 방식이 소련과의 경쟁을 유리하게 이끄는 데 기여했다.

(나)가 잘못이었으면 (다)의 단계에서는 과학원을 해체해야 한다. 연구는 국가가 할 일이 아니고 대학에 맡기면 된다고 해야 한다. 연구를 위한 투자와 노력도 시장의 논리에 따라야 한다. 미국의 방식은 이와 같은 것이다. 어느 나라도 미국의 방식을 따르지 않고 국가가 지원한다. 지원은 하면서 간섭은 하지 않고 자율적으로 운영할 수 있게 과학원을 개편했다. 지난 시기 과학원 제도의 단점은 없애고 장점은 살리고자 한다.

소련에서 만든 통치방식이나 제도는 일제히 비난의 대상이 된다. 반대 방향으로 나아가는 것이 민주화라고 한다. 그러나 과학원 제도는 그렇게 하는 데 포함되지 않는다. 과학원에 갖가지 연구소를 만들어 많은 사람이 생활의 안정과 시간 여유를 얻어 연구에 종사할 수 있게 한 것은 최상의 평가를 얻을 만한 훌륭한 제도이다.

지난 시기 과학원 제도의 단점은 없애고 장점은 살리고자 하는 양면의 과업 가운데 앞의 것은 쉽사리 이루어지지만, 뒤의 것은 사회주의를 청산한 새로운 정부의 재정 형편이 좋지 않아 성취하기 힘들다. 그래서 파국에 이른 것은 아니다. 자본주의 방식으로 연구를 하는 대안을 마련하면 활로가 열리지는 않는다.

동유럽 각국은 체제 변화를 슬기롭게 겪으면서 과거와는 다른 극단으로 치닫지 않는다. 학자들이 자유를 누리려면 시장에서 벌어먹으라고 하지 않는다. 연구를 제대로 하기 위해서 돈보다 시간, 경쟁보다는 협동이 더욱 소중하다는 것을 안다. 소련과 가까운 관계를 가졌던 것이 대체로는 불행이었지만 다른 한편에서는 혜택이어서 소중한 유산을 간직하고 있다.

동유럽 각국은 한국과 견주면 인구가 적고 소득 수준이 낮다. 그러나 학문에 기울이는 노력은 앞선다. 과학원에 설치한 연구소에서 일관된 작업을 하도록 한다. 과학원 밖에 새로운 연구소가 생겨 전에 없던 일을 하기도 한다. 이미 든 사례 가운데 셋을 다시 살피면서 우리의 경우와 비교하자.

헝가리과학원 문학연구소에서는 1964년부터 1966년까지의 시기에 이미 전6권의 자국문학사를 이룩했다. 북한의 사회과학원 문학연구소에서는 전5권의 『조선문학사』를 1977년부터 1981년까지 출간했다. 남한에는 문학연구소가 없다. 문학사 집필은 개인이 해야 하는 일이다. 내가 『한국문학통사』 전5권을 일차로 완간한 시기는 1989년이다.

알바니아과학원에는 백과사전연구소가 있다. 『알바니아백과사전』을 위한 지침을 방대한 규모로 만들어놓고 수정하고 있다. 한국에서 『한국민족문화대백과사전』을 편찬할 때에는 계획을 마련할 연구조직도 기관도 없었다. 처음부터 원고 집필을 서두르라고 정부에서 요구했다.

체코에서 '이론연구소'를 만들어 학문의 근본이론을 통합하고자 하는 것과 같은 일을 우리도 할 수 있을지 의문이다. 대단한 포부를 지니고 간절하게 바라는 사람이 있다고 해도 지원을 얻지 못한다. 학문의 모형은 선진국에서 가져와야 한다 하고, 독자적으로 마련하는 것은 허용하지 않는다. 혼자 소규모의 작업을 하는 것은 자유지만 규모를 제대로 갖춘 연구소 창설은 불가능하다.

토론

❑ 문 : 동유럽 각국은 왜 민족주의의 성향이 강한가?

❑ 답 : 강대세력에 저항해야 하는 소수자의 각오가 근저에 있다. 동남에서 다가온 오스만 터키의 침공을 받고 지배에 시달리면서 민족의식을 키웠다. 북쪽에서 오스트리아제국이 억압을 일삼는 데도 맞서야 했다. 민족국가를 이룩해 민족의 삶을 향상하고자 하는 소망을 사회주의 체제에서 실현하면서 소련의 간섭을 견디어야 했다.

동유럽 여러 나라를 가보면 거리가 조용하고 아름다우며, 미술관이나 박물관이 많다. 조상 전래의 생활방식을 지키면서 마음의 여유를 가지고 정신적 가치를 추구하고 있는 것 같다. 어려운 여건에서도 자부심을 잃지 않고 수준 높은 삶을 지켜온 슬기가 나타나 있다. 우리가 무엇을 잃어버리고 있는지 되돌아보기 위해 찾아가야 할 곳들이다.

❏ 문 : 불가리아에서 『키릴과 메토디우스 백과사전』을 만든 것이 어떤 의의를 지니는가?

❏ 답 : 키릴과 메토디우스는 불가리아인 동방기독교 사제들이며, 교회슬라브어 문자를 창안하고 글쓰기를 정착시켜 그리스어를 대신하는 새로운 경전어를 마련했다. 그 혜택을 나누어 가져 러시아도 문명국이 될 수 있었다. 이러한 사실을 밝히고 자랑하고자 하는 생각을 전부터 간절하게 했겠는데 과학원이 생겨 비로소 실현되었다. 소련에서 가져온 제도가 불가리아를 소련에 예속하도록 한 것과 반대가 되는 기능을 수행했다. 공인된 이념과 상반된 종교의 유산을 들어 불가리아가 러시아보다 앞섰던 내력을 밝힌 것이 불가리아 과학원의 빛나는 업적이다.

❏ 문 : 『알바니아백과사전』을 평가하는 이유는 무엇인가?

❏ 답 : 알바니아는 아주 작고 가난한 나라이다. 그런데도 자기 인식을 위한 학문적 노력을 성실하게 수행하는 모범을 보인다. 『알바니아백과사전』은 제1권 제4강에서 말한 『덴마크민족백과사전』이나 우리의 『한국민족문화대백과사전』과 상통하는 것이어서 비교연구가 필요하다. 더 많은 사례가 있는지 찾아보아야 한다. 우리는 설계도 없이 집을 짓는 졸속 공사를 무리하게 했다. 알바니아에서는 준비를 착실하게 하고 있으니 부끄러워하지 않을 수 없다.

❏ 문 : 문학연구소가 있어서 무얼 하는가? 없어도 『한국문학통사』

를 쓰지 않았는가?

❑ 답 : 『한국문학통사』는 개인 저작의 한계를 보여준다. 분량 또한 손익을 고려해야 하는 출판이 감당할 수 있는 범위를 넘어서지 못하고 있다. 문학연구소에서 공동 작업을 할 수 있었더라면 더 자세하게 쓸 수 있었을 것이다. 수지 타산을 따지지 않고 공공의 자금으로 출판을 하면 얼마든지 길어질 수 있다.

『한국문학통사』를 쓰면서 아무 지원도 받지 못했다. 너무 수고한 것이 억울하다. 너무 수고하고도 여건 미비로 일이 제대로 되지 못한 것이 더욱 억울하다. 후진은 복된 조건에서 일을 더 잘 할 수 있도록 하게 하려고 외치고 싸운다. 학문연구를 더 하지 못해 학문운동을 위해 나선다.

그러나 문학연구소가 있으면 잘 될 수 있는 것은 아니다. 지위와 능력이 어긋나는 관행에 따라 인선을 하면 오히려 저해 작용을 할 수 있다. 무자격자가 연구소 운영을 맡아 자기와 같은 무리를 모아 예산을 낭비하면 성과가 폐해로 바뀐다. 이런 수준의 후진국 작태가 우리의 앞길을 어둡게 한다.

사기업체는 지위와 능력의 일치가 경쟁력이다. 공공기관은 경쟁이 없어 망한다. 이렇게 판단하고 사기업체의 경영 방식을 공공기관에 도입하면 문제가 해결되는 것은 아니다. 공공기관인 연구소는 금전으로 계산되는 수익을 위한 경쟁을 하지 못한다. 업적의 질적 평가는 당연히 해야 하지만 높은 식견을 갖추어야 가능하다. 바둑의 급수만큼 뻔한 일을 두고 억지를 부리지 말아야 한다.

❑ 문 : 사회주의 국가의 과학원에서는 지위와 능력이 일치하는가?

❑ **답** : 정치학자와 순수학자의 관계를 다룰 때 거론한 문제이다. 정치학자가 횡포를 부리지만 아주 엉터리는 아니며 인정할 만한 과정을 거쳐 지위를 획득한다. 선거가 끝나면 논공행상을 위해 요직을 일거에 다 바꾸는 것 같은 일은 없다. 과학원 산하 연구소가 할 일을 어지간히 해온 것은 조직과 운영이 비교적 건실하기 때문이다. 지금 잘못은 청산하고 장점을 살리려고 한다.

❑ **문** : 과학원 같은 좋은 제도가 있으면서 사회주의 체제가 무너진 이유가 무엇인가?

❑ **답** : 다른 쪽에 문제가 있어, 협동 생산이 잘 되지 않았기 때문이다. 인민공사 시절에 기아에 시달리던 중국이 토지를 농민들에게 나누어 주니 농작물 생산이 갑절이나 되더라고 한다.

❑ **문** : 경쟁을 해야 발전을 한다는 말이 아닌가?

❑ **답** : 그렇다.

❑ **문** : 학문 연구도 경쟁을 해야 하지 않는가? 학문의 시장 경쟁을 왜 나쁘다고 하는가?

❑ **답** : 시장경쟁이 촉진되면 그 반대의 측면이 또한 자리를 잡고 균형과 조화를 이루어야 한다. 경쟁력이 없으면 패배자가 되어도 그만이라는 이유에서 사회복지를 거부하는 나라는 없다. 사회복지를 위한 경쟁에서 국가의 등급이 결정된다. 복지의 상위 국가는 사회 안정을 얻어 생산도 더 잘 한다.

학문연구는 국력을 기울여 북돋우어야 한다는 점에서 사회복지와 같으면서, 경쟁력을 크게 키우기 위한 투자이다. 시장경쟁이 자본주의의 능력이라면, 사회복지는 사회주의의 자랑이다. 둘을 함께 실현하는 방향으로 세계사가 진행되고 있다. 어느 한쪽으로만 나아가면 망하고 둘을 잘 아울러야 앞선다.

학문연구는 양면을 지니고 있다. 사회복지와 상통하는 방식으로 하는 학문연구라야 시장경쟁의 능력을 가진다. 시장경쟁을 부추기기만 하면 학문연구가 사회복지의 일부가 되고 만다. 이 경우의 시장경쟁이란 다른 나라 학문과의 관계를 두고 하는 말이다. 학문연구가 사회복지의 일부가 되고 만다는 것은 무능력자들을 먹여 살리는 데 그친다고 비꼬는 말이다.

❑ **문** : 학생들의 호응 정도에 따라 대학의 학과 구조조정을 하는 것을 어떻게 생각하는가?

❑ **답** : 대학은 기업체가 아니고, 국가나 사회가 기업체와 같은 경쟁력을 가지도록 하는 것을 실제적인 효용으로 한다. 고고학과를 본보기로 들어보자. 고고학은 야외에 나가 땅을 파야 하니 수고가 남다르면서 수익을 올릴 수는 없다. 고고학과는 경쟁력이 없으니 폐과하는 것이 대학을 위해서나 국가를 위해서나 바람직한 경영 합리화 구조조정일 듯하다.

그런데 고고학은 특이한 운명을 지니고 있다. 일제는 강점기 동안 조선 사람은 고고학을 하지 못하게 했다. 출토 자료 이용을 막고자 한 것이다. 광복 후에 고고학을 학문이 되게 일으키는 데 많은 힘이 들었다. 중국에서 조선족은 발굴에 참여시키지 않는다. 고조선, 고구려, 발해 등에 관한 고고학 자료를 한족 학자들이 독점한다. 이 때문에 역사 논쟁이 어렵게 진행된다.

국내의 고고학과를 다 없애도 일본, 중국, 미국 등지의 학자들이 와서 발굴도 하고 연구도 할 것이다. 수지맞지 않은 일에서 손을 떼고 남들에게 맡기는 것이 현명한 국가 경영이라고 할 것인가? 국가이기를 포기한 처사이다. 구멍가게와 대기업은 경영 방법이 다르다. 구멍가게 경영 방법으로 국정을 논단하고, 대학을 운영하는 무자격자들이 학문 연구도 시장경쟁으로 해서 당장 수지를 맞추어야 한다고 한다.

❏ **문** : 미국의 학문은 시장경쟁으로 나날이 발전해 세계를 이끌지 않는가?

❏ **답** : 시장경쟁은 미국학문 자체에서도 많은 문제점이 있고, 파멸의 조짐을 보이기까지 한다는 것을 장차 제12강에서 자세하게 논의할 예정이다. 미국학문의 시장경쟁을 받아들이기만 하면 그쪽에서 필요한 학문은 하청업의 번영을 누려 더욱 예속되고, 그렇지도 못한 학문은 고사한다. 한국문학을 깊이 연구하는 작업은 미국의 학문시장에서 경쟁력이 거의 없으니 그만두어야 한다. 세계문학사를 다시 쓰는 일도 미국에서는 하지 않으니 시도할 것이 못된다. 지금 강의하고 책을 쓰고 있는 작업은 당장 그만두어야 한다.

미국에 대해 경쟁력을 가지려면 미국과는 다른 방식으로 내용에서도 상이한 학문을 해야 한다. 달의 이면을 탐색하는 것과 같은 일이다. 독일이나 프랑스가 마련한 대응 방식을 주목하고 참고로 삼을 필요가 있다. 경쟁해 이기자는 것은 아니다. 경쟁의 의의는 보완에 있다. 미국에서는 하지 못하거나 하지 않는 연구를 다른 데서 해야 세계의 학문이 정상화되고 인류의 미래가 낙관적일 수 있다.

제9강 아시아 각국의 과학원

가까이 와서

소련과 동유럽 각국의 과학원에 대한 고찰을 끝내고 이제 아시아로 들어선다. 사회주의 체제를 택한 아시아 각국은 과학원 또한 소련의 전례에 따라 창설했다. 아시아 각국의 과학원은 이미 고찰한 특징의 많은 부분을 그대로 보여준다고 할 수 있다. 그러면서 역사적 조건이나 학문의 과제가 상이해서 생긴 그 나름대로의 독자성이 있다. 가까이 있다는 이유에서도 이에 대한 자세한 이해가 필수의 과제이다.

소련이나 동유럽에는 근대학문이 어느 정도 이루어진 다음 사회주의 국가가 들어서서 과학원을 창설했다. 이미 있는 기구를 개편했다고 일제히 말하는 것이 근거가 있다. 그러나 아시아의 근대학문은 과학원을 만들고 시작되었다. 기초적인 작업부터 시작해야 하니 임무가 더 크다. 대학이 창설된 것도 같은 시기여서 연구를 돌보지 못하고 있는 결함을 과학원이 메워야 하는 사정 때문에도 임무가 가중되었다.

몽골・월남・중국・북한 순으로 고찰한다. 과학원이 생긴 순서이면서 또한 멀리서 시작해서 가까이 오는 방식이다. 몽골과 월남의 경우에는 자료 부족으로 상론이 가능하지 않다. 북한에 대해서 자세하게 알지 못하는 것은 더욱 안타깝다. 중국에 대한 고찰만 필요한 내용을 어느 정도 갖춘다.

몽골

몽골과학원은 몽골제국이 위세를 떨칠 때의 통치자 쿠빌라이가 일찍이 13세기에 만든 국립연구기관에서 유래한다고 했다.(http://www.mas.mn) 역사적 연관관계가 인정될 수 있는 주장은 아니며, 민족주의 사고를 나타낸 데 의의가 있다.

몽골과학원의 실제 역사는 1921년에 사회주의 국가가 되자 시작되었다. 문학・문자 연구소를 먼저 만들고 다른 연구소를 추가하다가, 1961년에 몽골과학원을 규모를 제대로 갖추어 정식으로 설립했다. 산하의 연구소는 모두 17개이다. 인문・사회 분야에는 어문학, 역사, 철학, 사회학, 법학, 고고학 연구소가 있다.

2006년 2월 14일 현재 시행중인 과학원의 지위에 관한 법률도 자료로 제공하고 있다. 제2조에서 "몽골과학원(이하 과학원)은 이 나라 과학 발전과 기술 향상을 위한 중심기관이다"고 하고, "과학원은 국가의 후원을 받는다"고 했다. 제5조에서 과학원 구성원들의 총회가 최대의 권한을 가지고 과학원원장, 부원장, 간부회의 위원 등을 선출하고, 주요 의사 결정을 한다고 했다. 과학원원장은 수상의 승인을 거쳐 취임하고, 과학과 기술에 관해 수상에게 조언한다고 했다.

몽골은 이제 사회주의 체제를 청산했으면서도 소련에서 받아들인 과학원 제도를 그대로 유지하고 일부만 수정했다. 과학원이 학문과 기술을 총괄하는 것은 전과 다름없다. 예산은 국가가 부담하면서 다른 수입이 있기를 바란다. 국가의 감독을 다소 완화하고 구성원 총회에 권한을 주어 민주적인 운영을 하도록 했다.

역사연구소의 연구 영역에 관한 설명을 보자. 몽골의 고고학, 몽골인의 기원, 몽골의 물질적·정신적 유산, 고대 및 중세사의 문제점, 근대사의 주요 문제점, 몽골의 역사학과 사료, 몽골인들의 전기, 옛적 금석문을 들었다. 비교연구를 확장할 계획이라고 한다.

어문학연구소의 경우도 들어보자. 연구 영역을 몽골문학의 이론적·역사적 문제, 민속 문제, 방언, 용어 정립, 유목민의 문명에 대한 몽골의 기여, 몽골 불교에 대한 총체적 연구, 몽골어사전, 알타이어 등이라고 했다. 어문학의 범위를 넘어선 연구까지 하고 있다.

몽골과학원에서 하는 학문에 대해 알 수 있는 기회가 있어 소개하기로 한다. 2004년 10월 18일부터 21일까지 臺北 中國文化大學에서 열린 환태평양한국학국제학술회의에서 몽골과학원 어문학연구소 연구원 수미야바타르(Sumiyabaatar)를 만났다. 徐美達이라는 한자명을 사용하고 유창한 우리말로 <몽·한 역사어 사전 편찬 제문제>에 관해 발표했다. 몽골말 이름이 너무 길고 발음하기 어려워 한국식 이름을 만들어 쓴다고 했다.

북한에 6년 동안 유학해 조선어학을 공부하면서 홍기문의 지도를 받았다고 했다. 귀국해 과학원에서 일하면서 몽골의 한국학을 시작했다고 했다. 발표에서 몽골과 한국 두 나라 역사용어를 비교하는 사전을 만든다고 하면서 몇 가지 사례를 들었다. 그 가운데 몽골의 'gesar'와 한국의 '居西干'이 같은 말이라는 대목이 있었다. 'gesar'는 영웅서사시 주인공인 위대한 통치자의 이름이고, 티베트와 공유한 말이다. '居西

干'은 신라에서 임금을 일컬은 말이다.

듣고서 내가 말했다. 'gesar'와 '居西干'을 연결시키는 것은 처음 듣는 말이고 생각해보지도 못했다. 'gesar'에 관한 널리 알려진 견해는 그 말이 로마의 'Caesar'에서 왔다는 것이다. 티베트 사람들이 자기네 민족 서사시의 주인공을 중국의 천자보다 더욱 위대하다고 하려고 유라시아대륙을 횡단해온 그 말을 받아들였다고 한다. 티베트에서 몽골로, 몽골에서 다시 한국으로 전달되어 신라의 '居西干'이 생겼다고 한다면 연대를 보아 전혀 부당하다. 이런 사실을 고려하고 'gesar'와 '居西干'이 같은 말이라고 하는가 하고 물었다.

이렇게 대답했다. 'gesar'가 무슨 뜻인지 몽골이나 티베트 문헌에는 밝혀 놓은 것이 없는데, 한국의 『삼국사기』에서는 "居西干 辰言王 或云呼貴人之稱"이라고 해서 의문을 풀어준다고 했다. 그 말이 한국에서 몽골로 가서 티베트까지 이르렀다고 했다. 혼자 생각인지 논문을 써서 발표해 인정을 받았는지 물으니, 논문을 써서 발표했더니 러시아 학자들이 타당하다고 인정했다고 했다. 우리는 이런 사실을 모르고 있다.

몽골 학자는 과학원이 있어 기초가 되는 연구를 여유 있게 하고 있다. 몽골학을 하면서 한국학도 한다. 몽골과 한국의 이른 시기 역사 비교연구를 깊이 있게 진행하고 있다. 우리는 어떤가? 한국학을 하면서 몽골학도 제대로 하는 학자는 없다. 대학에서 몽골어를 가르치는 사람은 있어도 몽골학을 한다고 하기는 어렵다. 가르치기에 바빠 연구를 할 수 있는 여유가 없다.

월남

월남에는 자연학문 분야의 월남과학원(Vietnamese Academy of Sciences)과 인문·사회 분야의 월남사회과학원(Vietnamese Academy of Social Sciences)이 분리되어 있다. 사회과학원의 홈페이지를 보자.(http://www.vass.vn) 첫 면에 전반적인 소개를 잘 해놓아 거의 다 번역하기로 한다.

월남사회과학원은 월남 사회과학의 기본적인 문제를 연구하는 정부기구이다. 계획의 노선과 전략, 신속하고 지속적인 발전을 사회주의 방식으로 이룩하는 윤곽과 정책을 제공하고, 사회과학에 대한 자문과 대학원 교육을 조직하며, 국가 전체가 지닌 사회과학의 잠재적인 가능성을 실현하는 데 기여한다.

월남사회과학원은 1953년에 창설되었다. 그 뒤에 사회과학 및 인문학의 국가 센터(National Center for Social Sciences and Humanities)라고 일컬어졌다. 2004년 2월에 지금의 명칭을 지니게 되었다.

소속된 연구소는 27개이다. 사회과학 및 인문학 분야의 이론적 연구와 실용적 연구를 하면서 사회경제적인 변모와 개혁, 외부세계를 향한 개방에서 제기되는 중요한 문제를 특히 중요시한다. 이들 연구소에서 경제학, 국가경제, 세계경제, 법률, 문학, 어학, 역사, 문화, 철학, 고고학, 민족학, 심리학, 사회학, 가족 및 남녀관계, 종교, 국제관계, 국가 발전 전략, 지역 개발, 도서 및 정보 등의 연구를 한다.

종사자는 1,380명이다. 그 가운데 925명이 연구원이다. 연구원 가운데 교수가 18명, 부교수가 80명, 석사 및 박사 학위 소지자가 450명이다. 사무직이 450명이다.

다음 면을 보자. 월남사회과학원의 임무 수행에 관해 2004년 1월 15일에 제정한 정부 훈령을 소개했다. 처음 든 다섯 항목에 긴요한 내용이 있어 간추려 옮긴다.

(1) 연구의 장기계획과 해마다의 실행 방안을 정부에 제출해 승인을 받고 실행한다.

(2) 월남 사회과학의 쟁점에 관한 연구를 조직하고, 사회주의의 길로 나아가는 방안을 제시한다.

(3) 소수민족의 문화유산에 관한 조사와 연구를 조직한다.

(4) 인재 양성을 위해 대학원 교육을 실시한다.

(5) 정부에서 요구하는 연구를 한다.

(1)과 (5)에서 정부의 통제를 받고, 정부가 요구하는 연구를 한다고 명시했다. (2)에서 연구의 목적이 사회주의를 실현하는 데 있다고 했다. (3)에서는 소수민족의 협조가 국가 통합을 위해 긴요한 사정을 말했다. (4)에서는 대학원 교육을 주요 임무로 했다.

27개의 연구소 가운데 철학연구소가 특히 긴요하다. 이념 수립의 임무를 담당하고, 사상의 전통을 연구해야 한다. 대표적인 업적인 『월남사상사』(*Lich su tu tuong Viet Nam,* Hanoi: Nha xuat ban khoa hoc xa hoi, 1993)를 보자.

사회과학원 철학연구소의 공동저작이다. 편자는 응우엔 따이 트(Nguyen Tai Thu) 부교수, 집필자는 판 다이 조안(Phan Dai Doan) 교수, 응우엔 득 쓰(Nguyen Duc Su) 부교수, 하 반 떤(Ha Van Tan) 교수라고 밝혔다. 서론에서 말했다.

월남은 여러 강대국에 의해 침략 당하고 천여 년 동안 애국주의를 형성했다. 애국은 본능적 행동으로 적개심을 나타내기만 하지 않고, 전투의 방향, 운동의 동력, 필승의 이념적 근거가 되는 이론을 갖추고, 나라를 구하는 방법으로 발전했다. 동포는 사랑하고 비호할 의무가 있으며, 단결하면 힘이 있고, 힘을 합쳐서 협력하면 산을 움직이고 바다를 메울 수 있다는 원리를 마련했다.

사상사를 철학 이론의 역사로 보지 않고 넓은 범위에서 이해했다. 월남인이 어떤 생각을 하면서 살아왔는지 밝혀 논하면서 애국주의가 특히 긴요한 가치를 가진다고 했다. 오랜 전통을 가진 애국주의 덕분에 외세를 물리치고 통일을 이룩했다는 사실을 분명하게 하려고 했다.

차례를 들면 다음과 같다.

서론

제1장 "베트남 사상의 역사" 과목의 몇 가지 이론과 방법론의 문제

제1부 최초의 역사시대 및 선사시대의 사상

제2장 원시시대의 베트남 거주인의 사상

제3장 건국초기의 사상

제2부 민족독립을 위한 오랜 저항기 (기원전 2세기 말부터 기원후 10세기까지의 중국지배시기)

제4장 사유의 전환기

제5장 국가주권 및 베트남공동체에 대한 사상의식

제6장 도덕의식 및 인생의 이념

제3부 독립국가 설립시기 및 회복시기의 사상 (10세기-14세

기)

제7장 사상에 대한 새로운 발전의 전향 및 사상혁명의 변화

제8장 정치사회사상의 발전

제9장 쩐 꾸옥 뚜언(Tran Quoc Tuan): 뛰어난 장군, 발군의 사상가

제10장 丁·黎·李·陳朝 시대 禪師들의 불교와 철학

제11장 10세기부터 14세기까지의 유교 및 14세기말의 불교비판

제4부 안정되고 번영한 시기 봉건제도의 사상 (15세기)

제12장 정치-사회 및 사상문화의 상황

제13장 응우엔 짜이(Nguyen Trai): 15세기의 훌륭한 사상가, 민족사상의 역사

제14장 黎聖宗(Le Thanh Tong): 세계관 및 정치·사회사상

제15장 黎朝 때의 사학자들의 역사관점 (15세기부터 17세기까지)

제5부 위기와 분단시기의 봉건제도의 사상 (16세기부터 17세기까지)

제16장 사회·문화·사상의 상황

제17장 응우엔 빙 키엠(Nguyen Binh Khiem): 16세기의 대표 사상가

제18장 응우엔 주(Nguyen Du)와 풍 칵 코안(Phung Khac Khoan)의 두 가지의 사상경향

제19장 16-17세기와 18세기 초의 불교사상

제6부 농민전쟁시기와 남북 정권의 멸망시기 사상

제20장 사회·문화·사상의 상황

제21장 레 뀌 돈(Le Quy Don)의 사상 및 그 시기의 사상경향

19세기까지의 사상사를 자세하게 고찰했다. 세계관을 갖추고 방법을 마련하면 바로 할 수 있는 일이 아니다. 자료를 조사하고 해독하는 데 많은 노력이 필요한 작업이다. 연구 결과를 잘 다듬어 대중이 널리 이해할 수 있는 저술을 내놓았다.

연구소 구성을 보면, 문학연구소가 있고, 또한 漢喃硏究所라고 하는 것이 있다. 喃은 한자를 이용해 월남어를 표기하는 字喃이다. 문학연구소에서는 로마자로 표기된 월남문학을 다루고, 한문이나 자남으로 창작한 문학은 한남연구소의 소관으로 삼는다.

2005년 2월 25-26일 성남의 한국학중앙연구원에서 열린 寓言에 관한 국제학술회에서 한남문학연구소 소장 鄭克孟(Trinh Khac Manh)이 참가했다. 본인이 밝힌 한자 이름을 그대로 적는다. '寓言喃詩傳'을 개관하는 발표를 했다. 字喃으로 지어 형식은 詩이고 갈래의 성격은 傳이라고 한 작품 가운데 우언인 것들을 소개했다.

같은 연구소 자료수집처장이라고 한 黃文甲(Hoang Van Giap)은 월남 民歌에 있는 우언을 소개했다. 지금까지 수집한 1만 2천 수가 넘는 자료 가운데 동물을 등장시킨 우언이 200수에 이른다고 했다. 황새는 농민이고, 개미는 노동자이고, 고양이는 통치계급을 나타낸다고 했다. 동물을 등장시키지 않는 작품에도 사회상을 풍자한 것들이 있다고 하면서 실례를 들었다.

발표한 논문을 보면 월남의 학문은 그리 대단하지 않다. 자료학에 머무르고 있다는 느낌이다. 이런 소감을 말하니 통역을 맡은 한국외국어대학교 베트남어과 전혜경 교수는 행정 책임자들을 불러온 탓에 월남 학문의 진면목은 알 수 없다고 했다. 다음에는 제대로 공부하는 학자를 초청해야 하겠다는 의견을 말하자, 전혜경 교수는 우선 교류를 트고, 월남에 가면 도움을 얻기 위해 책임자급과의 접촉이 더욱 긴요하다고 했다.

위에서 든 두 사례를 합쳐 보면 월남과학원에서 하는 인문학 연구의 특징을 어느 정도 짐작할 수 있다. 사회주의 국가 건설을 위한 학문을 한다고 표방하면서 민족문화의 전통을 찾는 것을 더욱 긴요한 과업으로 삼고 있다. 민족문화의 전통을 찾기 위해 필요한 많은 노력을 기울인다.

그러나 성과가 크다고 하기는 어렵다. 철학연구소에서 사상사를 정리한 것과 같은 일을 문학연구소에서는 하지 못했다. 거의 모든 나라 과학원 문학연구소에서 문학사를 자세하게 써내는 데 월남은 아직 동참하지 못하고 있다.

중국

중국은 南京에 수도를 둔 중화민국 시절 국민당 정부가 1928년에 中央研究院을 만들었다. 영어로는 'Academia Sinica'라고 하는 기관이다. "국가 원수 총통에게 직속되어, 인문 및 과학 연구를 포괄하고, 학술 연구를 지도하고 연결하고 장려하며, 고급학술의 인재를 양성한다"고 했다.

소련과학원의 모형을 받아들였다. 그 당시의 국민당 정부는 소련과 연결을 가지고 영향을 받았다. 군대 조직과 함께 학술 조직에서도 소련을 따랐다. 학문의 수준을 급격하게 높여 국가 건설에 필요한 능력을 기르기 위해 필요한 인재를 한 곳에 모아 집중적으로 지원하는 방식을 택해야 한다고 판단했다.

1949년에 국민당 정부가 대만으로 갈 때 중앙연구원도 함께 갔다. 지금은 數理과학 분야 101명, 생명과학 분야 79명, 인문・사회과학 분야 58인의 연구원이 다른 부담 없이 연구에 전념하고 있다. 연구소는 수리과학 분야 11개, 생명과학 분야 9개, 인문・사회과학 분야 12개이다. 인문・사회과학 분야 연구소는 歷史語言, 민족학, 근대사, 경제, 歐美, 중국文哲, 대만사, 사회학, 언어학, 정치, 법률, 인문사회과학으로 나누어져 있다. 중앙연구원 덕분에 대만은 학문의 수준이 높고, 연구 업적이 풍부하다. 대만사연구소에서는 대만의 독자적인 내력을 밝혀 진로 모색에 기여한다.

1949년 중국대륙을 통일한 중화인민공화국은 바로 그 해 과학원을 창설했다.(http://bic.cass.cn) 소련의 전례를 받아들여 과학원에서 연구를 하고 대학에서는 교육을 하도록 했다. 과학원에 모든 학문 분야를 함께 포함시켰다. 초대원장은 역사학자인 郭沫若이었다. 1977년에 과학원 철학・사회과학부를 독립시켜 사회과학원을 만들었다. 과학원은 자연학문을, 사회과학원은 인문・사회학문을 관장한다. 대등하지 않은 명칭에서 자연학문이 학문의 중심임을 나타낸다.

사회과학원은 과학원 철학・사회과학부에 경제학연구소가 독립되어 확대된 기구이다. 그 때 이미 철학연구소, 세계종교연구소, 고고학연구소, 역사연구소, 근대사연구소, 세계역사연구소, 문학연구소, 외국문학연구소, 語言연구소, 법학연구소, 민족연구소, 세계경제연구소, 정보자료연구실, 이 14개 연구 단위가 있고, 연구원 총수가 2,200인이었다.

1977년에 사회과학원이 되고 그 뒤 1981년에 이르는 사이에 공업경제연구소, 농촌발전연구소, 무역경제연구소, 신문연구소(현재는 신문 및 傳播 연구소), 마르크스-레닌주의 모택동사상 연구소, 사회학연구소, 인구연구소, 소수민족문학연구소, 세계정치연구소(나중에 세계경제연구소와 합쳐 세계경제 및 정치 연구소), 미국연구소, 일본연구소, 서구연구소(현재 구주연구소), 중국사회과학잡지사, 중국사회과학출판사, 研究生院, 곽말약저작편집출판위원회辦公室이 창설되었다. '研究生'은 대학원생이다. 대학원이 설치되어 관장 기구가 생겼다. 1981년 이후에는 수량 및 기술경제연구소, 문헌信息中心, 邊疆史地연구소, 정치학연구소, 대만연구소, 아주태평양연구소가 생겼다. 邊疆史地연구소에서 하는 연구 사업의 하나가 東北工程이다.

현재 연구중심이 45개, 하위조직이 260개이다. 총인원이 3,767명이고, 그 가운데 연구원이 2,975명이다. 국내외에서 높이 평가되는 뛰어난 학자들이 많이 있다고 자부한다. 능력이 뛰어난 후계자들이 있다고 한다.

무엇을 어떻게 연구하는가 하는 대목에서는 홈페이지 중국어본과 영어본에 많은 차이가 있다. 양쪽을 함께 이용하면서 요긴한 내용을 간추린다.

(가1) 마르크스-레닌주의, 모택동사상, 등소평이론 연구의 중심 기관이다. (가2) 기본 이론 탐구에 중점을 두고 사회과학 발전을 촉진한다.

(나1) 국가가 요구하는 사회주의 물질문명과 정신문명 건설을 담당한다. (나2) 국제적인 문제 해결과 전략을 연구한다.

(다1) 중화인의 뛰어난 문화유산을 계승한다. (다2) 인류 문명의 성취

를 과감하게 수용한다.

(가)에서는 연구의 관점, (나)에서는 연구의 내용, (다)에서는 연구의 전통을 말했다. (1)에서는 지금의 중국을 위한, (2)에서는 장래의 인류를 위한 연구를 한다고 해서 서로 어긋난다. (다1)과 (다2)는 양면에 함께 힘쓴다고 말할 수 있다. (나1)과 (나2)도 연결되어, 국제적인 문제를 중국의 입장에서 해결하고자 한다고 말했다.

(가1)과 (가2)는 둘을 동시에 추구할 수 없다. (가1)에서는 이미 정립되어 있다고 하는 기본 이론을 (가2)에서는 새롭게 탐구한다고 한다. (가1)을 관철시키려면 (가2)에서 할 일은 보완작업에 지나지 않는다. (가2)를 희망한다면 (가1)을 재고의 대상으로 해야 한다. 이것이 중국 학문의 가장 큰 고민이다. 적극적인 해결은 가능하지 않으니 (가1)을 표방하고 (가2)의 작업을 조심스럽게 하는 데 그친다. (가1)과 같은 전제가 러시아나 다른 동유럽 국가에서는 폐지되었으나, 중국의 변화는 그 정도까지 나아가지 않았다.

조직의 운영에서도 중국은 소련의 전례를 그대로 따르고 있다. 공산당이 국가를, 국가가 과학원을 지도한다. 구성원들의 자율적인 결정은 최소한에 그친다. 계획에 의해 연구를 진행한다. 재정을 국가가 담당하므로 지도하는 것이 당연하다고 하지만 지도하는 능력이 문제이다.

중국이 시장경제로 나아가면서 소득 격차가 크게 벌어졌다. 과학원 구성원들은 사회주의 시대와 그리 다르지 않은 대우를 받고 있어 빈곤층이 되었다. 대학에서는 수익사업을 해서 보수를 올리는 데에 쓴다. 기업체를 만들어 운영하고, 학교 담을 헐고 상가를 만들기도 했다. 자연학문을 하고 기술을 관장하는 과학원은 그럴 수 있지만, 사회과학원은 방법이 전혀 없다.

직접 가서 본 것을 말하겠다. 좋은 대지에 건물이 하나 서 있기만 해서 수익사업을 위해 활용할 여지가 없다. 중국에 가 있던 교수가 안내를 하면서 사회과학원 교수들이 생활을 하기 어려운 형편이라고 했다. 파장에 가서 쓰레기가 거의 다 된 푸성귀를 사다 먹어야 하는 형편이라고 했다.

찾아가서 만난 敏澤 교수는 중국비평사에 많은 연구 업적이 있는 석학이다. 학문에 대한 자부심이 대단했다. 국제적으로 많이 알려진 학자 한 사람을 들고 어떤가 하고 물으니 "飛飛飛"하고 같은 글자를 세 번 써 보였다. 날림이고 착실하지 못하다는 말이다. 평생 동안 꾸준히 자료를 찾고 정리하는 작업을 해오면서 자기 견해를 함부로 말하는 풍조를 경계했다.

대학원생을 지도하는가 하고 물으니 하지 않는다고 했다. 여러 해 전에 지도학생을 받았더니 연구에 지장이 있어 하지 않기로 했다고 했다. 대학원생 선발은 전적으로 지도교수에 달려 있다는 것을 알았다. 선발하든 선발하지 않든, 누구를 선발하든 마음대로 한다는 것이다. 많은 자유를 누리면서 연구하는 것이 부러웠다.

더욱 부러운 것은 시간 여유이다. 일주일에 한 번 회의가 있는 날 소속 연구소에 나오면 그만이고, 그 밖의 시간에는 어디서 무얼 해도 그만이라고 했다. 연구를 하고 싶으면 얼마든지 하고, 하기 싫으면 안 해도 되었다. 그런데도 연구에 대한 동경과 선망이 줄어들고, 나쁜 대우를 탈 잡아 젊은이들이 사회과학원을 멀리 하는 것이 숨길 수 없는 현실이다. "능력이 뛰어난 후계자들이 있다"고 한 것은 희망적인 사항이라고 하지 않을 수 없다.

연구는 과학원에서, 교육은 대학에서는 하는 소련의 제도를 중국도 택했다. 그런데 지금에 와서는 대학의 비중이 커지고 사회과학원은 초라하게 되고 있다. 사회과학원은 대학처럼 돈을 벌지 못하고 있는데 겹쳐 정부의 지원도 대학 쪽으로 향하고 있다. 대학은 외국의 대학과 여러 방식으로 합작을 하면서 도움을 받는데, 사회과학원과 공동작업에 돈을 댈 나라는 없다.

대학에서는 교육을 하고, 연구원 또는 과학원에서는 연구를 하는 것이 대만이나 중국의 공통된 제도이다. 소련의 모형을 양쪽에서 받아들였다. 대학에서도 연구를 할 수 있으나 교육이 일차 임무여서 연구에 전념할 수 없다. 연구원이나 과학원도 대학원을 설치해 교육을 실시하지만 연구에 부수되는 활동이다. 연구원이나 과학원에 소속된 사람이 대학교수보다 더 많은 연구를 하는 것이 당연하다. 연구원이나 과학원에 소속된 학자는 대우나 지위에서도 대학교수보다 상위인 것이 또한 소련에서 받아들인 제도이다. 院士라고 일컬은 아카데미회원이 최고의 명예를 누리도록 했다.

그런데 1980년대 이후에 변화가 나타났다. 과학원과 대학의 관계를 재조정하기 시작했다. 과학원은 연구를, 대학은 교육을 하는 제도를 수정해 대학에서도 연구와 교육을 함께 하는 방향으로 나아갔다. 근래에는 이런 변화가 촉진되어 대학의 연구여건을 마련하고, 세계적인 경쟁력을 가진 대학이 나타나도록 촉구하면서 과학원에 대한 지원은 상대적으로 줄어들었다.(Weifang Min, "Chinese Higher Education, the Legacy of the Past and the Context of the Future", Philip G. Altbach and Toru Umakoshi, *Asian Universities, Historical Perspectives and Contemporary Challenges,* Baltimore: The Johns Hopkins University Press, 2004)

대학을 지원하기 위해 운영 방식을 개선하고, 과학원은 그대로 둔다.

과학원은 언제나 그랬듯이 국가가 직접 운영하고 통제하는 기관이고, 대학에는 자율적 운영이 조금씩 허용된다. 국가가 관장하던 정교수 임명과 박사학위 수여를 스스로 할 수 있게 허용된 대학이 늘어나고 있다.(W. Min, "People's Republic of China: Autonomy and Accountability: An Analysis of the Changing Relationships between the Government and Universities", Guy Neave and Frans A. van Vught ed., *Government and Higher Education Relationships Across Three Continents: The Winds of Change,* Oxford: Elsevier Science, 1994)

과학원은 사회주의 방식으로, 대학은 자본주의 방식으로 운영한다고 할 수 있다. 학생들에게 돈을 받고, 또한 수익사업을 해서 대학은 재정을 확대한다. 미국식 계약연봉제를 실시하기 시작하고, 이름난 교수는 파격적인 대우를 한다. 과학원은 돈을 받을 학생이 없고 수익사업을 하기에도 부적당해서 대학에서 일어나는 변화를 따르지 못한다.

사회과학원은 뒤로 밀려나 유명무실하게 되고 마는 것이 아닌가? 이런 추측을 자아낼 때 1998년에 커다란 변화가 있어 다시 강화되는 방향으로 나아가고 있다. 최근 동향을 중심으로 사회과학원의 내력을 자세하게 고찰한 국외자의 저작이 있다.(Margaret Sleeboom-Faulkner, *The Chinese Academy of Social Sciences [CASS], Shaping the Reforms, Academia and China [1977-2003],* Leiden: Brill, 2007)

중국공산당 정치국원 李鐵映(Li Tieying)이 책임자가 되어 중국공산당과 관계를 더욱 긴밀하게 하는 방향으로 사회과학원을 재정비하고 있다. 소비에트 체제의 해체, 아시아의 발전방식, 국제 테러리즘 등에 관한 연구 과제를 받고, 사회주의 시장경제 이론, 경제의 세계화와 중국 등의 연구를 추가해 국가 기본정책 수립에 적극적으로 기여하고자 한다. 中國當代問題研究所와 金融研究所를 신설했다.

연구원들이 서로 경쟁하게 하고, 대우를 향상한다고 한다. 구체적인 방법은 정책 연구에 참여해 평가를 얻으면 課題費라는 보수를 추가로 받게 하는 것이다. 경쟁이 자율적인 선택과는 거리가 멀다. 국가에서 요구하지 않는 연구를 제안해서 하면 혜택이 없다. 공통되게 받는 급료는 대학을 따르지 못한다. 2003년도 교수 급여가 北京大學이나 靑華大學은 최소한 월 5천원인데, 사회과학원은 대체로 2천원 정도였다. 사회과학원은 자기 학문을 하기 어렵고 보수가 낮아, 유능한 인재는 대학으로 옮겨간다. 자연학문을 하는 과학원 쪽의 사정도 같으리라고 생각한다.

중국은 사회주의를 유지하고 있어, 과학원을 자율적으로 운영하게 하지 않고 국가 계획에 의해 다시 강화하는 것이 러시아와 동유럽과 다르다. 그러나 사회과학원에서 하는 연구 주제에서 소비에트 체제의 해체, 사회주의 시장경제, 경제의 세계화 등이 크게 중요시된다. 변화에 적응하기 위한 정책을 마련하고 있다. 사회과학원에서는 정책연구를 하고, 대학은 학문의 근본문제를 어느 정도 자율성을 가지고 연구할 수 있도록 한다. 과학원이나 사회과학원이 학문의 구심체일 수 없어 오랜 전통이 무너진다.

마르크스-레닌주의, 모택동사상, 등소평이론을 어떻게 해야 하는가? 가다듬어야 하는가? 고쳐야 하는가? 바꾸어야 하는가? 이에 관해서는 권한이 없고, 말하지 않는다. 거시적인 통찰은 바라지 않고 당면한 과제 해결에 집착하는 정책연구에 몰두해 말단의 학문을 하고 있다. 국가 지도자들이 해야 할 일을 제시하지는 못하고, 이미 하고 있는 일을 합리화하고 보조하는 정도에 머물러 위상을 낮춘다. 국가의 평가를 가치로 삼아 학문을 도구화한다.

지위와 관장 범위가 일치하도록 하는 것이 사회주의 체제이고, 사회주의 국가가 과학원을 운영하는 방식이다. 중국에서는 이 방식을 견지해, 학문에서도 상위자는 국가 시책을 크게 따르고 하위자는 상위자의 방침을 조금씩 맡아 실행하도록 한다. 역사의 전환을 위한 거시적인 통찰은 누구의 소관사도 아니다. 하위자에 지나지 않는 학자 개개인이 스스로 판단해 커다란 작업을 시도할 수 없으니 학문이 살아 있다고 하기 어렵다.

사회과학원에서 이룩한 연구 성과를 구체적으로 고찰해야 내실을 갖추어 평가를 할 수 있다. 최근의 정책연구는 적합한 예증이 아니고, 고찰할 능력도 없다. 고전적인 본보기를 문학사에서 찾는다. 문학사 서술은 소련이나 동유럽 과학원에서 힘써 한 일이다. 동유럽 각국에서는 자국문학사가 미비하고 소략한 채로 두지 않고 풍부한 내용을 갖추어 다시 내놓는 것을 과학원의 임무로 삼았다. 문학사를 자세하게 쓰려면 많은 노력이 필요하다. 개인이 감당하기는 아주 어려우므로 연구소가 있어 다수의 인원이 함께 일해야 한다.

중국도 바로 이런 경우이다. 중국문학사가 몇 가지 이미 나와 있지만 길어야 두 권짜리여서 유산의 분량에 견주면 너무 초라했다. 헝가리 같은 나라에서 자국문학사를 전 6권으로 내놓은 것을 보면 분발하지 않을 수 없다. 1949년 이후에 여러 권으로 중국문학사가 몇 가지 나왔으나 준비 없이 급조된 것들이다. 착실한 연구를 근거로 삼고, 일관된 관점을 지니면서 중국문학사의 전개를 자세하게 다루는 문학사가 있어야 했다. 사회과학원 문학연구소는 이 일을 하지 않으면 존재 이유가 없다.

임무를 저버리지는 않고, 『中國文學史』 전3권을 1962년에 (北京 :

人民文學出版社) 내놓았다.(이에 관해서 『동아시아문학사비교론』, (서울 : 서울대학교출판부, 1993에서 고찰했다.) "마르크스-레닌주의의 관점"을 따랐다고 서두에서 밝히고, "능력과 수준이 모자라고, 목표와의 거리가 적지 않아 결점이나 착오가 상당히 많다"고 했다. "독자가 많은 의견을 내주리라고 기대하고, 재판에서 개정을 하겠다"고 했다.

봉건사회 이전의 문학과 봉건사회 이후의 문학으로 시대를 양분했다. 봉건사회는 춘추시대에서 전국시대로 넘어올 때 성립되었다고 했다. 얼마 되지 않은 그 이전의 문학과 거의 대부분을 차지하는 그 이후의 문학을 대등한 비중을 두고 다루었다. 봉건시대의 성립이 문학에서 어떤 변화를 가져왔는지 말하지 못했다.

마르크스-레닌주의의 관점을 따르려면 역사학에서 내놓은 학설을 그대로 받아들여야 한다고 여겨 이런 무리를 저질렀다. 실제 서술 내용에서는 작가와 작품을 사실 위주로 소개하는 종래의 방식을 그대로 두고 사회경제사의 설명을 여기저기 삽입하는 데 그쳤다. 사회적 토대와 문학의 관계에 대해서 납득할 만한 논의를 했다고 인정되는 대목이 거의 없다.

결점과 착오를 고쳐 다시 쓰는 것이 시급한 일인데, 오랫동안 하지 않고 미루어두었다. 1965년부터 10년간 문화대혁명의 소용돌이를 겪어 학문을 할 수 없었던 사정은 이해할 수 있다. 그러나 그 뒤에도 일한 증거가 없다. 1962년에서 28년이나 지난 1990년에 낸 제5쇄본을 보면, 찾는 사람들이 있어 책을 다시 내야 하겠다는 출판사의 연락을 받고 "개별적인 부분의 사소한 수정밖에 하지 못했다"고 하고, 중국문학사를 더 자세하게 쓰기 위한 연구를 하고 있기 때문이라고 했다. 자세하게 쓴 문학사라는 것이 그 뒤 7년이 지난 1997년에 이르러서야

『中華文學通史』 전 10권(北京 : 華藝出版社)으로 출간되었다.

『中國文學史』를 포함한 모든 문학사는 중국문학이 중국어를 사용한 漢族의 문학으로 한정된다고 했다. 중국어가 아닌 다른 언어의 문학은 취급하지 않았으며, 한족이 아닌 다른 민족 작가들의 활동을 무시했다. 다른 민족의 작가들에 관해서 고찰하지 않을 수 없을 때에는 모두 한족이라고 하면서 사실을 왜곡했다. 鮮卑族 元稹, 元吉, 元好問, 위그르족 貫云石, 몽골족 薩都剌, 蒲松齡, 回族인 李贄, 만주족 曺雪芹을 한족이라고 했다.

이것은 중국이 다민족국가라는 사실을 무시한 처사이다. 중화인민공화국은 과거의 어느 국가보다 중국이 다민족국가임을 강조하고 소수민족을 한족과 대등하게 존중한다고 표방한 것과 어긋났다. 여러 민족이 그런 처사에 대해서 일제히 반발했다. 자기네 문학을 스스로 연구해 문학사를 서술하는 작업을 활발하게 전개했다. 『蒙古文學發展史』(1954)처럼 민족어본의 중국어 번역도 있지만, 『白族文學史』(1960), 『納西族文學史』(1960), 『苗族文學史』(1981) 이하 여러 민족의 문학사는 중국어로 썼다.

사회과학원 문학연구소에서 한족의 문학만 취급하고 소수민족문학의 의의를 부인하는 잘못을 시정해야 한다는 주장이 강력하게 대두해 1977년부터 1981년까지의 기간에 소수민족문학연구소를 설립했다. 중국문학사를 자세하게 쓰는 작업은 문학연구소 단독으로 하지 못하고 소수민족문학연구소와 공동으로 추진해야 한다고 요구했다.

그 결과가 『中華文學通史』 전 10권으로 나타났다. 문학사의 각 시기마다 한족의 문학과 소수민족의 문학을 함께 다루어 '중국'보다 더 큰 범위인 '중화'문학사를 마련한다고 했다. 서두에 실려 있는 張炯의

<導言>에서 중국은 다민족국가임을 강조해서 말하고, 56개의 민족이 "以各具民族風采的文學創作, 爲豊富和發展我國文學作出新的貢獻"의 경과를 밝혀 논한다고 했다. 각 민족문학의 독자적인 의의는 그 자체로 의의를 가지지 않고 '아국문학'을 풍부하게 하는 데 기여했으므로 평가해 마땅하다고 한 말이다. '아국'이란 중화인민공화국의 모습을 역사의 전 기간에 투영시킨 허상이며 문학사의 올바른 이해를 방해한다.

한족문학사와 여러 소수민족문학사를 함께 포괄하는 공동의 원리를 찾아 문학사의 시대구분을 새롭게 하고자 하는 노력은 하지 않았다. 중국의 왕조교체를 따라 시기를 나누고, 어느 왕조시대의 것인가 가려 소수민족문학을 취급할 곳을 정했다. 중국왕조의 통치가 소수민족에게 끼친 작용은 중요시하면서 친선을 강조하고, 소수민족문학이 거기 맞서서 민족의 주체성을 옹호하려고 한 노력은 무시했다.

위진남북조문학에 관한 서술을 마치고, 당나라 때의 문학으로 들어가기 전에 <隋唐以前的南方少數民族文學>이라는 대목에서 소수민족문학에 관한 고찰을 시작했다. 신화에 이어서 '創世史詩'라고 한 창세서사시의 자료를 여럿 들어 소개한 자료는 소수민족문학사에서 각기 다룬 것을 한 데 모아놓았을 따름이다. 중국문학 인식의 공백이나 단층을 보충해주는 의의가 있다 하고서, 한족문학사에 대한 종래의 견해를 시정하는 데 실제로 이용하지 않았다. 한족에게는 거의 없는 서사시가 소수민족의 문학에는 풍부하게 전승되는 이유를 밝혀 논하려고 하지 않았다.

한족이 한문이나 중국어로 이룩한 문학은 잘 다룬 것은 아니다. 작가와 작품을 열거해 설명하는 방식을 청산하지 못했다. 시대 변화와 문학의 관계를 다루는 일관된 관점을 찾을 수 없다. 唐詩와 같은 문학갈래에 대한 총체적인 해명은 하지 않고 널리 알려진 사례를 다루는 데 그쳤다. 대표작으로 뽑히지 않은 것들은 관심의 대상이 되지 않았다.

이러한 결과를 사회과학원이 나아가는 방향을 표명한 것과 견주어 검토해보자. 마르크스-레닌주의, 모택동사상, 등소평이론에서 문학사 이해의 원리를 마련하고자 하는 희망은 달성하지 못하고, 새로운 이론 탐구는 시도하지도 않았다. 중국이 위대한 나라임을 한족이 이룬 문화 유산을 들어 강조하는 것이 정신문명 건설의 방향이라고 여기고 소수 민족의 기여는 정당하게 평가하지 않았다. 자기중심의 애국주의에 머무르고 보편적 가치를 추구할 생각은 없다.

안이함이 놀라울 정도이다. 거대한 규모의 연구소에서 수십 년 동안 일하는 많은 연구진이 힘써 노력했다고 인정하기 어려운 미비하고 설익은 저작을 내놓았다. 전10권이라도 분량이 만족스럽지 못하고, 논란을 배제한 설명으로 일관했다. 이론적 고민은 찾아볼 수 없어 더욱 놀랍다. 문학연구소가 있어 문학을 전공하는 학자들이 마음 놓고 연구할 수 있게 한 혜택은 대단하다. 자본주의 국가에서는 기대하기 어렵다. 그런데 혜택에 대한 보답이 나태가 아니었던가 한다.

또 하나 이해하기 어려운 일이 있다. 책이 나온 다음 해인 1998년에 북경에 가서 책을 구하려고 했으나 파는 곳을 발견할 수 없었다. 유학하고 있는 학생에게 부탁해 무슨 수를 쓰든지 구해달라고 했더니 며칠 뒤에 나타나 겨우 성사했다고 했다. 사는 사람이 많아 그랬던 것은 아니다. 적게 찍었기 때문이다. 다 팔렸다고 해서 다시 찍지 않는다.

책을 가지고 와서 중국문학 전공자들에게 자랑했더니, 놀라는 사람도 부러워하는 사람도 없었다. 중국에서 새로운 책이 나온 것은 중국학을 하는 한국 학자들에게도 그리 긴요한 소식이 아니다. 연구 동향에는 관심을 두지 않고 늘 하던 공부를 그대로 하면 된다고 여기는 것 같다. 중국 풍조를 따르고 있다고 할 만하다. 그런 줄 중국에서 알아 책을 조금만 찍어 업적으로 보고하는 데 그쳤을 수 있다. 이 대목의 글을 쓰면서 공연히 열을 올리는 것을 부끄러워해야 하는가?

북한

조선민주주의인민공화국(이하 '북한') 사회과학원이라고 하는 북한의 기구에 관해 공식적으로 알려주는 자료는 찾지 못했다. 인터넷에 홈페이지가 없는 점이 몽골, 월남, 대만, 중국 등의 경우와 다르다. 김용섭, 『남북 학술원과 과학원의 발달』(서울 : 지식산업사, 2005)에 의거해 논의를 진행할 수밖에 없다. 이용한 자료가 과학원 설치 당시의 법령 정도여서 상당히 미비하다. 연구에 종사하는 인원이 얼마나 되는지 알 길이 없다. (강호제, <조선민주주의인민공화국 과학원과 현지연구사업>, 『화해와 협력시대의 코리아학』, 大阪 : 國際高麗學會, 2006도 참고한다.)

과학원 창립 연도는 1952년이다. <조선과학아카데미야 창립에 관하여>를 1952년 5월 7일 내각에서 결정하고 그 취지를 알렸다. "공화국 과학계 앞에 제기된 제문제들을 보다 더 성과적으로 해결하며, 공화국의 과학과 기술의 급속한 발전을 보장하며, 전체 과학자들의 연구사업을 통일적 및 계획적으로 조직 지도하기 위하여", "조선과학아카데미야를 창립한다"고 했다.

1952년 10월 9일의 내각 결정으로 <조선민주주의인민공화국 과학원 조직에 관하여>가 반포되었다. 기구 이름이 바뀌었다. 과학원을 지도

하는 인사를 원사라고 하고, 그 다음 직위는 후보원사라고 하면서, 원사 10인, 후보원사 15인의 명단을 발표했다. 원장은 홍명희, 부원장은 최삼열, 서기장은 장주익으로 했다. 사회과학부문은 리청원, 자연 및 기술과학부문은 리승기, 농학 및 의학부문은 최명학이 위원장을 맡았다, 홍명희, 최삼열, 리승기, 최명학은 원사이고, 장주익, 리청원은 후보원사였다. 산하 연구소에 역사연구소, 고고학 및 민속학 연구소, 언어문학연구소, 경제법학연구소, 물리수학연구소, 화학연구소, 농학연구소, 의약학연구소를 두었다.

그 뒤에 연구소가 분야별로 분리되었다. 1963년에 의학과학원, 1966년에 농업과학원이 생겼다. 사회과학원 분리는 1961년에 채택되고, 1964년에 실현되었다. 과학원은 자연학문을 관장하게 하고 사회과학원을 따로 두는 것은 월남과 중국에도 있는 일이다. 월남이 먼저이고 북한이 그 다음이고, 중국이 뒤를 이었다. 그러나 의학과학원과 농업과학원을 따로 둔 다른 예는 없다. 과학원을 여럿으로 나누어 여러 학문을 총괄하는 기구가 없어졌다. 개별 과학원이 각기 정부 또는 정부의 해당 부서와 연결되었다.

사회과학원이 독립되면서 연구실이 개편되었다. 경제연구소, 법학연구소, 역사연구소, 철학연구소, 언어학연구소, 문학연구소, 고고학 및 민속학 연구소, 고전연구소를 두었다. 중점 사업을 몇 들어보자. 역사연구소에서는 방대한 규모의 『조선전사』를 냈다. 언어학연구소에서는 국어사전을 편찬했다. 문학연구소에서는 문학사를 만들었다. 고전연구소에서는 한문고전을 번역했다.

문학연구소에서 만든 문학사에 관해 구체적인 고찰을 하기로 한다. (『동아시아문학사비교론』, 서울 : 서울대학교출판부, 1993에서 한 작업을 간추리고 보완한다.) 문학연구소에서 자국의 문학사를 내는 것은 동유럽의 여러 나라나 중국에서도 볼 수 있는 일이다. 북한에서는 이 일을 세 차례 했다. (1) 과학원 언어문학연구소 시절인 1959년에 그 산하 기구인 문학연구실에서 『조선문학통사』 전2권을 냈다. (2) 사회과학원 문학연구소가 되고 1977년에서 1981년까지 『조선문학사』 전5권을 냈다. (3) 1991년부터 1994년까지에 『조선문학사』 전15권을 냈다.

이들 저작은 분량에서 남한에서 낸 것보다 항상 앞섰다. (1)이 나올 시기에 남한에는 단권짜리 문학사만 있었다. (2)와 같은 분량의 문학사를 남한에서는 1984년에서 1989년까지 마련했다. (3)과 같은 것이 남한에는 아직 없다. 북한에서 많은 작업을 앞질러 한 것은 문학연구소가 있기 때문이다. 남한에서는 문학사 쓰는 일을 개인이 감당하고, 전념할 수 있는 사람이 없어 작업의 분량에서 북한을 따르지 못한다.

(1)은 저자를 문학연구소라고 했다. 집체작업의 성과라는 말이다. (2)의 제1·4·5권도 문학연구소가 저자라고 하고, 제2권은 박종원·류만·최탁호, 제3권은 김하명·류만·최탁호·김필영의 공저라고 했다. (3)은 개인저작도 있고 공저도 있다. 개인저작에는 심사자가 있다. 본보기를 둘 든다. 제1권은 저자 정홍교, 심사 김하명·한종모라고 했다. 제11권은 김선려·리근실·정명옥이 집필했다고 했다. 집체작업에 어려움이 있고, 개인의 작업을 용인할 수도 없는 난점을 보여준다고 할 수 있다.

(1)은 고전문학이 한 권, 현대문학이 한 권이어서 균형을 이루었다. 그 뒤에는 현대문학에다 많은 비중을 두었다. (2)는 제1권에서 고대·중세, 제2권에서 19세기말-1925년, 제3권에서 1926년-1945년, 제4-5권에서 1945년 이후의 문학을 다루었다. (3)에서는 1945년 이후의 문학이

제10-15권을 차지한다. 현대문학이 차지하는 분량을 대폭 확대하면서 취급 내용은 엄선했다.

(1)에서 한문학 작품을 다수 찾아낸 것은 평가할 만한 공적이다. 그런 노력이 후속 저작에서는 보이지 않는다. 분량이 늘어나도 자료 선택은 폐쇄되어 있다. 남한에서 새로 발견해 힘써 연구한 작가와 작품을 받아들이지 않았다. (2)는 물론 (3)마저도 남한에서 낸 문학사보다 취급 내용이 모자란다. 문학사 이해의 문제점이나 작품 해석에 관한 논란은 취급 대상이 아니다. (3)이 길어진 것은 높이 평가하는 작품을 길게 다루었기 때문이다.

(1)을 내놓으면서 '역사주의'와 '애국주의'라고 일컬은 두 가지 원칙을 내세웠다. 유물사관에 입각한 서술을 말하는 역사주의에 미흡한 점이 있다고 자인했다. 세기별로 시대를 나누어놓고 어떤 사회경제사적 근거를 가지는지 말하지 못했다. (2)에서, 다시 (3)에서 역사주의보다 애국주의에다 더 많은 비중을 두었다. 문학사의 전개가 어떻게 이루어졌는지 해명하는 작업에는 힘쓰지 않고, 긍정적으로 평가해야 할 작품을 해설하고 찬양하는 것을 기본 내용으로 삼았다. 시대가 내려올수록 애국주의를 더욱 중요시하고 긍정적 평가의 기준을 엄격하게 해서 오직 김일성을 척도로 삼았다.

(1)은 유물론 시대의 작업이다. 유물론을 주체사상으로 바꾸어놓는다고 할 때 (2)를 내놓았다. (3)은 주체사상이 더욱 확대된 모습을 보여준다. 목적의식이 중요시되고, 정치적 지도가 강화되고 있다. 과학원만으로는 모자란다고 판단하고 주체과학원을 신설해 상위에 두었다고 하는데 자료 부족으로 다루지 못한다.

평가와 전망

앞에서 고찰한 아시아 여러 나라는 전통학문의 자랑스러운 역사가 있으나 근대학문은 시작이 늦고 여건이 미비해 수준이 낮다. 생긴 지 얼마 되지 않은 대학에서 교육을 하는 것도 힘겨운 일이라 연구를 돌보지 못한다. 이러한 난관을 극복하기 위해 필요한 연구기관을 소련의 전례에 따라 만들고 과학원 또는 사회과학원이라고 했다.

소련의 전례를 받아들였다고 나무랄 것은 아니다. 미국을 따른 경우에는 과학원을 만들 생각을 하지 않았다. 연구는 대학에서 한다고 미루어두고 연구를 하는 데 필요한 여건을 마련하려고 하는 노력도 없다. 대만은 대륙에 있던 중화민국 시절에 소련의 전례에 따라 중앙연구원을 만든 것을 가져가 큰 자랑거리로 삼아 부러움을 자아낸다.

소련의 전례는 연구기관 창설을 필수적인 과제로 삼도록 하는 데 그치지 않고 국력을 기울여 지원하는 것까지 포함한다. 과학원원사들을 정점으로 한 많은 학자가 학문연구를 생업으로 삼고 안정을 누리면서 존경받도록 한다. 장기간에 걸친 연구를 공동으로 진행해 방대한 성과를 내놓는다. 나라의 크기나 재정 능력에 비해 아주 큰 생산물이다.

정치적인 제약, 관료주의적인 운영 방식, 의욕 상실에서 오는 비능률 등 많은 문제점이 있다. 해놓은 일에도 비판해야 할 사항이 적지 않다. 그러나 근대학문의 기초를 다지고 자국의 역사와 전통을 돌보기 위해 반드시 해야 할 일을 한다. 근대 이전의 자료를 조사하고 해독해 여러 분야의 역사를 서술하는 것을 특히 긴요한 과업으로 삼아 자국학문의 수준향상과 세계학문의 균형발전에 적극 기여한다.

몽골 · 월남 · 중국 · 북한은 근래 나라 사정이 각기 달라 과학원에도 공통점보다 차이점이 더 크다. 이에 관한 고찰을 반드시 해야 하지만 자료 부족으로 뜻을 이루지 못했다. 내가 하고 있는 작업의 미비점을 안타까워하면서 시간 부족과 여건 미비를 한탄하고, 또한 개인연구의 한계를 절감하지 않을 수 없다.

네 곳 가운데 중국의 사정이 달라지고 있는 것만 어느 정도 파악했다. 소련이나 동유럽에서 일어난 변화를 중국에서는 국가가 요구하고 있다. 과학원에서 하는 연구의 상당 부분을 대학에서 맡도록 하고, 연구의 성과와 보수를 연결시키는 경쟁 방식을 도입하고, 정부의 지원만 기대하지 말고 다른 재원을 찾으라고 한다.

그렇게 하면 의욕 상실에서 오는 비능률은 어느 정도 시정할 수 있을지 모르나, 관료주의적인 운영 방식이나 정치적인 제약을 해결하는 자율화의 길은 아니다. 학문의 시장경쟁을 선호하다가 연구기관이 할 일을 하지 못하게 될 염려가 있다. 무엇이 최상의 방안인지 깊이 따져 선택하는 것이 어느 나라에 국한되지 않은 공동의 과제이다.

토론

❑ 문 : 월남의 사회과학원에서 월남사상사를 대중이 널리 이해할 수 있는 방식으로 서술해 내놓았다는 것을 어떻게 확인했으며, 어떤 의의를 가지는가?

❑ 답 : 계명대학에 유학하고 있는 월남 학생 도풍뚜이(Do Phung Thuy)에게 부탁해 책을 구하고 요긴한 대목을 번역하도록 해서 읽었다. 도풍뚜이는 자기 나라에서도 한국학을 전공했으며 월남사상을 공부한 경력이 없다. 그런데도 책을 잘 이해하고 읽기 쉽게 번역했다. 도풍뚜이가 뛰어난 학생이기 때문이기도 하지만, 원저를 잘 쓴 것이 더욱 중요한

이유라고 생각한다. 사회주의 국가에서는 일반적으로 학술서적이 널리 읽힐 수 있는 교양서적이게 한다. 그러나 전통철학을 기본내용으로 하는 사상사는 쉽게 쓰기 아주 어렵다. 중국이나 북한에서는 하지 못했다고 생각되는 일을 월남에서는 했다. 월남 사회과학원 철학연구소가 대단한 노력을 한 결과로 보아 마땅하다.

❏ 문 : 학술서적과 교양서적의 바람직한 관계는 무엇인가? 우리의 경우에는 무엇이 문제인가?

❏ 답 : 우리의 경우에는 학술서적과 교양서적이 극도로 분리되어 따로 노는 것이 문제이다. 학술서적은 극소수의 전공자가 비슷한 연구를 할 때에나 참고하도록 하는 내용과 문체로 써낸다. 교양서적이라는 것들은 학문연구와는 무관한 낭설을 함부로 늘어놓으면서 독자를 현혹한다. 학술서적과 교양서적이 가까워져 학술서적은 교양서적일 수 있는 문체를, 교양서적은 학술서적일 수 있는 내용을 갖추도록 노력해야 한다.

❏ 문 : 근래에는 교수들이 교양서적을 잘 써서 관심을 끌고 있지 않는가?

❏ 답 : 학문을 제대로 하지 않고 옆길로 빠져 인기를 노리고 이상한 짓을 한다. 넓고 깊은 연구가 필요한 문제에 관해 함부로 논단하는 가벼운 언사를 자랑한다. 유능한 젊은이들이 딴 데 정신이 팔려 학자의 삶을 망치니 안타깝다.

❏ 문 : 그러면 어떻게 하라는 말인가?

❏ 답 : 넓고 깊은 연구를 오랫동안 힘써 한 성과를 학술서적으로 출간하면서 교양서적으로도 읽힐 수 있게 하는 것이 바른 길이다. 이런

책은 장기간에 걸쳐 많이 팔린다. 비중 있는 학술서적을 여럿 내놓은 다음에는 쉽게 써서 누구나 읽을 수 있는 대중용 해설판을 만들 수 있다.

❑ 문 : 중국의 학문 수준을 문학사를 본보기로 들어 낮게 평가했다. 과연 그런지 의문이다.

❑ 답 : 문학사 서술이 이론이나 방법에서 뚜렷한 성과를 보여주지 못하고 산만하고 미비한 것이 숨길 수 없는 사실이다. 개별적인 연구도 사실의 열거에 그치고 논증이 결여되어 있다. 논문은 너무 짧고 기존연구에 대한 논란이 없다.

❑ 문 : 러시아 학문은 높이 평가하지 않았는가?

❑ 답 : 모스크바 세계문학연구소의 『세계문학사』와 중국 문학연구소의 『中華文學通史』를 비교해보면 수준 차이가 현저하다.

❑ 문 : 왜 그런가?

❑ 답 : 근대학문을 해온 역사가 길고 짧은 것이 우선 들어야 할 이유이다. 또한 학문을 위한 지원에서 러시아가 중국보다 앞섰다. 세계문학연구소는 독립건물을, 문학연구소는 다른 모든 연구소와 함께 한 건물을 사용하는 데서 지원 정도의 차이를 알 수 있다. 연구원 수도 러시아는 많고 중국은 적다. 중국에서 논문을 짧게 쓰는 이유가 종이가 넉넉하게 배정되지 않기 때문이라고 하는데, 러시아도 그런지 의문이다.

세계문학사 서술에서 새로운 단계를 마련한 것과 자국문학사를 자세하게 쓰는 일을 이제 겨우 하게 되어 수준 차이가 있다. 세계문학사라고 해서 크게 보는 것만 능사로 삼지 않는다. 소련방 안의 여러 민족의

문학을 제대로 다루는 것을 소중한 내용으로 삼았다. 소수민족의 문학을 존중하고 주류민족의 문학과 대등하게 평가하겠다는 방침을 함께 표방했지만 실천에서는 러시아가 앞서고 중국이 뒤떨어졌다. 러시아는 소련방의 여러 공화국을 독립시켰는데, 중국은 독립을 강경하게 저지하는 것이 이와 관련된 차이이다.

중국어 글쓰기 방식에도 문제가 있다. 서술어가 충분히 발달하지 않아 논리 전개가 치밀하지 못하다. 생략과 함축을 소중하게 여기는 고전문학작품의 수법을 오늘날의 학술논문에서 이어받고 있다. 이런 인습에서 벗어나고자 하는 노력이 대만에서는 확인된다.

❑ **문** : 중국에는 학자도 논저도 아주 많은데 모두 그렇다고 말할 수 있는가? 전체를 어떻게 알고 평가하는가?

❑ **답** : 중국에 갈 때마다 지금 중국에서 누가 최고 석학인가 하고 물었다. 최고 석학이 누구인지 알고 책을 구해 보아야 하겠다고 했다. 洪大容이 <毉山問答> 서두에서 한 말과 같다. 대답을 듣지 못한 것은 아니다. 馮友蘭이라고 했는데, 철학자는 아니고 철학사가이며 자료 정리가 공적이다. 季羨林이라고 했는데, 인도고전문학을 많이 공부해 소개한 것을 자랑한다. 李澤厚라고도 했는데, 중국의 마르크스주의에 대해 쓴 것을 보면 시사평론가라고 해야 하겠으며 지금은 망명객의 신세가 되었다.

크고 중요한 문제는 공산당에서 관장하고 학자들은 개별적인 사항에 관한 전문적인 식견이나 가지라고 해서 석학의 출현을 방해한다. 漢語의 여러 방언이라는 것들은 독립된 언어이다. 동아시아문명은 중국·한국·월남·일본과 함께 이룩한 공동재산이다. 위글 민족은 아랍어문명권이고, 티베트는 산스크리트문명권이다. 이처럼 분명한 사실을 누구도 드러내놓고 말하지 못하니 학문다운 학문을 하지 못한다.

중국이 대국이어서 대학자가 나올 수 있는 것이 아니다. 대국주의가 대학자의 출현을 방해한다. 대국주의를 받드는 학문은 작은 학문에 지나지 않는다. 작은 학문을 하면서 먹고사는 사람이 아무리 많아도 학문 대국일 수 있는 것은 아니다.

❑ 문 : 티베트를 위해 우리가 할 일은 무엇인가?

❑ 답 : 티베트에 관해 알아야 하는 것이 선결 과제이다. 구할 수 있는 책은 무엇이든 읽고 번역하자. 더 나아가서 티베트학 전공자가 양성되고 연구를 계속할 수 있게 해야 한다. 티베트학과를 만들어 교수를 채용하자는 것은 아니다. 티베트학과는 수요가 적어 만들기 어렵고, 만든다고 해도 교수로 들어간 사람들이 초보적인 교육을 하는 데 골몰해 연구를 하지 못한다. 티베트학 전공자가 연구소에 소속되어 생계 수단을 얻고 현지를 오가면서 연구하는 것이 마땅하다. 연구 결과를 널리 펴내 티베트에 대한 올바른 인식을 도와야 한다.

❑ 문 : 티베트 독립에 대해서는 어떻게 생각하는가?

❑ 답 : 당연히 독립해야 하지만, 방법이 문제이다. 중국과 싸워 독립을 쟁취할 수는 없다. 자치를 확대하는 양보를 얻어내는 것을 목표로 하고, 평화적인 방법으로 호소하고 설득해야 성과를 거둘 수 있다. 계급모순은 상극으로, 민족모순은 상생으로 해결하는 것이 마땅함을 말해주는 최상의 사례이다. 티베트가 고도의 자치를 누리는 것은 중국 전체의 변화와 연결되어야 한다. 중국의 중앙정부는 유럽통합체와 같고, 여러 성이나 자치구가 유럽 각국과 상통하는 위치를 지니도록 하는 방향으로 나아가면서 티베트 문제를 해결하는 것이 바람직하다.

❏ 문 : 북한 사회과학원이 방대한 규모의 『조선전사』를 내고, 국어사전을 편찬하고, 문학사를 만들고, 한문고전을 번역할 때 남쪽에서는 무엇을 했는가?

❏ 답 : 거기다가 『조선철학사』를 추가해야 한다. 1970년대 중반까지는 민족의 역사와 문화를 연구하는 작업에서 북한이 앞서고 남한이 뒤떨어졌다. 사회과학원이 주도해 필요한 연구를 계획적으로 하는 방식과 학문을 구심점이 없는 자유방임 상태에 두고 아무 지원도 하지 않는 방식의 차이가 성과 면에서 현격하다.

그러다가 사정이 달라졌다. 북한은 사고가 경직되고 형편이 나빠지기 시작하면서 연구가 위축되었으며, 근래에는 모든 것이 더욱 악화되었다. 남한에서는 북한의 업적을 보고 자극을 받아 분발하지 않을 수 없고, 민족적 · 민중적 각성이 연구를 위한 활력으로 등장하고, 산발적이고 비능률적이기는 하지만 연구비 지원이 이루어졌다. 선진이 후진이 되고, 후진이 선진이 되는 교체가 일어나 오늘에 이르렀다.

그러나 남한에서 하는 연구방식이 지속적인 의의를 가지는 것은 아니다. 선진이 후진이 되게 하는 요인을 갖추고 있다. 장기간에 걸쳐 많은 노력을 기울여야 하는 연구는 하지 못하게 하고, 계속 지적하고 있는 폐단 때문에 창조학으로 나아갈 수 없다. 이제 남북 경쟁에는 관심을 가지지 말고, 학문의 선진화를 이룩해 세계로 나아가야 한다. 이렇게 하는 데 북한에서도 채택한 과학원 연구소의 제도가 일정한 의의를 가지는 것을 인정하고 받아들이는 것이 마땅하다.

제10강 독일의 국립연구기관

독일로 가는 길

사회주의권이 아닌 곳의 연구기관에 관해 알아보기 위해 먼저 독일을 찾는다. 국립연구기관이 일찍 생겨나고 방대한 기구를 자랑하면서 많은 일을 하기 때문이다. 밖에서 대강의 모습을 먼저 살피고 안에 들어가기로 한다.

유럽의 대학은 원래 교회대학으로 중세에 생겨나고 중세학문을 하는 곳이어서 근대화에 기여하지 못하고 침체했다. 교회대학과는 다른 국가대학을 만들어 국력 신장을 이룩해야 하는 과제를 프랑스와 독일은 상이하게 해결했다. 이에 관한 이해가 지금부터 하는 두 강의의 필수적인 전제가 된다.

프랑스에서는 나폴레옹이 '그랑제콜'(grandes écoles)을 만들었다. '그랑제콜'은 '큰 학교'라는 뜻이며, '고등전문학교'라고 번역할 수 있다. '고등'은 고등교육기관임을 뜻한다. 특정 분야 직업인을 양성하니 '전문학교'이다. 국비로 공부를 하고 취업에도 유리하기 때문에 인재가 모인다. 중세 이래의 오랜 전통이 있는 대학이 전국 도처에 있으나 수준이 그리 높지 않고 시대 변화를 따르지 못한다는 비난을 듣는다.

독일의 강자 프러시아에서 1810년에 훔볼트(Wilhelm von Humboldt) 주도로 베를린대학을 만들면서 프랑스와 다른 길을 택했다. 베를린대학은 교회대학이 아닌 국가대학, 중세대학이 아닌 근대대학으로 시작된 점에서 획기적인 의의를 가진다. 독일은 뒤떨어졌으므로 비약이 필요했다. 나폴레옹의 침공을 받고 열등의식에 사로잡혀 있는 독일인의 정신적 자부심을 고취하고 공통된 유대의식을 가진 국민을 만들어 내는 것을 대학의 소임으로 삼았다. (오인석, <19세기초 프로이센 대학 개혁의 구상>, 대학사연구회, 『전환의 시대 대학은 무엇인가』, 한길사, 2000에 의거해 논의를 진행한다.)

독일에서 베를린대학을 세우면서, (1) 연구와 교육의 통일, (2) 여러 가지 학문의 통합, (3) 연구의 중시, (4) 고도의 교육이 인격을 도야한다는 신념, (5) 학문·과학·인간 형성이 정부의 책임사항이라고 강조했다. 연구를 위해 파격적인 지원을 했다. 그 결과 자연학문의 독창적 연구가 독일에서 가장 많이 이루어지고, 1901년부터 1930년까지 자연학문 분야 노벨상 수상에서 다른 어느 나라보다도 앞섰다. 교수는 교회의 간섭에서 벗어나는 학문의 자유를 가지고, 전공분야에 구애되지 않고 스스로 연구하는 바를 발표하는 강의(Vorlesungen)를 하도록 했다. 학생들의 훈련을 위한 연습(Seminar)은 별도로 했다. 헤겔(Hegel)의 역사철학 강의에서 전형적인 모습을 볼 수 있다. 실증적인 연구의 뒷받침이 없으면서 세계사의 전개를 자기 나름대로 해명하는 철학을 강의했다. 이런 강의에서 이룩된 연구가 높이 평가되어 정치나 경제에서는 후진국인 독일이 학문의 선진국이 될 수 있었다.

독일 대학의 강점은 자연학문에서도 나타났다. 그 중심에서 활약한

헬름홀쯔(Hermann von Helmholtz)는 의학에서 발견한 사실을 철학과 관련시켜 일반화한 결과 에너지 불변의 법칙을 정립하고 다른 여러 가지 발견을 했다. 이런 과정을 거쳐 이론학문인 물리학이 정립되었다. (David Cahan ed., *Hermann von Helmholtz and the Foundations of Nineteenth-Century Science,* Berkeley: University of California Press, 1993)

독일대학은 1930년대까지 세계 최고 수준이었다가, 나치 때문에 타격을 받았다. 등록금이 없고, 박사과정에 입학하면 거의 예외 없이 조교 수당을 받는 것이 장점이지만, 그 때문에 학생들이 공부를 빨리 마치려고 하지 않는다. 교수 자격학위(Habilitation) 제도를 두어 정교수가 되기 어렵게 하고, 정교수는 강의에 대해서 완전한 자율권을 가지는 것은 좋으나, 정교수가 된 뒤에는 평가를 받지 않는다. 정교수가 너무 많은 재량권을 가져 다른 교원이나 연구원은 창의력을 발전시킬 수 있는 길이 극히 제한되어 있다. 외국인은 교수가 될 수 없는 것도 결함이다.

국가에서 제공하는 예산이 넉넉해 교수가 신경을 쓰지 않는다. 외부 연구비를 받아도 대학에 오버헤드를 지불하지 않는다. 교수의 연구와 교육을 지원하는 인원이 많고, 교수는 잡무에 시달리지 않는다. 대학의 행정은 모두 사무처장(Kanzler)이 담당하므로 총장이 사소한 문제까지 책임질 필요가 없다. 사무처장은 임기 8년이고 중임이 가능하거나 종신직이다. 교수가 보직을 하지 않아도 되므로, 교무처장, 학생처장, 기획처장, 연구처장, 대학원장 같은 것들이 없다.

카이저빌헬름협회

독일에는 여러 나라로 나누어져 있을 때 각기 만든 연구기관이 있다.

1751년에 괴팅겐학술원, 1759년에 바이에른학술원, 1763년에 하이델베르그학술원이 창립되었다. 이들 기관이 오늘날까지 존속하면서 그 나름대로 활동을 하고 있다.(Friedrich Domay, *Handbuch der deutschen wissenschaften Akademien und Gesellshaften,* Wiesbaden: Franz Steiner, 1977)

프러시아가 주도해 독일을 통일하자 새로운 연구기관이 필요했다. 기존의 여러 연구기관은 큰 기여를 하지 못하고, 대학이 잘 되고 있어도 연구를 대학이 온통 감당할 수 없다고 판단했다. 카이저빌헬름학술진흥협회(Kaiser-Wilhelm-Gesellschaft zur Förderung der Wissenschaft)라고 일컬은 거대한 규모의 연구총괄 기관을 1911년에 만들었다. 빌헬름은 빌헬름 2세라고 하는 군주이며, 1888년부터 1918년까지 독일을 통치했다. 그 기간 동안 독일은 근대화를 이룩하고 열강의 대열에 들어서서 1914년에 제1차 세계대전을 일으켰다가 패망했다. 그 때문에 빌헬름 2세가 퇴위하고 공화국이 되었다.

카이저빌헬름협회는 국가 예산을 근간으로 한 연구비를 산하의 여러 연구소에 나누어주어 연구를 수행하게 하는 기관이다. 대학과 두 가지 점이 달랐다. 연구소 소속 학자는 가르치는 부담 없이 연구에 전념하도록 해서 연구의 생산성을 높였다. 국가가 필요로 하는 연구를 집중적으로 수행하게 했다. 순수학문은 대학에서, 응용학문은 연구소에서 맡았다고 하는 것이 적절하다.

창설의 주역을 담당하고 초대 회장을 맡은 폰 하르나크(Adolf von Harnack)는 신학자이다. 기독교 교회사를 연구하면서 독단을 비판하고 순수한 신앙을 찾고자 했다. 폰 하르나크가 1930년까지 20년 동안 재임해 정신문화의 고양을 긴요한 과제로 삼았던 것 같은데, 연구소의 구성을 보면 그렇지 않다. 초대 부회장은 중공업 재벌의 총수 크루프(Gustav Krupp)였다. 재벌이 국가를 도와 연구비 일부를 제공하면서, 산업 발전에 필요한 연구를 요청했다.

1930년부터 1937까지 재임한 제2대 회장은 물리학자 막스 프랑크(Max Planck)이고, 그 뒤 1940년까지 재임한 제3대 회장은 화학자 보슈(Carl Bosch)였다. 이 기간 동안 자연학문 연구의 중요성이 크게 강조되고, 공업 발전을 위한 연구를 힘써 했다. 그러다가 나치의 요구를 받아들여, 인종주의 합리화를 위한 사이비 과학을 제공하는 오점을 남기기도 했다.

산하의 연구소를 설립 연대순으로 든다. 괄호 안에 적은 숫자가 연대이다. 화학(1911), 물리화학 및 전기화학(1911), 생물학(1911), 광업(1912), 두뇌(1914), 물리학(1917), 독일사(1917), 섬유화학(1920), 철강(1917), 금속(1920), 피혁(1921), 법학(1924), 수력(1924), 요업(1926), 국제법(1926), 인류학 및 유전학(1926), 육종(1929), 의학(1929), 세포학(1930), 생물물리학(1937), 천연섬유(1938).

제일 먼저 1911년에 화학 연구소를 만들었다. 그 뒤에도 화학과 생물학 분야가 특히 중요시되었다. 후발 독일이 이 두 분야를 중점적으로 발전시켜 산업화를 촉진시키고자 했다. 물리학연구소는 1917년에 생기고, 아인슈타인(Albert Einstein)이 1933년까지 소장 직을 맡았다. 인류학 및 유전학 연구소가 나치를 위해 사이비 과학을 제공했다. 독일사연구소와 법학연구소가 있을 따름이고, 다른 인문·사회 분야 연구소는 없었다.

막스프랑크협회

1945년 제2차 세계대전이 끝난 뒤에 카이저빌헬름협회를 확대 개편해 1948년에 새로운 연구기관을 만들었다. 명칭을 막스프랑크학술진흥협회(Max-Planck-Gesellshaft zur Förderung der Wissenschaft)라고 고쳤다. 군주 이름을 버리고 독일을 대표하는 학자 이름을 내세웠다. '독일'이라는 말을 쓰지 않아 국가학문을 한다는 인상을 피했다. 학자를 존중한다고 알렸다. 본부는 뮌헨에 두고, 개별연구소는 전국에 분산시켰다. 연혁지에 자세한 내력이 있다.(Eckart Henning und Marion Kazemi, *Chronik der Max-Planck-Gesellshaft zur Förderung der Wissenschaft,* Berlin: Duncker & Humbolt, 1998. 기관 전체의 홈페이지 http://www.mpg.de 및 개별연구소의 홈페이지도 참고한다.)

1992년에 개정한 설치법에서 제1조 명칭과 목적 제1항에서 "막스프랑크학술진흥협회는 연구 수행을 위해 개별 연구소를 지원한다"고 하고, 제2항에서는 "협회의 연구소는 학문 연구를 자유롭고 불편부당하게 한다"고 했다. 기관의 성격에 대한 설명은 홈페이지 서두의 다음과 같은 말에 더 잘 나타나 있다.

> 막스프랑크협회는 자연학문, 생명학문, 정신·사회학문에 관한 기초연구를 수행해 공익에 봉사한다. 독일의 대학에서는 감당하기 어려운 새롭고 혁신적인 연구를 하는 데 특히 힘쓴다. 이런 영역의 학제적 연구는 대학의 조직과 맞지 않고, 대학의 예산, 인력, 장비로 감당하기 어렵다. 막스프랑크협회의 여러 연구소에서 진행하는 자연학문 및 인문학문의 여러 주제에 관한 중요한 연구가 대학이나 다른 연구기관에서 하는 작업을 보완한다. 우리

연구소가 어떤 경우에는 연구를 주도하고, 어떤 경우에는 다른 연구기관과 협조한다. 망원경, 대규모의 장비, 특수한 도서관과 자료 등을 제공해 대학에서 하는 연구를 돕는 연구소도 있다.

이런 말로 설립 취지를 설명한 말을 간추려보자. (가) 학문의 전 영역에 관해 (나) 공익에 봉사하는 기초연구를 수행하면서 (다) 대학에서 하는 연구를 보완한다고 했다. (가)는 말한 그대로 이루어지지 않았다. 연구소 구성을 보면 정신・사회학문은 소홀하게 취급되었다. (나)는 응용학문보다 순수학문에 더욱 힘쓰며 연구 결과를 널리 제공하고 기업의 이익을 위해 비밀로 하지 않는다는 말이다. (다)에 대해서 가장 많은 비중을 두고 대학에서 하는 연구와의 관계를 세 가지로 말했다. 대학에서 하기 어려운 새로운 연구, 학제간 연구, 많은 연구비가 소요되는 연구를 협회 산하의 연구소에서 한다고 했다.

여러 학문을 두루 다룬다고 열거하는 데 그치지 않고, 연구 분과 구분을 구체화했다. 생명・의학분과(Biologisch-Medizinischer Sektion)를 먼저 들고, 화학・물리・공학분과(Chemisch-Physikalisch-Technische Sektion)를 그 다음에 두고, 끝으로 정신학문분과(Geisteswissenschaftliche Sektion)를 들었다. 세 분과에 각기 7・6・3개 하위분과를 두었다.

하위분과 이하 단위인 개별연구소는 모두 80개이며, 전국에 널리 흩어져 있다. 연구소장이 큰 권한을 가지고 연구를 계획하고 진행하는 것이 특징이다. 연구에 종사하는 인원은 모두 13,200명이다. 그 가운데 4,200명이 연구원이고, 9,000명은 보조인원이다. 2006년도의 총예산은 약 140억 유로(약 16조 8000억원)이다. 84퍼센트를 중앙 및 지방정부가 제공하고, 나머지는 자체 조달이다.

정신학문에 속하는 세 개의 하위분과는 문화학문(Kulturwissenschaften), 법학(Rechtswissenschaften), 사회학문(Sozial-und Verhaltenwissenschaften)이다. 각기 5・7・7개의 연구소가 있어 도합 19개이다. 연구소 총수가 80개이니 19개는 23퍼센트쯤 된다. 그런데 법학이 커다란 비중을 차지하고 7개의 연구소를 거느리고 있다. 문화학문 분과의 연구소에는 예술사・역사학・학문사(Wissenschaftgeschite)에 관한 것들이 있다. 사회학문 연구소에는 진화인류학・교육학・인구학・민족학・사회학・경제학에 관한 것들이 있고, 정신의학연구소까지 포함되어 있다. 언어학, 문학, 철학 등에 관한 연구소는 없다.

학문사연구소(Max-Planck-Institut für Wissenschaftgeschite)의 경우를 본보기로 들어보자. 바빌로니아의 수학에서 현대의 유전학까지 동서고금 모든 학문의 내력과 변화를 통괄해서 연구한다고 표방했다. 제7강에서 다룬 소련의 학문학연구소보다 더 많은 일을 하는 것 같다. 그러나 그것은 취급 가능한 범위를 설명한 말일 따름이다. 실제로 하고 있는 중심 작업은 세 주제를 다루는 것이다. (1) 지식체계의 구조적 변화, (2) 합리적인 것의 이상과 실제, (3) 시험적인 체계와 지식의 공간이라고 했다. 연구책임자가 구상하는 연구를 그리 많지 않은 연구원과 함께 진행한다. 상근 연구원 수를 헤아려보니 (1)은 21명, (2)는 7명, (3)은 5명이다.

통일 후에 연구기관이 늘어났다. 동독의 사회학문원을 개편해 정신학문센터(Geisteswissenschaftliche Zentren)라는 것을 1996년에 만들었다. 본부는 베를린에 두고, 개별연구소 일반언어학연구센터(Zentrum für Allgemeine Sprachwissenschaft), 문학연구센터(Zentrum für Literaturforschung), 근대동양사센터 (Zentrum Moderner Orient)를 동독 지역에 분산해 배치

했다.

인문학문에 대한 배려가 나타난 것을 주목할 만하다. 동독의 사회학문원에서 하던 인문학문 연구를 버릴 수 없었기 때문이라고 생각된다. 동독은 망했어도 기여한 공적이 있다. 소련에서 시작된 과학원 편제가 독일 막스프랑크협회의 편향성을 시정하는 작용을 했다. 그러나 인문학문의 여러 분야를 모두 포괄하지 않았다. 철학연구소는 없다.

문학연구센터의 경우를 보자. 소장, 부소장 외에 30명의 학자로 구성되었으며, 전공은 독문학, 영문학, 불문학, 노문학, 철학, 매체이론, 미술사, 학문사 등이다. 문학연구를 인접학문과 연관시켜 확대해서 하고 있다.

조직과 운영

막스프랑크협회에 대해 더 자세하게 알기 위해 1992년에 제정한 설치법(Satzung der Max-Planck-Gesellshaft zur Förderung der Wissenschaft e. V.)을 보자. 조직이 명시되어 있다. 구성원(Mitglied)으로 이루어진 구성원총회(Mitgliederversammung)에서 선출된 사람들이 이사회(Senat)를 구성하고 이사회에서 회장(Präsident)을 선출하는 민주적 자치 조직이다. 정부는 재정을 부담하면서 간섭하지 않는다.

구성원은 연구 종사자만이 아니다. 후원구성원(Fördernde Mitglieder), 학문구성원(Wissenschaftliche Mitglieder), 공직구성원(Mitglieder von Amts wegen), 명예구성원(Ehrenmitglieder)으로 이루어져 있다. 후원구성원은 일정 금액 이상을 후원하는 개인 또는 법인이다. 학문구성원은 연구에 종사하는 인원이다. 공직구성원은 사무를 담당하는 직원이다.

명예구성원은 현저한 공로가 있는 퇴임자이며, 이사회의 추천에 의해 총회에서 선출한다. 이들 네 구성원이 구성원총회의 회원이 되고 대등한 투표권을 가진다.

총회에서 선출한 12인 이상 32인 이내의 이사가 이사회를 구성한다. 이사회는 막스프랑크협회 운영에 관한 주요 사항을 결의해 회장이 시행하도록 한다. 산하 연구소의 창설, 합병, 분리, 해산 등의 주요사항을 결의하고, 학문구성원을 선정하고, 예산을 배정하는 것이 그 가운데 특히 긴요하다. 학문구성원 선정은 두 단계로 이루어진다. 연구소를 맡아 운영하는 소장(Direktor 또는 Leiter)을 이사회에서 인선한다. 연구소에서 연구를 담당하는 학자는 공동연구원(Mitarbeiter)이라 하고, 소장이나 연구책임자가 인선해 이사회에 추천한다.

소장을 뜻하는 말이라고 괄호 안에 적은 것이 둘이다. 앞의 것은 연구소를 정식으로 이끌어나가는 소장을 의미한다. 뒤의 것은 조금 격이 낮아 소장 대리자 또는 연구소 이하의 연구단위 책임자를 뜻한다. 그러나 수행하는 기능에서는 차이가 없는 것 같다. 제28조에서 연구소장의 권리와 의무를 규정할 때 두 말을 함께 사용했다. 둘 다 연구소장이라고 번역하는 것이 마땅하다.

이사회는 연구소를 만들고 연구소장을 선임하고 예산을 배분하는 권한을 가져 연구를 크게 이끌어나간다. 반드시 있어야 할 연구소가 무엇인지 판단하고 누구를 소장으로 해야 하는지 결정하는 데 필요한 능력을 제대로 갖춘 사람들이 이사가 되어야 한다. 이사 선출권을 구성원 총회에 맡기고, 정부는 관여하지 않는다. 지원 예산의 증액을 요구하거나 하는 중대사에 관해서는 정부와 협의하겠지만, 정부가 감독권을 가지지는 않는다.

연구소 소장은 대학의 정교수 가운데 선정되고 초빙되는 것이 예사이다. 이사회에서 바라는 바와 자기가 하고자 하는 연구가 일치하면 대학을 떠나 연구소로 자리를 옮긴다. 가르치는 부담에서 벗어나 연구에 전념해 뜻한 바를 이루고자 하고, 여러 연구자의 도움을 얻어 커다란 작업을 하고자 한다. 공동연구자는 연구소 소장이 인선해 이사회에 제출하면 이사회의 심의를 거쳐 회장이 임명하는 절차가 있지만, 첫 단계의 인선이 사실상 전권을 가진다.

연구소 소장이 전권을 가지고 자기와 뜻이 맞으면서 능력을 보태주는 공동연구자들과 함께 진행하는 공동연구가 최상의 연구 형태로 여겨 독일에서 독자적인 제도를 마련했다. 이 제도에서 연구소는 항구적인 조직이 아니다. 이사회의 판단에 의해 만들 수도 있고, 없앨 수도 있다. 연구소 소장이 정년퇴임하는 시기에 모든 것을 재고할 수 있다. 연구소를 다시 만들지 않아도, 새로 초빙된 소장은 전과 다른 연구를 해서 방향이 달라진다.

연구소의 본보기

연구소의 실상을 알아보기 위해서 역사학연구소(Max-Planck-für Geschichte)를 본보기로 들어보자. 1917년에 생긴 카이저빌헬름독일사연구소(Kaise-Wilhelm-Institut für Deutsche Geschichte)의 뒤를 이어 1956년에 창설되었다. 괴팅겐(Göttingen)에 있다. 독립건물을 사용하고, 장서가 10만이다.

카이저빌헬름독일역사연구소는 네 가지 임무를 수행했다. (1) '신성독일'(Germania Sacra)이라고 일컬어지는 중세독일제국교회사 자료 연구, (2) 카이저 빌헬름의 서간 출판, (3) 카를 5세(Karl V)의 서간 출판, (4) 외국에 있는 독일사 자료 조사이다. (1)은 계속해서 하면서 중요한 사업으로 삼지만, 새로운 연구소는 국왕 중심의 독일사 정리의 범위를 넘어서서 역사학 전반에 관한 광범위한 주제를 다룬다.

2001년 1월 현재 직원 총수 50명 가운데 25명이 공동연구자(Wissenschaftliche Mitarbeiter)이다. 해마다 60명 정도의 박사학위후 연구원 또는 방문연구원을 독일 및 외국에서 받아들인다. 퇴임연구원(Emeritierte Wissenschaftliche Mitglieder) 3명, 소외연구원(Auswärtige Wissenschaftliche Mitglieder) 1명의 명단이 등재되어 있다. 연구자문위원(Wissenschaftlicher Beirat) 7명 있는데, 미국·영국·프랑스인이 각기 1명씩이다. 프랑스·영국·폴란드의 연구소를 하나씩 외부 협력기관으로 들었다.

연구계획을 넷 들고 설명했다. (1) 역사적 문화학으로서의 역사학(Geschichtwissenschaft als Historicher Kulturwissschaft), (2) 중세 및 근대 연구 프로젝트(Mittelalterische und neuzeitlische Forshungprojekte), (3) 포괄적인 문제제기(Übergreifende Fragenstellungen), (4) 근대에 관한 기본적 연구 : 문화학문과 자연학문(Grundlagenforschung der Moderne: Kulturwissenschaft und Naturwissenschaft). 계획이라기보다 연구하고자 하는 영역이라고 하는 편이 적합하다. 실증적인 연구보다 이론적인 연구를 더욱 중요시한다고 할 수 있다.

연구분야 및 프로젝트(Forshunsfelder und Projekte)라는 것을 이어서 제시했다. 대주제 밑에 소주제가 있고 연구하는 사람 이름을 단수 또는 복수로 제시했다. 실제로 하고 있는 연구이다. 전문을 옮긴다. 일련번호가 건너뛰는 것은 무슨 까닭인지 알 수 없다. 괄호 안에 적은 연구원은 숫자만 옮긴다. 외부협력기관과 공동연구를 하는 것은 어느 나라 기관인가만 밝힌다.

I 중세사회의 문화 : 사고의 형태, 실천, 제도

1 중세의 사회집단 (1)

2 중세 및 초기근대의 교회 조직, '신성독일' (1)

3 중세왕국의 제도 : 독일의 왕성 목록 (1)

4 이탈리아 도시국가의 규범과 제도 (1)

II/1 종교생활의 근대적 변모

6 세속화, 脫기독교화, 再기독교화 (2)

7 초기 근대의 자연과 종교 (1)

II/2 근대로의 이행 과정의 역사인류학

9 17세기에서 19세기까지의 개인, 자아, 감정 : 표상, 표현형태, 사회문화적 각인 (1)

10 노동, 경제, 환경 : 17세기에서 20세기까지의 상관관계와 사회적 실천 (3)

11 16세기에서 20세기까지의 일상적인 권력과 전쟁, 그리고 (자기) 해석 (1)

III/1 사료의 수집과 정리

12 '신성독일' (I을 보라.)

13 역사 분야의 정보 (1)

III/2 역사적 인식의 이론과 역사

14 역사주의의 위기 : 1880-1932년간의 현실성 위기 (3)

15 막스 베버의 프로테스탄트 윤리 (1)

16 역사인류학 : 미시역사학과 거시역사학 (1)

17 문화학문의 외형 처리 (III/1/13을 보라.)

III/3 근대의 지식문화와 학문문화 비교론

18 조산원의 역사와 출산 (1, 프랑스 연구소와 공동)

19 문화 실천으로서의 계몽주의 (1)

20 초기근대 프랑스와 독일의 도서, 도서관, 독서의 역사 (1)

21 음악회와 청중: 사회적 실천과 음악의 소유 형식 (1, 프랑스 연구소와 공동)

12 근대인과 근대인의 중세 (1, 프랑스·영국 연구소와 공동)

23 문화학문에서의 국가사회주의 (2)

대부분 개인연구가 가능한 주제이다. 커다란 작업을 하는 계획은 없고, 함께 이루고자 하는 이론적 목표가 있는 것도 아니다. 연구소장 주도로 공동연구를 한다는 취지가 유사한 주제의 개인연구를 진행하는 것으로 바뀌었다. 하고 있는 작업이 개개인에게 연구비를 주어 연구하게 하는 것과 그리 다르지 않다. 이것은 소장 부재의 사태와 관련된다고 생각된다.

이 연구소에 대해서 더 알아보기 위해 소장을 살피자. 전임소장 "Hermann Heimpel, Josepf Fleckenstein, Rudolf Vierhaus"의 명단을 들고, 현재의 책임자는 "Kommissarischer Leiter Prof. Dr. Hans-Jög Rheinberger"

라고 했다. 소장은 없고 "연구책임자 대리"가 있다고 했다. 여러 자료(위에서 든 연혁지, *Wikipedia, der freien Enzyklopädie* 등)를 이용해 역대의 연구소장에 대해 고찰해보자.

제1대 소장(Hermann Heimpel)은 중세사 분야의 석학이다. 괴팅겐대학 교수였다가 소장으로 초빙되어 연구소를 만들고 1956년부터 1971년까지 15년 동안이나 일했다. 제2대 소장(Josepf Fleckenstein)도 많은 업적을 남긴 대가이고 프랑크푸르트대학 교수였다. 1971년부터 1987년까지 16년 동안이나 소장으로 재직하면서 연구를 주도했다. 제3대 소장(Rudolf Vierhaus)은 보쿰대학 교수였다가 1987년부터 1990년까지 소장 직책을 맡았다. 제4대 소장(Hartmut Lehmann)은 신원이 파악되지 않은 사람인데 1990년부터 2001년까지 소장 노릇을 했다. 제5대 소장(Otto Gerhard Oexle)은 하노버대학 교수였다가 2001년부터 2004년까지 소장으로 재직했다.

다섯 사람 모두 대학의 정교수였다가 연구소 소장이 되어 정년퇴임할 때까지 재직했다. 대학 정교수 경력을 가지지 않은 연구소 내부의 공동연구원이 소장이 되는 일은 없었다. 역대 소장 가운데 제1대 소장이 가장 높이 평가되는 학자이고, 제2대 소장이 그 다음이고, 제3대 소장이 또한 그 다음이라고 할 수 있다. 제4・5대 소장은 그리 대단한 인물이 아니므로 이름을 내세우지 않은 것 같다. 같은 자격을 가졌지만 소장의 질이 차차 떨어진 변화를 확인할 수 있다.

제5대 소장이 2004년에 정년퇴임한 다음에는 후임 소장을 구하지 못했다. "Kommissarischer Leiter Prof. Dr. Hans-Jög Rheinberger"라고 한 "연구책임자 대리"는 다른 연구소인 학문사연구소 소장이다. 역사연구소는 괴팅겐에, 학문사연구소는 베를린에 있다. 거리는 고려하지 않고 연구 분야가 유사하다는 이유에서 학문사연구소 소장이 역사연구소 소장을 대리하고 있다.

독일이 남다른 점

소련에서 시작된 과학원 체제에서는 학문의 모든 분야를 담당하는 연구소가 항구적인 조직으로 설치되어, 담당하고 있는 영역 전체에 관한 연구를 진행한다. 대학은 교육을 주임무로 하기 때문에 연구에서는 과학원이 절대적 우위에 있다. 각 연구소는 거대기구의 일부여서 독자성이 그리 크지 않다.

독일은 대학을 자랑으로 삼는 나라이고 교수의 위세가 대단하다. 막스프랑크협회 산하의 연구소가 사회적 평가에서뿐만 아니라 연구 실적에서도 대학보다 열세인 것이 당연하다. 대학에서 하기 어려운 연구를 하면서 대학을 도와주기 위해 여러 연구소가 필요하다고 한다. 연구소 소장은 대학의 정교수 가운데 선임하고, 내부에서 승진하는 일이 없다. 자기 구상대로 새로운 연구를 하고자 하는 교수가 연구소 소장으로 선임되기를 희망하다가 기회를 얻으면 자리를 옮긴다.

연구소 소장이 특별한 창의력을 가지고 계획하는 연구를 한다. 개인 연구로 하고 싶지만 작업의 분량이나 예산 때문에 혼자서는 감당할 수 없는 작업을 공동연구자들과 함께 한다. 능력이나 포부가 뛰어난 학자가 소장이 되어 공동연구를 진행하면 독일의 제도가 커다란 장점을 가진다. 그러나 소장을 할 만한 사람이 없고, 특별히 연구하고자 하는 주제가 있는 것도 아닐 때에는 장점이 없어진다. 연구소가 집단 조직체의 성격을 잃고, 소속 연구원 개개인이 제도상으로는 재량권이 없으면서 자기가 하고 싶은 연구를 하는 곳이 된다.

독일의 연구소는 학문의 모든 분야를 관장하지는 않는다. 처음에는 응용학문 위주로 연구하다가 자연학문은 거의 다 갖추었다. 사회학문도 어느 정도 구비했으나 법학에 특별한 비중을 두었다. 인문학문의 연구소는 예술사·역사학·학문사에 관한 것만 두었다. 통일 후에 비로소 동독의 유산을 이어받아 언어학과 문학을 위한 연구소를 설치했다. 철학연구소는 없다.

이런 몇 가지 특징은 프랑스의 경우와 달라 비교고찰이 더 필요하다. 어느 나라든지 자기네 나름대로의 전통이나 기호에 따라 연구기관을 만들고 운영한다. 그 양상을 널리 파악하면서 우리에게 무엇이 최상의 방안인가 깊이 생각하는 것이 마땅하다.

토론

❑ **문** : 부산대학교 인문학연구소에 가서 강연을 한 것으로 안다. 무엇을 말했으며 어떤 소감을 가졌는가?

❑ **답** : 그쪽의 요청으로 비교문화연구의 방향에 관한 논의를 했다. 내가 해온 작업을 소개하면서 모자라는 시간에 혼자 힘쓴 탓에 아무리 애써도 미흡할 수밖에 없어 안타깝다고 했다. 이제 연구에 전념하는 사람들 여럿이 힘을 합칠 수 있게 되어 커다란 진전이 기대된다고 했다. 정부의 새로운 시책에 따라 신규 채용된 연구소 소속 연구교수들은 최상의 영광을 누리고 있으니 강의교수가 되려고 하는 헛된 생각을 버리고 주어진 임무에 충실해 새로운 학문을 과감하게 개척해야 한다고 했다.

그런데 잘 되고 있다고 하기는 어렵고, 두 가지 난관이 발견되었다.

학과 소속 강의교수들이 연구소 보직을 맡고 신탁통치를 하는 격이어서 창의적인 연구를 자발적으로 하기 어렵게 되어 있다. 연구소 교수들은 지금까지 해온 전공의 범위 안에서 머물려고 하고, 새로운 연구를 위한 장기적인 전망을 세워 앞으로 나아가려고 하는 의지를 보여주지 않는다. 새로운 제도가 헛될 수 있다.

기존의 강의교수들 가운데 새로운 연구를 위한 의욕과 능력을 가진 사람들이 소속 연구교수로 자리를 옮겨, 연구소에서 하는 연구를 주인의 입장에서 주도해야 성과가 보장된다. 강의교수를 해보지 않고 연구교수가 되었으면 강의교수를 부러워할 수 있다. 강의교수를 하느라고 시간을 빼앗기는 탓에 연구를 제대로 하지 못해 한탄하고 있어야 연구교수 자리가 얼마나 좋은지 알 수 있다. 강의교수였다가 연구교수가 된 중견이 모범을 보이면서 지도력을 발휘해 신진 연구교수를 이끄는 것이 마땅하다.

강연회의 공식순서와 별도로 진행된 사적인 대화에서는 연구소장과 비교문화연구 책임교수를 상대로 위에서 말한 것이 난관을 해결하는 방안이라고 역설했다. 연구교수가 될 만한 강의교수에게도 제안이 오면 결단을 내리라고 했다. 새로운 제도의 혜택을 본 모든 대학의 공통된 문제점 해결에 부산대학교가 앞장서야 새 역사가 시작된다고 했다. 그러나 긍정적인 반응을 얻지 못해 실현 가능성이 의심된다.

❑ 문 : 연구소의 소장은 대학의 정교수가 자리를 옮겨 담당하는 독일의 경우와 같은 제도가 바람직하다는 말인가?

❑ 답 : 아니다. 처음에는 강의교수들이 자리를 옮겨 연구소가 제대로 움직이게 해야 한다는 말이다. 나중에는 연구교수로 채용된 사람들

이 성장해 연구소 운영을 주도하는 것이 마땅하다. 독일의 제도는 연구소 소속 학자들의 성장에 한계를 두는 나쁜 점이 있다.

❏ **문** : 연구소에 소속되어 연구만 하고 강의는 하지 못하면 학자로서 성장하는 데 지장이 있지 않는가? 대화이고 토론이지 않은 학문을 잘 할 수 있는가?

❏ **답** : 연구소 교수라도 부담이 되지 않는 범위 안에서 강의를 하면서 연구하고 있는 내용을 발표하고 검증하는 기회로 삼는 것이 좋다. 그러나 강의는 제한 조건이 많고 수강생들의 수준을 넘어서서 깊이 들어갈 수 없다. 연구교수들끼리 장시간 발표하고 토론하는 기회를 자주 만드는 것이 훨씬 좋은 방법이다. 이런 모임을 공개하면 연구소 밖의 교수들이나 대학원생들에게도 큰 도움이 된다.

❏ **문** : 독일 학문의 발전을 위해 동독이 기여한 바가 있는가?

❏ **답** : 통일 전 서독대학에서 동독에서 이룩한 독일어 문법 등의 어학 분야 연구 성과를 평가하고 수용한 것으로 안다. 동독문학에 대한 강의도 정규과목으로 해서 문학 이해를 넓혔다. 통일 후에는 앞에서 말한 바와 같이 동독의 유산인 언어학 및 문학 연구소를 이어받았다. 동독은 마르크스주의를 표방한 사회주의 국가인데 어문학 연구에서 서독의 결함을 보충했다. 이것은 기이한 일인 것 같지만, 기이하다고 하는 이유가 부적절한 선입견에 있다.

❏ **문** : 정치이념이 가치중립적 학문을 하지 못하게 한 것을 비판해야 하지 않는가?

❑ **답** : 가치중립이 학문의 지표라고 하는 것은 부당한 견해이다. 학문에 두 방향이 있다. 자연에 대한 탐구일수록 가치중립이 확대되고 인간에 대한 탐구일수록 가치개입이 확대된다. 인간에 대한 탐구도 가치중립의 관점에서 해야 한다는 것은 주어진 현실을 있는 그대로 받아들이고 비판이나 개조는 하지 말자는 말이다. 인간은 가치를 추구하는 존재이므로 가치를 떠나서 탐구할 수 없다. 가치의 개재 여부가 아닌 가치의 정당성 여부가 문제되어야 한다.

이념지배는 정당한 가치의 추구를 제약하고 방해한다. 이러한 정치이념에 대한 비판과 대안 제시가 진정한 학문의 사명이지만, 가능한 한 침해를 덜 받으면서 정치와 거리를 둔 가치를 추구하는 학문을 꾸준히 하는 대안도 그 나름대로 의의를 가진다. 여기서 논의를 그치면 한쪽에 치우친다. 다른 한편에서는 자본지배가 문제이다. 자유경쟁을 표방하는 그물에다 학문을 가두어놓고 가치 추구를 진지하게 하지 못하게 만든다. 이런 작용은 감지하기 어려워 비판의 대상이 되지 않고 더 깊이 침투해 있다. 인기를 노리고 기이한 언설을 늘어놓는 장사꾼들이 나날이 늘어나지 않는가. 이것은 이념 강요의 명령어 남용과 함께 또 하나의 전형적인 증세이므로, 개인적인 일탈로 넘기지 말고 심각하게 문제 삼아야 한다.

두 경우가 피장파장이라고 하고 말면 잘못이다. 남의 일인 듯이 무책임하게 말하고 말 것도 아니다. 잘못을 고치지는 못하더라도 줄이기 위해 노력해야 한다. 다른 쪽이 지니는 일면적 의의를 인정하고 반성의 근거로, 반론의 논거로 삼는 것이 마땅하다. 목청을 높이다가 박해를 받거나 실망하지 않도록 조심하자. 세상을 바꾸어놓으려고 하기 전에 양쪽의 장점을 합치는 방향으로 자기 자신이 나아가면 착실하게 얻는 바가 있다.

제11강 프랑스의 국립연구기관

프랑스의 제도

프랑스의 제도는 복잡하다. 상이한 시기에 각기 다른 목적으로 만든 학문, 예술, 교육 등을 위한 여러 기관이 공존하기 때문이다. 성격에 따라 분류하면 (가) 총괄기관, (나) 교육기관, (다) 연구기관이 있다.

(가) 프랑스를 대표하는 지성인들이 모여 정신문화를 총괄하는 곳들이 있다. 연구나 교육을 하지는 않지만 방향을 정하고 지침을 마련한다. '프랑스의 기관'(Institut de France)이라고 하는 곳에 다음과 같은 다섯 기관이 소속되어 있다. 명칭, 설립연도, 임무, 구성원 수를 들면 다음과 같다.

(1) 프랑스 아카데미(Académie française) 1635년 설립, 프랑스어 선양, 문화계 명사 40명.

(2) 금석문 및 문학 아카데미(Académie des inscriptions et belles-lettres) 1663년 설립, 고전어 및 프랑스어 어문학 관장, 어문학 및 인접분야 학자 55명, 외국회원 40명, 통신회원 100명.

(3) 과학 아카데미(Académie des sciences) 1966년 설립, 자연학문 각

분야 관장, 자연학문 전공자 250명.

(4) 예술 아카데미(Académie des beaux-arts) 1648 · 1669 · 1671년에 설립된 각 분야의 기관을 1816년에 통합, 예술 각 분야 관장, 57명.

(5) 도덕 및 정치학 아카데미(Académie des sciences morales et politiques) 1795년 설립, 1803년 폐지, 1832년 재설립, 사회학문 여러 분야 관장, 50명.

이들 기관은 한국의 학술원이나 예술원에 해당한다고 하겠으나 수가 많고 영향력이 더 크다. (1)은 학술원과 예술원을 겸한 곳이라고 할 수 있으며 회원이 되는 것을 최대의 명예로 삼는 것이 우리 경우와 다르다. 회원에 작가와 학자 외에 정치인 등의 사회명사도 있다. (2)는 학술원의 인문학문 분야, (5)는 학술원의 사회학문 분야, (3)은 학술원의 자연학문 분야이다. (4)는 예술원이다.

(나) 교육기관은 대학을 말한다. 프랑스의 대학을 잘 정리해 고찰한 책이 있다. (원윤수 · 류현진, 『프랑스의 고등교육』, 서울 : 서울대학교 출판부, 2002) 프랑스의 대학은 직업교육대학, 일반대학, 연구중심대학으로 나누어져 있다. 일반대학은 대학(université)이라고 하고 다른 둘은 학교(école)라고 한다.

직업교육대학을 높은 수준으로 육성한 것이 프랑스의 특징이다. '큰 학교'를 뜻하는 그랑제콜(grandes écoles)이 그런 곳이다. 학생에게 베푸는 혜택이나 졸업 후의 진출이 일반 대학보다 유리해 인기가 있다. 국립행정학교(École national d'administration, ENA), 이공학교(École polytechnique), 고등사범학교(École normal supérieure) 등 몇 곳은 입시 경쟁이 아주 치열한 최고의 명문대학이다. 국립행정학교 출신이 국정을 좌우하고, 고등사범학교에서 배출한 인재가 지식인을 대표한다.

대학에서는 학문을 하고, '그랑제콜'에서는 기능을 익힌다고 특성이 구분되어 있다. 그러나 대학은 입학생의 질이 떨어지고 국가의 지원이 모자라 어려움을 겪는다. 시설이 형편없다고 해도 지나친 말이 아니다. 교수 연구실도 학생 휴게실도 없고, 교실에서 쓰는 분필에까지도 가난이 든 것을 파리7대학에 가서 강의할 때 직접 확인했다. 신축한 교사가 그 모양이다.

대학은 중세 이래의 오랜 전통에 매여 조직과 운영에서도 시대 변화에 적응하지 못한다는 비난을 듣는다. 강의를 임무로 하기 때문에 교수는 연구에 힘쓰지 않는다. 학생들이 각종 국가시험에 합격하도록 하는 것이 강의의 기본 내용이다. 이런 단점을 보완하기 위해 몇 가지 다른 기관이 있다.

일반대학은 모두 국립이고 평준화되어 있다. 고등학교 졸업자격시험에 합격하면 어느 대학에든지 입학할 수 있다. 명문이 따로 없고, 어느 대학을 중점적으로 육성하지도 않아 대학의 등위를 국제적으로 평가할 때 들어가는 곳이 없다. 그러나 모두 일정한 수준을 유지하고 있다. 박사학위의 질은 대학이 아닌 지도교수가 보증한다.

연구중심대학이 별도로 있다. 고등연구학교(École Pratique des Hautes Études)라고 하는 것은 대학원만 있는 대학이고, 연구발표를 강의로 삼는 연구기관이다. 근래에는 사회학문 분야(École Pratique des Hautes Études en Sciences Sociales)가 독립해서 둘이 되었다. 콜레주 드 프랑스(Collège de France)라는 곳은 입학하고 졸업하는 학생은 없고, 누구나 들을 수 있게 공개강의만 하는 대학이다. 최고의 석학이 새로운 학문을 하는 곳이다.

(다) 연구기관이기만 한 곳 가운데 국립과학연구센터(Centre Nationale

de la Recherche Scientifique, CNRS)가 가장 크다. 1만 4천여 명 이상의 학자들이 다른 부담 없이 연구에 전념하도록 한다. 월급을 받을 따름이고 출근하지는 않는다. 독일의 막스프랑크연구소에서는 연구하는 사람들이 일정한 건물에 출근해서 공동작업을 하는 것과 다르다. 독일에서는 집단, 프랑스에서는 개인을 존중하는 기풍을 제도로 정착시켰다.

이밖에도 다양한 성격의 여러 연구기관이 있다. 국립건강의학연구소(Institut National de la Santé et de la Recherche Médicale, INSERM), 국립농업연구소(Insitut National de la Recherche Agronomique, INRA) 또한 큰 규모의 연구기관이다. 파스퇴르연구소(Institut de Pasteur), 프랑스극동학원(École Française d'Éxtême Orient), 국립프랑스어연구원(Institut National de la Langue Française) 등의 개별연구소도 있어 각기 긴요한 구실을 한다.

제도가 복잡한 것은 단점이다. 뭐가 뭔지 알기 어렵다. 중복도 있고 빠진 것도 있을 것이다. 그러나 다양성이 탁월성을 보장해주기도 한다. 콜레주 드 프랑스, 국립과학연구센터, 극동학원은 높이 평가할 만한 장점을 지녀 무엇을 어떻게 하는지 자세하게 고찰하기로 한다.

콜레주 드 프랑스

위에서 든 여러 기관 가운데 콜레주 드 프랑스와 국립과학연구센터를 특히 주목할 만하다. 하나씩 구체적으로 고찰하기로 한다. 콜레주 드 프랑스가 어떤 곳인지 홈페이지(http://www.college-de-france.fr)에서 소개한 말을 옮긴다.

콜레주 드 프랑스는 다른 나라에는 없는 프랑스 특유의 기관이며, 기초학문을 연구하고 고차원한 교육을 실시하는 데 특별한 기여를 한다. 이 점에서 다른 어떤 기관과도 경쟁하지 않는다.

콜레주 드 프랑스는 대학도 아니고 그랑제콜도 아니다. 정해진 교과과정에 따라 학생을 가르치지 않는다. 어떤 학위도 수여하지 않는다.

콜레주 드 프랑스는 또한 국립과학연구센터(CNRS) 및 여타 연구기관(INSERM, INRA 등)과도 다르다. 기초학문 연구의 임무를 함께 담당하면서, 특별한 형태의 강의를 통해 연구 결과를 발표하는 의무를 지닌다. 교수들은 "진행 중인 연구"를 강의해야 한다.

강의는 누구에게나 공개되며, 사전 신청이 필요하지 않다. 강의는 파리에서 우선적으로 하고 지방이나 외국에서도 대등하게 실시한다.

정원 52명의 교수들이 수학에서 문명까지의 광범위한 학문 영역을 담당한다. 그 중간에 물리학, 화학, 생물학, 의학, 철학, 사회학, 경제학, 선사학, 고고학, 역사학, 언어학이 있다.

외국학자들에게도 기회를 제공한다. 외국학자를 위한 정원이 마련되어 있다. 유럽학자 및 세계학자 자리에 매년 다른 사람들을 초청한다. 50명 정도의 외국 학자들이 한 달 동안 초빙되어 4회의 강연을 한다.

1530년에 프랑소와 1세(François 1er)가 이 기구를 창설했다. 그 때부터 오늘날까지 다음과 같은 두 가지 원칙을 견지하면서, 학문 세계에서 창조적 가치를 중단 없이 발전시켜왔다.

– 교수는 학문의 새로운 분야를 나타내는 명칭을 달고 부임해, 처음부터 끝까지 연구의 최근 발전을 이룩한다.

– 학벌은 전혀 고려하지 않고 업적만 근거로 삼아 동료들이 교수를 선발하고, 함께 활동한다.

이처럼 유연하고 탄력적인 구조를 갖추어, 콜레주 드 프랑스는 학문 발전에 지속적인 기여를 하고, 학계에 생기를 불어넣는 구실을 해왔다.

콜레주 드 프랑스는 교수였던 모리스 메를로-퐁티(Maurice Merlaeau-Ponty)가 다음과 같이 한 말이 타당하다고 계속 입증한다. “콜레주 드 프랑스가 창설된 이래로 계속 청중에게 제공한 것은 획득한 진실이 아니고 자유로운 탐구의 정신이다.”

콜레주 드 프랑스는 『연보』(*Annuaire*)를 간행해 강의와 연구의 개요를 알린다. 교수직을 가진 사람이 연구실이나 실험실에서 한 연구도 포함한다. 『연보』에 콜레주 드 프랑스의 약사를 수록하고, 19세기초 이래의 교수 명단이 그 내용의 일부를 이룬다. 콜레주 드 프랑스는 교수 취임 강연의 원고도 출판한다.

프랑소와 1세는 대학에서 받아들이지 않는 새로운 학문을 하는 학자들을 모아 왕정을 보좌하도록 하기 위해서 이 기구를 창설했다. 그리스어, 헤브리어, 프랑스 법, 라틴어, 수학, 의학 분야의 교수 자리가 먼저 생겼다. 처음에는 ‘왕립 콜레주’(Collège royal)라고 하다가 1870년에 현재의 명칭을 지니게 되었다. 대통령 직속 기구이고, 교수 대우가 일반대학보다 월등하다.

정해진 교과과정에 의한 강의를 않고 학위 논문 지도의 임무도 없이,

진행 중인 연구에 관한 공개강의만 하는 것은 학문을 잘 할 수 있게 하는 최상의 조건이다. 프랑스 학문을 빛낸 많은 석학이 주어진 기회를 충분히 이용했다. (Georges Dumézil, Fernand Blaudel, Étienne Gilson, Maurice Merlaeau-Ponty, Claude Lévi-Strausse, Michel Foucault, Raymond Aron, Roland Barthes, Pierre Bourdieux 등이 그 본보기이다.)

프랑스의 학자들은 콜레주 드 프랑스의 교수가 되는 것을 최고의 소망으로 삼는다. 일반대학의 교수는 강의 시간이 많고, 콜레주 드 프랑스의 교수는 강의 시간이 적기 때문인 것만은 아니다. 국립과학연구센터의 연구원은 강의의 의무는 없고 연구만 하지만, 그쪽을 더욱 바람직하다고 여기지는 않는다. 차이가 있는 것은 강의 시간이 아니고 강의의 성격이다. 일반대학의 교수는 일정한 교과과정에 의거해서 규격화된 강의를 해야 하는데, 콜레주 드 프랑스의 교수는 새로 연구하고 있는 내용을 강의한다.

조르즈 듀메질은 인도유러피안의 신화와 서사시에 관해서 방대하고 치밀한 연구를 한 사람이다. 이 작업을 1949년부터 1968년까지 콜레주 드 프랑스에서 강의하면서 진행했다. 다룬 내용을 언제 어떻게 강의를 했는지 밝히는 서문을 저서마다 써놓았다. 강의와 연구를 일치시키면서 대단한 작업을 할 수 있었던 복된 조건을 성실하고 철저하게 이용했다.

레비-스트로스는 국내외 여러 곳에서 강의를 하면서 떠돌이 신세로 지내다가 51세 때인 1959년에야 콜레주 드 프랑스의 교수가 된 것이 한탄스럽다고 했다. 그러나 1982년까지의 기간 동안 주어진 조건을 최대한 활용해서 연구를 진전시켰다. 그때부터 "나의 강의는 언제나 방청객을 모아놓고 피고의 진술을 하는 것이었다. 생각하고 있는 바를 잠정적인 것이든 틀린 것이든 형체를 갖추어 발표해야 되었으며, 그 뒤에 출판을 했다. 내가 쓴 모든 책은 구두발표를 거쳐 이루어졌다"고 했다. 인류학이면서 철학사상인 학문이 그래서 아무런 제약 없이 마음껏 뻗어날 수 있었다.(Pierre Bourdieux, *Homo academicus,* Paris: Les Éditions de Minuit, 1984, 142-143면)

미셸 푸코는 1970년에서 1984년까지 콜레주 드 프랑스에서 강의하는 기회를 마음껏 활용했다.(그 행적을 찾는 데 쓰이는 안내서 Guillaume le Blanc et Jean Terrel dir., *Foucault au Collège de France: un itinéraire,* Bordeaux: Presses Universitaires de Bordeaux, 2003이 있다.) 철학, 정신의학, 역사학, 법학, 정치학, 사회학, 언어학, 문학, 미학 등을 휘젓고 다니면서, 광기나 性 같은 주제를 다루었다. 파격을 일삼아 학문의 관습을 마구 어기고 글쓰기도 하고 싶은 대로 했다. 그 결과 많은 저작을 이룩하고 대중의 인기를 얻었다.

롤랑 바르트는 1976년부터 1980년까지 짧은 기간 동안 강의하면서 다양하고 풍부한 착상을 전개했다. 강의 원고를 다듬어 저서를 내지 못한 것이 적지 않았다. 강의를 들은 학자 여럿이 회고한 글을 모아낸 책이 있어 경과를 알려준다.(Yves Bonnefoy et al., *Roland Barthes au Collège de France,* Paris: Imec, 2002) 강의를 들으면서 필기한 노트를 정리해 낸 책도 있다. (Roland Barthes, *Comment vivre ensemble, cours et séminares au Collège de France, 1976-1977,* Paris: Seuil Imec, 2002; Roland Barthes, *Le neutre, cours au Collège de France, 1977-1978,* Paris: Seuil Imec, 2002)

현재의 교수 명단을 전공분야의 자모순으로 수록했다. (2007년의 자료이다.) 순서가 없다는 말이다. 전공분야는 고정되어 있지 않고 각자 정한 것이다. 동일한 것이 둘 있을 수 없다. 전공이 소속된 연구

분야는 크게 다섯으로 구분했다. 연구 분야별 교수의 분포를 보자. 수학(sciences mathématiques) 4명, 물리학(sciences physiques) 4명, 자연학문(sciences naturelles) 11명, 철학과 사회학(sciences philosophiques et sociologiques) 9명, 역사학 · 어문학 · 고고학(historiques, philogiques et archéologiques) 16명이다. 그밖에 기술혁신 분야 1명, 예술창작 분야 1명이 있다. 유럽학자 1명, 세계학자 1명이 더 있다. 총원이 48명인데, 공석이 있기 때문이다.

수학, 물리학, 자연학문 분야 교수 총원이 19명이고, 철학과 사회학, 역사학 · 어문학 · 고고학 분야 교수 총원이 25명이다. 자연학문보다 인문 · 사회학문이 더 큰 비중을 차지한다. 인문 · 사회학문 분야의 교수의 전공과 이름을 들어보자. 번호를 붙여 거론하기 쉽게 한다.

철학과 사회학

자연관의 인류학 : Pilippe Descola (1)
법학 비교연구 및 법의 국제화 : Mireille Delmas-Marty (2)
아랍세계 현대사 : Henry Laurens (3)
고대 말기의 종합적 사고형태의 역사 : Michel Tardieu (4)
정치학 근현대사 : Pierre Rosanvallon (5)
생물학과 의학의 철학 : Anne Fagot-Largeault (6)
언어와 인지의 철학 : Jacques Bouveresse (7)
합리성과 사회학문 : Jon Elster (8)
경제 이론과 사회 조직 : Roger Guesnerie (9)

역사학 · 어문학 · 고고학

여러 나라의 고대: Christian Goudineau (10)
아시리아학: Jean-Marie Durand (11)
파라오문명: 고고학, 어문학, 역사학: Nicolas Grimal (12)
신석기 및 청동기 시대 유럽문명: Jean Guilaine (13)
그리스 도시의 금석문과 역사: Denis Knoepfler (14)
영어로 이루어진 문학창작 연구: Michael Edwards (15)
유럽 중세 및 근대 예술사: Roland Recht (16)
중국근대사: Pierre-Etienne Will (17)
인도 세계의 역사: Gérard Fussman (18)
아세마니드 세계와 알렉산더 제국의 역사와 문명: Pierre Briant (19)
터키와 오토만의 역사: Gilles Veinstein (20)
인도-이란의 언어와 종교: Jean Kellens (21)
프랑스 근현대문학: 역사, 비평, 이론: Antoine Compagnon (22)
프랑스 중세문학: Michel Zink (23)
유럽 근대 라틴어문학: Carlo Ossola (24)
고대 로마의 종교, 제도, 사회: John Scheid (25)

철학과 사회학 9명보다 역사학 · 어문학 · 고고학 16명이 훨씬 많다. 철학이라고 한 것은 (6)과 (7)뿐이다. 철학 고유의 영역에 관해서는 새로운 탐구가 없다는 말이다. (3)과 (4)는 역사학일 수도 있다.

철학의 퇴조와 역사학의 융성이 좋은 대조를 이룬다. 역사학이라는 말을 내세운 것만 해도 (16)에서 (20)까지 5인이다. (16)은 유럽예술사, (17)은 중국사, (18)은 인도사, (19)는 중동사, (20)은 터키사이다. (10)・(11)・(12)・(13)・(14)・(25)도 역사학이라고 할 수 있다. (10)은 유럽, (11)은 중동, (12)는 이집트, (13)은 유럽, (14)는 그리스, (25)는 로마의 역사를 연구 대상으로 한다. 인도-이란의 언어와 종교를 연구하는 (21)도 크게 보아 역사학의 범위 안에 든다고 할 수 있다.

양쪽을 합쳐서 다시 정리해보자. 프랑스사는 (10) 하나만이고, 유럽사는 (13)・(14)・(16)・(25) 넷이다. 외국사가 더 많다. (11)과 (19)는 중동, (12)는 이집트, (20)은 터키, (21)은 중동과 인도, (18)은 인도, (17)은 중국을 연구한다. 프랑스사나 유럽사에 관해서는 새로운 연구가 활발하지 않고 관심을 멀리 돌리는 것이 바람직한 변화라고 할 수 있을지 의문이다. 유럽 밖의 역사를 유럽 학자들이 더 잘 연구하는 시대는 끝났으므로, 그리 중요하지 않은 작업을 하고 있다고 보아 마땅하다.

어문학이라고 한 것 가운데 어학은 역사학과 겹치는 (21) 하나뿐이고, 문학은 (15)・(22)・(23)・(24) 넷이다. 프랑스문학에 관해서는 (23)에서 중세를, (22)에서 근대를 다룬다. (24)는 유럽문학이고, (15)는 영문학이다. 문학 연구의 열의가 전반적으로 감퇴되고 프랑스문학에 관한 새로운 작업이 부진하다는 것을 확인할 수 있다.

여러 분야에 걸친 연구를 하거나 널리 적용될 수 있는 거대이론을 만드는 작업은 없다. 모두 자기 분야에 국한된 연구를 하는 것 같다. 전문가들만 듣는 강의를 하는 것을 기여로 삼고, 널리 관심을 끌만한 창조를 하기 어렵게 되었다. 대가의 시대는 가고 모험은 끝났다고 할 수 있다. 새로운 시도를 마음껏 해서 새로운 학문을 이룩하는 개척자를 위해 최상의 봉사를 하는 자랑스러운 제도가 적임자가 없어 가치를 발휘하지 못한다.

『연보』에 소개되어 있는 강의를 살펴보자. 최근 4년분을 이용하기로 한다. (*Annuaire du Collège de France 2001-2002, résumé des cours et travaux,* Paris: Collège de France, 2002; *Cours et travaux du Collège de France résumé 2002-2003,* Paris: Collège de France, 2003; *Cours et travaux du Collège de France résumé 2003-2004,* Paris: Collège de France, 2004; *Cours et travaux du Collège de France résumé 2004-2005,* Paris: Collège de France, 2005) 학문 경계가 존중되고 있다. 여러 영역을 넘나들면서 새로운 학문을 이룩하려는 시도는 찾아볼 수 없다. 한 분야에 머무른 강의이지만 내용이 충실하고 비교연구를 하거나 일반이론을 이룩하려고 한 것들을 들어보면 다음과 같다.

인도-이란의 언어와 종교를 강의하는 켈랑(Jean Kellens)은 비교언어학의 방법을 비교종교학에 적용했다. 수많은 자료를 들고 복잡한 논의를 진행하고 이른 시기 이란의 종교가 인도 쪽과 분화되면서 추상화의 과정을 밟았음을 밝힌 것으로 결론을 삼는다고 했다. (*2001-2002,* 814면) 오랜 내력을 가진 연구를 이어받아 하면서 문헌 해독과 고증의 능력을 자랑했다.

고대 말기의 종합적 사고형태를 강의하는 타르디외(Michel Tardieu)는 『이솝 우화』에 관한 비교연구를 했다. 유사한 이야기가 그리스뿐만 아니라 이집트에서 투르판까지 다른 여러 곳에도 있었던 사실을 밝혀내고, 유래와 전파, 구전과 기록의 관계 등에 관한 다각적인 고찰을 했다. 해박한 지식이 감탄을 자아내지만, 사실 이상의 차원에서는 무엇을 말했는지 의문이다.

자연관의 인류학을 강의하는 데스콜라(Pilippe Descola)는 인간과 자연의 관계에 관한 원시적인 사고를 고찰한다. 지금까지 애니미즘(animisme), 토테미즘(totémisme), 자연주의(naturalisme)라고 일컬어오던 것들에 대한 총체적인 논의를 다시 한다. 자기의 현지조사를 논거로 삼지 않고 세계 여러 곳의 사례 보고를 필요한 대로 들어 이용한다. 구조적 분석의 일반화를 시도하지만 레비-스토로스와 맞설 수 있는 것은 아니다. 어떤 적극적인 가치가 있는지 알기 어렵다.

영어로 이루어진 문학창작 연구를 강의하는 에드와르(Michael Edwards)는 <셰익스피어와 비극>, <몰리에르와 희극>을 나란히 다루었다. 선택한 대상을 동시대 유럽문화의 여러 양상과 관련시켜 이리저리 고찰하는 작업을 각기 하고서, 셰익스피어의 비극은 절망하면서도 희망을 버리지 않는 인간상을, 몰리에르의 희극은 뒤집혀진 세계의 우스꽝스러운 모습을 보여준다고 했다. (*2003-2004*, 1030 · 1041면) 양쪽을 비교해 함께 고찰하지 않고, 이 둘이 어떤 관계를 가지는지 밝히려고 하지 않았다.

프랑스 중세문학을 강의하는 쟁크(Michel Zink)는 <시, 자연, 변신>, <중세의 시와 자연>이라는 주제를 내걸었다. 중세의 시는 한편으로 "우주론적 · 철학적 · 신학적" 내용을 지니면서 다른 한편으로는 "아름다운 자연을 환기시키는 서정시"인 것이 역설적인 이중성이라고 했다. (*2003-2004,* 997면) 커다란 발견을 했다면서 많은 논의를 했으나 사태의 진상에는 이르지 못했다. 지적한 사실이 세계문학사의 일반적인 현상인 교술시와 서정시의 공존인 줄 모르고 프랑스의 경우만 놓고 고민한다.

처음에 든 두 사례에서 프랑스 학문이 살아 있다는 것을 확인할 수 있다. 망각된 언어를 찾아 해독하고 희귀한 자료에서 발견되는 사실을 증거로 삼아 고대문명 이해의 길을 여는 전통을 이어받아 지속적인 우위를 입증한다. 그 가운데 어느 것을 자기네 고전으로 받들고자 하는 나라의 학자들이 지식의 폭이나 논증의 정밀성에서 쉽게 따를 수 없는 격차를 보여준다.

그러나 자료를 열거하는 것 이상의 작업을 했다고 하기 어렵다. 문헌학 위주의 실증주의에 머무르고 비교연구의 방법과 목표에 대한 반성이 없다. 세 번째 사례에서 비교연구의 범위를 한껏 확대했을 때에도 그 점은 달라지지 않았다. 많이 알고 여러 모로 생각을 한다는 것으로 평가를 얻으려고 한다. 학문이란 다름이 아니라 고상한 취미임을 재확인하게 한다. 힘써 풀어 밝혀야 할 절박한 문제가 없으니 획기적인 이론을 마련하는 것은 부질없는 짓이다.

조금도 희귀하지 않고 누구나 읽어 이해할 수 있는 영문학이나 불문학 작품을 다룬 것을 보면 불신의 이유가 한층 분명해진다. 방법을 반성하지 않고 이론 수립을 목표로 하지 않는 학풍의 한계가 더 잘 드러나기 때문이다. 비극과 희극, 교술시와 서정시의 관계는 위세를 자랑하는 곳에서 독점하지 못하는 세계문학의 보편적인 문제이다. 유럽이 아닌 다른 문명권의 문학에 대해서 진지한 관심을 가지고 대등의 관점에서 비교연구를 해야 제대로 다룰 수 있다는 것을 모른다.

좋은 제도가 있으면 좋은 연구를 할 수 있는 것은 아니다. 좋은 제도를 마련하자 좋은 연구를 할 수 있는 정열이나 문제의식은 사라졌다. 근대학문의 발전을 선도해온 자랑스러운 과거가 새로운 비약을 막는 질곡이 되고 있다. 시대 전환을 가능하게 하는 학문을 이룩하려고 분투하는 혁신의 역군은 뒤떨어진 여건 속에서 어려움을 겪지만, 의지가 앞서고 통찰의 폭이 넓을 수 있다.

국립과학연구센터

이제 국립과학연구센터에 대해 알아보자. 프랑스를 대표하는 연구기관은 콜레주 드 프랑스가 아니고 국립과학연구센터이다. 콜레주 드 프랑스에서는 학계의 대표선수 50여인이 자기 장기를 보이면서 화려한 경기를 펼치고, 국립과학연구센터에서는 수많은 연구 인력이 학문의 모든 분야에 걸친 연구를 진행한다.(h'tp://www.cnrs.fr ; Jean-François Picard, *La république des savants, la recherche française et le C.N.R.S.*, Paris: Flammarion, 1990를 자료로 이용한다.)

콜레주 드 프랑스는 프랑스 특유의 기구이지만, 국립과학연구센터는 독일의 막스프랑크협회 연구소들과 맞선다. 막스프랑크협회는 중앙정부와 지방정부가 예산의 대부분을 부담하지만 독립된 기구이다. 국립과학연구센터는 정부 기구이다. 교육부(Ministère de l'education nationale)와는 별개의 부서인 고등교육 및 연구부(Ministère délégué à l'Enseignement supérieure et à la Recherche)에 소속되어 있다. "막스 프랑크"라는 학자 이름은 독립을, "국립"은 국가기관임을 명시한다.

막스프랑크협회는 1911년 프러시아에 만든 기구를 1948년에 개편했는데, 국립과학연구센터는 그 중간 시기인 1939년에 생겼다. 국력 신장이 직접 필요한 자연학문을 육성하는 데 그치지 않고, '인간학문'(sciences humaines)이라고 일컬어지는 인문·사회학문의 자유롭고 독립적인 연구를 하도록 하는 것이 처음부터 의도한 바이다. 그러나 전쟁을 겪는 동안은 물론 그 뒤에도 제대로 활동하지 못하다가 1982년에 예산이 대폭 증액되면서 본격적인 발전을 했다.

현황을 보자. 막스프랑크협회에 종사하는 인원은 총원 13,200명, 연구원 4,200명, 보조원 9,000명이라고 했다. 국립과학연구센터는 종사하는 총인원이 26,800명이고 연구원은 14,416명이다. 2006년도의 총예산을 보면 막스프랑크협회는 140억 유로(약 16조 8,000억원)이고, 국립과학연구센터는 27억 유로(약 3조 2,400억원)이다.

예산에서는 독일이 프랑스보다 5.1배나 되는데 연구원 수는 독일은 4,200명이고 프랑스는 14,414명이어서 약 3.4배이다. 그 이유는 둘 들 수 있다. 막스프랑크협회는 자연학문 분야 편중이 국립과학연구센터보다 더 심해 예산이 많이 소요된다. 막스프랑크협회는 관장하는 모든 학문 분야에 독립 건물과 상근 직원을 갖춘 연구소를 두지만, 국립과학연구센터에는 소수의 연구소만 있어 연구소 유지비가 많이 소요되지 않는다.

연구소는 원자입자물리학연구소와 우주과학연구소이다. 다른 분야에는 연구소 대신에 연구부(section)가 있는데, 유사한 분야의 연구를 하는 사람들이 협동하고 협의하는 기구에 지나지 않는다. 실험이 요구되는 연구부를 위해서는 필요한 시설과 보조인원을 제공하지만, 그렇지 않은 분야의 연구원은 출근할 곳이 없다. 자기 집에서 연구하고, 공동도서관의 자료를 이용한다. 국립과학연구센터는 월급을 제공하고, 한 해 동안 연구활동 총괄보고서를 제출하도록 한다.

막스프랑크협회 산하 연구소에 소속된 독일의 연구원은 공동연구원(Mitarbeiter)이라고 일컬어지면서 집단의 일원으로 연구한다. 두 나라 사람들의 특성을 잘 살려, 독일에서는 공동연구를, 프랑스에서는 개인 연구를 한다. 국립과학연구센터의 연구원(chercheur)은 생활이 보장되어 있는 자유인이라는 행복을 누리면서 자기 연구를 한다. 독일에서는 연구소 소장이 대단한 권한을 가지고 공동연구원을 인선하며, 자기 생각에 따라 공동의 연구를 진행한다. 프랑스에는 연구소 소장에 해당하는 사람이 없다. 국립과학연구센터가 필요한 인원을 일제히 공개적인 절차를 거쳐 채용한다. 2007년에 모든 학문 분야에서 400명 이상의 연구원을 채용한다는 광고가 나와 있다.

대학과의 관계에서는 독일이 독립을, 프랑스는 협력을 택했다. 막스프랑크협회는 대학에서 하기 어려운 연구를 한다고 표방하고 대학과 거리를 둔다. 연구소 소장은 대학 교수를 하다가 발탁되는 것이 예사이고, 공동연구원은 대학과 무관하게 지내다가 업적이 인정되어 대학에 갈 수 있으면 다행이다. 국립과학연구센터는 연구원이 대학 교수를 겸하고 있다고 할 수 있을 정도로 대학과 긴밀한 관계를 가진다. 실험에 필요한 시설을 공동으로 사용한다. 대학 교수와 같은 자격으로 대학 강의를 맡고 학위논문을 지도하기도 하며, 대학의 보직도 맡는다. 대학을 위해 일하는 것이 본래의 임무 수행이라고 간주해 보수를 더 지급하지 않는다.

연구 분야 구성을 보자. 막스프랑크협회에 소속된 연구소는 모두 80개이고 인문 · 사회학문 분야 연구소는 19개여서 23퍼센트쯤 된다고 했다. 법학 분야 연구소 7개를 하나로 보면 그 비중이 16퍼센트라고 했다. 국립과학연구센터에는 연구소 대신 연구부가 있다. 연구부에 번호를 붙였다. 인문 · 사회학문 연구부는 32번에서 40번까지이다. 순서를 뒤로 돌린 것은 독일의 경우와 같지만, 비중이 더 크다. 연구부 총수 40개 가운데 인문 · 사회학문 연구부가 9개여서 29퍼센트를 차지한다. 어느 한쪽에 편중되지 않고 필요한 분야를 망라하고 있는 것이 더욱 주목할 특징이다. 연구부의 명칭을 들면 다음과 같다.

32 고대와 중세의 세계

33 근대와 현대의 세계

34 개별언어 · 언어일반 · 언술

35 철학, 사상사, 텍스트연구, 문학과 예술의 이론과 역사

36 사회학 - 규범과 규칙

37 경제와 경영

38 사회와 문화, 비교를 통한 접근

39 공간, 영토와 사회

40 정치 · 권력 · 조직

41에서 47까지 학제간연구위원회(commission interdisciplinaire)가 있다. 자연학문과 인문 · 사회학문의 여러 분야가 함께 연구를 하는 곳이다. 예를 들면, 41은 "연구 경영"이고, 42는 "건강과 사회"이다. 소속 연구원 구성에서도 분야를 안배하고 있다.

연구부가 어떻게 되어 있는지 먼저 32 고대와 중세의 세계 연구부를 보자. 연구원은 21명이고, 여성이 9명이다. 연구 대상을 다음과 같이 소개했다.

고고학, 물질문화, 예술창조물

역사, 언어, 텍스트, 이미지

고대 중근동, 그리스-로마의 세계, 기독교문명과 이슬람문명

33 근대와 현대의 세계 연구부를 보자. 연구원은 21명이고, 여성이 9명이다. 연구 대상을 다음과 같이 소개했다.

근대와 현대 시기의 역사, 학문의 모든 구성요소의 탐구 (정치, 경제, 사회, 문화)

예술사 (근대와 현대 시기)

각자의 시대 구분에 의거한 비유럽세계: 역사의 영역으로 취급되는 기록된 자료, 물질문화 (지중해의 이슬람 제외)

34 개별언어 · 언어일반 · 언술 연구부를 보자. 연구원은 20명이고, 여성이 4명이다. 연구 대상을 다음과 같이 소개했다.

이론언어학, 음성학, 음운론, 형태론, 어휘론, 통사론, 의미론, 화용론, 텍스트 및 언술 분석

의미 이론, 언어철학, 기호학

언어학의 역사와 이론

언어의 역사 · 기술 · 유형, 보편적 언어학

언어와 사회, 언어의 기술적 활용과 작용, 언어 정치학

언어의 접촉과 다중언어

언어와 인지

논리와 형식화

언어 자동화

35 철학, 사상사, 텍스트연구, 문학과 예술의 이론과 역사 연구부를

보자. 연구원은 20명이고, 여성이 8명이다. 연구 대상을 다음과 같이 소개했다.

인식론, 과학 및 기술의 역사와 철학
언어철학과 인지
고대·중세·근대·현대의 철학
미학, 문학과 예술 표현의 이론
프랑스 및 외국의 문학
음악학

38 사회와 문화, 비교를 통한 접근 연구부를 보자. 연구원은 21명이고, 여성이 16명이다. 연구 대상을 다음과 같이 소개했다.

친족관계, 사회조직과 정치 제도
상징적인 행동과 종교의 영역
지식의 습득과 전파, 토착의 학문관과 언어관
개인과 사회, 정신현상의 문화적 표현
예술과 기술의 인류학, 민족음악학
생명이 있는 것과 사회적인 것, 토착의학
역사인류학, 독자성과 과거 의식의 구성

독일에서 법학을, 프랑스에서는 언어학을 대단하게 여긴다. 독일에서는 법학이 사회학문 전체나 인문학문 전체와 대등한 비중을 차지하고, 프랑스에서는 언어학이 철학, 문학, 예술학 등 인문학문 여러 분야를 합친 것과 같은 위치이다. 언어철학은 언어학에도 있고 철학에도 있다.

역사는 두 연구부에서 다루어 비중이 크다. 그러나 역사를 다양한 현상으로 보고 여러 학문과 함께 다룬다. 다른 연구부에서 하는 작업과 많이 겹친다. 연구부의 경계가 명확하지 않고, 하는 일에 대한 기술이 일정하지 않는 것이 예사이다. 융통성이 인정되고 개조가 가능하다.

연구원 직급이 있으나 명단에는 나타나 있지 않다. 남녀의 호칭이 기록되어 여성의 비중을 알 수 있다. 이 두 가지 사항이 독일과 아주 다르다. 대체로 보아 절반 가까운 인원이 여성이다. 21명 가운데 16명이 여성인 연구부도 있다. 국립과학연구센터의 연구원은 막스프랑스연구소에서 보이는 위계질서 없이 누구나 대등한 자격을 가지고 자기 연구를 한다는 사실을 다시 확인할 수 있다.

연구 결과를 모아서 출판하지는 않는다. 콜레주 드 프랑스의 『연보』에 해당하는 간행물이 없다. 국립과학연구센터에 출판부가 있지만 이용하지 않아도 된다. 연구원은 연구 성과를 각자 원하는 지면을 통해 발표한다. 총괄보고서를 만들어 제출하지만 내부 자료로 이용할 따름이고, 모아서 책자를 만들어내지는 않는다.

프랑스극동학원

프랑스극동학원이라는 곳은 동아시아를 연구하는 기관이다. 1900년에 만들었으며 처음에는 프랑스가 통치하던 인도차이나반도에 대한 연구를 기본과제로 삼았다. 식민지 통치가 끝난 뒤에는 순수한 연구기관이 되고, 다루는 범위를 확대했다. 1995년 11월에 한국지부를 설치하고 기념행사를 할 때 내가 사회를 맡은 일이 있어, 파리에서 온 책임자와 만나 여러 가지 참고 자료를 얻고, 많은 설명을 들을 수 있었다.

소속 연구원은 전공하는 나라에 거주하면서 본국에서 주는 월급을 받고 연구 결과를 보내기만 하면 된다. 이것이 지역연구를 제대로 할 수 있게 하는 최대의 조건이다. 연구원이 많지 않지만, 모두 뛰어난 능력을 가진 전문가로 성장할 기회를 얻는다. 출간한 업적이 대단하며 프랑스의 동양학이 아직도 살아 있다는 것을 훌륭하게 입증한다.

단행본 출판과는 별도로 『프랑스극동연구원보』(*Bulletin de l' École Française d'Éxtême Orient*)라는 논문집을 큰 분량으로 내고 있다. 자체 연구의 결과를 발표하면서 외부의 논문도 싣는다. 1997년에 나온 84호에 내 논문 <문학사 용어의 한 문제>(Un problème de terminologie en histoires des littérature)가 실려 있다. <중국・한국・일본 '小說'의 개념>, 『한국문학과 세계문학』(서울 : 지식산업사, 1991)을 부셰(Daniel Bouchez) 교수가 번역한 것이다.

현재의 소속 연구원은 43명인데 외국 상주자가 모두 39명이다. 상주하는 나라별로 정리해보자. 캄보디아 5명, 타이 5명, 월남 3명, 인도 3명, 중국 3명, 일본 3명, 인도네시아 2명, 한국 1명, 대만 1명, 미얀마 1명, 라오스 1명, 싱가포르 1명이다. 동아시아 전역에 고루 분포되어 있다.

지역연구를 한다는 사람들이 국내에 머무르고 있는 우리나라와 많이 다르다. 남들이 해놓은 연구를 소개하거나 이따금 현지에 가기나 해서는 지역연구를 한다고 할 수 없다. 국내에서 근무하면서 출근을 해야 하는 제약을 풀어주고 현지에 가서 살도록 해야 한다.

프랑스 학문에 대한 논란

프랑스의 학문은 잘 되고 있는가? 이에 대한 대답은 연구하는 사람들 각자의 노력과 역량이 말해준다고 해야 할 것 같다. 노력해 역량을 발휘할 수 있게 하는 제도를 마련했는가? 이에 대한 대답은 "그렇다"고 할 수 있다. 구속은 최소화하고 자유를 최대로 주어 각자 마음대로 연구할 수 있게 국가가 힘쓰니 최상의 제도를 마련했다고 평가해야 마땅하다.

그런데도 비관론을 편다. 프랑스 학문의 현황과 장래를 50인의 석학이 힘을 기울여 총괄해서 검토하고 『연구의 장래가 무엇인가?』라는 제목을 붙인 책이 있다. (*Quel avenir pour la recherche?,* Paris: Flammarion, 2003) 무엇이 문제라고 했는지 알아보자.

6명이 연명으로 쓴 머리말의 제목이 <시급하게 우선적으로 해야 할 일>(Une proprité urgente)이다. 근래의 국가 지도자는 학문을 중요시하지 않아, 프랑스는 학문 정책이 없는 나라가 되었다고 개탄했다. 1981년에 연구부가 생겼으나 독자적인 권한을 행사하지 못하고, 예산 부족이 심각하다. 미국이나 일본 수준으로 국민총생산의 3퍼센트를 연구에 투입하겠다고 대통령 후보마다 한 공약은 실행되지 않았다. 2003년에는 연구 예산이 도리어 축소되어 주요 연구기관을 축소해야 했다.

자곱(François Jacob, 콜레주 드 프랑스 및 파스퇴르연구소 명예교수이고, 노벨 의학상 수상자)이 본문 서두에 쓴 글 <세상은 변했다>(Le monde est changé)에서 전에는 군사력이 지금은 학문이 국력이라고 했다. 프랑스가 학문 경쟁에서 뒤떨어지고 있다고 염려했다. 그렇다고 해서 미국처럼 하자고 한 것은 아니다.

졸리오(Pierre Joliot, 콜레주 드 프랑스 명예교수)는 <필요한 반성>(Une réflection nécessaire)에서 기초학문(recherche fondamentale)과 응용학문(recherche appliquée)의 관계를 논하고 기초학문을 창조적으로 할 수 있게 하는 방안을 찾았다. 탁월한 연구(recherche brillant)가 있어야 하고, 범속한 연구(recherche médiocre)에 머무르지 말아야 한다고 했다.

> 연구를 바람직하게 하려면 학문의 광범위한 영역을 조망하는 능력을 갖추고 있으면서 상투적인 방식에서 벗어나 창조적인 정신을 간직해야 한다. 국제적인 학문 공동체를 지배하고 있는 경쟁의 정신은 그렇지 못하게 하고, 유행을 따르는 연구를 하게 한다. 연구 업적을 발표한 논문의 수량과 발표한 잡지의 등급에 따라 평가하는 방식 때문에 사태가 더욱 악화된다. (33면)

연구하는 사람의 신분과 보수를 보장해주어 창조하는 작업을 스스로 할 수 있게 하는 프랑스의 제도가 경쟁을 중요시하는 미국 주도의 풍조 때문에 훼손되고 있다고 개탄했다. 업적 평가의 방식을 미국처럼 해서 범속한 연구가 양산되는 것이 아주 잘못되었다고 했다. 프랑스의 자랑스러운 전통을 지켜 미국처럼 되는 것을 막아야 한다고 했다.

모랑즈(Michel Morange)는 <특수화와의 싸움, 학문의 역사와 철학에서 차지하는 위치>(Lutter contre la spécialisation, la place de l'histoire et de la philosophie des sciences)에서 논의를 확대했다. 학문의 위기는 프랑스만 겪지 않고, 다른 나라에서도 일제히 나타난다고 했다. 프랑스는 위기 극복의 본보기를 보여야 한다고 했다.

연구 업적의 감소, 학자에 대한 학생들의 불만, 학문에 대한 일반의 불신이 위기의 증후라고 했다. 위기를 자초하는 요인이 학문 내부에 있다고 하고, 지나친 전문화로 인한 "보편적 학문 문화"의 상실이라고 했다. 이것이 창조를 저해한다. 창조란 인식의 영역에서 지금까지 분리되어 있던 대상을 근접시킬 수 있는 가능성에서 생긴다. 일반화된 인식을 산출하지 못해 가치관의 문제를 고찰할 능력이 없는 학문은 무력하다고 했다.

프랑스에는 탁월한 학자들이 있어 새로운 학문을 개척해왔다. 이것이 프랑스의 능력일 뿐만 아니라, 인류의 자랑이다. 그 성과를 미국에서 수입해 가공한 것을 다른 여러 나라에서 다시 수입하는 데 한국도 한 몫 끼고 있다. 언제까지나 수입학에 머무를 수 없다. 창조학으로 나아가기 위해서 다른 모든 나라도 프랑스 학문의 자세를 지니고 능력을 키워야 한다.

그런데 지금은 개척이 활발하지 않다. 널리 영향을 끼치는 대학자의 출현이 중단되고 일반이론 생산의 성과가 뚜렷하지 않다. 보편적 학문에 대한 불신이 프랑스에까지 밀어닥쳐 창조를 방해하는 것이 어쩔 수 없는 일이라고 할 것인가? 현재의 상태를 편안하게 여겨 미래를 바람직하게 이룩하고자 하는 투지가 없으면 창조학이 가능하지 않다고 보는 것이 더욱 타당한 진단이다.

학문을 제대로 하려면 여건이 마련되어야 하지만, 여건이 학문을 하는 것은 아니다. 좋은 여건과 분발하고자 하는 의지가 함께 소중하다. 앞의 것이 뒤의 것보다 앞서면 범속한 연구가 양산되기나 하고, 뒤의 것이 앞의 것을 앞서야 탁월한 학문을 할 수 있다. 분발하고자 하는 의지는 개인적인 취향이라고 하고 말 것은 아니고 세계적인 범위에서 전개되는 역사의 요청에 근거를 둔다고 보아 마땅하지 않을까 한다. 다음 학기에 학자의 생애를 고찰하면서 이 문제를 다루고자 한다.

토론

❑ 문 : 프랑스에서 큰 학문이 쇠퇴하고 있는 것은 배가 부르기 때문이 아닌가?

❑ 답 : 의욕 상실이 더 큰 이유이다.

❑ 문 : 왜 의욕을 상실하는가?

❑ 답 : 유럽문명권이 주도해온 한 시대가 끝나고 있다는 것을 짐작하면서 새로운 시대로의 전환을 위해 나서지는 못하기 때문이다. 해체주의적 사고방식을 가지고 가치관을 상실한 채 학문을 하니 크게 이룰 수 있는 것이 없다. 이런 한계를 넘어서지 못한다는 것을 어렴풋이 알고 의욕을 상실한다.

❑ 문 : 갑자기 달라졌는가?

❑ 답 : 얼마 전까지 큰 학문을 한다고 할 때에도 엇길로 나가 기이한 발상을 별난 문체로 나타내는 것을 자랑으로 삼고, 역사의 전환을 총체적으로 이해하는 데 근거를 둔 보편적 가치관을 마련하지는 못했다. 이제는 그런 작업도 시들해지고 더 할 거리가 없다고 여겨 발상이 범속하고 산만해진다.

❑ 문 : 큰 학문만 문제 삼을 것은 아니다. 프랑스 학계는 동양학에 관해서도 높은 수준을 자랑하고 있지 않는가?

❑ 답 : 지나간 시대의 이야기이다. 1990년 말에서 1991년 초까지 파리7대학 동양학부에서 가르칠 때, '고전중국어'라고 하는 한문을

가르칠 사람이 다 없어졌다는 사정을 확인하고 놀랐다. 유럽문명권이 세계를 제패할 때의 포부나 의욕을 잃고, 어려운 공부를 할 후계자가 없는 실정이다. 현대의 외국어는 다양하게 습득하지만 고전어에 근거를 둔 깊이 있는 연구는 멀리 해, 학문의 뿌리가 허약해지지 않을 수 없는 실정이다.

❑ 문 : 우리가 할 일은 무엇인가?

❑ 답 : 프랑스에서 산출한 큰 학문의 저작을 미국에서 가져가 수많은 논문을 써서 해설하는 것을 따르면서 유행에 뒤떨어지지 않으려고 하기나 하니 어리석다. 본 바닥의 사정을 직접 진단하고, 다음 시대를 여는 학문은 우리가 해야 한다는 것을 깨달아야 한다. 그쪽보다 더 많이 알고 더 크게 보아야 한다.

❑ 문 : 제주대학교에 가서 집중강의를 한 것으로 안다. 무엇을 어떻게 강의했는가?

❑ 답 : 대학원의 한국학협동과정 학생들이 학문을 어떻게 할 것인가 하는 문제에 대해 발표하고 토론하도록 하는 강의를 했다. 변방이 중심이고, 후진이 선진인 원리에 입각해 학문혁명을 일으키자고 했다. 이렇게 할 수 있는 조건을 제주에서 가장 잘 갖추고 있어 기대가 크다고 했다. 제주의 전통문화를 논거로 삼아, 지방화로 세계화를 이룩하는 새로운 학문 창조에 앞서야 한다고 했다.

❑ 문 : 광우병이 생겨나고 대규모 지진이 일어난 지금의 사태에 어떻게 대처해야 하는가?

❑ **답** : 진단을 제대로 해야 올바르게 대처할 수 있다. 소에게 동물성 사료를 먹여 광우병이 생겨난 것은 명백하고, 너무 큰 댐을 만들어 지진이 일어나게 하지 않았는가는 아직 불분명하지만, 유럽문명권이 주도한 근대문명이 종말을 알리는 일련의 사태가 벌어지고 있다고 보아 마땅하다. 자연을 정복하고 이용하는 대상으로 보지 말고 자연과 인간이 하나가 되는 새로운 문명을 위한 설계도를 마련하는 것이 힘써 할 일이다. 변방이 중심이고, 후진이 선진인 원리가 전환을 가능하게 한다.

❑ **문** : 변방이 중심이고, 후진이 선진이라는 것은 같은 말인가?

❑ **답** : 변방이 중심이라는 것은 발상의 전환으로 가능한 변화이고, 후진이 선진이게 하려면 창조의 결실을 얻어야 한다.

제12강 미국 학문의 시장 경쟁

기이한 사태

이제 미국으로 간다. 다른 많은 나라를 거쳐야 하지만 그럴 겨를이 없다. 미국에 대해 아는 것이 급선무이다. 미국 학문에 대해서는 많이 알고, 모두 훌륭하다고 여겨 그 전례를 거의 그대로 받아들이는 것 같지만, 그렇지 않다. 미국 학문에 대해서 많이 아는 것은 아니다. 모두 훌륭하다고 여기는 것은 잘못이다. 미국을 따라야 할 것인지 판단하기 위해 미국 학문을 제대로 알고 평가해야 한다.

미국 학문을 공부한 경력을 자랑하고 미국 학문 수입을 생업으로 하는 전문가들이 대학을 지배하다시피 하고 있는데, 국외자가 나서는 것은 무리라고 할 수 있다. 전부터 알고 있던 것을 말하려고 하지 않는다. 미국 학문에 대해서 미국인들 스스로 비판하고 반성한 책이 쏟아져 나오다시피 한 것을 미국을 잘 안다는 사람들은 외면하고 있어 열심히 구해 부지런히 읽었다. 주견을 개입시키지 않고 있는 그대로 정리해 보이면서 논의의 근거로 삼는다.

여기서 거론하는 책을 읽고 말하는 사람들이 없다. 참으로 기이한 사태이다. 왜 그런가? 이 의문은 난제 중의 난제이다, 가능한 추론을 몇 개 제시해 연구 과제로 삼기로 한다.

학계 내부 사정을 살피면, 대학의 연구를 다루는 고등교육론은 열심히 하지 않고, 학문 일반을 논하는 학문학은 자리를 잡지 못하고 있는 폐단이 국내에서 더 심하기 때문인가? 미국통이라고 자부하는 대학 내외의 인사들은 미국의 어느 한 면을 너무나도 잘 알고 있어 전체를 살필 필요가 없다고 여기기 때문인가? 미국과 가까워지고 같아지는 것을 국가의 지표로 삼고 있는 판국이라, 미국이 잘못되고 있다고 말해 혼란을 일으킬 필요가 없기 때문인가?

미국의 과학원

과학원 또는 유사한 기구는 세계 거의 모든 나라에 있다. 명단을 작성하고 해설한 사전이 있다.(Joseph C. Kiger ed., *International Encyclopedia of Learned Society and Academies,* Westport: Greenwood, 1993) 한국의 학술원도 수록되어 있다. 영어로 'National Academy of Sciences'라고 일컬었다.

미국의 경우는 어떤지 살펴보자. 미국에는 미국국립학술원(United States National Academies)이 있다. 그 산하에 있는 네 기관 가운데 하나가 미국국립과학원(United States National Academy of Sciences)이다. 명칭을 직역하기 위해 '국립'이라는 말을 넣었는데 필요하지 않으므로 빼고 말하자. 학술원이 있고, 다시 과학원이 있어 대단한 기구를 갖춘 것 같다.

학술원 회원은 6,000명이고, 과학원 회원은 1,922명이라고 한다. 최고의 석학들이어서, 선발되는 것이 커다란 영광이라고 한다. 그러나 학술원도 과학원도 연구를 하는 곳은 아니다. 정부의 학문 정책에 대해서 자문을 하는 것이 임무이고, 자문에 대한 보수는 없다. 무보수 명예직이니 더욱 자랑스럽다. 학술원의 역사를 정리한 커다란 책이 보인다. (Rexmond C. Cochrane, The National Academy of Sciences, *The First Hundred Years 1863-1963,* Washington. D. C.: National Academy of Sciences, 1978) 명예를 누린 기록이고, 학문 연구의 역사는 아니다.

전국 범위의 과학원만 있는 것도 아니다. 캘리포니아과학원(California Academy of Sciences)도 있고, 뉴욕과학원(New York Academy of Sciences)도 있다. 주마다 도시마다 자기네 과학원을 만들 수 있다. 과학원이 많고 대단한 학자들을 회원으로 하고 있어 학문이 발전하는 것은 아니다. 한국에 학술원이 있어 학문을 잘 한다고 말할 수 없는 것과 같다.

미국에는 학문을 지원하는 재단도 여럿 있다. 국립과학재단(National Sciences Foundation), 국립인문학재단(National Endowment for the Humanities), 국립예술재단(National Endowment for the Arts) 같은 것들이다. 연구비로 제공하는 예산이 아주 많다. 연구를 지원하는 사립의 재단도 숫자나 재정 규모에서 한국보다 월등하다.

실상 파악의 근거

위에서 든 사실을 들어 미국 학문이 대단한 이유를 설명할 수는 없다. 연구에 돈을 많이 투입하는 것은 미국의 성공 비결 가운데 일부이다. 더 큰 비중을 차지하는 이유는 경쟁이라고 하는 말을 자주 듣는다.

학문은 학술원이나 과학원에서 하지 않고 대학에서 하고, 대학의 교수가 한다. 대학이, 교수가 연구비를 따고 연구 결과를 상품화해서 돈을 벌기 위해 경쟁을 한다. 권력의 지원과는 상반되는 시장에서 하는 경쟁이 모든 것을 결정한다. 우리나라도 미국처럼 해야 한다는 주장이 많이 있어 미국에서는 어떻게 해야 하는지 알아야 한다.

미국에서 하는 시장 학문에 어떤 문제가 있는지 미국 안에서 스스로 지적하고 논의한 책이 쏟아져 나오다시피 했다. 이것 또한 시장 경쟁을 하는 상품이어서 중복 투자의 결과 과잉생산의 폐단을 보인다. 다 구해 읽는 것은 불가능하다. 우선 돈이 너무 많이 든다. 시간을 지나치게 잡아먹는다. 읽어서 논하는 결과가 학문 시장에서 경쟁력을 가질 정도의 작업만 하는 것이 마땅하다. 투자와 성과의 관계를 직접 계산하는 것이 미국의 방식이다.

그러나 한국에는 미국학문론이라는 상품을 판매할 시장이 형성되어 있지 않아 적정선을 발견할 수 없다. 손해를 각오하고 닥치는 대로 구해 읽는다. 품세를 돌보지 않으며 하고 싶은 말을 한다. 구해 읽은 책 가운데 특히 긴요한 것을 가려내 목록을 제시한다. 출간 연대순으로 들고 필요한 순서에 따라 거론한다. 저자 이름으로 책의 약호를 삼는다.

Jacques Barzun, *The American University, How It Runs, Where It Is Going*(Chicago: University of Chicago Press, 1968, Second Edition with an Introduction by Herbert I. London 1993) 저자는 역사학 교수를 하고 대학 행정에도 종사하다가 퇴임한 사람이다. 미국대학의 모습과 문제점에 대해 총괄적인 고찰을 한 고전적인 저작을 남겼다.

Jonathan R. Cole, Elinor G. Barber, Stephen R. Graubard ed., *The Research University in a Time of Discontent* (Baltimore: The Johns Hopkins

University Press, 1993) 편자 세 사람은 교수 및 대학행정가, 대학행정가, 교수이다. 연구중심대학의 여러 문제와 해결 방안을 다룬 글을 모았다.

Christopher J. Lucas, *Crisis in the Academy: Rethinking Higher Education in America* (Griffin: St. Martin's Press, 1996) 저자는 고등교육을 전공하는 교육학자이다. 미국 대학의 전반적 특징, 입학, 교육, 교수, 목표 등을 차례대로 고찰하는 개론서를 쓴 것 같으나 사실을 말하는 데 그치지 않았다. 미국의 대학은 전반적으로 기대에 미치지 못하고 위기상황을 보여준다고 했다.

Bill Readings, *The University in Ruins* (Cambridge: Harvard University Press, 1996) 저자는 캐나다인 비교문학자이다. 미국의 상업주의가 세계화라는 이름으로 팽창해 세계 다른 나라의 대학마저 인문학의 이상을 상실하고 정신적으로 폐허가 되고 있는 타락상을 비판했다.

Roger G. Noll ed., *Challenges to Research Universities* (Washington D.C.: Brookings Institution Press, 1999) 편자는 스탠포드대학의 경제학교수이고 공공정책 분야의 전문가이다. 연구중심대학에 대해 다각적인 고찰을 한 글을 모으고, 서론과 결론에 해당하는 글을 썼다.

Derek Bok, *Universities in the Marketplace, the Commercialization of Higher Education* (Princeton: Princeton University Press, 2003) 저자는 하버드대학의 총장이었고, 법학대학원 원장도 역임했다. 자기가 이룬 성공이나 공적을 자랑하지 않고, 상업화의 위기가 미국의 대학을 망치고 있다고 했다.

Herman Prins Solomon, *Creed and Corruption, the Downfall of Humanities at Suny Albany* (1995-2003) (Braga: Edicoes Appacdm, 2003) 저자는 뉴욕주립대학 알바니 캠퍼스의 역사학 교수이다. 자기가 재직하고 있는

대학에서 예산 삭감 때문에 인문학이 죽어가는 과정을 보여주기 위해, 답장을 받지 못한 항의 편지를 모아 출판했다.

Roger L. Greiger, *Knowledge and Money, Research Universities and the Paradox of the Marketplace* (Stanford: Stanford University Press, 2004) 저자는 대학교육 전공학자이다. 대학에서 하는 연구가 시장 경쟁에 내맡겨져 생겨나는 폐해를 다각도로 분석했다.

Donald G. Stein ed., *Buying In Or Selling Out, the Commercialization of the American Research University* (New Brunswick, New Jersey: Rugers University Press, 2004) 편자는 의학교수이다. 대학 상업화의 선두에 선 분야에 종사하면서, 비판적인 논의를 전개하는 글을 모아 책을 만들고 자기 견해를 서두에서 밝혔다.

Luc E. Weber and James J. Duderstadt ed., *Reinventing the Research University* (London: Economica, 2004) 공편자는 스위스의 경제학 교수와 미국의 공학교수이다. 2003년에 스위스에서 열린 연구중심대학에 관한 국제학술회의 발표 논문을 모았다.

Jennifer Washburn, *University Inc., the Corporate Corruption of Higher Education* (New York: Perseus Books, 2005) 저자는 자유롭게 활동하는 언론인이다. 미국 대학이 회사가 되어 저지르는 잘못을 많은 자료를 수집해 고찰했다.

Richard H. Hersh and John Merrow ed., *Declining by Degree, Higher Education at Risk* (New York: Palgrave Macmillan, 2005) 대학 행정 전문가와 교육 전문기자가 대학이 당면한 여러 문제에 대해 각계각층 사람들이 고찰한 글을 모아 펴낸 책이다.

Harry R. Lewis, *Excellence Without a Soul, How a Great University*

Forgot Education (New York: Public Affairs, 2006) 저자는 하버드대학 학사과정의 학장이었다. 대학이 수익이 생기는 연구 경쟁에 치중해 인문교육을 버리는 잘못을 체험에 입각해 비판했다.

Robert Zemsky, Gregory R. Wegner, William F. Massy, *Remaking the American University: Market-Smart and Mission-Centered* (New Brunswick, New Jersey: Rutgers University Press, 2006) 저자는 교육 및 행정 교수들이다. 오늘날 미국대학이 크게 잘못 되었다고 비판하고 적극적인 해결책을 찾았다.

문제점에 관한 논란

위에서 든 여러 책의 저자는 캐나다인 비교문학자, 하버드대학 총장, 하버드대학 학사과정의 학장, 다양한 분야의 교수들, 자유롭게 활동하는 언론인이어서 각기 다르다. 그러나 다룬 내용은 거의 같다. 여러 책에 거의 공통되게 나타난 논의를 간추린다.

미국의 대학은 처음 소규모로 만들 때에는 종교교육을 중요시했다. 정신적 이상주의를 지향하는 독일 대학을 본받고자 하는 시도가 있었다. 그러나 미국 특유의 실용주의가 미국 대학을 키우고 유럽의 대학과 다르게 만들었다.

주립대학을 일제히 창설하면서 소득 증대와 직결되는 농업, 광업 등의 기술 발전을 적극 지원했다. 경제 발전의 결과로 등장한 재력가들이 세금 공제의 혜택을 받으면서 거액을 기부해 대규모 사립대학을 만들고 산업을 위해 필요한 학문을 다양하게 개발하도록 했다. 연방정부가 또한 대학에 거액을 지원해 국방력을 기르는 것을 중심으로 국가

경쟁력을 높이도록 했다. 그래서 연구를 교육보다 더욱 중요시하는 연구중심대학(research university)이 생겨났다.

이것이 1980년대까지의 상황이다. 1990년대에는 사정이 달라져 연방정부의 지원이 줄어들었다. 냉전이 끝나 국방력을 기르는 데 투자하지 않아도 되었다. 미국 경제가 독점적 우위를 잃고 침체기에 들어서서 연구를 지원할 힘이 부족하게 되었다. 연구중심대학은 다른 길을 찾았다. 기업체의 투자를 유치해 이익을 남기기 위한 경쟁에 나섰다. 연구중심대학이란 팔리는 연구물 생산을 기본 업종으로 하는 영업체가 되었다.

대학은 공공기관이라고 하는 오랜 전통을 깨고, 오늘날 미국에서는 대학을 이익 추구를 목적으로 하는 회사처럼 경영한다. 더 많은 수익을 올리기 위해 시장 경쟁을 한다. 투자자, 경영자, 연구 상품 생산자가 명확하게 구분되었다. 총장은 대학을 기업체로 운영하는 경영자이고, 교수는 연구물을 생산하는 노동자이다.

대학은 어느 시기든지 이상이나 목표를 가졌다. 종교가 신뢰를 잃은 다음에는 민족국가의 단합과 발전을 위한 정신적 토대를 제공하는 것을 임무로 삼고 국가의 지원을 받았다. 인류가 함께 존중해야 할 가치를 추구하고자 하는 노력도 계속되었다. 미국의 대학은 실용노선을 택하고 수익을 올리는 업체가 되면서 다른 목표를 잃었다. 경쟁에서 앞서는 좋은 대학을 만든다는 것이 수익의 증대를 의미할 따름이다.

기업의 투자는 둘로 나눌 수 있다. 공공의 이익을 위해 연구 생산을 하도록 돕는 사회봉사도 있다. 그것은 소액이어서 대학 경영에 그리 도움이 되지 않는다. 거액의 투자를 특정 대학에 할 때에는 연구 생산물을 독점하는 것을 조건으로 한다. 이 때문에 전에 없던 사태가 벌어진다.

학문은 사회 전체의 공동자산이어야 한다는 원칙을 깨고 기업의 이익을 확보할 때까지 연구 결과를 비밀로 한다. 일반적인 원리의 자유로운 탐구와 더욱 멀어져 연구의 방향과 내용을 특수화하도록 한다. 학문의 보편적 이상과 더욱 멀어진다. 금전의 가치로 평가될 수 없는 학문의 가치가 있다는 것을 부인한다.

교수는 자유로운 탐구자이기를 그만두고 수입이 보장되는 연구나 한다. 연구에 동원되는 대학원생들이 연구를 자유롭게 하지 못하고 시키는 일이나 하게 하고, 기업체의 연구 인력에 비해 현저히 낮은 보수를 지급해 노동을 착취한다. 대학원생 노동자를 미국 밖에서 대거 불러들여 대외적인 경쟁력을 높이고, 미국과는 여건이 다른 곳에 미국의 연구 방식을 수출해 차질이 생기도록 만든다.

공학, 약학, 의학 등이 수익을 직접 창출하는 학문의 대표적인 예이다. 법학과 경영학은 기업에서 가져가 이용할 만한 연구 생산은 하지 않지만, 전문지식이나 훈련이 수익을 보장하기 때문에 최상의 경쟁력을 가지는 분야에 포함된다. 의학, 법학, 경영학 등을 전문 대학원을 만들어 가르치고, 학비를 특별히 많이 받아 이익을 확대한다.

이 모든 조건이 대학 사회의 경쟁을 촉발한다. 경쟁이 대학과 대학 사이에, 학문과 학문 사이에, 교수와 교수 사이에서 날로 확대되어 승리자와 패배자를 더욱 분명하게 갈라놓는다. 투자자를 만족시키고 이익 창출에 앞서는 대학은 번창하고 그렇지 못한 대학은 어려움을 겪는 것이 마땅하다고 한다.

경쟁에서 승리하면 학문을 제대로 하는 것이 아니다. 학문에 대한 배신을 경쟁의 무기로 삼아 승리를 이룩한다. 응용학문의 위세 때문에 기초학문이 위축되고, 자연학문 · 사회학문 · 인문학문의 차별이 더욱 확대된다.

자연학문 · 사회학문 · 인문학문은 내가 쓰는 용어이다. 세 학문은 대등하고 학문을 공통점으로 한다는 점을 명시하기 위해 선택한 용어이다. 자연학문은 진정한 과학이므로 으뜸이고, 사회학문은 자연학문에 근접하고자 해서 다음이고, 과학과는 거리가 먼 인문학문은 가장 뒤진 학문이라고 하는 견해가 근대학문을 시작할 때 유럽에서 마련되었다. 미국에서 세 학문을 차별하는 이유는 이것만이 아니다.

실용학문인가 순수학문인가 하는 것이 더욱 긴요한 척도이다. 실용학문일 수 있는 정도에서 자연학문이 으뜸이고, 사회학문이 다음이고, 인문학문이 꼴찌이다. 실용자연학문은 공학, 농학, 약학, 의학 등이어서 범위가 넓다. 실용사회학문은 법학이나 경영학을 중심영역으로 삼고 다른 곳들에까지 확장된다. 그러나 실용인문학문이랄 것은 거의 없다.

학문이 차등을 받아 교수의 보수가 같지 않고 분야에 따라 다르다. 실용사회학문 · 실용자연학문 · 순수자연학문 · 순수사회학문 · 인문학문으로 서열이 정해져 있다. 실용사회학문이 실용자연학문보다 앞서는 것은 많은 학비를 받아 수익을 직접 창출하기 때문이다.

같은 서열의 학문을 하는 교수는 보수가 균일한 것은 아니다. 능력에 따른 차등 대우가 또한 일반화되어 있다. 교수는 대학 경영자와 협상해 연봉 계약을 하는 것이 야구 선수와 다를 바 없다. 협상이 결렬되면 떠난다. 더 좋은 곳에서 불러 대우가 향상되기도 하고, 더 나쁜 곳이라도 찾아가 연명할 방도를 차려야 한다.

능력급은 시장 경쟁을 정당하게 하는 최상의 방법이고 발전의 원동력이어서 높이 평가하고 마땅히 본받아야 한다고 한다. 평가의 척도를 고치는 학문을 할 수는 없다. 전공을 바꾸거나 확대하는 재량권을 주지 않는다. 학문에 대한 근본적인 반성을 탐구의 과제로 삼는 것은 더욱 불가능하다. 규칙에 복종하고 구단주의 기대에 부응하면서 열심히 뛰어 관중의 환호를 얻는 야구 선수를 본받아야 한다.

자연학문에서 마련한 규칙이 모든 학문을 구속한다. 인문학문도 예외일 수 없다. 학술잡지에 논문을 내서 업적 평가를 받아야 한다. 학술잡지에 격차가 있어 등급이 높은 데 논문을 내야 유리하다. 어떤 내용이든지 취급할 수 있는 것은 아니고, 각기 설정한 세부 영역을 다룬다. 논문을 쓰는 격식이 정해져 있다. 내용과 형식 양면의 엄격한 심사를 받아야 논문을 수록할 수 있다. 엄격하다는 것은 제약이 많다는 것이다. 심사위원들의 취향을 거역하지 못한다. 자유로운 발상을 격식에 구애되지 않게 다루어 책을 내면 업적으로 인정될 수 없다.

지금까지 말한 사실의 어느 면을 특별하게 보충하는 자료를 제시한 책을 들어 논의를 구체화하고자 한다.

먼저 Barzun의 저작을 보자. 1960년대에 이르러 대학은 기능이 계속 확대되어 거대한 규모로 팽창한 탓에 많은 문제가 생겼다고 했다. 1953년에서 1966년에 이르는 동안 자기가 재직하는 대학의 예산이 6배로 늘어났다. 부족한 재원의 상당 부분을 연방정부가 직접적인 국력 경쟁을 위해 지출하는 연구비로 충당해야 하므로, 자발적으로 개척하는 순수한 학문은 밀려나게 되었다고 했다.

해결책을 제시하는 대목에서 말했다. "중심을 잃고 팽창을 서두르는 풍조에서 대학을 구출할 수 있는 구호는 오직 단순화이다."(249면) 이 주장이 실현되지 않았음은 물론이고, 사태가 반대 방향으로 치달았다. 정부의 지원이 줄어들면서 오늘날의 미국 대학은 이익 추구에 더욱 적극적으로 나서서 크고 복잡한 정도에서 재벌 기업 수준인 영업체가 되었다.

Cole 외 두 사람이 공편한 책에서 연구중심대학을 고찰했다. 긍정적인 시각을 가진 유일한 책인데, 폐해를 증언하는 구실을 한다. 미국의 창안물인 연구중심대학을 긍정적으로 평가해야 하고 기능을 계속 수행할 수 있게 해야 한다면서 1990년대 초에 생긴 불만스러운 상황을 말했다. 냉전이 끝나자 연방정부는 국력 경쟁을 위한 연구비 투자를 줄이고 있어 대책을 마련해야 한다고 했다. 한 논자는 연구중심대학이 미국에 머무르지 말고 세계의 대학이 되어야 더욱 번창할 수 있다고 했다.(Eugene B. Skolnikoff, "Knowledge without Borders?, Internalization of the Research Universities")

Lucas는 미국대학의 전반적인 양상과 문제점을 검토하면서 연구의 가치를 교육과 관련에서 평가해야 한다고 했다. "예술이나 문학, 사회학문의 어느 면과 관련시켜 탐구 · 질문 · 분석하는 연구"는 교육의 질을 전반적으로 높이는 데 반드시 필요하므로 소중하게 여겨야 한다고 했다.(86면) 정부나 산업체의 요청에 따라 연구비를 따기 위해, 업적 경쟁을 하기 위해 하는 연구에 치중하는 것이 대학의 위기라고 했다.

Readings는 세계화라는 이름으로 진행되는 변화가 미국에서 시작해서 세계 전체로 파급된다고 했다. "대학은 이제 민족문화의 이상을 만들고 지키고 가르치는 구실을 수행하면서 민족국가와 운명을 함께하지 않는다. 경제적인 세계화가 진행되어 자본의 재생산이 지구 전역에서 이루어지자 민족국가는 상대적으로 약화되고, 대학은 국경을 넘어서서 이익을 추구하는 영업체가 되었다."(3면) "우수한 대학이란 국제적으로 교환되는 자본 시장에서 영업을 잘 하는 기업체에 지나지 않는다."(43면)

대학은 폐허처럼 흩어져 있는 다원체가 되었다. “대학의 결속을 이념이라고 할 것은 없어 밖에서 밀려든 시장의 교환가치가 담당한다.”(168면) “시장화된 구조를 가진 대학에서 학생들은 소비자의 성격을 더욱 더 지니는 형편이고, 학과의 구조는 시장의 압력을 받아 굴절된다. 지식의 구조 또한 그런 상황에 맞는 문제를 제기하는 것으로 변질된다.”(177면)

Noll은 엮은 책 서두의 글에서 연구중심대학을 구체적으로 규정했다. 박사과정이 있고, 연방정부의 지원을 연간 2억 달러 이상 받는 대학이 연구중심대학이라고 했다. 1994년의 자료에서 상위의 대학이 어느 대학인지 1위에서 10위까지 순번대로 들어보자. 대학명은 원문 그대로 들고 번역하지 않는다. 숫자는 백만 달러 단위의 액수이다.

Johns Hopkins 764.0, U. Washington 310.0, MIT 290.3, Stanford 282.5, Michigan 263.2, U. Wisconsin(Madison) 238.4, UCLA 236.5, U. Cal. San Diego 233.1, Cornell 221.5, Harvard 210.0

대학 운영에 보태라고 준 돈은 아니다. 생산될 결과를 고려해 액수를 결정한 투자이다. 주립대학인지 사립대학인지 가리지 않는다. 안배 같은 것은 없다. 일반적으로 알려진 학문적 명성과도 무관하다. 연구의 가치나 질은 고려 대상이 아니다. Yale은 200.8이어서 10위권에 근접했으나, Princeton은 67.3에 지나지 않는다.

책 말미 결론에 해당하는 대목에서 연구중심대학의 미래에 관해 말했다. 연방정부의 투자가 줄어들면서 미국 학문의 우위 유지에 차질이 생긴다고 했다. 비용 절감이 더욱 절실하게 요구되므로 능력 있는 외국 학자나 학생의 미국 입국을 쉽게 하는 조처가 필요하다고 했다. 기업체의 투자를 유치해 수익을 증대하고자 하는 경쟁이 무자비하게 벌어져 소수가 승리하고, 다수는 패배해 연구중심대학 노릇을 하지 못하게 될 염려가 있다고 했다.

하버드대학 총장이 되어 대학 경영의 주역 노릇을 한 Bok는 말했다. 대학은 일찍부터 돈벌이에 나섰다. 미식축구단을 운영하는 것이 좋은 벌이여서 많은 투자를 했다. 1905년 하버드대학에서 축구 코치를 초빙할 때 연봉이 총장과 같고 정교수의 갑절이었다.(2면) "오늘날은 지적 활동으로 하는 돈벌이가 컴퓨터과학, 생화학, 기업재정학 등을 앞세워 대학 전체에서 진행된다. 기업 경영을 체육학과에서만 하지 않고, 공과대학, 경영대학원, 평생교육부, 그리고 대학 도처의 다른 부서에서 일제히 하고 있다."(3면)

기업이 대학에 연구비를 제공하면서, 자기네 이익을 위해 "연구결과를 비밀로 하고 발표할 때 검열을 받도록 하고, 대학원생들을 착취하고, 교수의 임용과 승진 절차를 타락시킨다."(58-59면) "연구 주제와 목표를 간섭할 뿐만 아니라 교수의 임용과 승진에 영향을 끼치기까지 한다"는 말이다.(59면) "기업체에서 투자하는 자금은 연구 활동이 기초과학을 버리고 수익과 직결되는 응용 분야의 주제로 거대한 규모의 이동을 하게 만든다."(59면) "상업화는 대학의 본질을 변질시켜 자유를 제한하고, 효율성을 해치고, 사회적 위치를 끌어내린다."(207면)

Solomon은 대학이 잘못 되고 있는 양상에 관한 구체적인 자료를 제시했다. 뉴욕주립대학 총장의 연봉은 25만 달러이고, 35만 달러로 인상된다고 하는데, 정교수로 25년 재직한 자기의 연봉은 7만 달러이다.(85면) 인문학 분야 교수 연봉은 2만 4천 달러에서 시작하고, 평균이

4만 2천 달러이며, 기본과목을 담당하는 시간강사에게 일 년에 주는 돈이 6천 달러에 지나지 않는다.(147면)

Greiger는 말했다. 대학의 시장 경쟁은 대학 사이의 불균형을 확대한다. 영업에 성공하는 대학은 더욱 번창하고, 실패하는 대학은 회복이 가능하지 않다. 학생들 사이의 격차도 더 벌어지게 한다. 돈을 더 내고 혜택을 많이 볼 수 있는 학생과 그렇지 못한 학생도 처지가 아주 다르다. 경쟁이 발전을 가져와 더 많은 사람이 혜택을 얻을 수 있는 것은 아니다.

"미국 대학의 상업화는 양면이 있다. 대학에 많은 자금, 우수한 학생, 지식을 발전시킬 능력을 제공하고, 미국 경제의 생산성을 높였다. 그 반면에 대학이 자율성을 잃게 하고, 공공의 이익에 봉사하지 못하게 했다. 상업적 이해관계에 얽힌 탓에 지식의 문제에 대한 불편부당한 중재자 노릇을 하는 특권을 포기했다."(265면) 긍정적 기여는 소수가 차지하고, 부정적 작용은 다수에게 피해를 끼친다.

Stein은 이미 말한 바와 같이 의학교수이다. 응급의학 및 신경학이 전공이라고 했다. 다른 분야는 물론 의학도 장사가 아니고 학문이어야 한다는 소신을 엮은 책 서두에 실은 <아카데미 판매에 관한 개인적 소견>("A Personal Perspective on the Selling of Academia")에서 밝혔다. 몇 조항으로 정리한 결론을 보자.

대학은 전체적으로도 개별적으로도 무엇을 목표로 하는지 밝혀야 한다. 목표 달성을 점검하는 자체 기구가 있어야 한다. 상업적 활동 가운데 수락할 수 있는 것과 수락할 수 없는 것을 구분하는 기준을 세워야 한다. 어느 정도 온건한 논의를 하다가 "연구와 학문을 살리려면 외부의 상업적인 지원이나 연방정부의 기금에 의존하지 않아야 한다"고 명언하는 데 이르렀다.(15면)

스위스의 Weber와 미국의 Duderstadt가 공편하고 양쪽 논자들의 글을 실은 책에서는 미국과 유럽의 경우를 함께 다루었다. 미국의 연구중심대학이 당면하고 있는 문제가 유럽의 대학에도 나타나 함께 고찰한다고 했다. 국가나 사회가 필요로 하는 실용적인 지식 개발의 임무가 가중되면서 대학이 외부의 힘에 더 많이 지배되고 있어 자율과 자유를 확보하는 강력한 지도력이 요망된다고 했다.

그러면서 미국의 대학은 경쟁에서 앞서 부러움을 산다는 통념을 깨고 더 많은 결함이 있다고 했다. "고등교육을 위한 진정한 정책이랄 것을 연방정부 차원에서 전혀 수립하지 않은 탓에, 미국의 대학은 학생의 광범위한 선택권이나 뛰어난 연구 수준 같은 전통적 가치를 버리고 시장의 단기적인 요구를 받아들였다"고 비판하고, "유럽의 대학과 역사적이고 문화적인 관련을 깊게 해서 많은 것을 배워야 한다"고 했다.(254면)

Washburn이 취재한 사실에서 대학이 시장에 지배되고 있는 양상을 명확하게 확인할 수 있다. 수익을 많이 낼 수 있는 분야의 스타 교수들은 파격적인 대우로 초빙된다. 강의는 거의 하지 않고 연구만 하면 된다. 수백 명을 상대로 교양과목을 가르치는 인문학 교수들이 박대를 받는 것과 아주 다르다. 그러나 능력이 있어 혜택을 받는 것만은 아니다. 어떻게 했든 이름만 나면 된다. "의과대학 유명 교수들의 봉급을 제약회사에서 제공하는 것이 드물지 않은 일이다." 제약회사에서 대필한 논문을 교수들의 이름으로 평가 높은 학술지에 내도록 허락하는 것이 반대급부라고 했다.(xv면)

여러 자료를 인용하면서 교수의 보수에 대해서 말한 것을 보자. 대학 교수의 보수는 미국에서도 원래 분야의 차이가 없이 균등했다.

그런데 지금은 "조교수 초임 연봉이 경영학은 10만 달러나 되고, 수학이나 역사학은 5만 달러 또는 그 이하인 것이 드물지 않은 일이다."(217면) 돈벌이가 잘 되는 분야는 많은 돈을 주어야 교수 할 사람을 구한다고 한다. "전통적인 견해에서 교수는 연구를 진행하고, 진정한 정신적 자유를 누리고 위신과 존경을 갖추는 것으로 만족하므로, 어느 정도 편리한 생활을 하는 데 필요한 적절한 보수만 받으면 된다고 여겼다." 그런데 지금은 학문에서 뜻을 이루려고 하지 않고 대우 향상만 바란다.(218면)

Hersh와 Merrow가 엮은 책에 수록된 여러 글에서 대학이 당면하고 있는 문제를 다각도로 고찰했다. 그 가운데 특히 주목할 것이 <미국대학에 대한 여섯 가지 도전>(Vartan Gregorian, "Six Challenges to the American Universities")이다. 브라운대학교 총장을 지낸 사람이 미국대학에 닥친 도전 여섯 가지를 들어 논했다. 번호를 붙여 간추리면, (1) 지혜를 무력하게 하고 지식으로 대신하는 정보의 과잉, (2) 실용교육 및 직업교육의 비대, (3) 연구의 상업화, (4) 비정규직 또는 임시직 교원의 확대, (5) 전반적인 수준 저하, (6) 사이버 매체를 이용한 원격교육의 폐단이다. 특별히 지적해서 한 말을 옮기기로 한다.

이 여섯은 미국 대학만의 염려 사항이 아니다. 다른 여러 나라에도 나타난 폐단을 미국대학이 특히 심각하게 보여준다. (3)에서 무엇이 문제인지 지적한 사항을 보자. 연방정부의 연구비보다 기업체의 연구비가 더 큰 비중을 차지하면서 대학은 기업의 이익을 위해 봉사하는 기관이 되고 있다. 한 기업체가 어느 대학의 연구를 독점하는 데 이른 것이 특히 염려할 상황이다. 노바르티스(Novartis)라는 생명공학 회사가 캘리포니아 버클리대학교(University of California at Berkeley) 해당학

과와 계약을 맺고 매년 500만 달러를 제공하고 연구에서 얻는 이익을 차지하는 것이 그 예이다.(83면)

Lewis는 하버드대학이 잘못 가고 있는 것을 학사과정 학장을 맡아 지적하고 시정하려고 노력해도 뜻을 이루지 못해 책을 써서 고발한다고 했다. 대학이 수익을 목표로 하는 연구에 내몰리면서 "넓은 의미의 교육 목표 또는 학생들에게 사람다움이 무엇을 뜻하는지 알 수 있게 하는 인문학 교육을 망각했다."(3면) 시장 경쟁에서 이기려고 자유의 이상, 비판적 이성 같은 것들을 배제했다.(62-64면) 대학의 확장을 발전이라고 하지만, 확장은 스스로 만들어낸 것이 아니고 외부에서 닥친 경제적인 힘에 지배된 결과이다.(255면)

Zemsky 외 두 사람이 공저한 책에서는 다른 관점에서 비판론을 전개했다. "정치 연극을 공연하고, 사회운동을 연습하고, 성가신 문제에 대한 전문가의 현명한 대책을 구하는 공공의 광장"이던 대학이 "경제적 안전을 지키고 중산층의 지위를 유지하게 하는 통로" 노릇이나 하게 된 것을 개탄했다.(4면) 이익추구의 영업체로 이용되고 있는 대학이 자주 능력을 회복해 "민주사회 시민의 사회참여가 어떤 의의를 지니는가에 관한 광범위한 토론을 조직"해야 한다고 했다.(210면)

F. X. Foulke-ffeinberg, *Twilight of the Universities* (Edinburg, Texas: Cui Bono Books, 1995) 또한 미국의 대학에 대한 비판론이지만 내용이 특수해 위의 목록에 넣지 않았다. 비판의 근거는 대학이 중세의 사원처럼 군림하면서, 낭비의 표본이고 탈세의 온상이라는 것이다. 시설 가동률이 낮고, 교수는 노동시간에 비해 지나친 보수를 받으며, 교육이 부실하다고 나무랐다. 이름난 대학일수록 교수를 대신해 조교나 대학원생이 강의를 하는 비율이 더 높다고 비판한 대목은 눈여겨 볼만하

다.(145-149면) 헛된 간판을 따기 위해 대학에 다니고 더 좋은 대학을 원할 따름이며 실질적인 이득은 없다고 했다.

그러면 어떻게 해야 하는가? 개선의 가능성이 없으니 대학을 없애야 한다고 주장했다. 취업을 할 때 학력을 묻지 못하게 법으로 금지해야 대학을 없앨 수 있다고 했다. 여기까지에는 수긍할 만한 주장이 많은데, 그 다음이 문제이다. 일반적으로 필요한 고등교육은 텔레비전에서 맡으면 되고, 법학, 공학 등의 전문가 양성은 권위를 내세우지 않고 세금 제대로 내는 소규모 학원이나 기업체의 연수원에서 담당하면 된다고 했다. 대학은 낭비가 심한 곳이고, 교수의 노동시간이 강의시간이라고 할 때부터 연구에 대한 고려는 없었다. 대학의 교육을 실리주의의 관점에서 문제 삼아 대안을 찾고자 할 따름이고, 교육의 질적 향상이 연구를 해야 가능하다는 것을 알지 못했다.

보수 차별

미국 대학의 총장 연봉을 보자. 2006년도의 자료이다. 단위는 달러이다. 최고봉 5위까지의 액수가 일반대학은 2,746,241에서 983,365까지이고, 연구중심대학은 1,004,034에서 684,709까지이다.(http://cliomedia.egloos.com/683957)

교수의 연봉을 보자. 2006-2007년의 자료이다. 연봉 평균치가 다음과 같다. 단위는 달러이다.(http://www.amstat.org/profession/salaryreport_acad2006-7.pdf)

	조교수	부교수	교수
일반대학	59,950	61,650-66,900	81,502-106,850
연구중심대학	67,500-70,400	74,625-66,800	93,550-122,750

총장의 최고봉은 교수 최고봉의 22배이다. 총장 최하위 연봉도 교수 최고봉의 5.6배이다. 벌어들이는 데 비례해 보수를 책정하는 방식이다. 보수의 차이가 수익 증대에 기여하는 정도의 차이이다.

총장의 연봉은 일반대학이 연구중심대학보다 많고, 교수의 연봉은 연구중심대학이 일반대학보다 많다. 일반대학이 영업체의 성격을 더 많이 가지고 수익 증대가 총장의 역량과 한층 긴밀하게 연결된다고 여기기 때문일 것이다. 교수의 경우에는 연구중심대학 교수가 일반대학 교수보다 수익 증대에 더 기여한다고 인정된다.

교수의 보수를 다시 보자. 다른 직급에서는 경력이 많을수록 연봉이 증액되는데, 부교수는 그렇지 않다. 74,625달러에서 출발해 2년에서 3년까지는 78,900달러로 늘어났다가, 그 뒤는 계속 줄어든다. 정교수로 승진하지 못한 것은 무능한 탓이므로 대우를 낮춘다.

위의 표는 평균치를 나타냈다. 경우에 따라 평균치보다 많기도 하고 적기도 하다. (가) 사립대학에서는 많고, 공립대학에서는 적다. (나) 남성교수는 많고, 여성교수는 적다. (다) 응용학문에서는 많고, 기초학문에서는 적다.

(가)는 한국에도 있는 현상이다. 미국의 경우에도 한국처럼 공립대학은 공공의 재정에 의해 운영되므로 교수의 보수가 적은 것만 이유는 아니다. 사립대학에서 영업을 더 잘 하는 것이 더욱 명확한 이유이다. (나)는 한국에서는 있을 수 없는 일인데 미국에서는 공식화되어 있다.

남성교수가 수익 증대에 더 많은 기여를 한다고 인정되어 더 많은 보수를 받는다.

(다) 또한 한국에는 없고 미국에만 있는 일이다. 한국에서도 응용학문 교수가 기초학문 교수보다 더 많은 수익을 올리지만, 공식적인 보수가 다른 것은 아니다. 미국에서는 응용학문 교수가 기초학문 교수보다 연봉이 더 많은 것이 공식화되어 있다. 이에 관해 전반적인 상황을 알려주는 통계는 찾지 못했다. 그러나 다음 것들이 유용하다.

산타클라라대학(Santa Clara University)에서 자기네 교수의 연봉이 어느 수준인지 확인하기 위해 대분류를 한 학문 분야별 부교수 2001-2002년도 평균 연봉을 제시한 표가 있다.(www.scu.edu/fac/pdf/asso-prof-sal.pdf) 전국 평균을 말하는 것 같다. 1등급부터 9등급까지 나누어 나타냈는데 1등급과 9등급만 옮기고, 연봉이 많은 순서대로 든다. 단위는 달러이다.

경영학	146,895 – 76,238
공학	87,497 – 63,570
수학 및 자연과학	83,826 – 49,376
사회과학	77,611 – 44,747
인문학 및 예술	76,942 – 47,836

학문의 정가표라고 할 수 있다. 수익에 따라 연봉 액수가 결정되었다. 등급이 높을수록 격차가 크다. 사회과학 최하위가 인문학 및 예술 최하위보다 낮은 것은 예외가 있기 때문이 아닌가 한다.

워싱턴대학(University of Washington) 교수의 보수를 다른 여덟 대학과 비교한 자료가 있다.(www.washington.edu/reports/salaries) 1984년부터 1997년까지의 것이지만 자세한 내용을 갖추었다. 다른 여덟 대학 평균치라고 한 것이 유용하다. 직급 구분을 하지 않은 연봉 평균치가 학문 분야 및 전공에 따라서 다음과 같다. 전공은 몇 가지씩만 든다. 단위는 달러이다.

법학	106,631
경영학	96,975
전기공학	89,303
화학공학	87,309
컴퓨터공학	85,504
토목공학	84,714
기계공학	81,998
자연학문 평균	75,151
원자력학	96,549
지구물리학	88,901
물리학	81,815
통계학	81,491
화학	78,347
천문학	77,263
수학	74,770
생물학	71,830
심리학	69,281
언어과학	60,575
사회학문 평균	67,573

경제학	85,370
사회학	70,524
정치학	67,173
역사학	66,228
철학	65,592
여성학	60,864
인류학	60,153
지리학	59,628
언론학	57,434
인문학 평균	60,046
독문학	65,957
비교문학	64,497
영문학	61,339
언어학	61,149
고전학	58,418
로맨스문학	57,713
중동문학	57,625
슬라브문학	57,023
아시아문학	55,341
예술 평균	55,913
음악	58,652
미술	55,436
무용	49,636
연극	48,687

학문 분야의 정가표라고 할 수 있다. 법학, 경영학, 공학이 상위이다. 공학은 전공별로 별도의 교육을 하므로 각기 제시했다. 예술, 인문학, 사회학문이 하위이다. 최상위의 법학 교수는 최하위의 연극 교수보다 배 이상의 보수를 받는다. 자연학문, 사회학문, 인문학 안에서도 전공에 따라 보수가 다르다. 모든 것이 차등의 원칙에 따라 구분되어 있다.

자연학문에서 원자력학이 으뜸이고 지구물리학이 그 다음이며 언어과학이라는 것이 최하위이다. 언어과학이란 말하고 듣는 과학이라고 했으니 인문학의 한 전공인 언어학의 과학적 측면을 따로 전공하는 것이다. 사회학문에서 경제학이 최상위이고 언론학이 최하위인 것은 예상하고 있던 바이다. 인문학에서 독문학이 최상위이고 아시아문학이 최하위인 것은 납득하기 어렵다.

최근의 동향을 총괄해서 파악하고자 했으나 뜻을 이루지 못했다. 개별 대학에 관한 일부의 자료만 찾아내 보충하는 데 쓴다. (가)는 워싱턴주립대학(Washington State University) 2003년도 연봉을 여러 직급을 통틀어 전공별 평균치로 나타낸 표에서 가져왔다.(facsen.wsu.edu/reports/faculty-Salary) (나)는 오하이오주립대학(Ohio State University) 2007-2008년도 직급별 연봉을 전공에 따라 구분해 나타낸 표에서 조교수 부분만 가져왔다.(www.ohio.edu/instress/faculty) 최상위 네 전공과 최하위 네 전공만 든다. 단위는 달러이다.

(가)

보험 및 부동산	93,938
마케팅	89,015
화학공학	88,919

관리 및 결정 과학	83,992
역사학	52,759
외국의 언어와 문화	49,626
여성학	46,341
도서관학	40,225

(나)

재정학	111,745
회계학	105,740
관리 시스템	99,142
마케팅	98,308
무용	49,841
음악	49,416
연극	49,234
사회사업	49,169

수익과 연봉의 관계가 이미 확인한 바와 같다. (가)에서 여성학이 최하위에서 둘째인 것은 여성의 지위와 관련된다고 보지 않을 수 없다. (가)의 도서관학이나 (나)의 사회사업은 사회봉사를 위해 소중한 분야인데 수익과는 거리가 멀기 때문에 최하위라고 생각된다.

연봉제

동일 분야 동일 전공의 교수라고 같은 보수를 받는 것은 아니다. 계약제를 실시하면서 연봉을 상이하게 책정한다. 우리도 이 제도를 채택하고 있어서 제2강에서 미국과의 비교를 조금 한 적이 있다. 미국은 어떤지 더 자세하게 알 필요가 있다. 미국 미시건공대 조벽 교수가 쓴 <미국의 연봉제에서 배우지 말아야 할 교훈> (『한국대학신문』 2000년 5월 1일자)이 있어 긴요하게 이용할 수 있다.

> 연봉제는 "사람은 일반적으로 일하기를 싫어한다"는 전제하에 공장 노동자의 능률을 올리기 위해 고안된 제도이다. 이것이 미국 대학에 스며들기 시작한 것은 2차대전 후부터 꾸준히 팽창하던 대학들이 경제적으로 쪼들리기 시작한 1970년대말 무렵이다. 학생 수는 줄어들고, 정부의 재정적 지원은 축소되고, 박사학위가 쓸데없이 많이 배출되어 수요보다 공급이 많아지고, 외부 유명인사를 대학총장으로 모셔 가는 붐이 일던 때다. 오늘날의 한국과 비슷한 상황이다. 과연 연봉제는 어떤 결과를 초래하는가 미국의 경험에 비추어 보자.
>
> 일단, 교수들은 평가 도구(평가 항목, 기준, 가중치)의 신뢰도와 타당성에 예민해지게 된다. 왜냐하면 조그만 인상 차이가 시간이 지나면서 큰 액수 차이로 벌어질 수 있기 때문이다. 두 교수의 봉급 인상이 매해 단 1.0%씩만 차이가 나도 은퇴할 쯤 되면 두 교수의 봉급은 40% 이상 차이가 생기며 교수의 고용 기간 동안 누적된 차이를 따지면 상당히 큰 돈이다. 차이가 별로 없어도 봉급 인상에 평균보다 위(우월)나 아래(열등)가 존재하기 때문에

동료 교수들 사이에 신경이 예민해진다.

결국 업적평가를 둘러 싼 크고 작은 시비를 줄이기 위해 평가항목이 점점 세분화되고 우후죽순처럼 불어나게 된다. 예를 들어 연구 항목 평가는 논문이 논문지에 실렸는지 아니면 학회지에 실렸는지에 따라 구분되고, 강의항목은 학점, 학급, 학생 수 등으로 세분화된다. 결국 평가항목이 쉽게 30-40여 개로 늘어나게 된다는 뜻이다.

그리고 평가기준은 정량화 된다. 논문 수를 따지고 논문의 저자 수를 따지는 것은 기본이며 위원회 활동을 0.25점부터 0.5점, 1점, 2점 짜리로 구분한다. 뿐만 아니라 품질마저 점수로 환산된다. 연구의 품질은 SCI 수와 연결하고, 위탁연구의 품질은 연구비 액수로 판단된다. 강의의 품질은 강의 평가 점수 하나로 압축되고 대체된다.

업적평가라는 도구의 '날'이 이토록 예리해지게 되면 교수가 평가도구를 쓰는 것이 아니라 오히려 평가도구가 교수를 '위협'하고 컨트롤하게 된다. 결국, 교수들이 타율적으로 움직이게 되는 불안정한 상태에 놓이게 되며 교수들 사이에 불안감, 불신감, 불만감, 불행감이 퍼지게 마련이다. 그렇기 때문에 연봉제로 인한 스트레스는 항상 시한폭탄처럼 위태롭다. 몇 가지 예를 들어보자.

첫째 교수들은 업적 쌓기보다 점수 따기로 활동하게 된다. 한마디로 거시적인 안목이 필요한 업적을 추구하는 대신 평가 기준치를 채우기 위한 점수 올리기에 급급하게 된다는 뜻이다. 그 결과 교수는 단기적 목적에다 시간 투자를 하게 된다. 자신이 진정으로 원하는 일을 하는 것이 아니라 할 수 없이 남이 정해준 일을 하게 된다는 뜻이기도 하다.

둘째 상당수의 교수가 실적과 무관한 업무를 기피하거나 건성으로 일하게 된다. 성원들이 서로를 경쟁 대상으로 여기며 각자 자기 이익만을 추구할 때 동료의식을 상실하게 되며 개인주의가 팽배해지게 된다. 그리고 교수들은 혁신적인 일과 협동을 요구하는 일을 피하게 된다. 결국 교수의 활동 영역이 축소되고 획일화된다.

셋째 교수는 강의와 연구라는 특무를 지닌 '특공대' 같아지고, 특공대를 지원하는 후방부대가 있어야 하듯이 강의와 연구 이외의 모든 다른 일을 책임질 보직교수와 행정직원이 대거 필요하게 된다. (미국 대학에서 연봉제를 강도 높게 실시하기 시작하던 80년대에 교수 수는 7% 불어났지만 행정직은 47%나 증가했다는 사실을 어떻게 달리 설명할 수 없다.) 보직교수와 행정직원이 일반 교수들을 후원하는 철학을 지니고 있다면 이 발전은 상당히 고무적인 것이라 할 수 있다. 하지만 그 반대로 행정이 지배계급으로 변질되기도 한다.

넷째 교수들은 상대적으로 큰 비중을 차지하는 연구실적에 관심을 가지게 되며 교육에 소홀하게 된다. 강의는 모든 교수들에게 비슷하게 분담된 일인 만큼 교육실적 항목에서는 모두가 비슷한 (평균)점수를 받게 된다. 따라서 교수들의 업적평가 점수 분포는 거의 연구실적 차이에 따르게 된다. 그뿐 아니라, 강의는 교수의 강의 실력과 무관하고 내부적으로 배당되는 반면, 논문과 위탁연구 등은 객관적 외부 평가와 경쟁을 통해 품질을 인정받았다고 인식하게 된다. 그 결과, 교수를 평가할 때는, 특히 승진 심사를 할 때에, 연구 실적에 전적으로 의존하게 된다. 반면 강의는 그저 '대충하면 된다'는 인식이 퍼지게 된다.

교육이 뒷전으로 밀려날 때에 학생들뿐만이 아니고 교수들도 피해자가 될 수 있다. 특히 연구를 왕성하게 할 수 있는 조건이 갖추어져 있지 않은 대학에 있는 교수들은 스트레스와 연관된 많은 심인성 만성병(우울증, 고혈압, 당뇨, 위장병, 알레르기 등)에 걸릴 확률이 매우 높다. 하루에 발간되는 논문이 2만 편이나 된다는 요즘 세상에 모든 것을 제쳐두고 오직 연구에 매달려서 일년에 논문 1~2편 더 써냈다고 만족감이나 행복감이 느껴지지 않기 때문이다.

연봉제를 몇 년간 계속 하다보면 하위직급 교수가 상위 직급의 교수보다 더 많은 봉급을 받을 수도 있다. 심한 경우에는 같은 학과에서 조교수의 봉급이 은퇴를 앞둔 원로 교수의 봉급을 능가하기도 한다. 은퇴할 때까지 부교수로 남는 비참함을 맛볼 수도 있다. 이렇게 버려진 교수들은 위축되어 소극적인 자세를 취하기 쉽고, 허탈감과 씁쓸함에 빠져 학교 일은 최소한으로 하게 된다. 봉급이 적은 교수들은 이등시민의식과 피해의식에 사로잡힐 수 있는데, 그들은 매사에 예민해지고 대학에 대해 비판적이고 투쟁적인 태도를 보이게 된다.

미국 연봉제의 결점이 한국에서도 그대로 나타나는 것은 아니다. 한국의 연봉제는 미국과 다르게 운영되어 더 큰 폐해를 낳는다. 미국에서는 임금 협상이 원하는 대로 이루어지지 않으면 교수는 다른 곳으로 간다. 자리를 옮기면 더 좋은 조건을 얻을 수도 있고 나빠진 대우를 감수해야 하는 경우도 있다. 한국에서는 선택의 여지가 없다. 재임용에서 탈락되면 능력이 어떻든 영원히 실업자가 되고 만다. 더 좋은 조건으로 데려가는 곳이 없다. 대우를 낮추어도 갈 곳이 없다. 시장이 협소하다고 할 것도 아니다. 시장이 아주 없다. 거래자의 시장이 아닌 권력자의 도장이 지배하는 사회이다.

계약은 말뿐이다. 임용권자가 일방적인 권위를 가지고 공개채용 절차를 만들고 까다로운 절차를 거치게 한다. 아무리 뛰어나고 경력이 많은 교수라도 다른 대학으로 옮기려면 절차가 동일하다. 특채가 제도상 가능하지만 부정의 온상이라고 여겨 쓰지 않으며 공정하고 객관적이라고 표방하는 공채만 한다. 연봉을 정하는 계약제가 우수한 교수에게 혜택을 주지는 않고, 교수를 권력으로 지배하는 데나 쓰인다.

한국의 계약제에는 스타 교수에 대한 배려가 없다. 쫓겨나지 않으려면 열심히 하라는 것뿐이다. 재임용에서 탈락된 것이 부당하다고 생각되어도 대학 안에서는 해결할 길이 없으므로 재판을 청구할 수밖에 없다. 여러 해 동안 애써 교수가 승소하는 경우가 더러 있지만, 밀린 봉급을 받고 복직을 하는 데 그치고 허송한 세월에 대한 보상은 없다.

다시 살피기

미국에서 하는 일은 무엇이든지 좋다고 하는 사람들이 있는데, 속고 있거나 거짓말을 한다. 미국에서 학문의 이상사회가 이루어진 것은 결코 아니다. 러시아 혁명 후 국가가 과학원을 만들어 모든 연구를 조직하고 계획하는 것이 이상적인 방안이라고 한 것과 정반대의 방향에서 이상은 현실과 크게 어긋난다. 국가 학문의 잘못을 바로잡는 대안이 시장 학문이라고 하는 것은 일방적인 주장이다.

소련의 제도에는 권력의 횡포가, 미국의 방식에는 시장의 횡포가 있다. 둘 다 잘못되었다. 그러나 권력의 횡포는 제거할 수 있다. 소련의 뒤를 이은 러시아는 권력의 횡포를 제거하고 과학원을 자율적이고 민주적으로 운영하고자 한다. 과학원 제도를 갖춘 여러 나라도 같은 방향으로 나아간다. 미국 학문을 지배하는 시장의 횡포는 더 심해진다. 미국의 방식을 받아들이면서 시장의 횡포를 제거하는 것은 다른 나라에서도 가능하지 않다.

미국은 다른 분야뿐만 아니라 학문에서 가장 큰 성과를 내는 초강대국이다. 이러한 사실이 미국의 방식을 따르면 학문을 잘 할 수 있고 강대국이 될 수 있다는 착각을 낳게 한다. 그러나 미국이 가진 조건이 다른 나라에는 없어 동일한 결과가 나타날 수 없다.

기본 조건 가운데 첫째는 자본이다. 자본이 부족한 나라에서 미국과 같은 방식으로 학문에 투자하는 것은 불가능하다. 학문에 투자할 자본을 국가가 마련해야 한다. 국가의 투자는 기업의 투자와 달라 공공의 이익을 우선해야 한다. 중복 투자를 줄이고, 경쟁보다 협동에 더욱 힘쓰도록 해야 한다.

둘째로 들어야 할 기본 조건은 시장이다. 미국에서는 교수들이 시장의 법칙에 따라 움직여 교환가치에 맞게 계약이 이루어지고 보수가 책정되는데, 학문 시장이 없는 한국에서는 교수의 교환가치가 평가되지 못한다. 미국과 같은 방식을 택한 것 같은 계약제가 시장 대신 도장이 횡포를 부려 교수를 구속하도록 하는 구실이나 한다. 한 번 탈락하면 다른 대학으로 갈 수 없는 악조건 탓에 자유로운 창조가 극도로 위축되고 있다.

미국에서 학문을 하는 방식이 미국의 사회적 여건에서는 최상의 선택이라고 할 수 있는 것도 아니다. 학문의 시장 경쟁이 가져오는 양적 팽창과 발전의 이면에 파탄과 차질이 있다. 연구해 개발한 지식의 유용성을 지나치게 존중하는 탓에 진정한 가치가 무엇인지 추구하지 못한다. 인류가 힘 기울여 가꾼 학문을 금전적 이익과 직결되는 상품으로 만들어 오랜 염원을 배신하고 있다.

경쟁하면 발전한다는 주장이 그대로 실현되어 미국 학문은 대단한 경지에 이르렀다고 하지만, 성과보다 폐단이 더욱 두드러지고 있다. 경쟁에서 지는 다수의 대학이 패퇴되지 않을 수 없는 것이 문제일 뿐만 아니라, 소수의 승리자는 지나치게 거대화되어 자멸의 길에 들어선다. 경쟁이 지구 전체로 확대되어 폐해가 더 커지고 있다. 미국 대학의 세계화에 편입되어 살아남고 경쟁력을 가지리라고 생각하는 것은 망상이다.

독일과 프랑스의 경우를 들어 살핀 바와 같이, 유럽 각국은 미국과 다른 방식으로 학문을 한다. 자기 전통이나 실정에 맞는 정책과 제도를 마련해 독자적인 방식의 연구를 하고 있다. 국가가 제공하는 예산으로 공공의 학문을 하는 데 힘쓰면서, 학문의 시장 경쟁을 촉구하는 미국의 영향이나 작용을 받아들이지 않는다. 학문의 시장 경쟁은 미국에 유리하고 미국의 승리를 보장하는 방식이므로, 패배를 감수하지 않기 위해 자기네 방식을 경쟁력으로 삼는다. 그 덕분에 미국과는 다른 자국 학문의 창조력을 보여준다.

미국이 아닌 다른 나라는 미국과는 상이한 방식과 내용을 갖춘 자기 학문을 해야 하는 것이 당연하다. 다른 여러 주권과 함께 학문 주권도 지켜야 한다고 해서 하는 말만은 아니다. 미국 때문에 생긴 편향성을 극복하고 인류가 필요로 하는 지혜를 새롭게 마련하는 데 독자적으로 기여하는 것이 긴요한 과제이다. 이에 관한 탐구를 위해 세계를 돌아보는 과정에서 미국의 학문에 대해 심각한 논의를 했다.

토론

❑ 문 : 미국에서는 왜 학문을 대학에서만 하고 별도의 연구기관을 만들지 않았는가?

❑ 답 : 미국이 세계 대부분의 나라와 같은 방식을 택하고 있으니 왜 그런가 하고 묻는 것은 적합하지 않다. 학문 정책이 따로 없으면 다 그렇게 된다. 국가에서 학문연구기관을 별도로 만든 몇몇 나라는 왜 그렇게 했는지 알아볼 필요가 있어 길게 고찰했다. 문제는 우리가 어느 쪽으로 가야 하는가 하는 데 있다. 학문 정책이 있어야 하고, 우리에게 적합해야 한다.

❑ 문 : 어느 길로 가야 하는가?

❑ 답 : 이 강의의 도달점을 미리 말하라는 질문이다. 예고편 삼아 말하기로 한다. 연구는 대학에서 하는 방식을 전면적으로 수정할 수 없어 보완책을 마련해야 한다. 연구기관을 대학 밖에 두면 연구하는 사람의 지위와 자율성이 보장되지 않는다. 두 가지 조건에 맞는 방식이 대학 연구소에 연구교수를 두고 인건비를 정부가 부담하는 것이다. 새로운 연구를 선도할 기존의 교수가 연구교수로 자리를 옮기면 신임 연구교수 인선권을 주고, 일정한 기간이 지나 함께 평가받도록 하면, 최상의 효율성이 보장된다.

❑ 문 : 미국 학문에 대해 왜 지금 새삼스럽게 논란을 하는가?

❏ **답** : 상황이 이중으로 달라졌기 때문이다. 미국 학문이 시장의 지배를 받아 타락하는 폐단이 최근에 급격하게 확대되었다. 우리 스스로 해결해야 하는 심각한 과제가 계속 등장해 학문 역량의 급격한 향상이 필요하다. 미국을 포함한 다른 여러 나라의 전례를 알고 우리 길을 찾아 당면한 문제를 해결하고 인류를 위해 독자적인 기여를 하는 창조학이 절실하게 필요하다.

❏ **문** : 미국에서는 인문학이 최하의 지위를 감수하고 있는데 우리 경우는 어떤가? 인문학의 위기라는 말이 많은데 해결 가능성이 있는가? 창조학이라는 것이 실현 가능한 희망인가?

❏ **답** : 인문학 교수가 최하위의 보수를 받는 차별이 미국에는 있고 한국에는 없다. 그래도 미국에서는 말이 없는데 우리는 인문학이 위기라고 떠든다. 인문학을 인문학문이라고 하겠다. 인문학문이 아직 존경받고 있어 떠들면 호응을 얻고, 또한 소생할 가능성이 있기 때문이다. 인문학문의 전통이 세계를 위해 기여할 수 있게 하는 커다란 밑천이다. 이러한 사실에 대한 인식이 창조학을 이룩하는 기초공사이다. 인문학문이 자기 옹호에 그치지 않고 학문 일반의 방향과 쓰임새에 대해 적극적인 탐구를 하는 것이 창조학을 구성하는 구체적인 내용이어야 한다.

❏ **문** : 대학에서 문화콘텐츠를 강의하는 것을 어떻게 생각하는가?

❏ **답** : 학문의 쓰임새를 찾는 좋은 본보기이다. 논술을 비롯한 여러 형태의 글쓰기의 효용이 평가되고, 문학치료나 예술치료 같은 분야가 생겨나는 것과 함께 주목하고 환영해야 한다. 모두 새로운 과제이고

기회이다.

❑ 문 : 그런데 그런 분야의 강의가 개설되고 학과가 생기기까지 하지만 제대로 가르치지 못한다. 실제 작업도 남들이 하는 것을 모방하는 수준에 머무르고 있다. 타개책이 무엇인가?

❑ 답 : 연구를 하지 않아 가르칠 만한 것이 없다. 우리 문화를 밑천으로 삼지 않고 남들이 하는 대로 하려고 하니 볼 만한 성과가 없다. 교육 만능의 사고방식을 반성하고 학문에서 교육이 나온다는 것을 알아야 한다. 수입학에서 벗어나 창조학을 해야 당면한 과제 해결에 필요한 이론을 마련하고, 임기응변과는 다른 일관된 작전을 세울 수 있다. 창조학의 자세·의욕·방법을 갖추고 오랫동안 힘들여 연구해야 지금 당면하고 있는 수많은 문제 해결이 가능하다.

❑ 문 : 교육 만능의 사고방식이란 무엇을 두고 하는 말인가?

❑ 답 : 교육은 말로 하므로 말이 말 값을 해야 효과가 있는 줄 모르고, 말만 많이 하면 된다고 하는 사고방식이다. 말이 말 값을 하려면 검증되고 실행되는 내용이어야 한다. 실행되게 검증하려면 별도의 노력이 절대적으로 필요하다. 교수는 강의 시간으로 노동 시간을 삼아야 한다는 판국에 무엇을 강의할 수 있는가? 오늘 한 번 하는 이 강의를 위해 얼마나 많은 시간과 노력이 소요되었는지 생각해보라. 정년퇴임하지 않고 현직인 교수는 전연 할 수 없는 일이다.

❑ 문 : 지금 벌어지고 있는 대운하 찬반 논란에 대해서 어떻게 생각하는가?

❑ 답 : 운하에 대한 학문을 운하학이라고 하자. 운하학이 없거나

제대로 되어 있지 않아 학문의 소관사를 정치나 이념에서 가져가 찬반 논란이 극단화하는 것을 개탄한다. 학문부재가 혼란의 근본인 좋은 사례이다. 비슷한 사례가 얼마든지 있다.

학자여야 할 사람들이 모두 교사 노릇에 몰두해 학문을 하지 못하게 해놓고, 학문에서 해결해야 할 쟁점을 두고 독소리 큰 쪽이 이기거나 다수결로 결론을 내리는 사회는 희망이 없다. 연구소를 정부 부서에 소속시켜 놓고 정책적으로 결정이 난 사실을 합리화하라고 하는 것은 더욱 어리석다. 교육 만능의 다른 한편에 정치 만능이 있어 학문을 이중으로 압살한다.

제13강 일본이 택하는 방식

논란의 방식

일본 학문의 전반적인 양상과 문제점에 대해 고찰한 저작은 없다. 학문은 관심의 대상이 되지 않고, 대학에 관해서는 말이 많다. 대학은 어떻게 되어야 하는지 고찰한 책이 쏟아져 나오다시피 했다. 모두 작은 책이고 짧게 썼다. 대중을 독자로 해서 많이 팔려고 만든 것들이다.

미국에도 대학의 문제를 다루면서 학문에 대해 염려한 책이 적지 않아 고찰의 대상으로 삼았다. 미국의 성공을 자축하지 않고 시장 경쟁이 학문을 황폐화한다고 고발하는 것이 주류를 이루고 있다. 일본의 논자들은 학문은 버리고 대학만 다루면서 취학 인구의 감소와 정부 시책의 변화로 집약되는 도전을 대학이 어떻게 이겨낼지 두고 보자는 것이 기본 논조이다.

미국의 방식을 따라 경쟁하면 일본 또한 발전을 이룩한다는 데 대해 동의하면서 과연 그럴 수 있는지, 어느 대학이 승리할 것인지 흥미롭다고 한다. 개인의 저작, 신문 연재물, 공저 등이 있어 저작 방식에는 차이가 있지만, 어느 것이든지 사실 위주의 설명이고 심도 있는 논의는 찾아보기 어렵다. 대중용 읽을거리에 지나지 않고, 진지한 고민과는 거리가 멀다.

크기나 성격이 다른 상업주의가 미국에서는 대학을, 일본에서는 출판을 지배한다. 미국에서는 대학의 이익 추구 때문에 연구가 잘못되고 있다고 나무라는 출판물이 계속 나오고, 일본은 대학에서 하는 연구는 근접할 수 없다고 여겨 멀리 두고 일반인을 위한 단행본에서 대학의 문제를 외형 위주로 흥미롭게 다루어 많이 팔리도록 한다. 우리는 그 어느 길로도 가지 않아야 한다고 다짐하려고 학문의 정책과 제도에 관한 논의를 단 한 권의 책에서라도 제대로 하려고 애쓰고 있다.

책에서 알아낸 사실

대학에 관해 논의한 일본 책을 되도록 많이 읽으려고 했다. 구한 책 목록을 제시하면 다음과 같다. 책 이름을 들고 거론한다.

永井道雄, 『日本の大學』(東京 : 中央公論社, 1965, 33판 1985)
天野旭夫, 『大學-試鍊の時代』(東京 : 東京大學出版會, 1988)
喜多村和之, 『大學淘汰の時代』(東京 : 中央公論社, 1990)
産業經濟新聞社會部 編, 『大學を問う』(東京 : 新潮社, 1993)
安原顯 編, 『日本の大學, どこがダメか』(東京 : メロ-グ, 1994)
有本章 編, 『學問中心地の硏究』(東京 : 東信堂, 1994)
朝日新聞敎育取材班, 『大學激動』(東京 : 朝日新聞社, 2003)
『Aera Mook 大學改革がわかる』(東京 : 朝日新聞社, 2003)
日下公人 外, 『今, 日本の大學をどぅするか』(東京 : 自由國民社,

2003)
潮木守一,『世界の大學危機』(東京 : 中央公論社, 2004)
天野旭夫,『大學改革』(東京 : 東京大學出版會, 2004)
江原武一 外 編著,『大學院の改革』(東京 : 東信堂, 2004)
天野旭夫,『大學改革の社會學』(東京 : 玉川大學出版部, 2006)
島野淸志,『危ない大學, 消える大學』(東京 : エ-ル出版社, 2006)
草原克豪,『日本の大學制度』(東京 : 弘文堂, 2008)

『日本の大學』의 저자 永井道雄는 京都大學을 졸업하고, 미국에 유학해 박사학위를 받은 다음, 대학교수, 文部大臣, 신문사객원논설위원 등의 경력을 가진 교육사회학자이다. 이 책은 출판문화상을 수상하고, 많이 팔렸다. 일본의 대학을 다각도로 개관해 전반적인 상황을 파악할 수 있게 한다.

"일본의 대학은 국가의 대학이 중심을 차지하는 점에서 소련과 유사하지만 철저한 계획이 결핍되어 소련에 뒤떨어져 있다. 다른 한편으로는 사립대학이 많다는 점에서는 미국과 비슷하지만, 전통적인 자립정신이 결핍되어 비슷하면서 다르다… 계획성이 결핍된 국립과 자립성이 결핍된 사립이 오늘날 일본 대학의 모습이다."(18면) 4년제대학의 경우 사립대학이 학교 수 71퍼센트, 학생 수 79퍼센트를 차지한다고 했다.(164면)

외국 의존이 모방문화를 만들어냈다. 모방에서 창조로의 전환을 미국에서는 20세기 초에, 소련은 제2차 세계대전 이후에 이룩했다고 하면서 소련이 발전한 것은 과학원을 육성하는 학문 정책이 성공했기 때문이라고 했다. 일본은 아직 창조의 단계에 들어서지 못했다고 했다.

일본에서는 실력 위주의 공정경쟁이 이루어지지 않고, "자치라는 명목으로 기득권을 옹호하는 것이 일본 대학의 현황이다"라고 했다. (159면)

해결책은 무엇인가? 마지막 대목 <재건을 위한 제안>에서 (1) 자치조직의 확립, (2) 사립대학의 강화, (3) 사무기구의 개혁, (4) 공평한 경쟁의 실현을 들었다. (1)은 국립대학 법인화로 나아가는 발상이다. (2)는 사립대학에 대한 지원의 확대를 말한다. (3)에서는 교육행정가가 사무를 맡아야 한다고 했다. (4)는 원칙론에 지나지 않는다.

작은 책에서 많은 내용을 다룬 것은 평가할 일이지만, 범속한 논의에 머물렀다. 외국의 전례와 비교해 일본의 대학을 평가하는 모방문화의 관점에서 창조로의 전환을 역설하는 데 그쳤다. 일본의 특성과 강점을 갖추어 다른 나라보다 앞서려면 일본의 대학이 어떤 방향으로 나아갈 것인지 생각하지도 않고, 공평한 경쟁이 창조의 조건이라고 하기만 했다.

『大學-試鍊の時代』, 『大學改革』, 『大學改革の社會學』의 저자 天野旭夫는 동경대학 교육학부 교수를 역임하고 현재 國立大學財務・經營센터 교수이다. 대학의 문제에 관해 많은 저서를 낸 전문가이다. 국립대학을 도와주기 위해 만든 기관에서 연구하면서 이론과 실제를 연결시킨다.

『大學-試鍊の時代』에서 역사를 회고하면서 일본 대학은 줄곧 가난한 대학이고, 생계 수단을 제공하는 것을 목표로 삼았다고 했다. 사립대학은 교양교육을 중요시하고 인문학에 관심을 가졌으나 재정 형편이 좋지 않고 수준이 낮았다. 제국대학과 사립대학을 차별해 학사 이상의 학위 수여권을 제국대학에만 부여했다.(30면) 학사과정 교육에만 힘쓰고 대학원 교육이 부실한 것이 폐단이라고 했다. 그 때문에 연구능력이

저하된다고 했다.

『學問中心地の研究』에서는 대학이 아닌 학문을 고찰했다. 학문하는 조건에 관해 외국 몇 나라와 비교해 고찰하고, 일본이 주변국의 위치에서 벗어나 학문 생산을 주도할 수 있는 길이 무엇인가 찾았다. 13인이 연구에 참여해 다각도의 고찰을 철저하게 해서 방대한 결과를 내놓았다. 결론에서 보수 향상, 연구비 증액, 생산성을 높이는 인사제도 채택, 대학 개방과 세계화 등이 요망된다고 했다.

다수가 분담과 협동의 능력을 보이느라고 제도의 외형을 살피는 데 그치고 통찰을 얻는 것과는 거리가 멀다. 학문의 창조적인 생산을 가능하게 하는 사회적이고 문화적인 조건은 무엇이고 그 내부의 정신적 원리가 무엇인가는 문제 삼지 못했다. 결론에서 제시한 대책은 미국의 방식을 따르자는 것이다. 일본의 길이 무엇인지 찾으려고 하지 않았다.

『大學改革』과 『大學改革の社會學』에서는 최근에 추진하고 있는 대학 개혁의 윤곽을 제시했다. 강좌제를 폐지하고, 학과와 학부를 개편·신설한다. 독일의 제도를 받아들여 고착화한 강좌제는 교수-조교수-조수가 위계질서를 가지고 학문의 한 분야를 독점적으로 관장하는 폐쇄적인 조직이다. 교수가 인사와 예산에서 배타적인 권한을 행사한다. 강좌제 대신 학과제를 채택했지만 제도는 바뀌어도 생각은 그대로 있으며, 학과의 범위가 너무 넓어 강좌를 해체하지 못한다.

국립대학과 사립대학을 차별하지 않고 대등한 위치에서 경쟁하게 한다. 국립대학을 독립된 法人으로 만들어 경영과 발전의 주체가 되게 한다. 그러나 대학의 등급은 고정되어 있어 노력한다고 바뀌지 않는다. 21世紀COE(Center of Excellence)라는 대단위 연구비를 국제적인 연구 거점일 수 있는 대학이라면 국립과 사립을 가리지 않고 제공한다. 우수한 대학은 가려서 지원하는데 국립대학이 우선적으로 선정된다. 차등 지원에 의해 기존의 등급을 고착화한다.

『大學改革の社會學』에서는 대학원 교육의 정상적인 발전이 긴요한 과제라고 하는 주장을 추가했다. 1974년과 1998년을 비교해보면, 박사과정 입학자는 5,332명에서 15,491명으로, 정원 충족률은 47퍼센트에서 85퍼센트로 늘었다.(139면) 박사학위 취득자를 전공별로 나누어 다른 몇 나라와 비교했다. 숫자는 퍼센트이다. 141면의 표를 재정리했다.

	일본	독일	영국	프랑스	미국
인문·사회	8.6	24.0	30.1	41.3	52.7
자연	86.1	74.6	67.3	58.4	44.8
(의학)	(43.9)	(33.1)	(13.9)	(4.8)	(6.4)
기타	5.3	1.4	2.6	0.3	2.5

일본은 자연학문 치중이 가장 두드러진다. 자연학문 박사 가운데 의학 분야가 절반이 넘는다. 이것은 일본 학문은 실용성을 중요시하는 증거라고 할 수 있다. 의학박사는 개업의가 필요로 하니 학문과는 거리가 먼 실용성이다. 인문·사회학문의 박사가 차지하는 비중이 비교 대상이 되는 다른 나라보다 너무 적다는 사실은 무엇을 말하는가? 일본 학문이 정상화되지 않았음을 말해준다.

한국도 비슷한 과정을 거쳤다. 1968년에 내가 서울대학교 대학원 박사과정 입학시험을 치를 때 의사가 아닌 응시생은 단 세 사람뿐이었다. 시험 장소가 의과대학이었다. 제2외국어 시간에 감독교수가 의사 응시생들에게 무엇이라도 써야 점수를 준다고 했다. 한국에서는 의사라야 박사를 받는 풍조가 곧 사라졌는데 일본에는 거의 그대로 남아 있다.

喜多村和之, 『大學淘汰の時代』는 대학 도태의 전례를 미국에서 찾아 일본의 경우와 비교하고, 도태되지 않으려면 어떻게 해야 하는가 고찰했다.

産業經濟新聞社會部 編, 『大學を問う』는 부제가 <황폐한 현장에서의 보고>이다. 대학이 당면한 어려움을 취재해 신문에 보도한 기사를 모은 책이다. <제5부 아메리카에서의 보고>에서 미국은 모든 것을 잘 하니 힘써 배우고 따라야 한다고 했다.

安原顯 編, 『日本の大學, どこがダメか』는 일본 대학이 잘못 하고 있는 점에 대해서 많은 사람이 쓴 글을 모은 책이다. 그 가운데 둘을 주목한다. <슈퍼스타 부재의 일본 대학>과 <철학 공부는 무술 수업과 같은 것>이다. '슈퍼스타'라고 일컬어지는 대석학이 없는 것은 자기 철학을 과감하게 이룩하려고 하지 않기 때문이다. 외국어로 쓴 철학 원전을 읽고 이해하기 위한 훈련을 무술 수업을 하듯이 엄격하고 철저하게 해서는 자기 철학을 이룩하는 것과 더욱 멀어진다.

朝日新聞教育取材班, 『大學激動』은 『大學を問う』와 마찬가지로 신문에서 연재한 보도기사이다. 그런데 신문사가 다를 뿐만 아니라 시대가 바뀌었다. 1993년에서 2003년까지 10년 동안 많은 변화가 있었다. 대학이 지나치게 팽창한 것을 부동산 가격 폭등과 비슷한 거품이라고 했다. 진학 인구의 감소로 거품이 붕괴하고 있는데 대학이 망하지 않고 살아남으려면 구조조정을 하고 통폐합을 해야 한다고 했다. 이에 대한 논의가 본론을 이루었다.(131면 이하)

『Aera Mook 大學改革がわかる』에서는 대학 개혁에 관한 많은 문제를 두고 여러 논자가 쓴 글을 모았다. 日下公人 外,『今, 日本の大學をどうするか』는 국립대학 법인화에 관한 다각도의 검토이다.

潮木守一,『世界の大學危機』에서 대학은 지나치게 팽창해서 위기를 자초했다고 했다. 1960년부터 2000년까지 대학생 수가 영국은 16배, 프랑스는 7배, 독일, 미국, 일본은 4배 증가했다.(1면) 재정난과 진학 인구 감소로 대학은 위기에 봉착했다. 각국의 사정을 여러 대학의 특징과 함께 고찰했다.

江原武一 外 編著,『大學院の改革』 제1부에서는 일본의 대학원 교육을, 제2부에서는 미국·영국·독일·한국·중국의 경우를 고찰하고 일본의 진로를 제시했다. 대학원 담당 교수의 과도한 부담, 연구 시설 미비와 연구비 부족을 해결해야 한다고 했다.(289면) 인식의 변화가 더 중요한 과제이다. 학사과정만 정통으로 여기고, 대학원은 외국인이나 다니는 부설기관 정도로 여긴다. 대학원 중퇴가 바람직하다고 한다.

島野淸志,『危ない大學, 消える大學』에서는 위태로운 대학, 망하는 대학이 어느 대학인지 명단을 작성해 수험생이 참고하도록 했다.

草原克豪,『日本の大學制度』는 정부와 대학 양쪽에서 일한 대학행정 전문가의 저서이다. 일본에서 대학 제도가 변천해온 과정을 정리하면서 연구에 관해서는 관심을 보이지 않았다.

학문 정책의 특징과 변화

일본에서 학문의 정책과 제도가 변한 과정은 위에서 든 여러 책을 읽어도 잘 드러나지 않는다. 모두 대학 교육을 문제로 삼을 따름이고, 연구에 관해서는 관심을 가지지 않기 때문이다. 대학 연구소는 문제

밖에 두고, 대학 밖의 연구기관에 관해서는 말이 없다. 교육만 논란의 대상으로 삼고 연구는 버려두는 불균형이 일본 학문을 허약하게 한다.

일본은 국가가 근대화를 이끌어온 나라이다. 국정을 담당한 정치인과 관료가 다른 여러 분야와 함께 교육이나 학문도 설계하고 시공했다. 교육이나 연구의 당사자는 수동적인 자세로 정책을 따랐다. 그런데 교육에서는 주도권 경쟁이 벌어진다. 교육 문제에 관해서는 교육 당사자가 적극적으로 나서고 언론에서 크게 떠들어 정부의 정책을 이끌어 가려고 한다.

그런데 연구에서는 당사자가 발언권을 가지지 않고 언론이 관심을 보이지 않는다. 연구는 국력 신장을 은밀하게 추진하는 작업이고 일반인은 알기 어려운 전문적인 영역이므로 사회적 관심사로 삼을 것이 아니라고 여긴다. 다른 나라와 비교하는 수치가 그리 나쁘지 않으면 정부가 알아서 하라고 맡겨둔다. 官이 월등한 권한을 가지고 民 위에 군림하는 관습이 학문 정책에서 특히 잘 나타난다.

학문 정책을 정부가 담당한다는 것은 실제로 관료가 한다는 말이다. 정치인들은 국회에서 만나 하루 종일 입씨름을 하고 있을 때, 문부과학성의 관료집단이 학문의 정책과 제도를 만드는 일을 소문나지 않게 진행해왔다. 직책이 능력이라고 인정되므로 학문에 관한 전문적 능력이 있는가는 문제가 되지 않는다. 소련의 과학원, 독일의 막스프랑스협회, 프랑스의 국립과학연구센터 같은 학자들의 자치에 의한 통괄기구 없이 일본의 연구기관은 행정부서에 직접 소속되었다.

일본의 학문 정책이 이런 특징을 가지고 결정되는 것은 변하지 않는다. 그 범위 안에서 구체적인 방향이나 내용이 시대에 따라 달라져왔다. 변화 과정을 세 시기로 나누어 정리할 수 있다.

상위의 국립대학에 몇몇 연구소를 만들어 연구를 담당하게 하는 것이 첫 시기의 정책이다. 독립된 기구여야 할 것 같은 연구소도 대학에 소속시켰다. 연구소에 근무하는 학자도 강의하는 교수와 자격과 대우가 같은 교수이게 해서 신분 보장을 얻고 연구에 전념할 수 있게 했다. 사립대학은 이런 지원을 받지 못해 연구소를 둘 수 없었다.

1970년대부터는 다음 시기에 들어섰다. 대학 밖에다 연구소를 만들고, 대학 공동 이용 시설이라고 했다. 연구소 근무자를 대학 교수와 동일한 교수라고 하고 대학원 과정을 만들어 교육에도 종사하게 했다. 파견 또는 겸직 교수를 두고, 사립대학 교수에게도 참여의 기회를 주었다.

2000년대에는 세 번째 시기가 시작되었다. 정부가 마련한 대단위 연구비를 각 대학이 경쟁해서 받도록 했다. 국립대학을 각기 독립된 법인으로 만들어, 정부의 지원에 의존하지 말고 스스로 운영의 주체가 되어 경쟁하라고 한다. 국립대학끼리 서로 경쟁하게 할 뿐만 아니라 사립대학이 국립대학과 대등한 위치에서 경쟁하도록 한다.

첫 시기의 정책은 일본의 독자적인 선택이다. 상위의 국립대학 교수가 대단한 평가와 존경을 받는 관습을 이용해, 반드시 필요한 연구를 잘 하도록 연구 담당자를 격려하는 현명한 시책을 폈다. 지진연구소의 연구원이 동경대학 교수의 지위를 얻어 만족스럽게 생각하면서 직장을 옮길 생각은 하지 않고 일본의 안전을 담당하는 일에 평생토록 진력하게 하는 것이 좋은 본보기이다.

둘째 시기에 대학 밖의 연구소를 만든 것은 독일이나 프랑스에서 하는 방식과 유사하다. 그러면서 두 가지 두드러진 차이가 있다. 구심체가 없어 연구소가 각기 독립되어 있으면서 정부 기구에 소속된 것은 바람직하지 않은 선택이다. 연구소 종사자를 교수로 하고 연구와 함께 대학원 교육도 하도록 한 것은 첫째 시기 정책의 확대이고 지위 보장과 보람 확대를 위해 긍정적인 기여를 한다.

셋째 시기의 정책은 미국 방식을 따르는 경쟁이다. 경쟁을 해야 연구를 더 잘 할 수 있을 뿐만 아니라, 대학의 운명을 경쟁해서 결정해야 한다고 한다. 출산율 감소 탓에 대학에 진학할 인원이 부족해 도태되는 대학이 나타나지 않을 수 없는 상황이다. 저절로 치열해지는 경쟁을 정부가 더욱 부추겨 발전의 동력으로 삼으려고 한다. 이에 관해서 두 가지 의문이 제기된다. 경쟁하면 발전하는가? 경쟁을 부추기는 일을 정부가 해야 하는가?

첫째 의문은 미국에도 해당하는 것이다. 미국의 학문을 두고 검토한 사항이다. 둘째 의문은 미국과는 무관하고 일본에 해당하는 것이다. 미국의 경쟁은 시장에서 벌어지므로 적지 않은 폐단이 있지만, 일본은 정부가 경쟁을 바람직하게 이끌고 있어 사정이 다르다고 할 수 있는가? 이 의문이 다시 제기된다.

국립대학의 연구소

일본은 제국대학이라는 이름의 국립대학을 유럽 각국과는 비교가 되지 않을 정도로 짧은 기간 동안 수준 높게 발전시켰다. 국력을 기울여 대학을 키워 두드러진 성과를 이룩한 성공 사례라고 할 수 있다. 그러나 내부의 사정을 보면 심각한 문제점이 있다.

자기 전통과는 무관하게 대학의 제도를 외부에서 이식했다. 국립대학 설립 초창기인 1873년의 상황을 들어보면 교육비 총예산의 32퍼센트를 외국인 교사 초빙과 외국 유학생 파견에 썼다. 1875년부터 1908년

까지 외국에 파견한 유학생의 전공을 보면 자연학문 259명, 사회학문 114명, 인문과학 42명이다. 자연학문 가운데 공학 87명, 의학 85명, 농학 17명, 이학 여러 분야 총계 53명이다.(永井道雄, 『日本の大學』, 67면)

외국 의존이 모방문화를 만들어냈다. 모방에서 창조로의 전환을 미국에서는 20세기 초에, 소련은 제2차 세계대전 이후에 이룩했다고 하면서 소련이 발전한 것은 과학원을 육성하는 학문 정책이 성공했기 때문이라고 했다. 일본은 아직 창조의 단계에 들어서지 못했다고 했다. 일본에서는 실력 위주의 공정경쟁이 이루어지지 않고, "자치라는 명목으로 기득권을 옹호하는 것이 일본 대학의 현황이다"라고 했다.(159면)

일본의 대학은 줄곧 가난하고, 생계 수단을 제공하는 것을 목표로 삼았다고 했다. 제2차 세계대전 이전의 7개 제국대학 가운데 文學部가 있는 곳은 東京과 京都뿐이고, 東北과 九州에는 法文學部가 있을 따름이고, 나머지 세 학교는 이공계 학부만 있었다.(天野旭夫, 『大學-試鍊の時代』, 6면)

사립대학은 교양교육을 중요시하고 인문학에 관심을 가졌으나 재정형편이 좋지 않고 수준이 낮았다. 제국대학과 사립대학을 차별해 '학사' 이상의 학위 수여권을 제국대학에만 부여했다.(30면) 학사과정 교육에만 힘쓰고 대학원 교육이 부실한 것이 폐단이다. 그 때문에 연구능력이 저하되고 있다.

1994년부터 1년간 동경대학 객원교수로 있을 때 직접 알아낸 사실을 보태자. 동경대학 동창회를 학사회라고 한다. 동경대학의 학사만 회원자격이 있고, 修士(석사) 이상은 자격이 없다. 학사 논문을 잘 쓰기 위해 졸업을 몇 년씩 늦추고, 대학원은 다니다가 중퇴하고 대학에 진출하는 것이 우수하다는 증거이다. 교수들 저서 뒷면 약력 소개에 “대학원 중퇴”라고 한 것이 자랑이다. 대학원을 마치고 박사를 받으면 열등생이다. 동경대학 박사 취득자들의 진로를 알리는 자료를 보니 박사학위를 취득하고 교수가 된 사람은 거의 다 한국인이고 한국의 교수가 되었다.

동경대학이 학사를 위한 대학이어서는 경쟁에서 뒤진다고 정부에서 판단해 예산 증액을 조건으로 교수회의 동의를 가까스로 얻어 대학원 대학으로 개편했다. 모든 교수를 대학원 교수로 새로 임명했다. 학사과정에는 교수가 없다. 그래도 실제로 바뀐 것은 없다. 교수들은 여전히 학사과정을 위해 힘을 기울인다.

일본은 독일의 제도를 받아들여 강좌제를 만들었다. 교수-조교수-조수가 위계질서를 가지고 학문의 한 분야를 독점적으로 관장하는 폐쇄적인 조직이다. 교수가 인사와 예산에서 배타적인 권한을 행사한다. 강좌제 대신 학과제를 채택했지만 제도는 바뀌어도 생각은 그대로 있으며, 학과의 범위가 너무 넓어 강좌를 해체하지 못한다.(天野旭夫, 『大學改革』에서 이에 관해 고찰했다.)

연구비 예산을 강좌에 배분한다. 인문학문이 푸대접받아, 동경대학 문학부는 가난하다. 고고학강좌 연구비가 연간 1000만원 정도여서 발굴 작업을 하고 학회 출장을 하는 데 모자란다. 문과계는 강좌당 연간 연구비 200만원 이하가 63.4퍼센트이다. 연구용 도서를 자기 돈으로 사는 연구자가 51퍼센트에 이른다.(産業經濟新聞社會部 編, 『大學を問う』, 東京, 80-81면) 학교 예산에 책정해 학과 또는 전공에 제공하는 이런 연구비가 한국에는 아예 없다. 연구용도서를 자기 돈으로 사는 것이 당연하다.

시설도 낡고 초라하다. 건물을 비정상적인 방법으로 증축해 東京大學 문학부 옥상에다 만든 가건물 연구실은 기온이 5월에도 30도, 6월의 맑은 날에는 40도까지 오른다.(産業經濟新聞社會部 編, 『大學を問う』, 79면)

그런데도 냉방은 하지 못한다. 내가 있던 객원교수 연구실에는 에어컨이 있으나 켜면 전기가 나갔다. 전선이 용량을 견디지 못한다고 하고, 많은 돈이 들어 고치지 못한다고 했다. 모기가 들어오기 때문에 문을 열고 있을 수도 없었다. 대학 앞의 우체국은 널찍하고 냉방이 잘 되어 있어 더위를 피하러 가야 했다.

국립대학에는 연구소가 있고, 연구소에는 연구교수가 있다. 주요 국립대학 연구소를 보자. 대학내 공동이용시설인 '全學센터'는 제외하고, 독립된 조직인 연구소만 든다. 자연학문 분야와 인문사회학문 분야 연구소가 함께 있는 대학만 보인다. 다른 국립대학에는 자연학문 분야 연구소만 있거나 연구소가 없다.

동경대학

의학연구소, 지진연구소, 생산기술연구소, 분자세포생물학연구소, 우주선연구소, 物性연구소, 해양연구소, 先端과학기술연구센터

동양문화연구소, 사회학문연구소, 사료편찬소

경도대학

화학연구소, 재생의과학연구소, 에너지이공학연구소, 생존권연구소, 방재연구소, 기초물리학연구소, 바이러스연구소, 수리해석연구소, 원자로실험소, 영장류연구소

인문과학연구소, 경제연구소, 동남아시아연구소

대판대학

미생물병연구소, 단백질연구소, 접합과학연구소, 산업과학
연구소

사회경제연구소

동경외국어대학

아시아·아프리카언어문화연구소

一橋대학

경제연구소

神戶대학

경제경영연구소

연구소는 국립대학 가운데 큰 곳에만 있다. 인문사회 분야 연구소는 여섯 대학에 10개만 있다. 그 가운데 경제 분야의 것이 넷이다. 인문학문이 관여하는 연구소는 동양문화연구소, 사료편찬소, 인문과학연구소, 동남아시아연구소, 아시아·아프리카언어문화연구소이다.

사료편찬소는 한국의 국사편찬위원회와 유사한데, 동경대학에 소속된 연구소이다. 연구원이 동경대학 교수이다. 지진연구소 교수가 동경대학의 직함을 가지고 일본의 안전을 지키는 일에 평생토록 종사하는 것과 같다. 조직과 인원을 보이면 다음과 같다. 겸임은 제외하고 전임만 헤아린다.

고대사료 부문	교수 4, 조교수 1, 조수 3
중세사료 부문	교수 2, 조교수 4, 조수 8

근세사료 부문	교수 5, 조교수 6, 조수 6
고문서·고기록 부문	교수 5, 조교수 5, 조수 2
특수사료 부문	조교수 3, 조수 2
畵像자료해석센터	교수 1, 조교수 1
전근대일본사정보국제센터	교수 3, 조교수 1
합계	교수 15, 조교수 21, 조수 21, 총계 57

동양문화연구소는 독립건물이 있고, 도서관에 많은 장서를 구비해 나도 자주 이용했다. 조직과 교수 수를 보인다.

범아시아연구 부문			
경제·통계	교수 1		
인문지리학	교수 1,	조교수 1	
문화인류학	교수 1,	조교수 1,	조수 1
동아시아 제1연구부문			
경제·정치	교수 1,	조교수 1	
고고	교수 1,	조교수 1	
동아시아 제2연구부문			
종교·사상	교수 1		
문학	교수 2,		조수 1
미술		조교수 1	
남아시아 연구부문			
경제·정치	교수 2		
역사·고고	교수 1		

종교 · 문화　　　교수 1,　　　　　조수 1

서아시아 연구부문

경제 · 정치　　　교수 2

역사 · 고고　　　교수 1,　조교수 1

종교 · 문화　　　교수 1,　조교수 1

국제교류실　　　　　　　　조교수 1

동양학연구 정보센터

조형자료학분야　　교수 1, 조교수 1, 조수 1

비교문헌자료학분야　　　조교수 1

합계　　　　　　　교수 15, 조교수 10, 조수 4, 총계 30

경도대학 인문과학연구소 개인연구 주제에 나타나 있는 명단을 보자. 인문학연구부 교수 9명, 조교수 8명, 조수 8명이고, 동방학연구부 교수 12명, 조교수 9명, 조수 11명이다. 합치면 교수 21명, 조교수 17명, 조수 19명, 총계 57명이다. 연구주제를 유사한 것들끼리 모아 정리하면 다음과 같다.

문학이론 연구

문자코드 이론

근대시의 허구성에 대하여

문자 정의 정보에 근거들 둔 文書表現系에 관한 연구

人種 · 에스니시티論

현대사회에서의 생물학 · 생명과학

身體기법의 인식론

전근대 일본의 문명사적 연구
근세사회 해체과정 연구
戰前期 일본의 공업화와 華僑 네트워크
근대 천황제의 문화사적 연구
근대 일본의 예술과 서양
근대 일본에서의 교육/교화/종교의 관계사
근대 일본 민속지 시스템 연구
근대 동아시아에서의 일본의 법과 정치

고려 관료제도 연구
근대 조선의 정치와 사회
근대 조선의 일본인사회 연구

고대 중국 고고학 연구
先秦 시대의 金文
秦漢 제도사 연구
중국 중세 고고학 연구
중국 고대중세의 법제
중국 고대중세의 官制史
중국 전통과학의 사상사적 고찰
중국 근세의 국가지배 연구
몽골 시대의 문화정책과 출판활동
明代 후기 「北虜南倭」 시대의 중국사회
清代의 문화와 사회

근대 중국의 재정과 사회
근대 중국의 면방적업
중국공산당사 연구

중국 魏晋南北朝 志怪의 성립배경
중국 당송의 문학비평
중국의 소설, 연극 및 講唱문학의 역사

중국 미술의 양식과 의미
중국 건축의 양식·기술·공간
중국 가구와 그 사용에 관한 연구

魏晋南北朝 시대의 주석학
敦煌 사본의 언어사적 연구
川西走廊 漢藏諸語의 기술 연구
客家語 및 그 주변언어의 기술 연구

불교 연구 지식 기초: 선불교를 예로 삼아
인도·중국에서의 불교의 학술과 실천
중국 唐末宋初 禪思想 연구
도교사상 연구

남아시아의 종교와 사회
남아시아의 역사인류학

후기 베다 문헌의 성립사 연구
이슬람 東漸史 연구

근세 유럽의 역사서술과 정치사상
근세 유럽의 국제금융 연구
근대 서양의학 발전사 연구 및 신체론
프랑스 혁명과 근대적 주체의 성립
근대서양음악사
영국과 아일랜드 근대사
나치스 독일과 농업 문제

연구 대상으로 삼은 지역을 보면, 중국에 관한 연구가 특히 많다. 일본에 관한 연구가 중국만큼 활발하지 않다. 학문의 분야를 살피면, 역사학 연구가 특히 많고 철학 연구는 없다. 사실에 관한 연구가 많고 이론에 대한 관심은 적다는 말이다. 새로운 학문 개척의 의욕을 보여주지 않고, 일본의 인문학문이 나아가는 방향에 대해서 말해주지 않는다.

연구 주제가 각기 독립되어 있고, 상호관련을 찾기 어렵다. 특별한 준비와 지식을 필요로 하는 연구도 있다. 敦煌 사본의 언어사적 연구, 川西走廊 漢藏諸語의 기술 연구, 후기 베다 문헌의 성립사 연구 같은 것들을 하고자 하는 학자가 있고, 할 수 있는 여건을 마련해주는 것은 평가할 일이다.

각자 자기가 하고 싶은 연구를 하는 것은 당연하다. 그러나 인문학문의 여러 분야를 아무런 제약 없이 연구할 수 있는 곳이 일본 전국에서 경도대학의 이 연구소뿐임을 생각하면 바람직한 주제를 선택했는가

하는 의문을 가지지 않을 수 없다. 일본 학문의 장기가 무엇이고, 인문학문의 장래를 개척하는 데 어떤 기여를 하고 있는지 알려준다고 하기 어렵다.

경도대학 인문과학연구소는 연구자의 '梁山泊'이라고 하는 곳인데 지반침하를 겪고 있다는 비판이 있다. 학자들이 세상을 등지고 독립왕국을 이루고 있어 『水滸傳』에 등장하는 도적들의 소굴에다 견준다. 지반침하를 겪는다는 이유는 연구하는 안목이 협소해 "나무만 보고 숲은 보지 못하다가", "지금은 잎맥만 보고 잎은 보지 못한다"고 하는 것이다.(産業經濟新聞社會部 編, 『大學を問う』, 61-63면)

새로운 연구기관

연구소가 대학 안에만 있는 것은 아니다. 大學共同利用機關法人이라는 이름의 연구기관도 있다. 문부과학성 홈페이지에 올라 있는 명단을 보자.(http://www.mext.go.jp)

인간문화연구기구 : 국립역사민속박물관, 국문학연구자료관, 국제일본문화연구센터, 總合지구환경학연구소, 국립민족학박물관
자연학문연구기구 : 국립천문대, 핵융합과학연구소, 기초생물학연구소, 생리학연구소, 분자과학연구소
고에너지가속기구연구기구 : 소립자원자핵연구소, 물질구조과학연구소, 가속기연구시설, 공통기반연구시설, 大强度陽子加速機계획추진부

정보·시스템연구기구 : 국립극지연구소, 국립정보학연구소, 통계수리연구소, 국립유전학연구소

이들 연구소는 연구와 함께 대학원 교육도 실시한다. 여러 연구소의 대학원 교육이 總合연구대학원의 전공을 이룬다. 문화청에 소속된 국립국어연구원이나 각처의 문화재연구소도 유사한 기구이다. 연구와 함께 대학원 교육도 한다. 문화재청 산하 여러 기관의 대학원 교육은 정책연구대학원대학에 포함된다.

연구소에서 연구와 교육을 함께 하는 것은 이중의 효과가 있다. 첫째 대학원 교육의 질적 향상을 이룰 수 있다. 둘째 연구에 종사하는 사람들이 교수의 직위를 가져 안정을 얻고 대우를 받을 수 있다. 첫째 효과에 대해서는 평가가 엇갈릴 수 있다. 자기 분야의 전문성에만 치중하고 학문의 보편성은 소홀하게 여기는 역기능도 있기 때문이다. 그러나 둘째 효과에 대해서는 반론이 있기 어렵다. 일본은 교수가 존중받는 사회이므로 우수한 인재를 확보해 연구소가 안정을 얻고 발전을 이룩하려면 연구진을 교수로 해야 한다. 교수가 존중받는 점에서 일본과 한국은 동일한데, 한국에서는 대학 밖의 연구소 근무자는 교수라고 하지 않고 교수보다 낮은 대우를 해서 대학으로 가게 만든다.

무엇을 하는 연구소인지 살펴보자. 자연학문연구기구라고 한 것뿐만 아니라 그 다음 두 영역의 것들도 자연학문 연구소이다. 인문·사회학문을 하는 곳은 인간문화연구기구라고 한 곳에만 있다. 總合지구환경학연구소에는 인문·사회학문이 일부 참여한다.

국립역사민속박물관, 국문학연구자료관, 국제일본문화연구센터, 국립민족학박물관 그리고 국립국어연구소, 각처의 문화재연구소에서는

인문・사회학문을 한다. 인문학문과 사회학문 가운데 인문학에 더 큰 비중을 두고 있다. 경제학, 사회학, 정치학, 법학 등을 연구하는 곳은 없다. 경제학연구소는 대학에 몇 곳 있다.

국립역사민속박물관과 국립민족학박물관은 박물관이면서 연구소이고 대학원이다. 국문학연구자료관도 같은 성격을 가진 곳이다. 몇 곳의 국립박물관이 있는 것을 두고 다면적 성격을 가진 박물관을 다시 만들었다. 자료학을 소중하게 여겨 새로운 투자를 했다. 국제일본문화연구센터는 일본을 대외적으로 알리기 위해, 국립국어연구원은 국어 정책 수립을 위해 필요한 기관인데, 수준 높은 연구를 하는 데 필요한 여건을 갖추었다.

분야를 보면 일본의 역사, 민속, 문학 등을 중요시한다. 민족학에서는 비교연구를 한다. 일본 중심, 자료 위주의 실증적 연구에 치중한다. 철학, 종교, 사상 등에 관한 연구소는 따로 없다. 학문 일반의 보편적인 문제를 다루는 곳도 없다.

국립역사민속박물관의 분야와 연구진의 인원수를 보자.

정보자료연구계 :	교수 4,	조교수 5,	조수 5	
역사연구계 :	교수 2,	조교수 7,	조수 3	
고고연구계 :	교수 6,	조교수 2,	조수 3	
민속연구계 :	교수 4,	조교수 4,	조수 3	
합계 :	교수 16,	조교수 18,	조수 14	총계 : 48

일본의 역사, 고고학, 민속학 등을 위해 48명이 연구에 전념할 수 있게 한 것은 소련, 독일, 프랑스 등지의 전례에 비추어보면 그리 대단

한 일은 아니다. 연구 영역이 협소하고 연구 인력이 부족하다. 그러나 우리 한국의 형편에서는 부러운 일이 아닐 수 없다. 중국이나 일본에서는 자국의 역사와 문화 연구에 전념하는 연구기관이 있는데, 대학에서 가르치는 일을 맡지 않고서는 생계를 잇지 못하는 한국의 학자들은 강의와 잡무에 시달리며 여가 시간에 상응하는 작업을 하니 뒤떨어지지 않을 수 없다.

국립역사민속박물관에서는 일본 연구를 하고, 국립민족학박물관에서는 다른 민족과의 비교연구를 한다. 국립민족학박물관에서는 연구과제를 제시해 하는 일이 무엇인지 명시하고 있다. 기관연구와 공동연구가 있다. 기관연구는 내부의 역량을 기울여 함께 하는 연구이다. 공동연구는 내부의 연구진이 외부의 연구진과 제휴해 하는 연구이다. 내부에서 하는 단독연구는 없는 것 같다. 공동연구는 비슷한 것들끼리 모아 정리한다.

기관연구 :

사회와 문화의 다원성
인류학적 역사 인식
문화인류학의 사회적 활용
새로운 인류과학의 창조

공동연구 :

국립민족학박물관 소장 자료의 종합적 보존관리 : 시스템 구축

을 위한 기초적 연구
전통예능의 영상기록 가능성과 과제

展示라고 하는 말의 다양성과 정치성에 관한 연구
운동 현장에서의 知의 再編
다원적 공생공간의 創成에 관한 연구
텍스트學의 구축을 향하여
생업과 생산의 사회적 布置
도메스티케이션의 민족생물학적 연구
세계화가 가져온 보건 시스템의 변모
연안수역이용사회의 변용: 해양환경보전과 참가형 개발
遺産의 소유와 이용에 관한 관광문명학적 연구

개발원조의 인류학적 평가법
재해에 관한 인류학적 연구
인류학에서의 비교연구 재구축을 향하여
건강·의료·신체·생식에 관한 의료인류학의 응용학적 연구
스트리트의 인류학
지구환경사의 구축에 관한 인류학적 연구
회사신화와 경영인류학
家의 인류학: 새로운 친족연구를 향하여
소시얼 개념의 재검토: 유럽 인류학에 묻는다
포스트 사회주의에서의 민족학적 지식의 위상과 효용: 제도로서의 인류학의 다원성해명을 위하여

일본의 문화인류학 교육에서의 '知'의 재검토

『夷酋列像』의 문화인류학적 연구

포스트모더니즘 시대에서의 시민참가와 세계주의: 일본 그리고 아시아

소학교·중학교·고등학교의 국제이해 교육의 이론과 실천에 관한 교육

중국의 사회변화와 再構築: 혁명의 실천과 표상을 중심으로

인류학에서의 한국연구의 재검토: 일·한의 새로운 연구협력 관계 구축

동아시아·동남아시아 지역의 커뮤니티 정치인류학

민족문화자원의 생성과 변모: 華南 지역을 중심으로 한 인류학·역사학적 연구

남아시아 도시의 인류학적 연구

아랍 세계 音문화의 짜임새

사회주의적 근대화의 경험에 관한 역사인류학적 연구

마오이스트 운동의 대두와 변화하는 네팔

인도네시아에서의 '근대'의 咀嚼

자바 更紗를 基軸으로 하는 텍스타일의 세계화에 관한 인류학적 연구

탈식민지기 오세아니아의 다문화적 公共圈의 비교연구

마다카스카르의 문화적 다양성에 관한 연구

잉카제국 재고: '제국' 개념의 해체와 帝國像의 수용과정에 관한 연구

'추억'은 어디로 가는가? : 뉴비기타스 사회의 物과 가정에 관한 연구

세계 여러 언어 態(voice)의 유형론적 연구

'선주민'은 누구인가? : 선주민 이데올로기의 잠재적/현재적 형태와 그 사회역사적 배경에 관한 연구

개발과 선주민족

기관연구의 주제는 잘 선택했다. 새로운 인류과학을 창조하겠다는 것은 평가할 만한 시도이다. 그러나 어느 정도의 성과에 이르는지 의문이다. 학문을 새롭게 하는 작업을 한 기관 전체의 연구로 감당할 수는 없다. 선두에 서서 길을 여는 탁월한 개척자의 개인연구에서나 가능한 진정으로 창조적인 작업을 집단이 감당할 수 없다고 생각한다.

공동연구라고 하는 것들을 보면, 대부분 단독으로 연구하면 될 것들이다. 외부학자와 함께 연구해야 할 이유를 이해하기 어렵다. 교류와 친선을 연구 자체보다 더 중요시한다면 생각이 잘못되었다. 연구소를 만들어 연구를 하도록 하는 이유는 창조 작업을 위해 최대한의 역량을 발휘할 수 있는 여건을 만들어야 하기 때문이다. 연구하는 사람이 자기 스스로 해야 할 일을 버려두고 내부의 협력, 외부와의 교류에 힘쓰는 것은 시간 낭비이다.

기관의 이름에서는 민족학을 내세웠으나 연구 주제에 자주 나타난 단어는 인류학이다. 인류학이 장기로 삼는 다양한 관심을 받아들여 연구의 외연을 넓히는 것은 바람직한 일이다. 세계 곳곳에서 현지조사를 하고 비교연구를 해서 일본 학문의 기여를 확대한다. 인류학의 응용 분야 개척도 다양하게 시도한다. 그러나 유럽이나 미국에서 하는 인류

학과 얼마나 다른지 의문이다.

연구의 저변 확대에 힘쓰고, 꼭짓점 올리기에는 관심을 가지지 않는다. 두 번째 부류로 정리한 것들 가운데 일반이론을 이룩하려고 한다고 인정할 만한 주제가 있지만, 지향하는 바가 뚜렷하지 않다. 기존의 논의를 정리하는 정도에 머무르지 않나 하는 의심이 든다. 새로운 학문 창조에 관한 기관연구의 작업을 선도할 만한 것이 있다고 하기 어렵다.

일본 학문은 두 가지 특징이 있다. 구체적인 사실을 고증하는 데 치중하고, 일반이론은 수입에 의존한다. 대학의 강의에서도, 대학 연구소의 연구에서도 이런 장애를 극복할 수 없으므로 연구소가 따로 필요하다. 그런데 대학에서 하는 학문을 연구소에서도 답습하고 있다.

위에서 든 두 가지 특징이 지속되는 이유는 일반이론의 근거가 되는 철학을 스스로 창조하려고 하지 않고 수입해다 쓰기 때문이다. 대학은 수입철학을 고수하고, 연구소에서는 철학을 하지 않아 시정의 기회가 없다. 혼자 자기 철학을 하는 고독한 창조자가 최대한 시간을 가지고 필요한 작업을 할 수 있게 연구소에서 자리를 제공해야 한다고 일본에서는 생각하지 않는다. 연구소는 많은 사람이 공동으로 자료 작업을 하는 곳이어야 한다고 굳게 믿고 다른 가능성은 차단한다.

국문학연구자료관 또한 연구소이면서 대학원이어서, 일본이 자료학을 얼마나 중요시하는지 잘 보여준다. 인원을 보면 문학자원연구계에 교수 3명, 조교수 4명, 조수 3명, 문학형성연구계 교수 3명, 조교수 2명, 조수 3명, 복합영역연구계에 교수 2명, 조교수 3명, 조수 2명, 아카이브연구계 교수 3명, 조교수 3명, 조수 3명이다. 합계 교수 11명, 조교수 12명, 조수 11명, 총계 34명이다.

국제일본문화연구센터도 연구소이면서 대학원이다. 인원을 보면 연구부에 교수 15명, 조교수 8명, 해외연구교류실에 교수 1명, 조교수 5명, 문화자료연구기획실에 교수 2명, 조교수 1명이다. 합계 교수 18명, 조교수 14명, 총계 32명이다. 그 가운데 외국인이 7명이다. 일본문화연구의 대외적인 교류를 목적으로 하므로 자료학에 매일 필요가 없을 것 같은데, 문화자료연구기획실이 있다. 연구 주제와 설명을 보자.

제1연구역 동태연구: 현대, 전통, 기층

제2연구역 구조연구: 자연, 인간, 사회

제3연구역 문화비교: 생활, 제도, 사상

제4연구역 문화관계: 구문화권 1, 구문화권 2, 新交圈

제5연구역 문화정보: 외국에서의 일본연구 1, 외국에서의 일본연구 2, 일본에서의 일본연구

가능하고 필요한 연구를 망라해 질서정연한 체계를 만들었다. 할 일이 너무 많고 체계가 견고해 사실의 열거로 연구를 대신하지 않을까 한다. 영역을 무시하고 파격적인 발상을 하는 것이 가능할지 의문이다. 실제의 기능은 외국 학자를 다수 초빙해 머물러 연구하게 하고 강연도 하게 하는 것이다. 나도 가서 강연을 한 적 있어 현장 체험을 했다.

1994년 2월 10일에 있었던 일이다. 芳賀(하가) 교수의 초청을 받고 경도의 국제일본문화연구센터에 가서, 동아시아 사회사와 소설의 관계에 관해 발표를 했다. 발표 요지는 한문으로 쓰고, 주요 용어는 일본어 음독으로 읽으면서 설명은 영어로 하는 방식을 택했다.

『日本文藝史』의 저자인 小西甚一(고니시 진이찌)도 함께 발표했으며 일본어를 사용했음은 물론이다. 토론을 할 때에는 통역을 거치지

않도록 하려고 모두 영어를 썼다.

청중에 국제비교문학회회장이며 미국 프린스턴대학 교수인 얼 마이너(Earl Miner)도 있어 국제일본문화연구센터가 대단한 곳임을 알 수 있었다. 그 곳 교수들이 한 질문 가운데 특기할 만한 것을 소개한다. 일본비교문명학회회장이며『比較文明』, 東京 : 동경대학출판회, 1985의 저자인 伊東俊太郎가 말했다. 小西甚一가 일본의 고대는 일본 고유문화의 시대, 중세는 중국화한 시대, 근대는 서양화한 시대라고 하는데, 한국의 경우는 그렇지 않는지 묻고, 나는 다른 소리를 하는 것이 무슨 까닭인가 했다.

나는 대답했다. 그렇다면 중국의 중세도 중국화된 시대이고, 서양의 근대도 서양화된 시대인가? 나는 한국, 일본, 중국, 서양 등 그 어느 곳에서든지 함께 통용되는 시대구분을 한다. 고대는 공동문어 이전의 시대, 중세는 공동문어의 시대, 근대는 공동문어 대신 민족구어를 공용어로 삼은 시대라고 하는 것이 보편적인 이론이다. 이제 민족적 특수성 비교평가의 좁은 안목에서 벗어나 인류문명의 보편성을 함께 찾아야 할 때가 되었다.

나의 발표는 기대하지 않고 있던 예외자의 발언이었다. 국제일본문화연구센터에 모인 일본 국내외의 학자들은 어떤 범위의 공부를 하든 보편적인 이론에 대해서는 관심을 가지지 않고 일본문화의 특성을 밝히는 것을 과제로 삼았다. 일본은 다른 나라와 다른 독특한 문화를 가졌음을 거듭 확인하고 널리 알리기 위해 많은 투자를 해서 시설과 분위기가 뛰어난 연구기관을 만들었다.

연구비 경쟁

국립대학은 정부가 제공하는 특혜에 안주하고 있어 발전이 없고 사립대학은 경영난에 시달리고 있어 뒤떨어지는 불균형이 양쪽 모두에게 폐단이 된다고 판단하고 2000년대에 이르러 새로운 정책을 수립했다. 어느 대학이든 공정하게 경쟁하도록 하는 것이 발전의 길이라고 했다. 국립대학을 법인화해서 스스로 운명을 개척하는 주체가 되어 경쟁에 뛰어들게 했다. 21世紀COE(Center of Excellence)라는 대단위 연구비를 만들어 국립대학이든 사립대학이든 경쟁해서 받으라고 했다.

국립대학 법인화는 국립대학이 국가의 규제에서 벗어나 자율성과 책임감을 가지고 발전 방안을 스스로 수립해 다른 대학과 경쟁하라는 것이다. (김정순, 『일본의 국립대학법인법 연구』, 서울 : 한국법제연구원, 2005에서 법을 검토했다.) 대학을 특성화해서 경쟁력을 높이는 것이 특히 긴요한 과제라고 한다. 국가의 지원에만 의존하지 말고 민간의 경영기법으로 수익을 증대하라고 한다. 계획 및 실적을 평가해 지원의 규모를 정하는 방식으로 경쟁을 강화한다.

취지는 훌륭한 것 같지만, 잘 될 것인가 의문이다. 평가를 정부가 정한 기준으로 한다. 지원 총액은 줄이고자 한다. 수익의 증대를 발전이라고 여기면서, 수익을 감소시키는 교육이나 연구는 축소하게 한다. 대학 연구소를 계속 육성한다는 보장이 없다.

경쟁하면 발전한다는 미국의 선례를 따르니 같은 결과를 기대할 수 있다고 할 것은 아니다. 학문 시장이 미국에서처럼 형성되어 있지 않고, 경쟁의 승패를 가리는 데 정부가, 정부의 실권자인 관료집단이 커다란 힘을 가진다. 미국에서는 인문·사회학문과 자연학문이 균형을 이루고 있다가 자연학문에 치중하는 방향으로 나아가는데, 일본의 사정은 아주 다르다. 인문·사회학문의 열세와 자연학문의 우세가 일본에서 특히 심한 것을 더욱 극단화한다.

21世紀COE(Center of Excellence)를 받으려면 우수한 대학이어야 한다는 것이 경쟁의 규칙이다. "Center of Excellence"란 국제적으로 뛰어난 연구거점을 뜻하는 말이다. 어느 대학이 선정되었는지 보자. 연구비를 받은 회수를 든다.

26건 東京, 22건 京都, 14건 大阪, 13건 名古屋까지는 모두 국립이다. 12건은 국립 東北과 사립 慶應이다. 10건 北海道는 국립이다. 9건은 국립 東京工業과 사립 早稻田이다. 8건 九州, 7건 神戶는 국립이다. 4건은 筑波, 廣島는 국립이고, 立命館은 사립이다. 3건 千葉, 一橋는 국립이다. 2건과 1건에는 여타의 모든 국립과 상당수의 사립이 있다. (朝日新聞教育取材班, 『大學激動』, 14면)

어느 대학이 우수하다는 말인가? 국립대학이 우수한 대학이라고 판단해 우선적으로 선정했다. 차등 지원의 방식으로 기존의 등급을 고착화한다. 국립 중심의 지원은 변하지 않았다. 기존의 대학 서열이 그대로 있다. 새롭게 부각되는 대학이 국립에도 사립에도 없다. 정부 지원으로 기존의 대학 서열이 더욱 고착화된다.

2002년도에 과학연구비 보조금 배분 총액 대학별, 교원 1인당 액수 순위가 있다. 대학별에서는 1 東京大, 2 京都大, 3 大阪大, 4 東北大, 5 名古屋大이다. 교원 1인당에서는 1 東京大, 2 京都大, 3 東京工業大, 4 大阪大, 5 東北大이다.(『Aera Mook 大學改革がわかる』, 72면) 상위의 국립대학을 집중 지원하는 관습이 그대로 이어진다. 사립대학은 지원에서 상위로 올라가지 못한다.

대학 개혁에 연구를 더 잘 하게 하는 제도를 만드는 작업은 포함되어 있지 않다. 강의하는 교수들에게 연구비를 주어 연구도 하게 하는 것 이상의 대책은 없다. 동경대학 교수는 주당 4시간, 자연학문계는 주당 2시간 이하의 강의를 한다. 사립대학의 명문인 早稻田대학 교수는 주당 15시간의 강의를 한다고 했다. 명문이라고 할 수 없는 대부분의 사립대학은 연구와는 거리가 먼 교육기관이다.

일본 방식 재검토

주요국 연구비 비교표가 있다. 간단하게 다시 정리해보자. 2000년의 경우 프랑스와 영국이 1이라면, 독일은 1.7이고, 일본은 3.7이고, 미국은 7.7이다.(朝日新聞教育取材班, 『大學激動』, 43면)

국내총생산에서 학교교육비가 차지하는 비중을 보자. 일본은 학교교육비 전체 3.55퍼센트, 고등교육비 0.43퍼센트이다. 독일은 학교교육비 전체 4.35퍼센트. 고등교육비 0.97퍼센트이다. 영국은 학교교육비 전체 4.65퍼센트, 고등교육비 0.83퍼센트이다. 미국은 학교교육비 전체 4.82퍼센트, 고등교육비 1.07퍼센트이다. 프랑스는 학교교육비 전체 5.88퍼센트, 고등교육비 1.01퍼센트이다.(44면)

이 둘을 함께 살피자. 일본이 연구비를 많이 투자하는 것은 총생산이 많기 때문이다. 학교교육비 전체나 고등교육비가 국내총생산에서 차지하는 비중에서 일본은 비교 대상이 된 나라 가운데 최하위이다.

국제적인 비교에 많은 관심을 가지고 논문이 많이 인용되는 과학기술자를 수치화한 자료를 보자. 미국 235, 일본 40, 영국 39, 독일 19, 스위스 10, 이탈리아 9, 프랑스 8, 캐나다 7, 스웨덴 5, 뉴질랜드 4, 네덜란드와 남아프리카 3, 벨기에 2이다. 러시아, 폴란드, 헝가리, 인도,

대만, 오스트레일리아, 콜롬비아, 브라질과 함께 한국도 1이다.(朝日新聞教育取材班, 『大學激動』 41면) 이 숫자가 학문 발전 수준을 그대로 말해주지는 않는다. 러시아가 1인 것은 논문을 읽지 못하는 사람이 많은 탓이라고 생각된다.

화학 분야 논문이 많이 인용되는 학자의 소속 대학 20위까지에서 일본이 2(東京大), 3(京都大), 11(東京工業大), 14(大阪大), 17(東北大)을 차지한다.(朝日新聞教育取材班, 『大學激動』, 41면) 이것은 상위의 국립대학을 집중 지원하면서 대표선수를 육성한 결과이다.

이 숫자를 보면 일본이 독일이나 프랑스보다 앞선다. 독일과 프랑스에서는 대학이 평준화되어 있다. 어느 대학을 특별히 지원하지 않아 대표선수가 없다. 어느 대학 또는 연구소에서 근무하든 학자는 누구나 학문을 한다. 연구는 하지 못하고 강의만 하는 교수는 없다. 대부분의 일본 대학은 학문하는 곳이 아니다. 교수들이 과도한 강의 부담에 시달리고 있으며 학문을 할 생각을 하지 않는다.

일본에서는 대학 교수들의 연구업적을 평균하는 일은 없다. 대표선수의 전적만 알려주고, 국민체육의 형편에 관해서는 말하지 않는다. 한국에서는 대표선수를 특별히 지원하지 않으면서 일본보다 뒤떨어졌다고 나무란다. 전국 교수 업적 평균치를 계산하면서 더 많이 나무란다. 모두 다 연구할 수 없게 하고서 대단한 성과를 기대한다. 어느 한쪽으로 방향을 정하지도 않고 갖가지 비교에 다 참가하려고 한다.

상위급 국립대학에서 하는 자연학문, 실용성 위주의 연구 집중지원, 이것이 일본의 지속적인 전략이다. 정책이 바뀌어도 근본이 달라지지 않았다. 사립대학은 수준 이하의 것들이 많다. 도태되는 것이 당연하다고 할 것인가? 인문·사회학문 가운데 자료학은 열심히 하지만 이론을 스스로 창조하지 못하는 후진국이다. 연구비 경쟁을 새로운 정책으로 삼아 이런 결함을 시정하지 못한다.

'21世紀COE'는 한국의 'BK21'과 유사하다. 연구비 경쟁을 가속화해서 발전을 꾀한다면서 대학의 격차를 더 벌인다. 연구비를 따기 위해 최대한의 노력을 할 따름이고 연구를 잘 할 수는 없다. 강의와 잡무 부담이 많은 교수에게 연구할 시간이 없다. 연구비를 따기 위해 경쟁하느라고 시간이 더 없다. 연구 결과가 부실하게 보이지 않게 하려면 위장술을 써야 한다. 연구비를 따고, 결과를 위장하는 술책이 늘어날수록 연구의 내실은 손상된다. 단기간의 연구 계획을 연구비를 노리고 작성해서는 연구의 지속적인 발전이 불가능하다.

일본은 독자적인 제도로 연구소를 만들어 장점을 발휘하다가 미국식 경쟁을 택했다. 잘못이 확대되어도 독자적인 제도의 장점은 없어지지 않는다. 한국은 독자적인 제도로 만든 연구소가 없다. 대학 연구소의 구성원이 강의교수이다. 대학 밖의 연구소에서 연구를 하는 사람들은 교수가 아닌 학예연구직이어서 대학에 갈 때까지 임시로 근무하려고 한다. 연구를 할 수 있게 하는 돈이 정부에만 있는데 연구비 따는 경쟁을 더 큰 규모로 벌이고는 강의교수들이 받아가 대단한 연구를 하라고 한다.

토론

❑ **문** : 일본 학문에 대한 총괄적인 논의를 한 책이 없다고 했다. 이유가 무엇인가?

❑ **답** : 대학에 대해 이러저러한 논의를 흥미롭게 펴는 책은 널리

관심을 끌어 많이 팔리고, 골치 아프다고 생각되는 학문은 출판업을 위해 돈벌이가 되지 않아 내놓지 않기 때문이다. 일본의 학문은 지나치게 전문화되고 특수화되어 전반적인 현상에 대한 총괄적인 논의를 하지 않는 것이 다른 쪽의 이유이다. 학문이 수입학에 머물러 남들이 하는 말이나 늘어놓으니 더욱 무력하다. 초대가로 칭송되는 학자들이 만년에 이르러서도 인용구로 말을 잇는 것을 보고 충격을 받았다. 이런 풍조를 나무라고 말 것은 아니다. 일본의 결함을 시정하는 데 도움이 되는 학문을 힘써 해야 할 책임을 느끼지 않을 수 없다.

일본에서는 학문의 허점을 평론가라는 사람들이 메워 무슨 말이든지 거침없이 한다. 기발한 착상을 흥미롭게 나타내 인기를 끌면 되고 타당성 여부에는 책임지지 않는 것이 평론의 특권이다. 학문의 직무유기와 평론의 월권이 표리를 이루는 일본 특유의 현상이 생겨났다. 대학에 대해 말한 책은 거의 다 평론이다. 저자가 교수이고 학자라도 평론으로 인정될 수 있도록 가벼운 문체로 얄팍하게 써야 출판이 되고 널리 읽힌다. 학문을 다루면 그렇게 할 수 없다. 이치를 진지하게 따지는 책은 출생이 불가능하다. 지금 내가 쓰고 있는 책이 일본에는 없다.

❑ **문** : 다른 나라는 어떤가?

❑ **답** : 일본에서 볼 수 있는 바와 같은 전천후 무소부지의 평론가가 다른 나라에는 없다. 한국에는 문학평론가를 대표로 내세울 수 있는, 분야마다의 평론가가 있을 따름이다. 문학평론가는 더러 일본의 평론가를 흉내 내고 있으나 다루는 범위에 한정을 둔다. 학문이 할 일을 하면 평론의 입지가 줄어든다. 프랑스에서는 학자가 전반적인 현상에 대한 포괄적인 연구를 해서 새로운 이론을 창조하는 것을 자랑으로

삼는 점이 일본과 아주 다르다.

❑ 문 : 평론은 없어야 한다는 말인가?

❑ 답 : 당면한 현실에 대해 근접된 고찰을 해야 하는 일이 계속되어 평론이 있어야 한다. 정확한 이해력이나 체험적 진실성이 평론의 요건 아다. 논의의 범위를 시공에서 확대하려고 하면 학문적 타당성을 갖추어야 한다. 평론이기만 한 것, 평론이면서 학문인 것, 학문이기만 한 것이 각기 필요하다. 지금 쓰는 이 책은 평론이면서 학문이다. 평론의 효용을 높이기 위해 학문의 타당성을 확대해야 하는 어려운 과제를 안고 있다.

대학에 대해 논의하는 일본의 평론서는 일본이 미국을 따라야 한다고 한다. 이 전제의 타당성은 문제 삼지 않고, 일본의 길을 개척해야 한다고 생각하지 못한다. 학문을 하기 위해 노력한 체험이 없이 있는 현상만 다루는 데 머물러, 안목이 협소하고 사고의 깊이가 모자라기 때문이다. 나는 오랜 기간 동안 분투해 연구한 성과를 출발점으로 삼고 필요한 논의를 다시 하기 위해 세계를 두루 돌아보면서 광범위한 비교 연구를 하고, 새로운 창조를 위한 혁신 방안을 제시한다.

❑ 문 : 이미 좋은 방안이 있지 않는가? 연구중심대학을 육성해야 한다고 하지 않는 데 대해 어떻게 생각하는가?

❑ 답 : 연구중심대학을 따로 육성하자는 것은 좋은 방안이 아니다. 연구를 제대로 할 수 있는 여건이 어느 대학에도 마련되어 있지 않은 형편을 어려움을 무릅쓰고 학문에 헌신하고자 하는 교수들의 열의로 극복하고 있는데, 연구할 곳과 연구하지 않아도 될 곳을 인위적으로 갈라놓으면 이득은 없고 손해만 크다. 연구중심대학으로 지정한 곳을

집중해 지원하면 된다고 하지만, 가능한지 의문이고 성과를 기대하기 어렵다. 미국에서는 연구비 투자 유치 경쟁이 지나쳐, 일본에서는 정부의 지원이 편중되어 연구중심대학이 생겨났다. 한국은 연구에 투자될 재원이 많지 않아 미국처럼 되지 않는 것이 생각하기에 따라서는 오히려 다행이다. 일본의 방법은 따를 수 있지만, 대부분의 대학을 부실화하는 역기능까지 수입할 수 있고, 추가 재원을 일본 수준으로 마련하지 않으면 그 폐해가 심각해진다.

연구중심대학이 따로 있어 산출하는 업적이 세계적인 평가에서 상위 서열로 올라가기를 바라는 것이나, 그것을 국가의 위신 향상이라고 여기는 것은 내실과는 무관한 허영이다. 일본의 전례를 따르려고 하지 말아야 한다. 독일이나 프랑스에는 연구중심대학이라는 것이 없다. 어느 대학에서든지 연구를 하고, 별도로 설립된 국립연구기관 소속원들은 연구에 전념한다. 업적 산출 서열에서 상위를 차지하는 독일이나 프랑스 대학이 없는 것은 당연하다. 대학이 평준화되어 대표 선수가 따로 없고, 연구기관의 업적은 계산에 넣지 않기 때문이다.

❑ 문 : 우리는 어떻게 해야 하는가?

❑ 답 : 그것이 이 강의의 결론이다. 연구를 위한 열의와 능력이 뛰어난 교수들이나 그 후보자들이 전국 어느 대학에서든지 연구소 소속 연구교수로 근무하면서 연구에 전념하도록 하고, 보수 전액을 국가에서 지급하는 것이 최상의 방안이다. 그리 크지 않은 연구소에서 자율성을 가지고 구성된 소규모의 연구 집단이 공동연구와 개인연구의 중간 형태인 협동연구를 하면서, 다른 연구 집단, 연구소, 대학과도 협동과 경쟁을 함께 하는 것이 바람직하다.

❑ 문 : 연구중심대학은 대학원중심대학이기도 해야 한다. 대학원

교육은 어떻게 하자는 말인가?

❑ **답** : 대학원 교육의 향상을 위해 대학원중심대학을 따로 지정하고 다른 곳은 대학원을 없애야 한다는 주장이 있는데 나라를 망하게 할 발상이다. 그렇게 하는 날이 국치일이다. 대학원 교육을 할 만한 교수를 대학원중심대학에 모으는 것은 전혀 불가능하다. 무자격자에게 특권을 주면 횡포를 부려 일을 망치게 마련이다. 대학원중심대학으로 지정된 곳은 독점의 이익을 누리면서 놀고먹으려 하다가 국제적인 경쟁력을 더욱 떨어뜨릴 것이다.

대학원 교육을 전국 단위로 확대하는 것이 바람직한 대안이다. 대학원생을 위한 수강신청과 지도교수 선정의 기회를 전국의 모든 교수에게로 개방하자는 말이다. 연구교수도 이에 포함한다. 대학원 교육을 할 수 있는 인적 자원을 최대한 활용하자는 말이다. 희망자를 어떻게 다 감당할 수 있을지 걱정인데, 두 가지 장치를 마련하기로 한다. 교수는 학생의 신청을 받아들이지 않을 재량권을 가진다. 연구교수는 교육을 위해 최소한의 시간만 배정할 수 있다. 수강과 지도의 기회를 확대할 수 있는 학생을 선발하는 절차를 거친다. 특별하게 선발된 학생에게는 생활비까지 포함한 장학금을 지급하는 것이 마땅하다.

제14강 우리에게 필요한 지혜

우리 길을 찾아야

지금까지 세계 여러 나라를 돌아본 것은 우리가 어떻게 해야 할 것인지 알기 위해서이다. 누가 어디서 어떻게 연구를 하도록 할 것인지 판단하고 실행하는 정책을 마련해야 한다. 교육 정책은 있어도 학문 정책은 없는 과오를 이제라도 시정해야 한다. 다른 여러 나라의 전례를 참고로 하고, 우리 자신에 대한 인식을 근거로 삼아 최상의 대책을 찾아야 한다.

기존의 처방은 간단하다. 연구는 대학에서 교수들이 하면 된다. 정부는 연구비를 지원하면 그만이다. 연구비를 낭비하지 않고 연구의 질을 높이도록 하기 위해 경쟁을 촉발하고 평가를 엄격하게 해야 한다. 미국에서 하고 있는 연구의 시장 경쟁이 발전을 위한 최상의 방안이다. 자기 보호 본능을 버리고 개방적인 자세를 가지면서 미국에서 하는 방식을 따르고 미국에서 평가받을 수 있는 학문을 해야 한다고 한다.

이렇게 하는 것은 근본적인 결함이 있어 연구를 제대로 할 수 없게 한다. 교수는 강의와 잡무 때문에 부담이 과중해 연구하기 어려운 줄 모르고, 시간 대신 돈을 주어 문제를 해결하려고 하니 사태가 더욱 악화된다. 경쟁을 강화하고 평가를 엄격하게 해서 불합격자를 골라내면 합격자의 수준이 향상될 수 있는 것은 아니다. 하지 못하는 연구를 하는 것처럼 꾸미느라고 학문을 황폐화하고 대외적인 경쟁력을 상실한다.

미국 방식의 학문 시장 경쟁은 소수의 승리자와 다수의 패배자를 갈라놓는다. 연구가 수익 창출을 위한 투자로 변하고, 대기업의 이윤 추구에 학문이 이용된다. 그 뒤를 따르면 우리 대학은 소수의 승리자가 아닌 다수의 패배자가 되어 이미 가진 것마저 잃는다. 한국에서는 어느 대학이라도 수익을 내지 못하는 영업체가 되어 초라한 신세가 된다.

사태의 핵심을 바로 이해하자. 한국에는 학문 시장이 없어 시장 경쟁을 하면 좋은 결과를 가져오리라고 기대할 수 없다. 성립되지 않는 시장 경쟁을 무리하게 추진하는 것은 자살 행위와 다를 바 없어, 얻는 것은 없이 잃는 것만 커진다. 응용학문의 발전을 촉진하는 것 이상으로 순수학문에 피해를 끼친다. 자연학문의 경쟁력을 얻지 못하면서 인문학문을 망치기나 한다. 이해타산을 넘어서는 가치를 추구하고자 하는 신념을 잃으면 학문은 죽는다.

경쟁을 부추기기 위해 실시하는 차등 연봉제가 대학 구성원들의 인간관계를 악화하고 인간성을 황폐화하기까지 한다고 미국에서도 지적된다. 우리 경우에는 피고용자도 선택권을 가지는 공정 경쟁이 보장되지 않고 고용자만 일방적으로 권한을 행사하고 있어, 차등 연봉제가 교수를 비굴하게 하고, 폄하하고, 징벌하는 데 쓰인다. 한 번 탈락되면 영원히 무직자가 되고 마는 지옥에서 남들보다 먼저 벗어나려고 위장과 사기, 술책과 처신으로 학문을 대신하도록 하는 풍조를 만들어

낸다.

학문을 할 수 없게 하는 사정은 그대로 두고, 미국의 방식대로 치열한 경쟁을 하도록 만들면 발전이 이룩된다고 여기는 망상을 버려야 한다. 학문하는 사람에게 시간을 주고 용기를 북돋우는 방식을 찾는 것이 가장 긴요한 과제이다. 박사 실업자는 굶는 자유를 누리고, 대학에 자리 잡은 교수는 연구할 시간을 희생시킨 대가로 생계를 이어가기나 해서는 나라꼴이 말이 아니다. 굶지 않고 살아가면서 시간을 가지고 연구하는 삶을 즐길 수 있어야 한다.

절망에서 희망으로

연구 정책이 없고 제도를 제대로 만들지 않아 모든 것이 엉망이라고 해도 지나친 말이 아니다. 나라에 돈이 없는 탓이 아니고 쓸 줄 몰라서 생긴 차질이다. 선진국으로 나아가야 한다면서 가장 후진의 사고수준과 행동양식에서 헤어나지 못한다. 사정이 어느 정도인지 분명하게 말하기 위해 근래에 화제에 오른 두 가지 사실을 들기로 한다.

중국에서 우리 역사를 왜곡한다고 분개하지만 중국의 사회과학원에 해당하는 연구기관이 우리에게는 없다. 동북아역사재단이라는 것을 만들었지만 연구하는 곳이 아니다. 돈이 아닌 시간이 없어 연구하지 못하는 대학의 교수들에게 연구비를 주어 연구를 시키기나 하려고 하니 좋은 결과가 나올 수 없다. 중국에서는 연구하고도 감추어두는데, 우리는 연구하지 않고 떠들기만 한다. 허언장담이나 하고, 내실은 없다. 목소리가 큰 사람이 국내에서는 제일이지만, 국제학계에서는 웃음거리이다.

황우석교수의 비극을 되돌아보자. 언론을 동원해 떠들지 않으면 누가 거들떠본단 말인가? 연구비가 있어야 연구결과를 낼 수 있지만, 연구결과를 말해야 연구비를 준다. 무엇인지 설명하기 어려운 연구를 스스로 진행하는 것은 불가능하다. 황우석교수는 비상한 작전을 써서 난관을 돌파하고자 했다. 놀라운 작업을 하고 있다고 세상을 속여 연구에 필요한 돈과 시간을 얻고 거짓말이 참말이 되게 하려고 하다가, 시기와 질투에 휩싸여 중간에 들통이 나고 말았다.

아무리 어려워도 절망하지 말고 희망을 가지자. 이제부터는 잘 될 수 있다고 믿고 해야 할 일을 말하자. 다시 진지하게 묻자. 우리는 학문을 어떻게 해야 하는가? 창조의 진원지, 가공이나 하는 중간 거점, 수입해서 소비하는 곳 가운데 어느 쪽이어야 하는가?

창조의 진원지가 되어 국가 경쟁력을 높이는 데 그치지 않고 세계 학문을 바르게 이끌어 널리 도움이 되기 위해 노력해야 한다. 그러면 어떻게 해야 하는가? 이미 많은 논의가 있어 할 말은 거의 다 했다. 얻은 결과를 간추려 정리해서 나아갈 길을 제시한다.

논리적 연관에 따라 순서를 정했다. 개혁을 일거에 할 수 없다면 첫째 연구소, 둘째 인재양성에 관한 조항부터 먼저 실시하는 것이 마땅하다. 교수에 관한 조항은 예산이 많이 소요되지 않아 쉽게 채택할 수 있다. 연구의 중추기관에 관한 조항은 대변동을 거쳐야 실시할 수 있으며, 예산이 많이 소요된다. 어느 조항이든 실행을 위해서 세부사항을 검토하고 결정하는 작업이 추가로 있어야 한다.

연구의 중추기관

(1-1) 학술원이 학문의 중추기구가 되어, 학문 정책을 입안하고, 학문 연구를 평가하고, 학문 연구에서 모범을 보인다. 정부는 학술원의 결정을 따른다.

(1-2) 현재의 학술원회원 외에 학술원교수를 두어 학술원을 이원적으로 구성한다. 학술원교수는 전임으로 하고, 다른 대학의 교수 또는 연구기관의 연구원을 겸할 수 없게 한다. 업무의 양과 질을 고려해 학술원교수를 충분히 확보하고 분야 안배를 고려한다.

(1-3) 학술원교수는 최고수준의 연구업적이 있는 정교수를 후보 요건으로 하고, 공개 채용의 절차를 거쳐 선발한다.

(1-4) 학술원교수에게 연구실, 실험실, 연구비, 보조인력 등을 충분히 제공해 임무 수행에 지장이 없게 한다. 외부 연구비는 받을 필요가 없게 하고, 받지 않도록 한다.

(1-5) 학술원교수는 공개강의의 의무를 지닌다. 뛰어난 창조적 역량으로 새로운 학문을 개척한다는 것을 입증하는 강의를 하면서 국내외의 연구를 이끌어야 한다. 강의 주제와 진행 방식은 스스로 정한다. 같은 내용을 되풀이할 수 없다. 강의 원고를 다듬어 출판해야 한다.

(1-6) 학술원교수는 학문의 업적과 능력을 평가한다. 국가 예산이 지원되는 연구소에 대한 평가, 교수 승진 심사, 우수 박사논문 판정 등이 주요 업무이다. 다른 사람들의 보조를 받고 외부인인 경우에는 소정의 보수를 지불하는 것이 당연하지만, 이 모든 일을 자기 책임하에 결정한다. 평가와 심사에 기명하고 내역을 공개한다.

(1-7) 학술원교수는 임무수행 기간 결정에서 자율성을 가지고 퇴임 시기를 스스로 정한다. 퇴임하면 학술원회원으로 선출될 수 있는 후보

가 된다.

(1-8) 한국학술진흥재단과 한국과학재단을 합친 한국학술재단을 학술원 산하 기구로 한다.(이 조항은 이미 실현되어 연구재단을 만들고 있다.) 학술원회장이 학술원회원 가운데 한 사람을 재단의 책임자로 임명한다. 재단의 연구비를 연구 결과를 평가해 사후에 지급하는 것을 원칙으로 한다. 사후 지급 연구비를 학술상으로 전환하고, 현재의 학술원상과 통합하는 것이 연구할 과제이다. 연구비가 연구의 절대적인 전제조건인 경우에는 전도금을 받도록 한다.

(1-9) 국립도서관도 학술원 산하 기구로 한다. 학술원회장이 학술원회원 가운데 한 사람을 관장으로 임명한다. 국립도서관이 학문 연구에 필요한 전 세계에서 출간하는 전문도서를 최대한 확보하도록 한다.

(1-10) 연구하는 사람이면 누구나 이용할 수 있는 실험연구 시설도 큰 규모로 충실하게 만들어 국립도서관과 대등한 지위를 지니게 한다.

연구소

(2-1) 대학 연구소에 전임 연구교수를 두어 연구에 전념하게 하고, 이에 관한 입안과 평가를 학술원이 담당한다.

(2-2) 대학 연구소에 신규로 채용되는 연구교수 급여를 국립대학과 사립대학을 가리지 않고 국가 예산으로 지급한다. 연구교수는 연구의 진행과 관련된 강의를 기존의 교과과정과는 관련 없이 스스로 개설할 수 있게 한다.

(2-3) 기존의 강의교수가 연구교수로 자리를 옮기는 인원 1인당 2인씩의 신규채용 연구교수 인원을 배정하는 것이 최상의 방안이다. 연구

교수로 자리를 옮긴 교수가 신규채용 연구교수의 인선을 담당하고 함께 연구하고 함께 평가를 받는다. 개인연구와 공동연구의 장점을 합친 협동연구를 하는 것이 바람직하다. 연구계획을 사전에 제출하지 않는다. 5년 정도가 적절하다고 생각되는 일정한 기간이 지난 뒤에 연구 성과를 학술원에서 평가해 지원의 계속과 중단 또는 확대와 축소를 결정한다.

(2-4) 연구교수는 연구 장소를 필요에 따라 선택할 수 있다. 지역연구를 위해 해당 지역에서 평생토록 거주할 수 있다.

(2-5) 대단위 연구 사업 또는 편찬 사업을 신규로 하고자 하면 학술원에서 계획을 공모하고 심사한다. 계획을 작성해 응모하는 책임자는 정교수여야 한다. 당선자가 자기 대학 해당분야 연구소 소장이 되어, 또는 자기 대학 또는 소속 희망 대학에 연구소를 신규로 창설해 소장의 직책을 맡아 필요한 인원을 채용하고 계획을 실행한다. 연구소를 신설하는 경우에는 소속 대학도 지원한다.

(2-6) 연구교수가 없는 연구소는 폐쇄한다. 대학 밖의 연구기관도 자격을 갖춘 연구교수가 있으면 연구소일 수 있다.

교수

(3-1) 전임강사·조교수·부교수·정교수로 이루어진 교수를 직종이 아닌 직급으로 한다. 가르치는 업무에 종사하지 않는 경우에는 전임강사를 전임연구원이라고 한다.

(3-2) 부교수 이하와 정교수는 자격을 구분한다. 부교수까지는 소속 대학이나 연구기관의 결정에 의해 채용되고 승진된다. 정교수가 되려

면 학술원의 심사를 거쳐야 한다. 정교수만 박사논문을 지도할 수 있고, 연구교수 5인 이상의 연구소 소장이 될 수 있다.

(3-3) 가르치는 임무가 없는 국립국어원, 국사편찬위원회, 국립박물관 등의 연구기관의 연구직도 교수로 한다. 연구 업적으로 교수의 직급을 얻고 소정의 대우를 차등 없이 받도록 한다.

(3-4) 교수 자격을 가지면 대학 이외 중등학교 등의 교육기관에서 가르쳐도 전임강사 · 조교수 · 부교수 · 정교수이다.

(3-5) 대학에 재직하지 않는 전임연구원과 조교수의 상위직 승진 심사는 학술원에서 담당한다.

(3-6) 이미 얻은 교수의 직급은 근무처가 바뀌거나 없어져도 유지된다. 무자격자의 교수 사칭을 금한다.

인재 양성

(4-1) 학문을 뛰어난 수준으로 하는 인재를 길러내는 것이 또한 긴요한 과제이다. 이를 위해 소요되는 엄청난 재원 해결에 도움이 되기 위해 장학금 지급 원칙을 빈민구제에서 인재양성으로 바꾸어야 한다. 대학원 학생이 부양가족과 함께 생활하면서 공부에 전념할 수 있게 하는 특별장학금과 필요한 연구비를 지급하고, 다른 업무에는 종사하지 못하게 한다. 다른 업무에 종사해 수입이 있으면 장학금과 연구비를 삭감하거나 취소한다.

(4-2) 특별장학금을 받을 만한 인재를 선발하는 국가 공인의 검증을 학술원에서 외부 교수들의 협력을 얻어 담당한다. 검증은 세 단계로 진행한다. 석사과정 및 박사과정 학생을 대상으로 제1단계의 선발을

실시해 장학금을 지급한다. 박사학위 논문 계획서를 대상으로 제2단계 선발을 실시해 장학금 외에 연구비를 추가로 지급한다. 이미 통과된 박사학위 논문을 대상으로 제3단계 선발을 실시해 논문 우수자는 조교수로 인정한다.

(4-3) 제1단계 선발을 통과한 장학생은 희망하면 수강 과목 선택과 지도교수 선임의 범위를 전국 모든 대학의 모든 교수에게로 확대할 수 있다. 이렇게 하는 데 연구교수도 포함된다. 강의 또는 지도를 담당하는 교수에게는 별도의 수당을, 소속 대학에는 별도의 보조금을 국가에서 지급한다. 그러나 강의 또는 지도의 수락 여부는 교수의 재량이다. 연구교수는 교육을 위해 최소한의 시간만 배정하고, 수강 또는 지도 학생을 엄선한다.

(4-4) 제1단계 선발을 통과한 장학생은 일정 기간 동안 외국에 가서 연구할 수 있다. 이에 필요한 경비를 국가에서 지급한다. 필요한 연구를 마치고 귀국해 박사학위는 국내에서 취득하는 것이 바람직하다.

토론

❑ **문** : 학문 정책은 교육과학기술부의 업무가 아닌가?

❑ **답** : 교육과학기술부를 구성하고 있는 관료 집단은 학문을 몰라 학문 정책을 입안할 능력이 없다. 지금까지 교육 정책만 있고 학문 정책이 없는 것이 그 때문이다.

❑ **문** : 위원회를 두고 능력을 보완할 수 있지 않는가?

❑ **답** : 위원회는 비상근기구여서 준비된 안건을 심의하는 데 그치고 실무자들이 작성한 원안에 동의하고 마는 것이 예사이다. 의견을 널리

수렴한다는 이유에서 비전문가를 다수 모아 들러리를 서게 하는 것이 더 큰 폐단이다. 학문정책위원회 같은 것을 만들어도 도움이 되지 않는다.

❑ 문 : 다른 나라의 경우는 어떤가?

❑ 답 : 이미 고찰한 내용을 정리해 말하겠다. 사회주의권 여러 나라의 과학원이나 독일의 막스프랑크협회는 학문의 중추기관이면서 총괄기관인데, 관장 범위가 너무 넓다. 프랑스에서는 교육부와는 별도로 학문부를 두고 학문행정 전문가로 구성했어도 역부족이라고 한다. 미국에는 학문 정책을 담당하는 곳도, 학문 정책도 없다. 일본에서는 문부과학성이 학문 정책을 입안하고 실행한다. 우리도 일본처럼 하고 있는 셈인데, 잘못을 알아차리고 새로운 방안을 찾아야 한다. 최고의 학자들로 구성된 학문의 중추기관을 마련하고, 관장의 범위는 줄여 총괄 업무는 하지 않는 것이 마땅하다.

❑ 문 : 학문의 중추기관이 학술원이어야 하는가?

❑ 답 : 신설할 수도 있으나 학술원을 개편해 기능을 확대하는 것이 유리한 방안이다.

❑ 문 : 확대하면 많은 인원이 필요하지 않는가?

❑ 답 : 그렇다. 학술원회원 외에 학술원교수를 두자고 했다. 연구행정 전문가로 구성된 직원도 다수 필요하다.

❑ 문 : 학술원교수는 어느 정도 필요한가?

❑ 답 : 현재 학술원회원이 150명 정도이다. 그 배수인 300명이 여러 학문 분야에 고루 분포되어 있으면 최소한 필요한 인원은 확보하는

셈이다.

❑ 문 : 어떻게 선발하는가? 희망자가 너무 많지 않을까?

❑ 답 : 선발의 구체안은 더 연구해야 한다. 공개강의를 통해 학문에 기여하는 바를 입증해야 하고, 학문 활동에 대한 평가를 기명하고 공개해야 하므로 부담이 많아 아무나 희망하지는 않을 것이다. 희망자가 없어서 걱정일 수 있어 적절한 혜택을 보장해야 한다.

❑ 문 : 기존의 연구기관을 모두 학술원 산하에 두자는 것인가?

❑ 답 : 학술원이 학문의 중추기관이기만 하고, 총괄기관 노릇은 하지 않는다고 했다. 연구기관은 각기 독립되어 있는 것이 마땅하다. 정부에도, 대학에도, 민간에도 각기 많은 연구소가 있는 것이 당연하다. 학술원에서 학문 연구의 전체적인 방향을 정하고, 연구소를 평가하고, 산하에 있는 연구재단이 연구비를 지급하는 업무를 감독하자는 말이다.

❑ 문 : 대학 연구소에 연구교수를 별도로 두는 것보다 일반교수를 대폭 증원하는 것이 연구 진작을 위해서 더욱 유리하지 않는가?

❑ 답 : 일반교수를 대폭 증원하면 비용이 너무 많이 든다. 실현 가능한 대책을 마련해야 한다. 일반교수는 대폭 증원되어 강의 부담이 줄어든다고 해도 여전히 강의교수이므로 연구에 전념하기 어렵다. 강의는 학생을 위한 봉사이고, 기존의 지식을 존중해야 하는 보수성이 있고, 교과과정에 매여 되풀이되며, 일정한 진도를 나가야 한다. 연구교수는 강의교수와 달라 학문의 경계를 넘어서서 새로운 연구를 개척할 수 있는 이점이 있다.

❑ 문 : 연구가 이원화된다는 말인가?

❑ 답 : 어느 정도 전문화하자는 것이다. 연구교수가 별도로 있으면 강의교수의 연구 부담을 경감할 수 있다. 연구는 소수가 해도 큰 성과를 낼 수 있으며, 종사하는 인원수에 비례해 성과가 나는 것은 아니다. 대부분의 교수에게는 연구를 제대로 할 수 있는 여건이 마련되어 있지 않은데 연구를 독려하는 것은 무리이다. 연구하기 어려운 분야, 연구를 할 수 없는 교수에게까지 연구를 열심히 해서 업적을 내라고 족치지 말아야 한다. 연구를 구속이나 징벌의 수단으로 삼는 것은 아주 잘못되었다. 여건 또는 능력 탓에 하기 어려운 연구 때문에 번민하지 말고, 강의를 잘하는 것이 대부분의 교수가 맡은 임무이다.

❑ 문 : 교수들 사이에 차등을 둔다는 말인가?

❑ 답 : 아니다. 연구를 잘 하는 교수와 강의를 잘 하는 교수는 대등하다. 보수에 차이가 없어야 한다. 희망과 적성에 따라 어느 쪽을 택하고, 원하면 자리를 바꿀 수 있게 해야 한다. 강의교수가 연구교수가 되어 편하게 지내려고 하면 잘못이다. 연구 영역을 확대해 새로운 학문을 개척하기 위해 필요한 시간을 얻는 것이 자리를 옮기는 이유여야 한다. 학생이 모자라 폐과가 되는 학과의 교수 가운데 학문하는 열정과 능력을 가진 사람은 연구교수를 자원해 학문을 발전시키는 것이 바람직하다. 이것도 지금 절실한 과제이다.

❑ 문 : 소규모의 연구소가 여러 대학에 산재해 있는 것이 바람직한가? 연구교수를 한 데 모아 대단위의 연구소를 만드는 것이 더 나은 방법이 아닌가?

❑ 답 : 대단위 연구소를 만드는 대학을 미리 지정하는 것은 권력의

횡포이다. 처음부터 대단위로 만든 연구소는 행정이 연구를 지배해 창조학을 하지 못한다. 각기 그 나름대로의 특색을 독자적으로, 자율적으로 추구하는 여러 대학의 많은 연구소가 대등한 조건에서 경쟁해 이룩한 성과를 학술원에서 평가해 확대 또는 축소를 결정하기로 한다. 어느 정도의 기간이 지나면 규모가 상당히 큰 연구소가 나타날 수 있다.

❑ **문** : 대학마다, 연구소마다 연구 시설을 충실하게 갖추어야 하는가?

❑ **답** : 아니다. 연구에 필요한 자료를 학술원 산하의 국립도서관에서 집중해 모으고 누구나 이용하게 하면 된다. 공동으로 이용하는 실험 연구시설을 학술원 산하에 만드는 것도 함께 할 일이다.

❑ **문** : 연구소를 창설하는 책임연구교수가 추가되는 연구교수들을 인선하는 권한을 가져야 하는 이유는 무엇인가? 객관성을 결여할 염려가 있지 않는가?

❑ **답** : 공동운명이 되어 함께 연구하고 함께 평가받을 사람들을 자기가 책임지고 인선을 해야 한다. 무엇을 어떻게 연구할지 객관적 기준에 의한 위원회의 인선에서는 알 수 없다. 납득하지 못할 기준에 따라 채용되어 연구를 망치는 동료 때문에 연대책임을 지고 함께 물러날 수 있게 하면, 강의교수 자리를 버리고 연구교수가 되는 모험을 할 사람이 없다.

❑ **문** : 연구소에서 어떤 형태의 연구를 하는 것이 바람직한가?

❑ **답** : 연구소가 행사나 벌이면서 연구 전시장 노릇을 해온 폐단을

청산하고 연구 생산에 전념해야 한다. 생산력 향상을 위해 개인연구와 공동연구의 중간 형태인 협동연구를 하는 것이 바람직하다. 선택하고자 하는 과제에서 커다란 공통점이 있는 연구자들이 각자 자기 연구를 해서 따로 발표하면서, 계획을 의논하고, 진행을 서로 도와주고, 이룬 성과를 함께 검토해 더욱 발전시키자는 것이다.

❑ **문** : 협동연구를 하는 연구진은 어떤 사람들로 구성되는 것이 좋은가?

❑ **답** : 연령, 학문해온 배경, 세부 전공, 외국어 구사 능력 등이 상이하면서 학문하는 목표, 의지, 열정 등은 공통된 것이 좋은 조건이다.

❑ **문** : 연구 결과가 훌륭하다고 판정되면 어떤 보상이 있는가?

❑ **답** : 일정한 기간이 지난 다음 세 사람이 한 연구 결과를 모두 모아 함께 평가한다. 평가의 등급에 따라 보상이 달라질 수 있다. (1) 세 사람이 계속 연구한다. (2) 연구 인원을 2-3인 추가해 모두 5-6인이 되게 한다. (3) 연구 인원을 세 사람마다 2인씩 추가해 3인 조직이 셋으로 늘어나 모두 9인이 되게 한다. 연구 결과가 불합격으로 판정되면, 국가가 하는 연구교수 보수 지급을 중단하고, 연구교수 계속 고용 여부를 대학에 맡긴다.

❑ **문** : 국가 공인 전임강사 · 조교수 · 부교수 · 정교수라도 직장이 없으면 어떻게 살아가고 학문을 하는가? 국가에서 보수를 지급하는 것이 바람직하지 않는가?

❑ **답** : 여력이 있으면 해야 할 일이다. 교수의 직급을 가진 사람들을

누구나 프랑스의 국립과학연구센터 연구원처럼 대우해 안심하고 연구하도록 하는 것이 이상적인 방안이다. 직접 도와주지는 못해도 자격 공인이 소지자의 위신을 높여주어, 대학이나 연구소에 취직하는 유리한 조건이 된다. 정교수가 공석이면 박사과정이 자동 폐지되는 것과 같은 제도를 쓰면 채용권자가 자세를 낮추어야 한다. 대학 교수와 동일한 자격과 실력을 가진 전임강사·조교수·부교수·정교수가 고등학교에서 가르치면 공교육의 수준과 평가가 크게 향상된다. 박사 실업자를 개인적인 실패자로 여기지 않고 국가 인재로 활용해 교육을 정상화하기 위해서도 이 방안을 채택해야 한다.

❑ 문 : 박사과정 특별장학생을 아쉽지 않게 도와주려면 대거 필요한 추가 재원을 어떻게 조달해야 하는가?

❑ 답 : 장학금 지급 원칙을 빈민구제에서 인재양성으로 바꾸어야 한다고 했다. 학비가 없어 공부를 하기 어려운 학생은 상환의 의무가 있는 대여장학금만 받을 수 있게 하고, 동원 가능한 무상장학금 전액을 인재양성에 쓰면 추가 재원이 감당하기 어려울 정도로 많이 소요되지는 않는다. 민간의 장학금도 이렇게 사용하도록 권장해야 한다. 일제강점기에 재력 있는 독지가들이 인재양성을 위해 노력한 전례가 소중한 교훈이 된다.

❑ 문 : 그것은 불공평한 처사가 아닌가? 박사과정 특별장학생도 장학금을 상환하게 해야 하지 않는가?

❑ 답 : 나라를 위해 기여하는 정도가 다른데 처우가 같아야 한다는 것은 불공평하다. 인재양성을 위한 지원을 받는 것이 특히 유리한 진로이기 때문에 지원자가 많아 합격자의 수준이 높아지는 것이 바람직하

다. 학문이 신뢰를 얻고, 학자가 존경받는 사회를 만드는 기초공사를 선발에서부터 해야 한다.

❑ 문 : 특별장학생은 수강 과목 선택과 지도교수 선임의 범위를 전국 모든 대학의 모든 교수에게로 확대하도록 허용하면, 결국 한 대학으로 집중되는 결과를 초래하는 것이 아닌가? 그런 대학을 대학원중심대학으로 지정하는 것과 무엇이 다른가?

❑ 답 : 전학을 하는 것은 아니다. 입학한 대학에서 일정 부분의 공부는 해야 하고 학위를 받는다. 학위가 전국 공통의 것이면서 또한 그 대학의 것이다. 대학의 등급이 학위의 등급은 아니어서 대학의 차등평가가 줄어든다. 여러 대학의 많은 연구소가 대등한 조건에서 경쟁하고 평가에 따라 확대 또는 축소되는 것과 맞물려, 기존 명문대학의 헛된 명성이 퇴색될 것이다.

❑ 문 : 장학생을 선발해 유학하라고 보내는 것이 인재 양성을 위해 더 좋은 방법이 아닌가?

❑ 답 : 유학을 해서 학업을 마쳐야 하면 포부를 줄여 박사학위를 단기간에 취득하기 쉬운 분야와 방법을 택하게 된다. 옮겨 다니고 싶은 마음을 억누르고 한 곳에 머물러야 한다. 귀국해서는 수입학을 행세거리로 삼자는 유혹에서 벗어나기 어렵다. 일정한 기간 외국에 가서 공부하다가 돌아오기로 하면 스스로 계획한 바에 따라 필요한 공부를 할 수 있다. 여러 나라를 돌아볼 수 있다. 한 나라에서 삼년 보내는 것보다 세 나라에서 일 년 씩 공부하는 것이 나을 수 있다. 이렇게 하는 것이 창조학으로 나아가는 데 유리하다.

❑ **문** : 모두 실현 가능한 계획인가?

❑ **답** : 실현 가능하려면 두 가지 조건을 갖추어야 한다. 기득권을 침해하지 않아야 한다. 과도한 추가 예산이 소요되지 않아야 한다. 지금까지 말한 계획은 이 두 조항을 어기지 않았다. 실현에 현실적인 어려움은 없는데, 지혜가 모자라 생각조차 하지 않으니 안타깝다.

저자 조 동 일

1939년생. 경북 영양군 출신.

1962년 서울대학교 불어불문학과, 1966년 서울대학교 국어국문학과를 졸업했다. 1976년 서울대학교 대학원 국어국문학과에서 문학박사 학위를 받았다. 계명대학교, 영남대학교, 한국학대학원, 서울대학교 교수를 역임하고, 2004년 9월부터 계명대학교 석좌교수로 재직 중이며, 대한민국 학술원 회원이다.

주요 저서로 『서사민요연구』, 『한국문학통사』(전6권), 『우리 학문의 길』, 『인문학문의 사명』, 『소설의 사회사 비교론』(전3권) 등이 있다.

홈페이지 : http://chodongil.x-y.net

세계 · 지방화시대의 한국학 8

학문의 정책과 제도

인쇄 | 2008년 8월 20일
발행 | 2008년 8월 25일

저　자 | 조동일
펴낸이 | 신일희
펴낸곳 | 계명대학교출판부
대구시 달서구 달구벌대로 2800
전화 053-580-6233
팩스 053-583-5213
등록 | 1970. 9. 1. (신고번호 제347-1998-1호)

ISBN 978-89-7585-430-9 93810

값 20,000원